U0035061

涅槃

——解說四種涅槃之實證及內涵

上冊

平實導師 著

ISBN 978-986-96548-0-7

執著離念靈知心爲實相心而不肯捨棄者，即是畏懼解脫境界者，即是畏懼無我境界者，即是凡夫之人。謂離念靈知心正是意識心故，若離**俱有依**（意根、法塵、五色根），即不能現起故；若離**因緣**（如來藏所執持之覺知心種子），即不能現起故；復於眠熟位、滅盡定位、無想定位（含無想天中）、正死位、悶絕位等五位中，必定斷滅故。夜夜眠熟斷滅已，必須依於**因緣**、**俱有依緣**等法，方能再於次晨重新現起故；夜夜斷滅後，已無離念靈知心存在，成爲無法，無法則不能再自己現起故；由是故言**離念靈知心是緣起法**、**是生滅法**。不能現觀離念靈知心是緣起法者，即是未斷我見之凡夫；不願斷除**離念靈知心常住不壞之見解**者，即是恐懼解脫無我境界者，當知即是凡夫。

—平實導師—

一切誤計**意識心為常**者，皆是佛門中之常見外道，皆是凡夫之屬。意識心境界，依層次高低，可略分爲十：一、處於欲界中，常與五欲相觸之離念靈知；二、未到初禪地之未到地定中，暗無覺知而不與欲界五塵相觸之離念靈知，常處於不明白一切境界之暗昧狀態中之離念靈知；三、住於初禪等至定境中，不與香塵、味塵相觸之離念靈知；四、住於二禪等至定境中，不與五塵相觸之離念靈知；五、住於三禪等至定境中，不與五塵相觸之離念靈知；六、住於四禪等至定境中，不與五塵相觸之離念靈知；七、住於空無邊處等至定境中，不與五塵相觸之離念靈知；八、住於識無邊處等至定境中，不與五塵相觸之離念靈知；九、住於無所有處等至定境中，不與五塵相觸之離念靈知；十、住於非想非非想處等至定境中，不與五塵相觸之離念靈知。如是十種境界相中之覺知心，皆是意識心，計此爲常者，皆屬常見外道所知所見，名爲佛門中之常見外道，不因出家、在家而有不同。

—**平實導師**—

如聖教所言，成佛之道以親證阿賴耶識心體（如來藏）爲因，《華嚴經》亦說**證得阿賴耶識者獲得本覺智**，則可證實：證得阿賴耶識者方是大乘宗門之開悟者，方是大乘佛菩提之眞見道者。經中、論中又說：證得阿賴耶識而轉依**識上所顯真實性**、**如如性**，能安忍而不退失者即是**證真如**、即是大乘賢聖，在二乘法解脱道中至少爲初果聖人。由此聖教，當知親證阿賴耶識而確認不疑時即是開悟眞見道也；除此以外，別無大乘宗門之眞見道。若別以他法作爲大乘見道者，或堅執**離念靈知**亦是實相心者（堅持意識覺知心離念時亦可作爲明心見道者），則成爲實相般若之見道內涵有多種，則成爲實相有多種，則違實相絕待之聖教也！故知宗門之悟唯有一種：親證第八識如來藏而轉依如來藏所顯眞如性，除此別無悟處。此理正眞，放諸往世、後世亦皆準，無人能否定之，則堅持離念靈知意識心是眞心者，其言誠屬妄語也。——**平實導師**——

目次

第三篇　大乘涅槃

下冊：

第二章　本來自性清淨涅槃

自序

常見外道、斷見外道等邪見滲入佛門已久，若欲促令佛門四眾廣得實證涅槃而復興佛教者，當務之急即是教育佛門四眾普皆捨棄常見、斷見等邪見，不墮五陰十八界有中，方能生起智慧，爾後欲求三乘菩提之實證，斯可期冀。是故解說涅槃之種種義，令當代佛門四眾周知而生起眞實了知涅槃之聞慧，而後如理作意思惟，方可生起正確之思慧，遠離不如理作意之思惟；爾後修學三乘菩提時方有實證之因緣，此乃本書寫作之初因。

二者，無智之人不知涅槃，解脫知見嚴重短缺，何況能證？乃至號稱爲導師之台灣佛門有名法師，竟於書中宣稱涅槃是不可知、不可說的，下焉者又何有稍知涅槃正理之可能？則證涅槃之緣即告斷絕。今者平實欲令末法時期佛門四眾皆具正見、知涅槃故，促使助人解脫生死之 釋迦如來正法得以久住，廣利人天，自應寫作此書以廣利之。無智之人謂佛門凡夫也，世俗法中之一切凡夫則屬此書之所不論。然而末法時代佛門之中今已凡夫處處，大眾既已歸投佛門之中，上焉者，則我實證涅槃之菩薩當令諸人滅愚生智，此世得證大乘本來涅槃；下焉者，則能因斷我見故得聲聞初果，未來無量世中常離三惡道，最後終得解脫生死，以此第二因緣寫作此書。

然而縱使能知涅槃之理，能否實修而證之？端賴各人離苦之意願與了知離苦之道，然後付諸實修，方能證得涅槃。復次，若是心躁不止之人，性障深重而未曾實修五停心觀，莫說定力未充，其實本無絲毫定力；雖然依此書中正理精心實修，以無伏障得止之故，至多只得乾慧而無證涅槃、獲解脫之實質，於初果之實證依舊絕緣，更恐其犯下大妄語業而致下墜三塗，以是緣故另立專節強調定力之重要。乃因眾生我見、我執、我所執等煩惱極爲深重，單憑智慧無以實證初果解脫，更不能得證涅槃，是故經中明載「先以定動，後以智拔」，是之謂也。若是無智之人及以懈怠之者，即無實證涅槃之分，殆無論矣！

譬如《別譯雜阿含經》卷一說：「爾時，世尊即說偈言：我涅槃法，終不爲彼，懈怠無智，之所獲得。猶如良馬，上大丈夫，斷除愛結，盡諸煩惱；除祛四取，獲于寂滅；能壞魔軍，住最後身。」由此證知必須實修獲得定心以爲依憑，然後斷除見結、有結，方能實證初果解脫乃至二乘無餘涅槃，並非聞已而知或觀已而知即得謂證，是故本書中特地說明：必須對三乘菩提所說涅槃，得有證轉之能力與功德，方名實證。證轉者，謂已調心而生定力，證得三乘菩提時方能運轉所證智慧而得涅槃。

又如《般若波羅蜜多心經幽贊》卷上所說：「今爲有情結習所蔽，敬受邪教、誹毀大乘，於『空、有』經如言計著，隨印所解互生厭希。設希出要，親依善友，由各迷方邪亂授學，懼廣文海，初不趣求；雖樂略經而不能了，於眞、俗諦競說有無，心、境法中遮生取捨。」已屬像法時代之常態，何況今值末法之際，更屬常事。凡此類人，皆屬聰明伶俐之人，世間學問亦佳，然而並未發起菩薩性，仍非菩薩種姓之人，是故今時諸方大師於空經、有經妄生謬判，錯將如來演述法空之唯識增上慧學經教，誤判爲有經；於心有境無、心無境有等說競相諍論，至今未得決定之說；故於涅槃之中道法性屢生誤會而爭空有，尚不解涅槃之爲何法，何況證之？是故每墮想像之中而強行解義，誤人無數。

又佛菩提道中之涅槃正義及其實證之理，乃我佛 世尊爲菩薩種姓者說，不爲聲聞人說，更非爲不肯一一實修六度之未發起菩薩性者說。三十年來，每見末法時期之大師，率以學羅漢作爲學佛，亦以聲聞解脫道誤認爲佛菩提道；諸多學佛人迷於大師之世俗名聲等表相而盡信之，錯將凡夫大師所知之聲聞羅漢道誤認爲佛菩提道；復因諸大師悉以錯會之羅漢道誤認爲正確之解脫道，致諸學人連解脫道之修學都落入錯知錯修中，更何況佛菩提道而能實證？皆坐假名善知識之誤導所致，非關學人。但學人之廣被誤導，實亦廣有自過；以要言之，則迷信諸方假名大師所營造之名聲、道場、僧相，又復自身多劫以來不曾廣修福德、不曾親近眞善知識所致，是故 窺基大師責之：「今爲有情結習所蔽，敬受邪教、誹毀大乘，於『空、有』經如言計著，隨印所解互生厭希。設希出要，親依善友，由各迷方邪亂授學，懼廣文海，初不趣求；」意謂有情多被情執繫縛，追隨邪師而「敬受邪教」，於是踵隨邪師而「誹毀大乘」之時，仍自以爲正在大力護持大乘正教；於是將地上菩薩方能實修之法空經唯識增上慧學，謗爲說一切法實有之假經，又將演說諸法本母等常住法之《般若經》等眞常經典，謗爲一切法空經；於是錯執於有、錯執於空，雙方互不認同，互相攻訐，便成爲佛教凡夫大師之間經常發生的「**空有之爭**」；於實證的二乘聖人與大乘菩薩之間，則是自古至今都不曾發生空有之爭。

設或有人稍微知道如是眞相，不願再依從這二類凡夫大師之諍論，卻只是投入淨土門中而求往生極樂淨土，都不肯自己試著讀經，也不肯試著閱讀不同說法的眞善知識論著，只願依循弘法者的僧身表相而追隨諸方有名大法師受學；於是學之日久，距離涅槃之實證愈遠，永無可期；盡其一生所學所修，悉皆唐捐其功，苦哉！其間縱有稍具世間智慧，已知諸師所言悉皆依文解義復又錯說，是故自己研經覓論而求；於是「**雖樂略經而不能了**」，隨後則是「**於眞、俗諦競說有無，心、境法中遞生取捨**」。如是之事，古時窺基大師已曾言之，遞至今時，於況益烈，幾不可救。然而菩薩由自悲憫心性前導，雖見如是諸事，仍當知其不可爲而屢爲之，冀能救護末法學人於萬分之一；縱使有智信受、願意受學之人極寡，仍當世世爲之，以契悲心，是即此書繕造之三因也。

然而爲免重複，節省學人時間，所說涅槃之法不應多有重複；前已曾在別書中敘述之法，除非必要者，於此書中即不再重引而說，著重於實證涅槃之理而非實修之方法。實修涅槃之方法論，已經散見於拙著諸書之中，是故二乘法中之四念處觀、七覺支、五陰之無常、苦、無我等觀行內容，六念、五停心觀、一切處觀……等，皆不在此書中說，唯直述涅槃之理，令得遠離邪見、導歸正道。讀者若欲深入瞭解實修之法者，應當另於《阿含正義》、《識蘊真義》、《心經密意》與《宗門正眼》等公案拈提諸書，及於《念佛三昧修學次第》、《禪—悟前與悟後》……等書中所說之方法論，依於修學次第付諸實修；或於平實未來另造餘書之中閱讀、思惟、觀行、取證，初入手之要門則是先修學基本定力，靜坐中修得堅固之未到地定，或是依無相念佛行門修得動中未到地定力。

至若大乘法中本來自性清淨涅槃之實證，般若智慧之發起，種智之進修與實證，同皆不在此書中說；故於此書中唯論三乘聖者所證涅槃之正理，旁及現代佛門中實證本來自性清淨涅槃者息息相關之大乘見道內涵，欲令佛門四眾各生正見而得建立實證之正確方向，是故少說實證之方，非欲令四眾讀之即得實證涅槃。謂涅槃要須實修，非唯具足涅槃之正見者即是親證涅槃也，是故實證三乘涅槃之法，已於拙著諸書中別說，欲求實證涅槃之學人，皆應先修定力然後另行廣閱拙著諸書而實修之；至若定力之實修，則以無相念佛最爲快速而且得力，是動中相應之定力故，於三乘菩提觀行之動態中最爲相應故。

復次，欲求實證二乘涅槃之人，應當先自審視：親證涅槃法之前，所應先有之種種次法是否已曾先修並得滿足？若不樂修梵行而廣貪諸欲，亦未發起聲聞種性或菩薩種性，本身尚不屬於聲聞種姓、菩薩種姓，亦不信不解涅槃之眞實理，只願信受五蘊或意識爲眞實法之人，則讀此諸書已，縱有定力，仍不得實證涅槃；乃至更將引生煩惱而致毀謗，自造口業已，捨世之後難免墜入三惡道中。修學二乘涅槃者已是如此，修學大乘涅槃者更是如此，末法時代佛門四眾於此悉應引以爲鑑。

例如《雜阿含經》卷四十七所載：「爾時世尊告諸比丘：『……若有比丘不恭敬住，不繫心，不畏愼，不隨他自在諸修梵行上、中、下座，而欲令威儀足者，無有是處！不備威儀，欲令學法滿者，無有是處！學法不滿，欲令戒身、定身、慧身、解脫身、解脫知見身具足者，無有是處！解脫知見不滿足，欲令得無餘涅槃者，無有是處！』」余所謂**次法**者即上開經文中所說威儀，謂持五戒乃至菩薩戒等威儀，亦謂勤修十善等威儀，亦謂善擇眞正善知識而受學次法：「施論、戒論、生天之論，欲爲不淨、上漏爲患、出要爲上。」實證未到地定或初禪。於此等次法不欲受學、不欲實修，而言求證三乘涅槃欲有所獲者，無有是處。

若在大乘法中求證本來自性清淨涅槃者所應有之威儀，則應更增「廣行菩薩道、救護眾生」而修六度波羅蜜等事，藉此實修以發起菩薩性而入菩薩種姓之中。若不修如是相應之次法而欲具足應有威儀，欲證聲聞或菩薩涅槃者，無有是處。復次，次法之初，所謂「施論、戒論、生天之論」，若於釋迦如來所說如是三論內涵，心中生疑不信者，於布施之未來世可愛因果、持戒得解脫之因果、修習十善業及禪定得生諸天之因果，心中都無大信，則亦不能理解三界不同層次之境界，自無出離三界生死之智慧，則屬於不信因果者；是故對於布施所得因果及持戒所得因果等，心中都無所信，當知無有可能信受三界不同境界；是人不具信受三界境界之信根、信力，修行之後若非墮入欲界即是墮入色界，若非墮入色界即是墮在無色界而自以爲實證涅槃，都無出離三界生死之可能，難離大妄語業而致下墜。

次法之末所應修學者，即是「欲爲不淨、上漏爲患、出要爲上。」然後才爲學人演說解脫之法。是乃一切求證三乘涅槃之學人都應留心者，今於此序文之中苦口說之，都屬「**老僧**」常談而不易實行之理。然而 世尊度眾之時每說此等道理，說爲諸佛常法；是故凡有親近 世尊學法者，世尊都依如是次第而爲說法，即是《阿含經》中常常可以讀到的開示：「時，婆羅門取一小座於佛前坐，世尊即爲婆羅門說法，示教利喜：『施論、戒論、生天之論，欲爲穢汙，上漏爲患，出要爲上。』演布清淨。爾時，世尊知婆羅門心已調柔、清淨、無垢，堪受道教，如諸佛常法，說苦聖諦、苦集聖諦、苦滅聖諦、苦出要諦。」

願我佛門四眾悉能體悉佛意而實行之，普當專心作意於次法之修學；然後求證涅槃，斯可期冀。於繕造此書之前，觀察時勢因緣，發抒感慨而書此文，即以爲序。

佛子 **平實** 敬序

公元二〇一二年初秋，於竹桂山居

涅槃 — 上冊

第一篇 聲聞涅槃

第一章 聲聞涅槃之內涵與修證前提

第一節 緒論—如來出現世間，演說涅槃

釋迦如來出現於人間之前，本有許多外道各各自稱已證涅槃、已得阿羅漢果，然而皆是錯說錯證，例如後來成爲佛門聖弟子的迦葉三兄弟中的大迦葉，向來認爲自己已得解脫之道，已得出離三界生死之果；即使 世尊多日現諸神通以攝受之，大迦葉多日親見 世尊大神通境界時，依舊認爲自己的神通雖不如 世尊，而自己所修的解脫之道是正眞無誤的。如是外道，當時充斥人間，每多自稱已得阿羅漢果；直到 釋迦如來出現於人間以後，方有眞實涅槃的修證及眞實證得阿羅漢果的聖弟子，大迦葉、二迦葉、三

迦葉等三兄弟歸投 佛陀座下之前，即是最現成的事例。這一類事例，在當時是普遍存在的，也因此 世尊來人間示現廣度眾生的因緣才能成熟。亦如《大堅固婆羅門緣起經》卷上所說：

> 時，帝釋天主承佛教勅，宣說世尊八希有法：「諸天子！隨有如來、應供、正等正覺出現世間，決定損減阿脩羅眾，增益天眾，能令多人利益安樂。如是利樂，是為希有。復次，諸天子！如來大師出現世間，我不見於過去及今現在而有別異，是故如來、應供、正等正覺出現世間，宣說法教，利益天人。所謂破諸見法、離染污法、順觀法、潔白法、了知諸受法、除憍慢法、調伏渴流法、破無明法、斷依止法、離貪愛法、寂滅法、**涅槃法**。如是宣說諸法，是為希有。」[1]

涅槃之法極難宣示，於正覺同修會開始弘法之前，近代佛教諸師所說涅槃，率皆意識情解想像之說，難見有人實證而作實說者。如是之事古已有之，非唯現今；往昔諸佛示現之前亦是如此，非唯 釋迦如來示現之前，是故我佛 釋迦世尊開示往昔 毗婆尸佛成佛之時所見，以為自身所見之明

1《大正藏》冊 1，頁 208，中 12-22。

證。譬如《長阿含經》卷一 世尊說：

毗婆尸佛於閑靜處復作是念：「我今已得此無上法，甚深微妙，難解難見，息滅、清淨，智者所知，非是凡、愚所能及也。斯由眾生異忍、異見、異受、異學，依彼異見，各樂所求，各務所習，是故於此甚深因緣不能解了。然愛盡涅槃，倍復難知；我若爲說，彼必不解，更生觸擾。」作是念已，即便默然不復說法。[2]

此謂涅槃解脫之法甚深難解，大背世俗所知、所欲，是故眾人難以信之，當知更難實證。釋迦如來亦曾如是開示：「佛之明法與俗相背，俗之所珍，道之所賤；**清濁異流，明愚異趣；忠佞相讎，邪常嫉正**。」[3] 觀察諸方大師率以識陰六識生滅之妄心，欲求入住無生無死之涅槃境界中，是則同於以生死法欲住不生死境界中之愚人，反而極力以言語私下妄評平實所說正法，至今無人肯出面認同之，豈非 世尊所說「**清濁異流，明愚異趣；忠佞相讎，邪常嫉正**」之具體事例？以是緣故，平實二十年來所說涅槃之

2《大正藏》冊 1，頁 8，中 15-22。

3《羅云忍辱經》，《大正藏》冊 14，頁 769，下 22-23。

理，雖諸大師無法依理或據教反駁，然亦不樂信之、受之，私下每以言語抵制，遑論學而實證之，皆因愛樂生滅有爲之識陰六識自我所致。

平實此言，證之於現今仍無任何一位大師公開承認意識虛妄，仍認定意識爲常住法，或認定識陰六識全部都爲常住法，於是亦有大師深樂識陰我所之密宗樂空雙運境界，於實修男女相交淫觸法後必屬嚴重犯戒、來世下墮之事都無所懼，肇因於誤信密宗四大派之雙身法邪說、邪戒所致。由此事實以觀，證知二乘涅槃否定蘊處界之理，以及實證無餘涅槃必須滅除蘊處界之明確內涵，對於末法時期之佛門四眾而言，不論大師或凡夫，都屬難以信受之事。唯有妄說而仍堅持識蘊假我爲常住法之凡夫大師所說，倡言識蘊我或意識我可以入住無餘涅槃而出三界生死之世俗境界謬說涅槃，方爲世俗心重之大師與一般學人所樂；以之印證 釋迦如來自身以及所述古昔 毗婆尸佛，同因涅槃難以言宣、難被眾生信受而欲默然不言之聖教，誠屬眞實而不虛謬之事實。二乘涅槃已是如此，若進而更論菩薩所證大乘本來自性清淨涅槃，則更難以信受，外道、佛門凡夫大師及二乘聖者皆未能知故，末法時代佛門大師往往誣謗爲自性見外道涅槃。以是緣故，凡欲實證涅槃之人，必須先於次法用心廣修，長時熏習正知正見，如實了知三界境界及蘊處界之具足內涵，並轉易心中對於蘊處界自我愛樂與貪著之世俗知見，學而時習之，久時方能轉易邪見而有實證涅槃之日；故說次法之修習圓滿，於實證三乘菩提涅槃之人，誠爲不可欠缺之條件。

至於修集次法功德之前，所應具備之正知見則是：凡屬末法之大師與佛門四眾異口同聲而一致認同的涅槃道理，則屬「與俗相契、俗之所珍」者，則非眞實涅槃之理及修證內涵。若有善知識所說超越五陰、十二處、十八界、六入等境界之涅槃道理，非末法大師及佛門四眾共皆認同之道理，卻完全符合三乘諸經，成爲「與俗相背、俗之所賤」者，方能契合 釋迦如來與往昔諸佛之所開示；如是非屬一般假名大師及初機學佛人所愛樂者，方爲正理，可以三乘菩提一切經典、論典互爲印證故。如是知見確立已，方能遠離以往熏習之既有邪見，信入三乘涅槃眞實修證之正知見及實證境界中。具備如是正見者，隨後勤讀、思惟本書，方能如實精修而有取證涅槃之日；若非如此，悉無論矣！以是緣故，應當先說次法與證涅槃間之關係如下。

次法者，所謂「施論、戒論、生天之論，欲惡不淨，上漏爲患，讚歎

出離爲最微妙，清淨第一」[4]。凡是想要修證二乘涅槃者，必須先瞭解布施之因果論、持戒之因果論、修十善業及禪定之因果論；如是了知施、戒之因果，再聞熏修習十善業得受生於欲界天，聞熏修習四禪、四空定得生於色界、無色界天之道理，方能了知生天之論。了知生天之論以後，已知三界境界，方能了知出離三界境界之理，不會再將三界中的境界錯認爲出三界的涅槃境界。這些道理就是解釋「**施論、戒論、生天之論，欲惡不淨，上漏爲患，讚歎出離爲最微妙，清淨第一**」的正理，先有這些基本的正見，然後才有可能信受正眞無誤的解脫涅槃正理，方有可能實修而親證二乘涅槃，否則不免落入三界境界而誤以爲已出三界。換言之，若不肯先修次法而直接修證二乘涅槃者，都不免錯會而成就大妄語業；縱使眞善知識令其實證之後，仍將退轉於世間境界，必不能信故。以此緣故，說次法的修習是實證二乘涅槃的必要條件。

　　舉凡落入五陰之中而說爲涅槃的人，都是因爲對於三界境界還沒有具足理解，這種人都是尚未修學「**生天之論**」的愚人，才會把欲界五陰或色

[4]《長阿含經》卷 1，《大正藏》冊 1，頁 9，上 7-9。

界五陰、無色界四陰的生死境界，錯認爲已離三界生死的涅槃境界；佛說這種人不是佛門裡的法師，因爲已經落入常見外道法中而不自知。例如《雜阿含經》卷一：

> 爾時，有異比丘來詣佛所，頭面禮足，卻住一面，白佛言：「如世尊所說法師，云何名爲法師？」佛告比丘：「善哉！善哉！汝今欲知如來所說法師義耶？」比丘白佛：「唯然，世尊！」佛告比丘：「諦聽，善思，當爲汝說。」佛告比丘：「若於**色**，說是生厭、離欲、滅盡、寂靜法者，是名法師；若於**受**、**想**、**行**、**識**，說是生厭、離欲、滅盡、寂靜法者，是名法師，是名如來所說法師。」[5]

換言之，教導眾生求證涅槃解脫之時，若是落入五陰中的任何一陰，而非教導大眾認清五陰全部內容，又不能教導大眾認清五陰都是虛妄而應該滅盡的人，都是未斷除我見的凡夫，那麼他就不是佛門中的眞正法師。即使身披僧衣，仍然不是 佛陀所定義的法師，只是落在世間法中的出家人。所以，三界中不同層次的五陰或四陰，都應該瞭解而說應該生厭、應

[5]《大正藏》冊 2，頁 5，下 10-18。

該遠離五欲（特別是淫欲）、應該滅盡而無五陰成為絕對寂靜境界，才是能證二乘涅槃的人，才是 世尊所說的法師。由此可見，修學「施論、戒論、生天之論、欲為不淨、上漏為患、出要為上」等次法，是實證二乘涅槃的必要條件。

第二節　外道涅槃略說

第一目　外道五現涅槃

正式修學二乘涅槃之前，必須先瞭解外道涅槃，方能遠離之，而後始有真正的二乘涅槃得能實證。換言之，證無餘涅槃之最大障礙即是不具足正確的解脫知見。《雜阿含經》卷四十七說：

爾時，世尊告諸比丘：「當恭敬住，常當繫心，常當畏慎，隨他自在諸修梵行上、中、下座；所以者何？若有比丘不恭敬住，不繫心，不畏慎，不隨他自在諸修梵行上、中、下座，而欲令威儀足者，無有是處！**不備威儀，欲令學法滿者，無有是處！學法不滿，欲令戒身、定身、**

慧身、解脫身、解脫知見身具足者，無有是處！解脫知見不滿足，欲令得無餘涅槃者，無有是處！」

「如是，比丘！當勤恭敬、繫心、畏慎，隨他德力諸修梵行上、中、下座，而威儀具足者，斯有是處！威儀具足已，而學法具足者，斯有是處；學法備足已，而戒身、定身、慧身、解脫身、解脫知見身具足者，斯有是處。解脫知見身具足已，得無餘涅槃者，斯有是處。是故，比丘！當勤恭敬、繫心、畏慎，隨他德力諸修梵行上、中、下座，威儀滿足，乃至無餘涅槃，當如是學。」[6]

經中的意思是說，應當先學習正確的解脫知見諸法；但在學習正確的解脫知見前，卻是應該先修學次法，這時的次法是追隨眞善知識如何繫心而住，如何善具威儀，如何修習清淨梵行；藉以如實修行而得具足戒身、定身、慧身、解脫身、解脫知見身，然後才能證得二乘涅槃。追隨善知識修學之時，善知識首先應當教導弟子明白外道錯證涅槃之狀況；是故欲證涅槃之前，應先瞭解外道所墮，避免同樣落入外道對涅槃的誤會中，才有

6《大正藏》冊 2，頁 340，下 4-20。

可能實證涅槃。是故應先說明外道誤會涅槃的情況，以供瞭解。

《大佛頂如來密因修證了義諸菩薩萬行首楞嚴經》卷十：

又三摩中諸善男子，堅凝正心，魔不得便；窮生類本，觀彼幽清常擾動元，**於後後有生計度**者，是人墜入五涅槃論：或以欲界爲正轉依，觀見圓明，生愛慕故；或以初禪性無憂故，或以二禪心無苦故，或以三禪極悅隨故，或以四禪苦樂二亡，不受輪迴生滅性故；迷有漏天，作無爲解：「五處安隱，爲勝淨依。」如是循環五處究竟，由此計度五現涅槃，墮落外道，惑菩提性；是則名爲第十外道立五陰中五現涅槃，心顛倒論。[7]

這一段《楞嚴經》中說的外道五種現見涅槃的過失，於拙著《楞嚴經講記》第十五輯有詳細說明，謹轉載如下，供養佛門四眾學人：

【講記：「而且住在金剛三昧中的諸善男子，已經證知金剛心而凝聚澄明正住其心，十類天魔已不能在他身上找到擾亂他的方便，他已窮究眾生出生

7《大正藏》冊 19，頁 153，上 15-24。

於三界中的各個不同種類的本元；當他觀察那些不同種類眾生幽隱清淨而經常不斷擾動的本元就是行陰，於是對無量後世的三界有產生了錯誤的認知而執著，這一類人就會墜入外道的五種涅槃議論中：或者以欲界境界作爲眞正應轉依的境界，因爲他觀見意識等六識覺知心，在五欲中可以圓滿而光明地領受，對這種受欲的境界產生了愛慕的緣故；或者認爲初禪境界中的自性，對於五欲是否會失去都無憂愁而得自在的緣故；或者因爲二禪定境中已經遠離初禪快樂的執著，心中無苦而自以爲離苦的緣故；或者因爲三禪境界中有極悅相隨就是離苦而執爲究竟快樂的緣故；或者因爲第四禪中苦與樂二法都已亡失，自認爲意識心此時已經常住而不受輪迴生滅性的緣故。這五種人都是迷惑於有漏天的境界中，錯將有漏境界當作是無爲的境界而作了這樣的解釋：『這五種處所是安隱不滅的，即是殊勝而清淨的依處。』像這樣子循環於這五處而認爲是究竟無生滅的境界，由於這樣錯誤的認知而執著這五種現前能知的涅槃，墮落於外道知見中，迷惑了眞覺的自性；這就稱爲第十類外道建立五陰境界中的五種現見涅槃，成爲心顛倒論的外道。」】

接著講第十種邪見，悟得金剛三昧而般若慧仍然不深妙，住在「行陰區宇」的欲界定或四禪以下定境中的善男子們，「堅凝正心，魔不得便」，同樣也是窮究眾生十二種類有情的生死根本時，認爲幽隱清明的「**擾動元**」——「**同生基**」行陰就是生死的根本，不知道應該是如來藏妙眞如性；這時「**於後後有**」產生了錯誤認知和執著，這種人就會墜入外道的五種涅槃論中。「**後後有**」是說，此世死後的未來世中的三界有，是持續不斷的。這類外道認爲行陰雖然念念生滅，可是行陰的這些妄念前後相續不斷，因此連續不絕而可以不斷地出生三界有，永不斷滅就是不生不滅，不生不滅即是涅槃。這就是外道計著永遠都會有「**後後有**」持續不斷，所以名爲不生不滅的涅槃；因此就依五陰永不斷滅的現象，產生了外道的五種現前可見涅槃的議論，叫作「**五現涅槃**」。

佛法中說的二乘菩提無餘涅槃境界，是不可見的，因爲無餘涅槃境界中已經滅除了五陰十八界，無一法繼續存在，所以二乘無餘涅槃境界是不可現見的。菩薩所證的卻是**本來自性清淨涅槃**，其實就是如來藏的自住境界，不牽涉五陰十八界在內；是單以如來藏自住境界來說，離六塵中的見聞覺知，不是意識所住的境界；這是唯有菩薩才能看見的涅槃境界，非二乘聖人所知；而菩薩們就以現前所見的如來藏自住境界，觀察五陰十八界全部銷滅後的如來藏獨住境界，來觀察二乘聖者所入的無餘涅槃境界，同樣了知無餘涅槃中是不可以眼見耳聞的；因爲進入無餘涅槃時，是要把五陰十八界全都滅盡的。但外道「**五現涅槃**」，是以五種現前覺知心存在的當下，就可以親見的五陰境界作爲不生不滅的涅槃，不離五陰境界，所以名爲「**外道五現涅槃**」。這是因爲覺知心還在，可以**現前**觀察所謂的涅槃中的境界相，所以稱爲「**現**」。而這種外道所謂現前可見的涅槃共有五種，所以稱爲「**五現涅槃**」。有哪五種呢？第一種是以欲界的境界作爲「**正轉依**」：「**或以欲界爲正轉依，觀見圓明，生愛慕故；**」

這一類外道認爲覺知心住在一念不生的境界中，雖然欲界境界是前後念念相續不斷；但是就在這種自認爲是恆常不斷的享受五欲境界念念相續狀態中，眾生就這樣安住下來，永遠都不會滅失，永遠存在三界中，這就是不生不滅，符合涅槃不生不滅的定義；就以這樣的認知，將欲界中的覺知心住在五欲中享樂時，由於行陰常恆不斷而認定爲不生不滅的涅槃，就這樣安住於所謂的涅槃中。這就是「**五現涅槃**」外道中的第一種涅槃，是以欲界享樂境界「**爲正轉依**」；就在欲界中將覺知性所住的欲界所有境界圓滿具足觀察，確認欲界中這種領受五欲快樂的境界中，有一個自己的覺知心是恆常不斷的，認爲五欲中能觀能見的功能是圓滿光明的，就以此作爲涅槃。特別是將欲界中正在享受五欲樂時的一念不生境界，作爲正轉依，認爲這就是涅槃境界。

上焉者猶如徐恆志、元音老人、上平居士、劉東亮等人（編案：講經當時上平與劉東亮等人依元音與徐恆志的心中心法離念靈知境界，在網路上大力攻擊正覺所弘揚的如來藏妙義），以識陰覺知心的見聞知覺性，住在一念不生之中，錯認爲是常住的涅槃，所以就認定是眞如佛性。下焉者即是藏傳假佛教的密宗，以男女雙身交合時，專心領受淫樂的一念不生境界，觀察樂觸不是物質而說爲證悟空性，觀察領受樂觸時的覺知心不是物質而說爲證悟空性，隨同宗喀巴認定這時的覺知心與樂觸都是俱生而有的，不是生起五陰以後才出生的，所以認定樂空雙運中的知覺性與樂觸都是不生不滅的，因此而提出「樂空不二、輪涅不二」的說法，這就是 佛所說第一種外道「以欲界爲正轉依，觀見圓明，生愛慕故」。也就是正在淫樂中的能觀與能見的功能，是圓滿而光明的，所以密宗就將這種樂空雙運中的快樂境界認定爲涅槃境界，必須永生永世而且盡未來際永遠享受淫樂不許中斷。由此確定密宗其實就是外道「五現涅槃」中的第一種，而密宗的所有喇嘛們，也都對這樣的涅槃「愛慕」到極點而全都不肯放捨，所以落入外道見中；因此不但不離「行陰區宇」，連「色陰、受陰、想陰」三種「區宇」都具足了。如果有人修得四空定以後，因爲邪見而轉向這種境界中，其實是因爲邪見而從無色界定中下墜了。

「或以初禪性無憂故，或以二禪心無苦故，或以三禪極悅隨故，或以四禪苦樂二亡，不受輪迴生滅性故；」第二種到第五種外道稍微好一些。第二種人知道欲界五欲污穢不淨，也是生滅法，所以遠離欲界愛而證得初禪。他們因爲聽聞 佛說「涅槃寂滅」，也是究竟樂。所以認爲涅槃中也有快樂，而他們在初禪中離欲界生，是「離生喜樂」，而且遠離欲愛染污的境界，又已不再生於欲界染污法中流轉了，所以心中無憂而有妙樂；並且又是一心無念而寂靜的，比欲界中的離念靈知更加「覯見圓明」，應該就是涅槃境界了；就以初禪的知覺性作爲涅槃的實體，這是第二種外道涅槃見，仍不離「行陰區宇」。

第三種人認爲，以初禪境界爲涅槃，還是不正確；因爲初禪有樂觸，而且也還有五塵中的三塵，恐怕將來會失去初禪樂，所以心中有苦，不可能是寂靜的涅槃境界。又因爲初禪位的胸腔中的樂觸，會產生八種變化，也就是冷觸、暖觸、猗觸、軟觸……等八種變化，所以也是很叢鬧而不是寂靜境界，也不符合涅槃寂靜的通說。而且初禪境界中還會與色塵、聲塵、觸塵接觸才會有身樂，還是擔心可能會失去而有苦受，怎麼可以稱為涅槃呢？所以當他們進入二禪中，住在二禪等至位而不觸五塵，已經能夠安住於自心內境時，不再有初禪中憂心失去初禪樂的憂苦，認為這樣就符合涅槃寂滅的定義，所以心中歡喜而認定二禪等至位中即是涅槃境界。這就是外道「**五現涅槃**」中的第三種**現見涅槃**。也因為證得二禪時心喜踴動，因為久修之後才終於能夠住於自心內境，不緣外境、不觸五塵，心中歡喜，所以也說為「**心無苦故**」。二禪等至位中一念不生而且心中無苦，無苦才是涅槃。這就是「**五現涅槃**」中的第三種外道涅槃。

第四種外道涅槃是證得第三禪時，由於三禪等持位中享受身心俱樂，有非常悅意的境界相隨不散，就認定為涅槃境界。當然，三禪的實證者，若是不住在等持位中，而是住於等至位中，一樣也是離五塵而住在自心內境的定境中，表相上符合涅槃寂滅的通說。若是轉入等持位又可以獲得身心俱樂，這時身中有樂觸而覺知心中有大歡喜，成就「**極悅**」境界而稱為「**極悅隨故**」，因此認定三禪的等至位中就是涅槃，這就是「**五現涅槃**」中的第四種外道涅槃。

還有人認爲從初禪到三禪中的快樂，並不是眞正的涅槃，因爲是生滅法。既然有樂就會憂心失去禪定快樂的苦，心中總是會恐懼這種禪定之樂何時會失去？而且三禪中的等至位若算是涅槃，那其實也不堅固；因爲潛伏在心中恐怕失去三禪的恐懼，有時會突然現前。因爲三禪等至位並不堅固，往往有時會一念生起：「**我常常住在等至位中，我的三禪身心俱樂境界，有沒有失去？**」於是又會轉入等持位中再受身心之樂，這也是無常變異之法，不符涅槃常住不變的通說。所以他認爲三禪不是眞正的涅槃，應該離樂也離苦；當樂與苦全部都離了，才是眞正的涅槃。四禪境界中的外道們，認爲住在第四禪中「**苦樂二亡**」，是「**不受輪迴生滅性**」的境界，才是眞正的涅槃。這就是「**五現涅槃**」中的第五種外道涅槃。退轉於金剛三昧而自以爲獲得極大增上的三賢位菩薩，都會落入這五種外道的假涅槃中。

因爲外道不懂佛菩提，他們想：涅槃應該是離苦也離樂的，錯誤的涅槃中才會有苦樂等生滅現象；既然如此，當然應該轉入第四禪中。在第四禪中捨清淨、念清淨時，根本就不可能有苦有樂，苦樂變易的生滅現象就滅除了。因爲那時息脈俱斷，根本不入等持位中，一切覺受、一切念想都滅，那時只有捨受存在而無苦無樂，「苦樂二亡」，於是認爲是眞正究竟的涅槃。這一類人認爲三禪以下都有生滅，也都在輪迴；只有四禪天無苦無樂境界，才是不受輪迴。因爲從四禪天的境界來看初禪、二禪、三禪天時，當火災來時就燒壞初禪天，水災來時就淹掉二禪天，風災來時就吹壞三禪天，所以三禪以下都不是究竟涅槃，都是有生有滅而會毀壞的境界，當然不是涅槃。既然如此，現在自己證得第四禪，死後住在四禪天中，即是究竟安樂；因爲水、火、風三災都壞不到四禪天來；而四禪天人看到三禪以下諸天都會毀壞，也都不寂靜；只有四禪天不會被三災所壞，不生不滅，而且也是寂靜境界，那麼這就是常住不死了；常住不死就離開生死，成爲不生不死，當然就是涅槃。這就是「五現涅槃」中的第五種外道涅槃。

「迷有漏天，作無爲解；『五處安隱，爲勝淨依。』如是循環五處究竟，」

外道所證的這五種涅槃，其實全都是迷惑於有漏天的境界，都是錯把有漏天的色界以內境界當作是無爲法，所以產生了錯誤的無爲見解：或者將欲界人間及欲界天中享受五欲的離念靈知認作涅槃心，或者將初禪、二禪、三禪、四禪等有漏天的境界認作是安隱的涅槃境界，都是將有漏天境界錯認爲殊勝而清淨的涅槃所依境界。已經證得第四禪的外道或佛門凡夫，像這樣具足觀察從欲界到第四禪等五處境界，或者不具足而落入四禪以下的有漏天境界中，全都是錯會涅槃的外道或凡夫。已經實證第四禪的人往往「循環」觀察「五處究竟」，也就是來回反覆觀察這五種欲界及色界天中的有漏天境界，但是在循環觀察時，因爲邪見而退轉於金剛三昧，返墮於識陰、行陰境界中，沒有解脫道與佛菩提道的智慧，所以錯認四禪爲三界中的究竟境界。

「由此計度五現涅槃，墮落外道，惑菩提性；是則名爲第十外道立五陰中五現涅槃，心顛倒論。」由於邪見而這樣「循環五處」觀察錯認爲究竟時，或者單單證得其一的欲界中欲樂境界，或者證得其中的二種、三種、四種境界時，認爲自己所證的其中一處是究竟的涅槃境界，因此落入這五種外道涅槃中，成爲外道「**五現涅槃**」，落入外道見中，一定會成爲「**惑菩提性**」的外道見。這就是第十種外道建立的五陰中的「**五現涅槃，心顛倒論**」。爲什麼世尊特地強調是「**五陰中**」的「**五現涅槃**」呢？因爲這五種境界全都沒有破除五陰，全都落在「**五陰**」境界中，都還談不上五陰的區宇，所以是「五陰中」的「五現涅槃，心顛倒論」。】[8]（以上錄自拙著《楞嚴經講記》第十五輯。）

以上五種外道所認爲無生無死的涅槃，都只是妄想所得，其實都落入「後後有」之中，不能自外於三界生死輪迴之久續不斷狀況，將永遠無法脫離生老病死等苦；這樣的外道涅槃與眞正解脫生死輪迴苦的佛教所說涅槃，全然不同，因爲死後全都不離「後後有」，即是永遠無法脫離三界境界，未來將繼續不斷地受生而有無量世的「後後有」，世尊說此等人名爲「於後後有生計度者」，也就是對於自己仍然存在的「後後有」妄自計度，誤認爲已證涅槃、已得解脫。佛法中說的二乘涅槃，是我見已斷、我執已盡而出離於三界境界之外，以後再也無生無死的無境界境界，名爲「後有永盡」或「不受後有」；所以阿羅漢們都聲稱「我生已盡，不受後有」，世尊則稱阿羅漢們對於自己的「不受後有」都是「知如眞」。

在四大部阿含諸經中同樣都說阿羅漢是「我生已盡，不受後有」的，例如《大集法門經》卷下云：「如實觀故，即離塵離貪，得解脫智；解脫智

[8] 平實導師著，《楞嚴經講記》第十五輯，正智出版社（台北），2012.3 初版首刷。

起，即得我生已盡，梵行已立，所作已辦，不受後有。」[9]亦如《中阿含經》卷二十四〈因品〉說：「彼如是不見已，則不受此世間；彼不受已，則不疲勞；不疲勞已，便般涅槃：我生已盡，梵行已立，所作已辦，不更受有，知如眞。」[10]

然而外道那五種所謂的現前可見的涅槃，全都是主張要再受其中的一種後有，也必然會在死後重新再受生而取得其中的一種後有，即不免輪迴生死而不得涅槃。所以，二乘涅槃是無生無死的，也是不受後有的——不可能再有後世的意識心存在，更不可能再有後世的色陰存在而享受雙身法的淫觸境界。大乘涅槃則是菩薩所證的本來自性清淨涅槃，是第八識獨住的無生無死究竟寂靜境界，絕非外道所住的如是識陰或意識生死境界。如是大小乘賢聖的涅槃，容於後面章節中再行敘述。

第二目　外道四種涅槃

《楞伽阿跋多羅寶經》從另一個層面，說有四種外道涅槃：

9《大正藏》冊 1，頁 230，下 16-18。
10《大正藏》冊 1，頁 580，中 19-22。

復次大慧！諸外道有四種涅槃，云何為四？謂性自性非性涅槃、種種相性非性涅槃、自相自性非性覺涅槃、諸陰自共相相續流注斷涅槃，是名[11]諸外道四種涅槃；非我所說法。大慧！我所說者，妄想識滅，名為涅槃。

平實前於《楞伽經詳解》第五輯第一三五頁的語譯如下：「復次大慧！諸外道有四種涅槃，云何為四？此謂第一、『諸法有自性』之非性涅槃；第二、『種種相有自性』之非性涅槃；第三、『覺察自相自性非性』涅槃；第四、『五陰自共相相續流注斷』涅槃；如是名為諸外道之四種涅槃；非我釋迦牟尼所說正法。大慧！我所說者，乃是妄想識滅除，名之為無餘涅槃。」

這意思是說，外道所知而講解出來的涅槃有四種，其實都只是想像之所得，並非眞實可以解脫三界生死之涅槃。外道所說的這四種涅槃，都只是各種外道想像出來之後，自以為是的涅槃，並非 釋迦如來所說的解脫生死的正法。世尊所說的解脫三界生死的涅槃，其實是妄想性的六識已經永遠滅除了，自然能使第七識意根也跟著滅除，死後不再受生於三界中，永

11《楞伽阿跋多羅寶經》卷2〈一切佛語心品〉，《大正藏》冊16，頁496，上16-20。

遠不受後有了，因此解脫於三界生死，這就是 世尊所說的無餘涅槃。

種種外道修行人，對於無餘涅槃產生了種種的誤解，歸納起來大約有四種。佛門往往有未悟三乘菩提的學人，同樣對涅槃產生了種種的誤解，所以常常會有一些人以鄉愿的心態公開地說：「**你說你的法，我說我的法，咱們何必互相評論誰說的對、誰說的錯？**」然而當大家細讀諸經以後，常常會讀到：世尊說法時，總是再三地提示外道對涅槃的邪見而加以分析辨正，說明其錯誤之處。世尊乃三界導師，人天至尊，何必與那些知見粗淺的外道一般見識而爲難外道？甚至於很多次跟隨在六師外道腳跟之後，遍至當時各大城市一一破斥六師外道的邪見？其實原因很單純，就是藉著破除邪見等說明，可以使聞法的大眾有所比較而能快速瞭解佛法涅槃與外道涅槃的差異處，於是就能建立正知正見而不會在聽聞正法知見以後又產生偏差，不但容易實證所修學的三乘菩提中的某一種，也保證自己在實證以後不會再退轉回凡夫位中，更可避免退轉了還自以爲是更加提升或增上。

正是由於這樣的原因，人天至尊的 釋迦世尊願意紆尊降貴，不辭勞苦以雙足一步又一步行腳，遍到當時天竺各大城市，一一舉示六師外道的涅槃邪見，據理破斥之；正因 世尊如此雙舉正邪二方的說法加以分析比較，使佛法三乘菩提的正義很容易顯示明了，於是當時佛門四眾及新度的有緣人，可以很容易證得二乘涅槃。摧邪及顯正並行的弘法方式，可以快速增益佛門四眾弟子的道業，迅速取證三乘菩提中各自應證的涅槃。世尊如是親身躬行，古時的 玄奘菩薩也是同樣的說法：「**若不摧邪，難以顯正。**」於是造作《成唯識論》廣破邪見。但不幸的是，被弟子 窺基勸諫而改變爲不指名道姓，如是隱匿妄說法者的姓名而作法義辨正，以求當時佛教界的「**和諧**」，於是大家讀了《成唯識論》以後，都不知道論中所破斥的邪法是誰所弘揚的，導致已經被《成唯識論》破斥的邪法及相似像法仍可繼續興盛；後來 窺基眼見如此，便在造作《成唯識論述記》時，一反自己以前求和諧的主張，反而刻意指名道姓，將《成唯識論》中隱名而說的外道姓名一一在《述記》中指出，然後辨正法義而摧破外道邪說，欲令正法得以彰顯。正覺同修會摧邪顯正的用意，同樣在於幫助學人快速取證三乘菩提而證涅槃，冀能因此而使了義正法久住人間。

玄奘菩薩在天竺時也是由於這個緣故，遍歷諸國論辯法義，降伏許多排斥大乘法的六識論聲聞凡夫及諸外道，使部派佛教餘緒的六識論聲聞僧人狂焰一時大爲收斂；後來戒日王更爲　玄奘菩薩在曲女城，設立無遮大會廣破外道。當時　玄奘菩薩立量「眞實唯識」，世稱「眞唯識量」，無人能破。正覺同修會出世弘法五年之後，眼見諸方大師非法言法、法言非法，不斷抵制第八識正法，因此被迫開始摧邪顯正，揭櫫八識論正理，弘揚第八識如來藏妙理，同時舉示嚴重誤導學人的假善知識邪說加以比對及辨正，另一用意同樣是爲了幫助學人了知相似像法的錯誤所在，得以快速回歸正法，早日證得三乘菩提中各自應證之涅槃。

若是了義正法的眞義不能彰顯，相似像法卻廣爲流傳，其結果就是正法開始滅沒，《雜阿含經》卷三十二中，世尊已有如是開示：

> 如是，迦葉！如來正法欲滅之時，有相似像法生；相似像法出世間已，正法則滅。譬如大海中，船載多珍寶，則頓沈沒；如來正法則不如是，漸漸消滅。如來正法不爲地界所壞，不爲水、火、風界所壞；乃至惡眾生出世，樂行諸惡、欲行諸惡、成就諸惡，非法言法、法言非法；非律言律、律言非律，以相似法句味熾然，如來正法於此則沒。[12]

12 《大正藏》冊 2，頁 226，下 6-13。

這意思是說，如來正法之滅沒，不會像船隻載了太多貨物以後頓時沈沒，而是「漸漸消滅」的。消滅的過程，是因爲惡眾生出世投入佛教正法中，樂於行種種惡事，譬如喜愛淫人妻女而以外道雙身法取代佛法等，所以「**成就諸惡**」；接著還有許多人在佛門中作了很長久、很不好的事，就是「**非法言法、法言非法；非律言律、律言非律**」，於是佛教正法開始被相似佛法的像法所取代；例如有人把意識境界以及意識自身，妄稱爲明心之標的，大力鼓吹爲正法，猶如現代佛教常常有人公開主張說：「**離念靈知就是眞如，見聞知覺性就是佛性。**」這就是 世尊說的「**非法言法**」，因爲這只是意識與識陰的內我所，並非 世尊所說的正法；而且是證聲聞涅槃的聖者同聲一氣棄如敝屣的五陰生滅法，卻被他們說爲最上乘、最勝妙的正法，這就是以相似像法取代了義正法；當他們的邪法勢力漸漸擴張，正法將會因此而漸漸損減而至滅失。

又如有人把了義正法第八識妙義指稱爲外道神我，把大乘妙法佛性正義指說爲外道自性見，即是「**法言非法**」；看起來他們的指稱與所說法義很像是佛法，也很像是正在摧破邪說護持正法，但實際上並非眞正的佛法，只是相似的像法；正法卻被他們破斥爲外道法，正是「**法言非法**」，於是正法即被這類相似像法逐漸取代，漸漸損減最後滅失。三如有人將密宗男女雙修的三昧耶戒說爲正戒，並高推爲比正統佛教更高級的戒法，規定已受密灌的出家在家所有弟子們，必須每天與異性（最好是與許多不同的異性）行淫而獲得樂空雙運的境界，宣稱這是最高級的即身成佛大戒，同時宣稱這才是眞正在度眾生成佛；但其實只是會令人來世下墮三惡道的「非律」，而他們卻宣稱這是最重要、最高層次的戒律，自稱是比 世尊所制的佛戒更高的戒律，據以推翻佛戒，即是「非律言律」，於是許多出家人被迷惑而開始與女信徒暗中精修雙身法；乃至比丘與比丘尼生了子女繼續出家「弘法」，繼承寺院及「弘法」大業，都主張密宗的非佛戒比 世尊制定的佛戒層次更高；全屬「非律言律」，正法在這第三種情況下又悄悄消滅一大半了。

四如有人將聲聞道中比丘尼眾所應遵守的八敬法，公開主張應予廢棄，言爲非律，認爲這是不符合現代聲聞教團的出家女眾戒律，這就是「律言非律」。也有人從來不重視菩薩戒，側重聲聞出家戒，竟然以大乘出家僧人之身分，公然主張聲聞律是**正解脫戒**、菩薩戒是**別解脫戒**，高推聲聞律爲大正戒而貶抑大乘律爲次要小戒，這也是「律言非律」，於是正法就在這種情況下，又被漸漸消滅。最後則是在「非法言法」的密宗雙身法樂空雙運的逐漸推廣下，在雙身法全面被佛教徒——特別是出家眾——認同以後，正法就全部歸於滅沒。所以正法被消滅時，不是一時便滅，而是「漸漸消滅」以後才是最後「滅沒」；佛法被這些惡人漸漸消滅而非一時便滅的事，都是世尊在世時已經簡要預記的，如是明載於《阿含經》中。猶如天竺佛教被從印度教中滲透進來的坦特羅（譚崔）雙身法漸漸消滅一樣——在雙身法的坦特羅假佛教被回教軍隊消滅以前，當時的佛教只剩下外殼像佛教，但是內裡都已經全面外道化了；就好像蟲體還完好如初，但內部已經由寄生蜂（蜾蠃）所主宰，最後出生的是寄生蜂，才會有「螟蛉有子」的說法；而現今的喇嘛教、古天竺的坦特羅（譚崔）佛教，就是正統佛教的蜾蠃，實質上是由外道把持佛教的整體，這就是佛學學術界一致認定的「密宗入篡佛教正統」的歷史事實。

如今這種戲碼在中國地區，已經又重新上演三百年了；台灣則是三十年前就已經開始了，才會有平實上來所說四種消滅佛法終至滅沒的事情發生。不但如此，密宗更藉西洋政治勢力之運作，捧高未斷我見的達賴喇嘛，拿達賴作籌碼，想要與中國換取政治利益；達賴便藉機乘勢大肆推廣密宗相似法，謊稱爲佛教正法而流行於全球各地；久而久之積非成是，洋人一且提及佛教，便認爲是附佛法外道的密宗，於是洋人的觀念就成爲「**佛教即是密宗，密宗就是佛教**」，佛教正法在密宗假藉佛法名詞大肆推廣之後，如今又再次面臨危急存亡之關頭了。也就是說，相似像法弘傳多了，就沒有正法存在，所以天竺晚期佛教實質上是密教化以後就已經不存在了，不是等到回教軍隊消滅天竺的坦特羅性交假佛教以後才消滅的。

因此說，正法的消滅，是從「**惡眾生出世**」潛入佛教中出家「**樂行諸惡、欲行諸惡、成就諸惡**」漸漸開始的；然後繼續有佛教的法師們「**非法言法、法言非法；非律言律、律言非律**」，長期處在這種情況下，大家競相以勝妙語言文字共同推廣相似像法，信受者越來越多，大家共同排擠如來藏正法而誤以爲是在護持正法，導致眞正的、了義的正法難以弘傳；而相似像法卻大大地弘傳起來，這就是 世尊說的「**以相似法句味熾然**」，到處充滿了相似像法而淹沒了正法，於是如同 世尊預記的「**如來正法於此則沒**」。驗證於天竺佛教滅於密宗性交（坦特羅—譚崔）假佛教之手，並驗證於現代佛教又再次即將滅於密宗性交假佛教之手，證明 世尊的預記完全正確：「**譬如大海中，船載多珍寶，則頓沈沒；如來正法則不如是，漸漸消滅。**」天竺的正法也是經過一段長時間的相似像法擴大推廣以後，經過了這個像法時期的推廣，使相似佛法的外道法得以假藉佛教名義推廣開來，然後全面轉爲外道法才終於漸漸滅沒的。如果大家對此都有警覺，願意時時留意是否有惡眾生在推廣令人下墮的惡法，大家共同努力將惡法逐出佛門；再一起注意相似像法是否正在流行，是否能夠漸漸消滅它，共同努力預防相似像法在佛門中廣大流行開來，那麼正法將會漸漸回歸於堅固久住的狀態，使正法可以繼續常住人間而廣利人天，廣大佛弟子們的法身慧命也得以鞏固及增長。

世尊也曾說明過去佛的正法滅沒事實，警覺我們要預防相似像法的興起及流行：

> 阿難！然燈如來，有於二百五十萬億聲聞弟子大眾集會。如來滅後，法住於世經七萬歲；末後十年，諸比丘等不生敬信，無慚愧心，營理世務樂於諸業，所有持疑不相諮問，各恃己能互生憍慢，恒聚非法諸惡知識不善之人以爲朋友，共相狎習，圍繞遊從。是等癡人，行不純故，使彼如來佛法僧寶，速疾隱沒不現世間，所有經書悉皆滅盡。[13]

[13]《佛本行集經》卷4〈受決定記品 下〉，《大正藏》冊3，頁671，中24-下2。

這是說，然燈佛入滅以後，正法住世七萬歲，到了最後那十年時，比丘們對正法不生敬信，也失去慚愧心了，於是投入世間法中經營生意、教導大眾學習世間法等等；在法上面如果心中有疑問時，又不肯互相討論，都覺得自己最行而看不起別的比丘，各人心中都有很強的憍慢心，而且又經常聚集一些造作不合佛法事行的惡知識或心行不善的人，經常與這類人親近而不分彼此了；到了那個時候，由於所有比丘眾的心行不單純的緣故，然燈佛的三寶就快速地隱沒，人間再也看不見三寶了，連經書也都沒有人重視而散失滅盡了。

所以，凡我佛門學人都應該認同摧邪顯正之說法者，當善知識摧滅邪說而彰顯正法時，一則可以使大眾快速建立正知正見，普能快速遠離對於涅槃的邪見，二則可以使大眾多劫來的冤親債主一切有緣眾生，大家一樣得以快速同成佛道。由此可見，相似像法的推廣與擴大流行，永遠都會是正法滅沒而導致大眾都無法實證涅槃的主因；然而相似像法與正法非常相似，所說意味也非常相像，令人難以辨別，大眾往往誤以為就是正法，誤以為本質相同只是說法不同而已。其實正法與相似像法之間，有很大的差別，但是一般學人都是難以分辨的，有賴眞善知識廣爲舉例辨正說明，大眾才能避開岔路而能實證涅槃。

除了上面所舉的 世尊聖教以外，還有解經第一的大阿羅漢迦旃延說的偈，同樣可以證明相似像法的廣大流行，會導致正法的滅沒，大眾想要實證三乘菩提中的任何一種涅槃，也就遙遙無期了；所以大眾如果看見眞善知識藉著摧破邪說而彰顯正法時，應該心生歡喜加以讚歎，而非以鄉愿的心態要求善知識說：「**你說你的法，他說他的法，大家都是佛教徒，河水不犯井水，佛教界要和諧。**」因爲這樣的說法，其實是違背 世尊聖教，也違背 世尊親自破邪顯正的示現，也是促使了義正法漸漸消滅終至滅沒的最主要原因。所以《佛使比丘迦旃延說「法沒盡偈」百二十章》卷一如此開示：

正法在於世，終不自沒盡；因有像法故，正法則滅盡。
譬如海中船，貪重故沈沒；佛法斯亦然，利養故滅盡。
背經及聖典，以此爲正法；以法違於律，以非作法義。
諸邪見異學，五通諸學士，不能毀法義，及所興布施；

其從釋迦文，因佛作沙門；當毀於正法，令法至滅盡。[14]

假使佛門有人信樂五神通等世俗法，讓他們進入佛門中出家、修學、弘法，就會把正法導向漸漸滅沒的方向去。這是說，他們將以相似像法取代佛教原有的正法，並以世俗法的五神通作爲最重要修證；當佛門四眾漸漸被他們影響了以後，正法就會逐漸被他們滅亡了。假使有善知識出面摧破這些進入佛門示現比丘相的外道邪見，指出他們落處而加以舉例辨正時，佛門四眾正應歡喜讚歎，而不是以鄉愿心態要求善知識停止摧邪顯正；因爲善知識摧邪顯正的結果，是使我們遠離邪見而能快速建立正知正見，不久之後得以實證涅槃。

於《楞嚴經》中，世尊已舉外道五現涅槃邪見而破斥之，於《楞伽經》又舉出這四種外道涅槃邪見而破斥之，這是在實際上列舉佛法中的涅槃正理而比對外道涅槃的錯誤所在，必定可以使學人迅速了知涅槃的正理；知道以後就比較容易修證，再也不會被相似像法誤導而進入歧途。若不將外道或佛門凡夫大師們錯說的涅槃，拿來與眞正的涅槃互作比對而辨正之，

14 《大正藏》冊 49，頁 11，上 21-中 2。

而只從正理說之，大眾終難生起擇法覺分，對於涅槃的眞實正理終究無能如實理解。由於這個道理，在此說明摧破邪說而顯正理的重要性，一切學人都可以藉著破斥邪見比對正法的義行，輕易建立實證涅槃前所應有的正見。以下的說明是　世尊在《楞伽經》中從別的層面破斥的四種外道涅槃。

「**性自性非性涅槃**」：「**性**」字是指諸法，「**性自性**」是指諸法的自性。有許多外道這樣子誤會而認爲說，諸法雖然各有自性，但是諸法的自性都是「**非性**」，因爲都是無常之法，最後終究歸於壞滅；由於一切法的自性都是「**非性**」，終究不免要歸於壞滅，就認爲諸法壞滅以後即是涅槃。這其實是斷見論者所認知的涅槃見解，也就是說，斷見外道受持斷見論，他們普遍地觀察一切諸法，尋覓諸法永不毀壞的自性眞如時，最後確定諸法中永不毀壞的自性眞如，是所有修行者永遠求不可得的，一切諸法全都是緣起性空而在最後歸於斷滅空，於是就認定「**一切法自性非性**」作爲涅槃；也就是認定一切諸法都沒有常住不壞的自性，主張一切法最後滅壞以後成爲斷滅空的時候，就稱爲涅槃。

像這樣的邪見，三十年來普遍存在於台灣佛教界中，並不是只在斷見外道中存在。例如釋印順主張一切法緣起性空，認爲一切法緣生緣滅而歸於空，以空作爲涅槃，所以主張「**滅相眞如**」，絕不承認無餘涅槃的本際之中確實有第八識如來藏常恆而不生滅。這是認爲五陰最後歸於斷滅，是以一切法空作爲涅槃，同於斷見外道錯認「**性自性非性涅槃**」，成爲斷見外道邪見的同路人。

然而涅槃絕非釋印順所說的一切法空，一切法空的見解其實正是斷滅見；但無餘涅槃中既不是斷滅空，也不是仍然還有三界法，因爲已無三界有（一切粗細意識都是三界有）；由於這個緣故，佛陀於四阿含諸經中的聖教，不許比丘們這樣說：「**如來涅槃後無，如來涅槃後有。**」（詳見《雜阿含經》卷5第106經）。佛陀也不許比丘們這樣說：「**漏盡阿羅漢，身壞命終，更無所有。**」（詳見《雜阿含經》卷5第104經）。這就是說，無餘涅槃雖然是「**五蘊十八界一切法空**」，然而卻是依於常住而絕對寂靜的第八識如來藏，才能有「**五蘊十八界一切法空**」可言，但蘊處界滅盡以後而「**不受後有**」的無餘涅槃中，卻不是斷滅空，因爲還有第八識離見聞覺知、離六塵而獨存。

所以，一切佛弟子都不許外於第八識如來藏這個本際，來主張蘊處界一切法空，否則無餘涅槃將會成爲斷滅空，與斷見外道合流；就會成爲三界有情的蘊處界生命，全都是無因有緣而虛妄生起，也都會成爲無因唯緣而虛妄消滅；所以有智慧的佛弟子都不應該像釋印順一樣，錯將「**一切法自性非性**」誤認爲無餘涅槃。應該回歸 世尊聖教所說：涅槃的建立，其實是依一切有情五陰身心之所從出的第八識根本心而建立、而施設，不應該將有情五陰身心以外的「**一切法非性**」—**一切法空或一切法緣起性空**—而說爲無餘涅槃，因爲有情的五陰身心以外的一切法自性都與無餘涅槃中的非境界無關；一切有情五陰身心的緣起性空而歸於斷滅空，也與無餘涅槃中的非境界無關，因爲當他們否定涅槃中的本際識時，已經是斷滅空而不是無餘涅槃了。

「**種種相性非性涅槃**」，這是其中的第二種外道涅槃見。這是由於誤會不生不死的涅槃，落入**後後有**中，從三界的境界相中觀察，錯誤地認知欲界定、未到地定及四禪、四空定中的境相，沒有眞實不壞的法性，終究要回歸於消滅後的空無，把這些境界相中斷後的滅相當作涅槃；然後爲了恐懼落入斷滅空，又回頭把這些定境中的覺知心（粗意識、細意識、極細意識）錯認爲常住不壞，把這些境界中的覺知心錯認爲涅槃的主體。這種外道涅槃見，與第一種不同；第一種外道涅槃見，是從人間來認定一切法的自性全都是無常生滅，以斷滅空作爲涅槃；這一種卻是依於定境，也就是從極粗糙的欲界定出發，往上檢查到四禪、四空定的境界相變異而虛妄，是檢查三界的境界相沒有實質不變的不生不滅法性，改以覺知心對於三界種種境界相都無所著，認爲這就是涅槃，落入後世覺知心繼續存在的後有之中，不是眞正不生不死的涅槃。

涅槃中是沒有變異相的無生無死的無境界的境界（非境界），欲界定雖極粗淺，但仍不免有入有出等變異現象；往上看待未到地定和四禪、四空定等，也同樣是有入有出，都不能外於入定、出定的變異現象；同樣是入定時就有定相存在，出定時就使定相消失了，都沒有常住而不變異的法相，本來不該立爲涅槃。從表相上來看，外道的說法似乎有理；但是這種三界中的定相只是覺知心所住的境界相，外道所說的這種涅槃，尚不能觸及覺知心意識的虛妄，全都落入三界相之中，所說的涅槃當然仍是依外相而說涅槃，不能觸及不生不死的涅槃實證。

這一些三界中的定境，確實是有種種定相中的境界差異；始從欲界定，上至非想非非想定，都同樣是定境，都有境界相；然而都是由粗入細而重重轉變，其中的各種定相也都是各自別異。既然都屬於世間禪定而不外三界中的境界相，也都同樣是有入有出的定相，都是有爲法，也都不離剎那、剎那的變異相，這都是因爲所有世間禪定的境界相，全部都依於覺知心意識而有的緣故，是由意識心修習禪定而住在各種定境的境界相中；但意識覺知心卻是仰仗色陰五根才能從第八識中生起及存在，而色陰五根及意識覺知心又都同樣依靠意根與阿賴耶識才能生起及存在，當然都是有變異性而不是常住的不生不死的涅槃境界。色陰五根及意識覺知心既然都是依他而起，生起來以後也是念念變異，不是如如不動的常住法，全都是有爲法；由於這個緣故，覺知心所住的種種定相的自性當然也全部都是有爲變異的法相；有智之人細加思惟以後就知道意識所住的這些境界相，全都沒有常恆不變不壞的眞實自性。外道們看見這些定相的自性都沒有眞實不壞的自性，反過來觀察意識覺知心可以自由出入種種定境，可以自由安住於種種定相之中，於是就主張說：各種三界相的自性並沒有常住不壞的法性，而覺知心永遠不會壞滅，就認爲住在種種定境法相中的覺知心即是涅槃心，即是涅槃境界。《楞嚴經》所說的外道五現涅槃，早已把這一類外道涅槃含攝在內而破斥之。

「**自相自性非性覺涅槃**」，這是第三類錯會涅槃的外道。這是說，有一種外道是觀察初禪到四禪的各種定相中的自性，全部都是變異無常；然後繼續觀察這四種定境中的覺知心自性，同樣也是變異不定而且無常，不是常住而不會中斷的眞實法。這類外道有這樣的智慧，雙觀禪定境界中的境界相，及定境中的覺知心自性，這二法都同樣是「**非性**」，也就是同樣都無常而不能常住不斷，名爲「**非性**」，所以稱爲觀察「**自相自性非性**」；這一類外道這樣雙觀以後就生起了這樣的覺知，把滅掉定相又滅掉定中覺知心的定境當作涅槃境界，但是又恐怕墮入斷滅空中，所以並不捨棄色陰，以這種境界當作涅槃。像這樣「**覺悟**」而誤會涅槃的人，修得初禪到四禪的全部定境以後，住在第四禪的等至位定境中，再把自己的識陰覺知心全部滅除，留著四禪中的色陰不滅，當作就是涅槃的境界，這就是 世尊說的「**自相自性非性覺涅槃**」的外道。

這種外道想要入涅槃時，就進入第四禪的等至位中，再滅掉四禪中的覺知心自己，色身不壞而誤以爲是進入無餘涅槃中。其實只是進入四禪後的無想定中，在無想定中沒有覺知心存在，也不會有意識心再來覺知六塵或定境中的法塵；這雖然是很寂靜的境界，因爲已無覺知心及六塵而眞的寂滅了，然而這並不是不生不死的涅槃，因爲他們的身見還沒有斷除的緣故，還無法捨棄色陰的緣故。由於還沒有斷除身見的緣故，在無想定中有時還是會再因爲意根的執著而導致一念心動，於是意識覺知心就重新生起，又回墮於四禪定境中，仍不離四禪定境中的境界相。這類人如果沒有遇到善知識開示，誤以無想定中就是涅槃，死後就會進入無想定中，然後受生於無想天中，那時依舊是五陰儼然，仍然是在輪迴之數，依舊不是進入涅槃之中；或是後來在四禪天中重新以涅槃想而滅除意識心，以爲是進入「**涅槃**」中，仍然留著四禪天身繼續存在，這其實仍然是無想定的境界；若不中夭，等到五百大劫後重新生起意識覺知心時，大多是下墮於三惡道中，這就是第三類外道所墮的「**自相自性非性覺涅槃**」。雖然這類外道們自稱爲「**覺悟**」涅槃了，其實是錯誤的覺悟，不是眞正的覺悟涅槃。

「**諸陰自共相相續流注斷涅槃**」，這是《楞伽經》說的第四類錯會涅槃的外道。這種外道又分爲二種，第一種是認定五陰壞滅的境界爲涅槃境界，第二種是認定覺知心不動時就是涅槃境界。第一種譬如佛門中剛剛開始學習解脫生死輪迴的人，學到後來誤以爲修行者死後斷滅時就是涅槃，因爲他們觀察看到人死亡後，五陰消滅了，所以五陰的功能差別不再相續、不再流注現行，就以爲這樣即是涅槃；然而這其實不是涅槃，因爲他們不知道仍然會繼續再出生後有，死後仍然會繼續受生而轉到未來世的五陰中，使得五陰的各項功能繼續流注現行。第二種人是說，有許多佛門中的外道以及依附佛法的外道，誤以爲覺知心存在而不起妄想、不動心時，就是覺知心的相續流注已經斷滅了，說這就是涅槃。然而卻與事實相反，正因爲覺知心不斷地現行，使得意識的功能繼續不斷地流注而相續不絕，不可以誤會了就說不起妄想時意識功能的流注就已經斷滅了。

這二種沒智慧的外道求證涅槃時，由於錯誤的認知而執著說：「**妄念不再生起時，就是妄心功能的相續流注已經中斷了，就是不生不死了。**」然而五陰的自相或共相，一旦生起現行時，功能必定會流注相續而不可能已經中斷。譬如意識覺知心現行時，意識種子流注不斷，才能使意識的功能維持不斷；當意識種子的流注已經中斷時，意識隨即斷滅而不存在，同時就沒有能夠覺知自己、覺知諸法的人了，所以眠熟位、悶絕位、正死位、無想定中、滅盡定中都沒有意識存在，都無覺無知；這已證明意識的種子中斷時，意識必定中斷而不能存在，因此不能說意識存在時，意識的種子流注已中斷。這已證明：意識心中不再生起妄想時，意識是仍然存在的，意識的種子流注其實是連續不斷的，不能稱爲意識的種子流注已中斷；而意識是藉根塵二法爲緣才能出生的，所以意識離念時仍然是生滅心，即是妄心而非涅槃心，不因有妄想或無妄想而有不同。

又五陰各有自己的種子流注，不是意識或識陰種子流注中斷時就可以稱爲不生不死的境界。譬如眠熟位的意識雖然中斷了，但還有色陰的種子依舊流注相續，仍然不曾中斷；必須直到捨壽的時候才會中斷，依舊不是不生不死的涅槃。一切凡夫捨壽以後必定會重新再受生入胎，依然沒有色陰種子流注中斷的情形，所以依舊不可能入涅槃；因爲一旦入胎以後，又會有色陰的種子相續流注永不中斷，仍然是後有相續，並非「**我生已盡、不受後有**」，不可能是涅槃。一切有情五陰的自相相續流注都是如此，至於一切欲界、色界有情的五陰種子相續流注，以及無色界有情的四陰種子相續流注等共相，也都是同樣的狀況，都看不出有誰的諸陰種子流注等自相與共相有中止相續的情況。由於這個緣故，世尊說第四種外道的這二類涅槃也全都是虛妄想。像這樣的四種涅槃，全都不是 佛陀所說的正法涅槃，因爲無法證得不生不死的境界，永遠無法脫離生死輪迴。

在《楞伽經》中 世尊又說：「大慧！我所說者，妄想識滅，名爲涅槃。」佛陀解說了四種外道妄想的涅槃並非涅槃以後，才爲大眾演說佛法中的眞正涅槃：妄想識消滅以後，不會再有未來世的妄想識重新出生，名爲「我生已盡、不受後有」，才是二乘聖者所證的無餘涅槃，也是佛法中三乘賢聖所證的眞實涅槃，才是眞正不生也不死的涅槃。這段經文中 世尊說的妄想識，是指識陰等六識；其中最主要的妄想識是指意識，因爲在八識心王之中，只有意識能夠出生種種妄想，其餘七個識都不會像意識一樣出生種種虛妄之想；這是因爲意識有見分、自證分及證自證分，所以就會具足現量、比量、非量等三量的境界，才會有種種妄想。從一般凡夫之人所知的層次來說，識陰中的前五識只有見分，第七末那識沒有證自證分，所以就沒有比量與非量可說。由於意識具足現量、比量、非量的緣故，能夠生起種種虛妄法的思惟與想像，於是就會有種種虛妄想出生，因此而說只有意識是眞正的妄想識，這是因爲比量和非量往往會導致意識生起虛妄想的緣故。知道這個道理以後，就懂得世尊所說「妄想識滅，名爲涅槃」的道理。

也就是說，眾生之所以會輪迴三界中而有無量的生死痛苦，成就輪迴的現象，都是因爲不肯讓妄想識意識消滅，於是配合意識的存在與運作而必須的識陰五識、意根、色受想行四陰，以及第八識如來藏的功能與自性，就同樣被意識在能夠覺知及不能覺知的情況下所執著了，於是成就我執與我所執（內我所），也就是不願讓自己以及自己的種種功能消滅而離開三界境界，所以就會不斷地受生而輪迴生死。推究我執不能斷除的原因，都是肇因於我見、邪見等；所以 世尊怕大家誤會，特地爲大家點出來說：「**我所說者，妄想識滅，名爲涅槃。**」

話說回來，眠熟位、悶絕位、正死位、無想定中、滅盡定中，意識都已經斷滅了，爲何還不能夠說是無餘涅槃？這是說，在這五種情況的境界中，妄想識意識雖然已經斷滅了，但因我見、我執還沒有斷除，必然導致有情所住的這五種境界不能夠永遠保持，所以有情住在這五種境界的狀態之中不能永遠常恆不變，一定會因爲我見與我執的緣故，產生了妄想識中斷以後又重新生起而相續不斷的現象；所以有情住在這五種境界時不能夠永遠相續，當這五種境界變異而消滅以後，又會轉入受生位、出生位、清醒位，使得意識又重新生起。當意識重新出生了以後，根、塵、識等十八法界又會具足顯現出來，意識又能自在運作而又不斷生起種種虛妄之想，總是誤認爲意識覺知心自己是永恆而不生滅的常住心；等到壽終，身壞之時意識漸漸消失而生起恐懼斷滅或不願斷滅之作意，因此必定會有中陰身生起，看見未來世父母和合時隨即就去入胎了；若是愛著前世諸法的貪著者，也必然會在中陰身即將毀壞時立即去受生；以此緣故，生死輪迴就跟著永無止盡，因此而說意識中斷而不現前的這五種境界仍然不是正法中說的涅槃。

譬如眠熟了以後意識中斷，第二天清晨又會再度出現意識覺知，所以說是睡醒；又如悶絕位意識中斷，後來也會因爲五勝義根的功能恢復而導致意識覺知心重新生起，因此名爲甦醒；三如正死位過後意識中斷，如來藏第八識轉入中陰身中，又會具備微細的五色根，致使中陰位的意識覺知心重新生起，所以名爲中陰意識；末如無想定中與滅盡定中意識中斷，依於入定前沒有斷除的身見與我執，或者依於入定前預先假設的五塵境出現時，就會在定中忽然生起意識覺知而轉入四禪八定中，或者回復原來的欲界覺觀，重新進入散心位，所以名爲出定，妄想識意識就會重新出生而顯現出祂的功能。

像這樣的五種境界相中的妄想識意識雖然暫時斷滅了，但是在後來依舊必定會重新再生起，都是無法永遠斷滅意識或識陰六識，妄想識永遠會斷斷斷續續地相續存在，就不可能永遠脫離三界生死輪迴，當然不可能永遠解脫於三界生死輪迴中的痛苦，所以不能說是證得有餘涅槃或無餘涅槃。世尊說意識斷滅了以後名爲涅槃，爲什麼在這五種情況中的有情意識已經斷滅了，竟然不能夠從此永滅而成就涅槃呢？爲何又會重新出生了意識覺知而又重新住在三界境界之中、領受生死輪迴的痛苦？全都是因爲前三種有情的我見、我執不能滅除，所以意識的斷滅都只是暫時的斷滅，不能夠永遠斷滅而稱爲妄想識，因此不能成就有餘涅槃與無餘涅槃。無想定位的有情覺知心我見雖滅，而色界身的我見不滅，因此使他的色界身見煩惱引生意識而出離無想定，退入四禪定境中，色界身見既是我見也帶有我執的緣故。這是因爲我見、我執不滅的人，不能接受 世尊所說「**無餘涅槃是我生已盡、不受後有**」的緣故，所以這五種境界中的所有人全都不能證得有餘涅槃；不能證得有餘涅槃的人，必然也不能證得無餘涅槃。

至於滅盡定位的意識雖然已經中斷了，然而阿羅漢的心中還沒有決定在入定時要取無餘涅槃，因此他於進入滅盡定之前，已經在心中預設出定的境界相；當他進入滅盡定以後，等到入定前設定的出定預設狀況實現的時候，必定會由意根末那識的作意思量而促使意識覺知現行來作確認，終於出離滅盡定；由於當時還沒有想要取無餘涅槃的緣故——當時是還沒有想要使意識永滅，因此雖然同樣是要滅掉意識心，卻是進入滅盡定中而不是進入無餘涅槃中。由於這個緣故，住在滅盡定位中，雖然意識也是斷滅的，仍然不是無餘涅槃境界，也無法進入無餘涅槃中，所以滅盡定又名無心定——定中沒有覺知心意識的緣故。

第三目　外道諸種涅槃

《楞伽阿跋多羅寶經》卷三〈一切佛語心品〉：

爾時，大慧菩薩復白佛言：「世尊！所言涅槃者，為何等法，名為涅槃？而諸外道各起妄想。」

佛告大慧：「諦聽，諦聽！善思念之，當為汝說。如諸外道妄想涅槃，非彼妄想隨順涅槃。」

大慧白佛言：「唯然受教。」

佛告大慧：「或有外道，陰界入滅，境界離欲，見法無常，心、心法品不生，不念去來現在境界，諸受陰盡，如燈火滅，如種子壞，妄想不生；斯等於此，作涅槃想。大慧！非以見壞，名爲涅槃。大慧！或以從方至方，名爲解脫；境界想滅，猶如風止。或復以覺所覺見壞，名爲解脫；或見常無常，作解脫想；或見種種相想，招致苦生因，思惟是已，不善覺知自心現量，怖畏於相，而見無相，深生愛樂，作涅槃想。或有覺知內外諸法自相共相，去來現在有性不壞，作涅槃想。或謂我、人、眾生、壽命，一切法壞，作涅槃想。或以外道惡燒智慧，見自性及士夫，彼二有間士夫所出，名爲自性；如冥初比，求那轉變，求那是作者，作涅槃想。或謂福非福盡，或謂諸煩惱盡，或謂智慧，或見自在是眞實作生死者，作涅槃想。或謂展轉相生，生死更無餘因，如是即是計著因，而彼愚癡不能覺知；不知故，作涅槃想。或有外道，言得眞諦道，作涅槃想。或見功德、功德所起和合，一異俱不俱，作涅槃想。或見自性所起孔雀文彩，種種雜寶，及利刺等性，見已作涅槃想。大慧！或有覺二十五眞實，或王守護國，受六德論，作涅槃想。或見時是作者，時節世間，如是覺者，作涅槃想。或謂性，或謂非性，或謂知性非性；或見有覺與涅槃差別，作涅槃想。有如是比種種妄想，外道所說不成所成，智者所棄。大慧！如是一切，悉墮二邊，作涅槃想。如是等外道涅槃妄想，彼中都無若生若滅。大慧！彼一一外道涅槃，彼等自論；智慧觀察，都無所立。如彼妄想心意來去，漂馳流動，一切無有得涅槃者。」

「大慧！如我所說涅槃者，謂善覺知自心現量，不著外性，離於四句，見如實處，不墮自心現妄想二邊，攝所攝不可得。一切度量不見所成，愚於眞實，不應攝受；棄捨彼已，得自覺聖法，知二無我，離二煩惱，淨除二障，永離二死。上上地如來地，如影幻等諸深三昧，離心意意識，說名涅槃。大慧！汝等及餘菩薩摩訶薩，應當修學，當疾遠離一切外道諸涅槃見。」

語譯上面的經文內容如下：【大慧菩薩爲使大眾遠離外道的涅槃妄想，所以向佛陀稟白說：「世尊！您所說的涅槃，是指什麼樣的境界而稱之爲涅槃？那些外道們對您所說的涅槃竟然都不能理解而各各生起了種種虛妄之想，所以不能了知？」世尊就告訴大慧菩薩說：「詳細聽著！詳細聽著！還得要善於思惟及憶念我所說的涅槃道理，我會隨即爲你說明的。譬如種種心外求法的外道們，虛妄臆想的不生不死涅槃境界，並不是他們虛妄想像的涅槃可以眞正地隨順於不生不死底涅槃。」大慧向佛陀稟白說：「一定是世尊您說的這樣！弟子恭謹受教！」於是佛陀就告訴大慧菩薩說：

有一種外道：他們認爲五陰十八界和六入全部都斷滅以後，就是不生不死的涅槃；當他們於六塵境界中都能夠離欲，也親自看見了諸法的生滅無常，所以使自己的覺知性與思量性都不會再生起而如如不動，亦使自己覺知心的各種心所有法不會再生起，從此以後都不再掛念過去、未來、現在的一切境界，苦受、樂受、憂受、喜受、捨受的黑暗遮蓋情況已經滅盡了，就好像燈火被吹滅了，又好像種子已經被毀壞一般，由於這樣觀察而安忍的緣故，使他們心中的語言文字等種種妄想都不會再出生了；於是這些外道們認爲這樣就是涅槃了，是以這樣的境界當作涅槃而住於這種虛妄想之中。（註：第一種外道涅槃。）大慧啊！其實不是經由觀察而看見了五陰十八界和六入等一切法全都是有生而可以壞滅之法，就可以稱之爲涅槃的。

大慧啊！有時候會有一種外道這樣認爲，從這個有生死的處所，往生到沒有生死的另外一個處所，就可以說是解脫；有時則以爲對於境界的了知已經滅除而不了知境界相的時候，心中的妄想攀緣狂風停止了，歇息了，這樣的覺知心境界就是涅槃。（註：第二種外道涅槃。）

或者說，有一種外道認爲，覺知心所擁有的見聞覺知，以及見聞覺知所能覺知的六塵中的一切法，都能夠加以滅除時，就是眞正的解脫，也就是涅槃。（註：第三種外道涅槃。）

或者有一種外道認爲，必須觀察六塵中的一切法都是常、也都是無常；像這樣子如實觀察萬法的常與無常以後，再將這種常與無常的各種見解全部滅除，只留下最後剩下的唯一常而不滅的心體——離念靈知，就以這樣的永遠離念境界作爲解脫，這其實也是對涅槃的一種虛妄想。（註：第四種外道涅槃。）

也有一種外道，因爲觀察而看見眾生對於種種身形的法相生起了種種分別之想，就以這個緣故而產生了貪著或厭惡，由此而招致後後有，不斷地受生而有了種種痛苦繼續產生的因緣；就像這樣子思惟以後，墮入裸形外道的邪見中，故意遠離色身上的一切莊嚴，連最基本的衣服莊嚴也都捨棄了，他們誤以爲這樣子厭惡一切法以後，就能夠不再感招後有，覺知心就能夠單獨存在而不必再受生，就可以出離三界生死的痛苦；但他們卻不知道應該要善於覺察了知一切法都是自心如來藏所出生、所顯現的事實，只知道覺知心的自己，因爲這個緣故而恐怖畏懼住在有相法之中，所以觀察捨離萬法後的無相境界，誤以爲覺知心住在這種自認爲無相的境界中，就是眞實常住的法性；所以對這種無相境界深深地產生了愛樂的心態，就以覺知心住在這種無相境界之中而當作是對涅槃境界的了知。（註：第五種外道涅槃。）

還有一種外道，觀察之後認爲自己已經覺知到五陰內法、外境諸法的自相與共相之中，在過去、未來、現在的三世流轉過程中，確實有一個眞實法是常住不壞的，就以這樣的想像而非親證，認爲就是眞實的常住不壞法，就當作是對涅槃的正確了知。（註：第六種外道涅槃。）

也有一類外道認爲，基於五蘊、六入、十二處、十八界而有的我相、人相、眾生相、壽命相等一切法，全部都消滅毀壞以後，一無所有了，就是涅槃的境界。（註：第七種外道涅槃。）

也有一種外道以他們偏邪不善而且非猛利的智慧，認爲自己已經觀察而看見有一個自性，以及由這個自性所出生的士農工商等種種有情，而那個自性與一切有情之間卻是有所間隔、有所區分的，然後認為由這些有情而出生的見聞覺知等等功能，就是眞實的自性。就好像最早之時，當天地還混沌未清的時候，是由這個自性的運轉變化而產生了種種的有情，這一個自性就是創造一切有情與外道的造物主，這個自性則是不生也不死的，被造的有情則是有生有死的，然後就認為這自性是常住不壞的，就把這個自性認為是涅槃。（註：第八種外道涅槃。）

還有一種外道認為，當有情的福報享受完畢時，或者是所造作的惡業果報已經受盡的時候，就不會再有生死了，所以福報享盡及惡報受盡時，覺知心自我就常住不壞，永生不死，這就是涅槃。（註：第九種外道涅槃。）

另有一種外道認為，如果能夠將貪、瞋、癡、慢、疑等煩惱全部斷除淨盡了，覺知心就可以獨存而不會再領受生老病死等苦痛，這就是涅槃。（註：第十種外道涅槃。）

也有外道認為，當有情能夠具有觀察六塵萬法的智慧時，從此以後在一切境界中都能夠了然分明無所不知，但是他的覺知心已經不再動轉了，這時不動轉的覺知心是常住的，這時覺知心所住的境界就是涅槃。（註：第爲不生不死的涅槃。（註：第十二種外道涅槃。）

還有外道因爲作了不正確的觀察，誤以爲大自在天就是一切有情的眞主，就是實際主宰有情生死的人；而大自在天常住不死，就以大自在天作爲不生不死的涅槃。（註：第十二種外道涅槃。）

也有外道認爲，人間現實世界中存在不變的父母與子女之間，是一代又一代展轉互相出生的；除了像這樣的父子母女之間展轉互相出生而導致眾生的生死流轉，以外就再也沒有其餘的原因可以成爲生死流轉的原因了。他們就像這樣子錯誤地認知，因此而執著說：「上一代與下一代之間展轉互相出生，就是有情會有生死流轉受苦的根本因。」但他們都因爲愚癡的緣故，沒有智慧能覺知這種認知其實是虛妄的，就以這個代代展轉互相出生的事實永遠不會改變而作爲涅槃。（註：第十三種外道涅槃。）

另有一種外道認爲，證得某一個眞實常住而不會改變的眞實法的道理，就是涅槃，但卻仍然落入五陰、十八界之中。（註：第十四種外道涅槃。）

也有一種外道認爲，在有情身外另有一個具足各種功德的法性，由這個功德法性所出生的法，來與這個功德本身互相和合運作，才會有三界中的各類有情。他們是以這種所知所見，在心中建立了有情與這個想像中才有的功德，二者是一、是異、是同在一起，是不同在一起等種種的認知，就以這個想像出來的功德當作涅槃的本際。（註：第十五種外道涅槃。）

還有一種外道這樣認爲，虛空之中有一種自然性，能夠在孔雀身上生起美麗的紋彩，也能夠出生種種不同的珍珠寶石等各種寶物，也能夠出生有情或植物所需要的利刺等等特性；像這樣的各種現象，全部是由這個自然性而出生的，不必有各自的眞實心如來藏，也不必有造物主來出生這種不同的差別性，而這個自然性是本來不生也永遠不滅的。這一類的外道們，就以這個自然性當作涅槃本際，這其實也是無因論一類的外道。（註：第十六種外道涅槃。）

還有一種外道認爲，能夠覺知冥諦等二十五法的人，他們就能夠知道，這個不可知的冥諦就是涅槃的本際。（註：第十七種外道涅槃。）

更有一種外道認爲，四王天的四大天王領受了六德論，依六德論而守護國土和眾生，使國土和眾生不會壞滅散失，所以四王天就是國土與眾生存在的根本，四王天是不生不死的，就以此四王天作爲涅槃之根本因。（註：第十八種外道涅槃。）

也有一種外道認爲，由時節來創造一切世間的有情與無情，時節則是不生不滅的本然存在；像這樣子覺知而信受不疑的外道，就把時節當作涅槃因。（註：第十九種外道涅槃。）

還有一種外道認爲，能知道有某一個法是眞實不壞的，那個眞實而常住不壞的法也就是涅槃。（註：第二十種外道涅槃。）

或者有一種外道認爲，能夠知道三界中的一切法都不是眞實法，這樣知道一切法都不是眞實法的人，就是親證涅槃的人。（註：第二十一種外道涅槃。）

也有外道認爲，能了知到有一個眞實存在而不會毀壞的法，還要再進一步了知這個常住法以外的其餘諸法都不是眞實法，這樣的人就是證得涅槃的人。（註：第二十二種外道涅槃。）

還有外道認爲，世間有情的覺知，與涅槃的寂滅之間確實有差別相，然後在這個想法之中，對涅槃生起了虛妄的認知。（註：第二十三種外道涅槃。）

像這樣的種種虛妄的想像，這樣的許多種外道所說的涅槃，都不能夠使他們所說的道理成立，都是對涅槃的不眞實之想像說法，被其他一切有智慧的人所捨棄。大慧！像這樣的一切外道所說的涅槃法的道理，全部都是墮入斷常、生滅等二邊，而當作對不生不滅涅槃的認知。像這樣的外道們對於涅槃所作出來的虛妄想像，其中都沒有任何一種涅槃之法或者出現過、或者壞滅過，因爲那些外道所說的涅槃不曾存在過，都只是外道們對涅槃所作的妄想而建立的許多名詞罷了。大慧！他們每一種外道所說的涅槃，只是他們外道依據自己的妄想所產生的純理論，沒有對涅槃的實證；依於眞實的智慧而對外道們說的涅槃加以觀察時，其中並沒有眞實不壞之法可以建立成就涅槃。像這樣的各種外道妄想，都是在覺知心意識的境界中來去而不是常住的不生不滅涅槃，所以他們總是在三界法中漂流奔馳流動，不能止息煩惱，他們那些一切外道之中，沒有一個人是證得涅槃的人。

大慧！如果是我所說的涅槃，其實是說善於覺知一切法，知道是由自心如來藏顯現一切法的事實，因爲這個緣故而不會執著如來藏所出生的種種外法，遠離了外道所說的是一、是異、是常、是無常等四句，親自看見了如實不壞的眞實處——如來藏，不會墮入他們外道等凡夫對於一切法都是自心所顯現的事實而作出不正確的虛妄想等二邊，因此而了知能取的覺知心與所取的六塵及一切法全部都生滅不住，沒有眞實的、常住的自我可得。一切還沒有親證自心現量的人，以覺知心意識而模擬揣測度量的人，都不能夠觀察及親見我釋迦牟尼佛所成立的涅槃宗旨，他們是愚昧於眞實常住之法，所說關於涅槃的種種說法，你們都不應該攝取信受；棄捨他們那些不同的妄想諸法以後，證得自心現量而覺悟的神聖妙法，了知人無我與法無我等二種無我法，遠離了一念無明煩惱與無始無明煩惱，精進修行而淨除了煩惱障與所知障，永遠捨離了分段生死與變易生死。像這樣子繼續修證上上地的智慧境界，乃至最後修證如來地的境界，證得如幻觀、如陽焰、如光影、……等種種深妙的三昧，遠離凡夫們所知道的三世意識——過去心、未來意、現在識——等世間境界，像這樣的實證，我就說是已經證得涅槃。大慧！你們以及其餘的大菩薩們，應當要修學這樣的涅槃正見與正理，應當盡快地遠離一切外道所說的種種涅槃的邪見。】

世尊在上面經文中所說的二十三種外道涅槃，有很多種明顯地存在於末法時代的台灣佛教界中；大陸佛教界的復興較晚，當知亦是不免。譬如有大師說：「涅槃就是滅盡一切法，當我們看到蘊處界與一切法全都緣起性空，都沒有常住不壞的法性時，願意把自己滅盡，不再有後世的蘊處界，而涅槃中也沒有任何一法存在，所以不會有第八識如來藏存在於無餘涅槃中，這才是眞正的佛法。」但這其實是斷見外道所說的涅槃，正是 世尊所破斥的第一種外道涅槃。

又如有人說：「大家都應該每天打坐，要坐到全無妄想雜念。當你可以在打坐時全無妄想雜念了，死後就不再去投胎而住在這種一念不生的境界中，那時就不生也不死了，就是住在涅槃中。」這就是 世尊說的外道第二種涅槃。也有大師這麼說：「要放下一切煩惱，當你打坐時，別讓煩惱來影響你，要使自己放下種種煩惱而不再生起言語文字妄想，坐到能夠放下一切而沒有妄想雜念時，就是開悟了，就是生前已經住在不生不滅的涅槃境界中了。」這其實也是 世尊所破斥的常見外道涅槃，一樣是 世尊說的第二種外道涅槃。

又如有人說：「大家應該保持見聞知覺性常住不滅，要對六塵及一切法都不執著；死亡時繼續保持見聞知覺性，捨離肉體以後住在遠離六塵等一切法的境界中，只要不去投胎，永遠住在這種見聞知覺性中，就是出離三界生死而證得涅槃。」這就是 世尊說的外道第三種涅槃。

又如現代的應成派中觀師說：「大家都應該詳細觀察一切法永續不斷地現前而不中斷，這個現象就是常；但一切法也都是生滅不住，時時變異所以無常；像這樣觀察萬法的常與無常以後，再將這種常與無常的各種見解全部滅除，由細意識——離念靈知（或直覺）安住不動，不住於常與無常兩邊，永遠離念而無煩惱生起了，就是解脫，就是證得中道涅槃。」這正是 世尊說的第四種外道的涅槃。

還有應成派中觀師這樣主張：「當我們觀察自己的五陰都虛妄，再觀察一切有情的五陰也是虛妄，推及一切外法也都是虛妄的，所以五陰與外法全都虛妄，不論是自相或共相都一樣。現在如是，推及三世五陰及外法的自相與共相，也都是如此；但是我們的細意識是常住不壞的，死後捨離粗意識而保持細意識，不再去投胎受生，就是涅槃，就是中道。」然而細意識是從粗意識中細分出來的，既然粗意識已經是生滅法，從生滅的粗意識中細分出來的細意識當然也是生滅法，死後一定壞滅，不是永不中斷的眞實法，當然不是常住不壞的。這其實是以想像的細意識作爲涅槃心，不是親證涅槃，這就是 世尊所破斥的第六種外道涅槃。

也有佛門大師說：「死後不再去投胎受生，就沒有後世的五蘊、六入、十二處、十八界，不再有後世的我相、人相、眾生相、壽命相等一切法，全部消滅而成爲一無所有以後，就是無餘涅槃的境界。」卻不想依照 世尊開示的正見詳細觀察蘊處界的所有內容，認爲自己可以不受生而消滅了後有；可是我見與我執等煩惱卻全部繼續存在，就妄想死後可以不再受生而認爲就是證得涅槃。當他們死後發覺沒有所謂常住不壞的細意識時，方才知道所謂的細意識（離念靈知或是直覺）一樣是生滅無常的，只有重新投胎或受生於天界，才會繼續有能夠見聞覺知的自己（細意識或直覺）存在，於是就會重新再去受生、繼續輪迴，終究不曾了知涅槃的本質。這種佛門大師，末法時期也是處處可見的，這就是 世尊所破斥的第七種外道涅槃。

還有一種大師說：「見聞知覺性就是佛性，佛性出生了五陰、十八界等法；我們離開妄想雜念而住在自己的見聞知覺性中，就是涅槃的境界；將來死亡時就要捨離五陰十八界，住在見聞知覺性中不動不轉，就是進入涅槃之中常住不滅。」卻不知道見聞知覺性只是識陰六識的內我所，是六識心的功能，是依附於六識心才能存在，死後才發現見聞知覺性都開始消失了，正死位中全無他們所謂的佛性存在——因為他們錯認六識的自性就是佛性，要等到中陰身又出現時才會有見聞知覺性，那時才知道生前的自己錯會佛性的意涵了，於是不得不重新去投胎受生。這就是誤認六識的功能差別為佛性的凡夫大師，完全不懂涅槃的眞實義，正是 世尊所破斥的第八種外道涅槃邪見。

還有一種末法時代的佛門大師說：「佛菩提道的修行，是要將貪、瞋、癡、慢、疑等煩惱全部斷除淨盡，死後覺知心就可以獨自存在於三界外，永遠不會投胎出生而又去領受生老病死等痛苦，這就是涅槃。」但這其實正是 世尊所破斥的第十種外道涅槃邪見。

有一種佛門大師說：「當我們具有觀察六塵萬法的智慧時，在一切境界中都可以了然分明面對一切境界無所不知，永遠處於客觀的狀態中，這時覺知心已經不再動轉了，不動轉的覺知心這時已經成為常住不壞的金剛心，這時不被境界所轉的覺知心就是住在涅槃境界中。」這其實是 世尊所破斥的第十一種外道涅槃。

也有佛門中的大法師說：「眞如或如來藏只是緣起性空的異名，緣起性空的道理就是眞如，就是如來藏，所以成佛之道就是解脫道，阿羅漢就是佛。當你瞭解蘊處界的緣起性空而滅掉蘊處界時，就成爲斷滅相，這個滅相是不可能再被滅除的，這就是滅相眞如。你如果已經瞭解緣起性空而證得這個滅相眞如時，就是證涅槃了，就是阿羅漢，也就是成佛了。」但這仍然不外於五陰、十二處、十八界，只是錯把緣起性空（《楞伽經》中世尊指斥的兔無角[15]）當作眞實法，其實緣起性空是依附於生滅性的蘊處界在人間的暫時存在（牛有角[16]）而施設的，不能外於生滅性的蘊處界而有緣起性空觀，所以緣起性空根本不是常住不壞的眞實法，但他們自以爲是常住不壞的眞實法，落入 世尊上面經文所破斥的第十四種外道涅槃中。

也有一位從台灣去美國的附佛法外道，示現爲密宗的活佛，他認爲，在有情身外另有一個具足各種功德的法性，名爲虛空；由虛空這個功德法

15 詳見 平實導師著《楞伽經詳解》第三輯，頁 50～308，正智（台北），2000/5。

16 同上註。

性所出生的有情，來與虛空功德互相和合運作，才會有三界中的各類有情。就把虛空當作不生不滅的涅槃，這其實是虛空外道，與數論外道建立的冥性同樣是想像法，正是 世尊所破斥的第十五種外道涅槃。

還有佛門大師說：「成佛之道的修行就是觀察一切法生滅無常、緣起性空；只要能夠知道三界中的一切法都不眞實，都是有爲生滅，因此就放下了一切，這樣知道的人就是親證涅槃的人。至於第八識如來藏，則是外道神我；主張有佛性可證的人，則是自性見外道。」但這並不是佛法，也不是聲聞聖者所證的涅槃，因爲聲聞聖者證涅槃，是依於能夠出生名色的本識（《阿含經》中世尊說是「諸法本母」）而本識不滅，只滅除五蘊、十八界而獨留本識常住不滅，成爲無餘涅槃；對這個第八識不必實證，但是對於祂的恆而常住不壞必須堅信不疑，否則將會落入《阿含經》中 世尊所斥的常見外道邪見中，成爲「因內有恐怖、因外有恐怖」的凡夫，欲斷我見即絕無可能，想要實證涅槃當然更是遙遙無期。至於成佛之道的修證則是一切種智，必須證知第八識如來藏而發起實相般若，進而具足證知如來藏中的一切種子，成就一切種智。但這種否定第八識而主張緣起性空觀的佛門大師所說，與三乘菩提的眞實義相違背，也是否定眞正成佛之道的人，落入世間法蘊處界的表相中，卻正好是 世尊所破斥的第二十一種外道涅槃。

也有佛門大師進一步認爲，不但要能了知有一個眞實法存在，永遠都不會毀壞；還要再進一步了知這個常住法以外的其餘諸法都不是眞實法，這樣如實瞭解的人就是證得涅槃的人。但這種大師落入玄想而不知道這個眞實法即是第八識如來藏，並非實證者，他在私底下可能會提出各種名稱（例如能量、道、冥性、生殖力……等）而說之爲涅槃實際，正是 世尊破斥的第二十二種外道涅槃。

以上十三種現代佛門內常常可以看見的說法，其實都不是眞正實證涅槃以後說出來的，卻都正好與 世尊所破斥的外道涅槃相同。但因爲他們都以佛門僧寶的身分說法，也引用經中的佛法名相來演說，所以大家往往信受不疑，殊不知正好與外道錯會涅槃者的說法完全相同。但是這些末法大師符合外道所說涅槃的所謂佛法，在《阿含經》中 世尊說爲「**相似像法**」[17]，只要遇見了眞正實證涅槃的菩薩時，就會使他們所說的涅槃道理都不

17《雜阿含經》卷 32：「如是，迦葉！如來正法欲滅之時，有**相似像法**生；**相似像法**出世間已，正法則滅。譬如大海中，船載多珍寶，則頓沈沒。如來正法則不如是，漸漸消

能成立，所以都是對涅槃作了不實想像以後的說法，一切有智慧的實證涅槃菩薩們，全都會捨棄這些邪見。

誠如 世尊所說，這些外道所說涅槃的道理，全都不離斷常、生滅等二邊，卻自己認爲已證眞正的不斷不常、不生不滅境界，宣稱已經證得涅槃，宣稱自己是阿羅漢。像這樣的凡夫大師虛妄想像出來的涅槃，在法界中其實不曾存在過，都只是他們對涅槃所作的妄想言說，永遠不能脫離三界生死而證得不生不死的涅槃。這些佛門大師與附佛法外道們所說的涅槃，只是依據妄想猜測所產生的純理論，都屬於錯修錯證的玄想，仍然是在覺知心意識的境界中來去，不是常住的不生不滅涅槃眞實法；所以他們仍將繼續在三界中漂流、奔馳、執取，永遠無法止息心中的五利使與思惑煩惱，更不能遠離無始無明所知障，其實沒有一個人是證得涅槃的人。有智之人應該依照 世尊的聖教一一詳細思惟、分別、觀察，千萬別迷信出家法師的

滅。如來正法不爲地界所壞，不爲水、火、風界所壞，乃至惡眾生出世，樂行諸惡、欲行諸惡、成就諸惡，非法言法、法言非法，非律言律、律言非律，**以相似法，句味熾然，如來正法於此則沒。**」大正藏冊 2，頁 226，下 6-13。

身分、道場的廣大規模、徒眾的數量廣大、名氣的崇高，要依 世尊聖教一一詳細深入思惟與觀察，然後作下決定：要依什麼樣的知見來進修涅槃聖道。

第四目　外道四空處涅槃

《阿毘達磨大毘婆沙論》卷七十四說：

如契經說有四無色處，謂空無邊處、識無邊處、無所有處、非想非非想處。問：何故世尊於四無色以處聲說？答：爲破外道解脱執故，謂諸外道執四無色爲四涅槃：一、執空無邊處名無身涅槃，二、執識無邊處名無邊意涅槃，三、執無所有處名淨聚涅槃，四、執非想非非想處名世間空窣堵波涅槃。爲破如是外道涅槃執故，說四無色名爲生處，非眞解脱。眞解脱者乃名涅槃。

語譯如下，以助理解：【猶如契經中說有四種無色界的處所，就是說空無邊處、識無邊處、無所有處、非想非非想處。問：「是什麼緣故世尊於四無色天的境界以『處』這個名字聲音而說？」答：「這是爲了破斥外道誤會解脫而產生執著的緣故，也就是說有四種外道執著四種無色的境界當作四種涅槃：第一、執著空無邊的境界名爲沒有色身的涅槃，第二、執著識無邊的境界名爲無邊意涅槃，第三、執著無所有的境界名爲清淨聚的涅槃，第四、執著非想非非想的境界名爲世間空佛塔涅槃。爲了破斥像這樣的外道涅槃執著的緣故，所以把四無色天的境界說是出生的處所，並不是眞正的解脫。只有眞正的解脫境界才能說是涅槃。」】

無色界這四個境界，並非永遠出離生死輪迴的安隱境界，而是人間證得四空定的有情死後往生的處所，由於仍屬往生之處，所以把四空天的境界名之爲「處」，所以名爲空無邊處乃至非想非非想處。有餘、無餘、本來自性清淨、無住處等四種涅槃都是沒有處所的，二乘聖者所證的有餘、無餘涅槃則是後有永盡的，所以不是由意識往生過去安住的，而是沒有意識安住的、無處所的、無境界的非境界。四空天既然是死後可往生的意識境界，往生到四空天的處所以後還是意識存在的定境，識陰依舊出生了，不離五陰範圍，所以在四空天中壽盡以後還是要再度往生於色界或欲界中，不離生死輪迴，當然不是眞正的解脫、涅槃；因此證得四空定時，並沒有脫離生死輪迴，不是證得涅槃。以此緣故，名爲外道的四空處涅槃。

第五目　外道無想定涅槃

外道所說的涅槃大多離不開意識境界，只有一種外道是離開意識境界的，就是證得四禪後的無想定境界；這類外道自認爲已經離開生死，所以自稱證得涅槃了。但這種外道死後將會往生到第四禪的無想天中，滅除覺知心而使意識斷滅，留下四禪天身於四禪天中，仍有我見、我執種子存在而保持色陰在四禪天中，誤以爲即是涅槃的寂靜境界；其實還是有意根與色界天身繼續存在，五陰後有並未全部滅盡，並不是已經出離三界生死而離開五陰的涅槃境界，所以將來在無想天中的無想定裡的天福享盡時，意根才一動心，還會再出生意識心，然後就下墮於人間或三惡道中了。

爲何這類外道會墮入無想定中而誤會是證得涅槃呢？因爲他們知道無餘涅槃中應該是絕對寂靜的，但他們不知道無餘涅槃中也是滅盡五陰、十八界，是連意根都要滅除的；他們更不知道無餘涅槃中還有本際如來藏常住不壞，即使滅盡五陰、意根以後，依舊不會是斷滅空。這類外道沒有涅槃智慧，由於這個緣故，這種外道知道應該滅除覺知心，但又恐怕識陰斷滅之後再滅盡色身，會成爲斷滅空，所以就留著第四禪無想天的色身，當作是無餘涅槃；卻不知道無想定中或無想天中都還有意根與色身存在，由於還沒有斷除我見，也還沒有斷盡我執，又堅持六識論的緣故，便留著色身繼續存在，誤以為已經沒有心存在的無想境界中，就是無餘涅槃。這樣認定而不改變，死後就往生到無想天中，壽命最多有五百大劫，都沒有意識覺知心生起；但是當他的壽命終了時，意識覺知心還是會重新再生起，於是就下墮於人間或三惡道中，所以並沒有解脫三界生死，當然就不是證得涅槃的人。

至於近代佛門大師們所謂之涅槃，率多落入最粗淺的離念靈知中，住在識陰六識一念不生的欲界定境界中，自以為即是阿羅漢所證的涅槃境界，尚未看見有誰是住在深未到地定中自以為實證涅槃者；如斯等人尚且不及外道初禪涅槃，何況二禪等至位中意識獨存之離念靈知境界？由是緣故，大乘菩提、二乘菩提所證涅槃之理，更應說之。

第三節　聲聞涅槃之主要內涵

（斷我見、我執，滅盡五陰）

第一目　修習聲聞解脫道的大前提、大方向

聲聞涅槃是二乘涅槃中，經由斷我見與我執而獲得的解脫境界，是指有餘涅槃與無餘涅槃，不同於菩薩們所證的本來自性清淨涅槃。聲聞涅槃的修證方向，必須先瞭解五陰、十八界的內涵；也必須先瞭解三界世間的內涵，以及觀察三界世間都是苦，具足瞭解三苦、八苦，才能生起實證解脫取證涅槃的動力；然後才是修除外我所、內我所的執著，基於五停心觀而獲得未到地定，再以斷身見的見地作爲基礎而開始修道，方能斷除我所執與我執。這是求證聲聞涅槃以前，必須先瞭解的大方向、大前提，以及實修的內涵；至於修證聲聞菩提之前應該具備的條件與內涵，容於本章第四節開始另行說明。

大方向是說，若不能先瞭解五陰的具足內涵，觀察五陰的生滅無常時，就不能具足函蓋五陰；於是觀察五陰的生滅無常時，只能觀察到五陰中的

局部是生滅無常，會把五陰中的其他局部認爲不屬於五陰的範圍，就認定是常住不壞的眞如、佛性，依舊未脫離五陰我，落入局部的五陰我之中，我見沒有斷盡，成爲部分身見繼續存在的現象，無法斷盡三縛結，不能取證聲聞初果。所以，觀行五陰的生滅無常時，必須先具足瞭解五陰的內涵，否則無法眞的斷除身見，仍然會有一部分身見存在而不能生起聲聞初果的見地。由此緣故，當學人開始觀行五陰虛妄之時，眞善知識一定要爲學人具足說明五陰、十八界的內涵而無遺漏；否則可能造成學人未斷盡身見而自以爲已經斷盡，若是自稱爲初果人時即不免成就大妄語業，卻是爲師者之所陷害。

大前提是說，若不能瞭解三界世間的全部內涵，或者瞭解以後還不能觀察到三界世間的境界都是生死輪迴的所在，不知三界生死輪迴之中都有痛苦存在，就對三界境界的全部或局部生起愛樂之心，當然無法生起遠離三界生死輪迴的意願；因此必須先把三界生死中的種種現象，究竟有什麼痛苦存在的事實，一一爲學人解說清楚。在這個大前提之中還有一個內涵必須注意，就是對三界的境界必須具足瞭解——於次法「生天之論」詳實瞭解，才不會解脫於欲界以後就誤以爲是解脫，就宣稱自己證得涅槃了，難免落入外道五種現見涅槃之中，成為大妄語者。乃至不會因為證得二禪、三禪、四禪或四空定時，誤以為已得解脫三界生死而宣稱已證涅槃。所以世尊必須同時為弟子四眾施設世界悉檀，以「生天之論」解說三界的全部境界，弟子們才能依據三界的全部境界相來檢查自己的解脫，才能確定自己確實是超脫三界境界而解脫於三界生死了。至於外我所、內我所、五陰、三界的內涵，請詳閱拙著《阿含正義》之所說，本書中不再重複演繹。但五陰的具足了知，卻是實證二乘涅槃之前提，是故《中阿含經》卷二十九〈大品〉中，已曾說明成就涅槃之條件，以及求證涅槃者必須先了知五陰等法之興衰：

世尊！若有比丘學未得意，求願無上安隱涅槃者，彼於爾時成就學根及學戒。彼於後時，諸漏已盡而得無漏，心解脫、慧解脫，於現法中自知自覺，自作證成就遊，生已盡、梵行已立、所作已辦、不更受有、知如眞者，彼於爾時成就無學根及無學戒。世尊！猶幼少童子，彼於爾時成就小根及小戒，彼於後時具足學根者，彼於爾時成就學根及學戒。

如是，世尊！若有比丘學未得意，求願無上安隱涅槃者，彼於爾時成就學根及學戒。彼於後時，諸漏已盡而得無漏，心解脫、慧解脫，於現法中自知自覺，自作證成就遊，生已盡、梵行已立、所作已辦、不更受有、知如眞者，彼於爾時成就無學根及無學戒。彼若有眼所知色，與眼對者，不能令失此心解脫、慧解脫；心在內住，善制守持，觀興衰法。[18]

證得聲聞涅槃的內容，本書中也不再重複演繹，都請詳閱《阿含正義》。此處只作前提與方向的說明，令佛教學人們先具備了實證聲聞涅槃的大前提，也能走向正確的方向，因此本書中將注重於涅槃義理的演繹，以及略舉初果人到四果人所應修斷的結使，教導學人遠離錯誤的知見，然後得以實證三乘菩提中所證的涅槃，至於觀行的內容，請逕閱《阿含正義》。所以說，像法時代對於涅槃的演說往往有許多種，自以爲證得聖果阿羅漢的大師們各有所說，可是他們的說法有邪有正；末法時代的諸方大師也各有所說，然而所說全部錯誤，難得有人能夠正確演繹出涅槃的正理。佛陀早已預見如此，也親見當時諸方外道所說涅槃全都錯得很嚴重，因此，想要宣

18 《中阿含經》卷 29〈大品〉，《大正藏》冊 1，頁 612，中 29-下 17。

說正確的涅槃之前，就必須預先破斥邪說，先開示外道所墮的四種妄想涅槃，乃至廣說外道的許多種妄想涅槃，使佛門四眾不會落入外道涅槃的邪見中，然後才教導大眾實證眞正的涅槃。

事實上，二乘涅槃是果，不像菩薩的涅槃既是因、也是果，所以聲聞人的涅槃果要依因地正見爲基礎才能修得；所想像的涅槃因，如果已經偏斜而不正確，所證的涅槃果當然也同樣不正確，所以世尊開示說：「（外道所說的涅槃）**非我所說，我所說者，妄想識滅，名爲涅槃。**」正法中所說的涅槃，簡單地說，就是妄識心永遠消滅，以後永遠都不會再有妄識—心意識—生起（註），所以不會再受生於三界中的任何一處，這才是眞實親證涅槃的聖者。由於外道涅槃始終不離神我，神我就是妄想識意識的境界；因此世尊就以妄想識意識的永滅，來比對外道涅槃落入妄想識意識之中，來加以破斥，才能使佛門四眾遠離外道涅槃因，依於正見而修習以後，才能實證眞正的聲聞涅槃果而解脫於三界生死。（註：二乘解脫道中說的「心、意、識」三名同樣是指意識心，異於大乘諸經中說的「心、意、識」，詳《阿含正義》中的考證與釋義。）

第二目　欲修習聲聞解脫道者應有的條件

二乘涅槃之取證，有其次第，並非對初始修學者都可以當場教令實證聲聞涅槃，唯除菩薩多劫修行再來時示現爲聲聞聖者之「善來比丘」；是故諸佛接引外道時的常法，都是先說施論、戒論、生天之論，後說「欲爲不淨、上漏爲患、出要爲上」，然後才說五陰世間是無常、苦、空、無我，令得聲聞解脫道的法眼淨，成爲初果人。有經爲證——《長阿含經》卷三：

> 爾時，福貴被二黃疊，價直百千；即從座起，長跪叉手而白佛言：「今以此疊奉上世尊，願垂納受。」佛告福貴：「汝以一疊施我，一施阿難。」爾時，福貴承佛教旨，一奉如來，一施阿難。佛愍彼故，即爲納受。時，福貴禮佛足已，於一面坐，佛漸爲說法，示教利喜：**施論、戒論、生天之論，欲爲大患、不淨、穢污，上漏爲礙，出要爲上**。時，佛知福貴意，歡喜柔軟，無諸蓋、纏，易可開化，**如諸佛常法**，即爲福貴說苦聖諦，苦集、苦滅、苦出要諦。時，福貴信心清淨，譬如淨潔白疊，易爲受色，即於座上遠塵離垢，諸法法眼生，見法得法，決定正住，不墮惡道，成就無畏，而白佛言：「我今歸依佛！歸依法！歸依僧！

唯願如來聽我於正法中爲優婆塞，自今已後，盡壽不殺、不盜、不婬、不欺、不飲酒，唯願世尊聽我於正法中爲優婆塞。」[19]

亦如《長阿含經》卷十五所載：

爾時，究羅檀頭婆羅門即取一小座於佛前坐。爾時世尊漸爲說法，示教利喜：**施論**、**戒論**、**生天之論**，**欲為大患**，**上漏為礙**，**出要為上**。分布顯示諸清淨行。爾時，世尊觀彼婆羅門志意柔軟，陰蓋輕微，易可調伏，**如諸佛常法**，爲說苦聖諦，分別顯示；說集聖諦、集滅聖諦、出要聖諦。時，究羅檀頭婆羅門即於座上遠塵離垢，得法眼淨。猶如淨潔白疊，易爲受染；檀頭婆羅門亦復如是，見法得法，獲果定住，不由他信，得無所畏，而白佛言：「我今重再三歸依佛、法、聖眾，願佛聽我於正法中爲優婆塞，自今已後，盡形壽不殺、不盜、不婬、不欺、不飲酒。」[20]

是故度化眾生如實證解聲聞涅槃之前，必須先教化眾生信解三界世間

[19]《長阿含經》卷 3，《大正藏》冊 1，頁 19，中 7-23。
[20]《長阿含經》卷 15，《大正藏》冊 1，頁 101，上 14-26。

的內涵及布施與持戒的因果以後，才能教導聲聞解脫道，令得法眼淨而證初果。非唯 世尊如是次第度化有情，諸弟子眾亦復如是效法 世尊，必須先爲聞法者演說施論、戒論、生天之論，使明因果及三界世間等道理，觀察聞法者已能領解並且信受以後，才會爲受法者演述解脫道正理，例如《長阿含經》卷二十〈忉利天品 第八〉：

> 佛告比丘：「昔者，風神生惡見言：『風中無地、水、火。』地、水、火神知彼風神生此惡見，往語之言：『汝實起此見耶？』答曰：『實爾。』三神語言：『汝勿起此見。所以者何？風中有地、水、火，但風大多故，風大得名耳。』時，三神即爲說法，除其惡見，示教利喜：**施論、戒論、生天之論，欲為不淨，上漏為患，出要為上**；敷演開示，清淨梵行。三神知彼風神其心柔軟，歡喜信解，淨無陰蓋，易可開化，**如諸佛常法**，說苦聖諦、苦集諦、苦滅諦、苦出要諦，演布開示。時，彼風神即遠塵離垢，得法眼淨。譬如淨潔白衣，易爲受色。彼亦如是，信心清淨，逮得法眼，無有狐疑，決定得果，不墮惡趣，不向餘道，成就無畏，白三神言：『我今歸依佛、法、聖眾，盡形壽不殺、不盜、

不婬、不欺、不飲酒，願聽我於正法中為優婆夷，慈心一切，不嬈眾生。』」[21]

是故，**諸佛常法**就是在度眾生證解脫道時，必定要解說四聖諦；但在解說四聖諦之前，要先具足說明三界世間的內涵；都不是只談人間世間，而是函蓋欲界六天、色界十八天、無色界四天的境界；預先教導學人知道三界世間的具足內涵，隨後證得初果時才不會誤將初果乃至三果的智慧境界錯認為涅槃境界，更不會在證得初禪時誤會為已出三界而得涅槃，乃至證得四空定時不會誤認為已證涅槃、已出三界。在此之前得要先談布施得生欲界天、得後世可愛異熟果報的因果，再談受持五戒得以保住人身的因果，末後再開示修定得生色界天、無色界天的因果，再度保證受法者對三界的境界相具足了知，就可以確定受法者不會將欲界天、色界天及無色界天的境界，錯認為已得解脫、已證涅槃，意在免除受法者將來可能產生大妄語業而導致下墮三惡道中。

如上所說，施論、戒論、生天之論說過了，接著才是演說「欲為大患，

[21]《長阿含經》卷 20〈忉利天品 第 8〉，《大正藏》冊 1，頁 136，下 7-23。

上漏爲礙，出要爲上」，即是告訴受法者：「欲界之法是求出三界生死者的最大災患，應該捨離欲界的人間和六天境界；色界天境界雖然很高，已非屬於下漏的欲界漏，但這只是上漏而非無漏，仍會障礙出離三界生死之道；即使生在無色界天了，也仍然不該止息，應該求出無色界天的境界，這才是最上解脫之道，名爲『出要爲上』。」演說到這個地步以後，若是觀察受法者信心堅定而不猶疑，有心求出三界而對三界境界無所愛樂，即是心地清淨、知見清淨了，這時才爲他演說五陰、十八界的內容，繼而演說四聖諦、八正道之內涵；假使受法者對於施論、戒論、生天之論不信受，即是心地不淨，仍然愛樂三界法，就應講到這裡爲止，不再繼續講解下去，等候以後有因緣時再爲他深入演說解脫之法。

當受法者已經聽聞過「施論、戒論、生天之論，欲爲不淨，上漏爲患，出要爲上」，有如實理解而且信心堅定已無猶疑時，即是心地清淨易於領受解脫之法了，這時他取證聲聞果的條件才算是具備了，才可以開始爲他演說四聖諦、八正道之法；受法者聞法以後即能獲得聲聞初果的解脫智慧，名爲聲聞道中得法眼淨的初果人；將來繼續進修以後才能獲得二果、三果、四果，具足證得有餘及無餘涅槃。像這樣獲得法眼淨而證初果的人，必定隨即自誓三歸，成爲佛法僧三寶弟子。若有人自稱已證解脫果乃至阿羅漢果，竟然還不是三寶弟子，隨後也不願成爲佛教三寶弟子，都屬外道而且必定是凡夫；原因是他還不曾眞的實證聲聞初果，似懂非懂，所以依舊不懂佛法僧三寶的眞實義，因此而不願意歸依佛教三寶。總歸而言，取證聲聞解脫道而證聲聞涅槃的條件，就是要先理解及信受「施論、戒論、生天之論，欲爲大患、不淨、穢汚，色界的上漏爲解脫之障礙，無色界的出要爲解脫之最上」；若對這些還不能理解、不能生信、不求出離三界，還愛樂於欲界中的名聞、利養、眷屬，或者還不懂三界的具足內涵；或已不愛樂欲界法、已如實理解三界世間以後，仍然沒有求出三界的意願時，即不必浪費時間繼續爲他演說四聖諦、八正道等聲聞菩提正法，因爲眼前的聞法者對於不生不死的涅槃，並無取證的意願。

但聲聞涅槃的主要內涵就是斷我見、我所執、我執，最後要滅盡五陰，不受後有。想要斷盡我見成初果人，必須先瞭解我見（身見）的內涵。想要斷盡我所執而遠離三界愛，必須先瞭解三界各層次的外我所與內我所。想要斷盡我執，必須先具足瞭解五陰的全部內涵，包括極微細的意識與作意。想要瞭解不受後有的明確意涵，必須先瞭解三界諸有的全部內涵，才能確定自己眞的不受後有了；否則難免墮在三界諸有的某一種之中，卻自以爲已經不受後有，自以爲已經成爲阿羅漢，成就大妄語的極重罪，死後不免下墮三惡道中。以上所說的解脫道的內涵，是一切修行者想要求證涅槃以前都必須先深入詳細瞭解的。往常所見自稱已證三果或阿羅漢果的大師們所說的解脫道，都是尚未瞭解以上所說內涵，依舊不曾瞭解次法的內容，更是未斷身見、未斷我所執，也都未斷我執，就宣稱已得阿那含果、阿羅漢果，宣示已證聲聞涅槃，令人爲他們憂心不已。今者在此預先提示，願我佛門四眾弟子都能引以爲鑑，千萬別墮入未悟謂悟、未證言證的大妄語業中。至於斷身見、斷我所執、斷我執、不受後有等內涵，請詳讀拙著《阿含正義》自能知之，此書中不擬重述。

第四節　求證涅槃者應學之次法

《長阿含經》卷十：

佛告比丘：「三法聚者，一法趣惡趣，一法趣善趣，一法趣涅槃。云何一法趣于惡趣？謂無仁慈，懷毒害心，是謂一法將向惡趣。云何一法趣于善趣？謂不以惡心加於眾生，是爲一法將向善趣。云何一法趣于涅槃？謂能精勤修身念處，是爲一法將向涅槃。」

「復有二法趣向惡趣，復有二法趣向善趣，復有二法趣向涅槃。云何二法趣向惡趣？一謂毀戒，二謂破見。云何二法趣向善趣？一謂戒具，二謂見具。云何二法趣向涅槃？一謂爲止，二謂爲觀。」

「復有三法趣向惡趣，三法向善趣，三法向涅槃。云何三法向惡趣？謂三不善根：貪不善根、恚不善根、癡不善根。云何三法向善趣？謂三善根：無貪善根、無恚善根、無癡善根。云何三法趣向涅槃？謂三三昧：空三昧、無相三昧、無作三昧。」

「又有四法趣向惡趣，四法向善趣，四法向涅槃。云何四法向惡趣？謂愛語、恚語、怖語、癡語。云何四法向善趣？謂不愛語、不恚語、不怖語、不癡語。云何四法向涅槃？謂四念處：身念處、受念處、意念處、法念處。」[22]

22《長阿含經》卷 10，《大正藏》冊 1，頁 59，中 19-下 11。

這是要求學人在斷除我見、三縛結之前，應先降伏異生性；是應先把心性調整改變，深信因果以後才能眞的修學涅槃解脫之道。若是不信行善生天、造惡下墮三惡道的因果，這種人即使已具足了知解脫道初果實證的法與實證內涵，觀行也完成了，仍然不可能證得初果，依舊是凡夫。

求證涅槃者應學之次法另有經典開示，如《長阿含經》卷十說：

「又有八法向惡趣，八法向善趣，八法向涅槃。云何八法向惡趣？謂八邪行：邪見、邪志、邪語、邪業、邪命、邪方便、邪念、邪定。云何八法向善趣？謂世正見、正志、正語、正業、正命、正方便、正念、正定。云何八法向涅槃？謂八賢聖道：正見、正志、正語、正業、正命、正方便、正念、正定。」[23]

同樣是要先深信因果，願意捨離邪行，更願實行八種正行而修八正道。若沒有在兩大前提下用功實修，縱使知道所斷三縛結的內容，也觀行完成了，依舊是凡夫，因爲他一定不會有正定與正念；沒有正定與正念的原因，則是不肯修習正志、正語、正業、正命，於是沒有正方便實斷三縛結，他

23《長阿含經》卷 10，《大正藏》冊 1，頁 59，下 27-頁 60，上 4。

所知道的內涵只是知識而非履踐，不能使他證得初果，更別說是阿羅漢解脫三界生死之果報。

又，不離五蓋而求證涅槃解脫者無有是處，《長阿含經》卷十二說：

若外道梵志作如是問：「何樂自娛，沙門瞿曇之所稱譽？」諸比丘！彼若有此言，汝等當答彼言：「諸賢！有五欲功德，可愛可樂，人所貪著。云何爲五？眼知色，乃至身知觸，可愛可樂，人所貪著。諸賢！五欲因緣生樂，當速除滅。猶如有人故殺衆生，自以爲樂；有如此樂，應速除滅。猶如有人公爲盜賊，自以爲樂；有如此樂，應速除滅。猶如有人犯於梵行，自以爲樂；有如此樂，應速除滅。猶如有人故爲妄語，自以爲樂；有如此樂，應速除滅。猶如有人放蕩自恣，自以爲樂；有如此樂，應速除滅。猶如有人行外苦行，自以爲樂；有如是樂，應速除滅。猶如有人去離貪欲，無復惡法，有覺有觀，離生喜樂，入初禪；如是樂者，佛所稱譽。猶如有人滅於覺觀，內喜一心，無覺無觀，定生喜樂，入第二禪；如是樂者，佛所稱譽。猶如有人除喜入捨，自知身樂，賢聖所求，護念一心，入第三禪；如是樂者，佛所稱譽。樂盡苦盡，憂、喜先滅，不苦不樂，護念清淨，入第四禪；如是樂者，佛所稱譽。」

若有外道梵志作如是問：「汝等於此樂中求幾果功德？」應答彼言：「此樂當有七果功德。」云何爲七？於現法中，得成道證；正使不成，臨命終時，當成道證；若臨命終復不成者，當盡五下結，中間般涅槃、生彼般涅槃、行般涅槃、無行般涅槃、上流阿迦尼吒般涅槃。諸賢！是爲此樂有七功德。諸賢！若比丘在學地欲上，求安隱處，**未除五蓋**，云何爲五？貪欲蓋、瞋恚蓋、睡眠蓋、掉戲蓋、疑蓋。彼學比丘方欲上求，求安隱處，未滅五蓋，於四念處不能精勤，於七覺意不能勤修，欲得上人法、賢聖智慧增盛，**求欲知欲見者，無有是處**。[24]

又，針對法與次法的關係，次法修習時的次第性，都應當了知然後實行，方能實證涅槃；不是未修次法、未伏五蓋的人直接修習觀行之法便可以實證初果解脫。例如《中阿含經》卷十〈習相應品 第四〉說：

[24]《長阿含經》卷 12，《大正藏》冊 1，頁 75，上 5-中 9。

我聞如是：一時，佛遊舍衛國，在勝林給孤獨園。爾時，世尊告諸比丘：「若比丘無慚無愧，便害愛恭敬；若無愛恭敬，便害其信；若無其信，便害正思惟；若無正思惟，便害正念正智；若無正念正智，便害護諸根、護戒、不悔、歡悅、喜、止、樂、定、見如實、知如眞、厭、無欲、解脫。若無解脫，便害涅槃。若比丘有慚有愧，便習愛恭敬；若有愛恭敬，便習其信；若有其信，便習正思惟；若有正思惟，便習正念正智；若有正念正智，便習護諸根、護戒、不悔、歡悅、喜、止、樂、定、見如實、知如眞、厭、無欲、解脫；若有解脫，便習涅槃。」佛說如是。彼諸比丘聞佛所說，歡喜奉行。[25]

若無慚無愧，則不起恭敬心，於法於師悉皆不敬，只欲得法，並非解脫道的親身履踐者；於是得法過程中只對得法的事有興趣，於事師之道、學法之基礎悉皆棄之不顧，便使「護諸根、護戒、不悔、歡悅、喜、止、樂、定、見如實、知如眞、厭、無欲、解脫」等法悉皆不能成就，於是了知觀行內容與所得智慧之後，只成爲知識而無解脫功德，永世不得涅槃解

25 《中阿含經》卷 10〈習相應品〉第 4，《大正藏》冊 1，頁 486，上 7-19。

脫而自以爲已得涅槃解脫，輕視一切人乃至其師；此類人都不免未證謂證、未得言得，來世不得繼續生於人間，誠可憐憫，是故應當於此告知欲求實證涅槃解脫之學人。

又，不得單修一法便得涅槃，須次第具足進修方得，是故《中阿含經》卷二〈七法品 第一〉說：

尊者舍梨子則於晡時從燕坐起，往詣尊者滿慈子所，共相問訊，卻坐一面，則問尊者滿慈子曰：「賢者！從沙門瞿曇修梵行耶？」答曰：「如是。」「云何賢者，以戒淨故，從沙門瞿曇修梵行耶？」答曰：「不也。」「以心淨故、以見淨故、以疑蓋淨故、以道非道知見淨故、以道跡知見淨故、以道跡斷智淨故，從沙門瞿曇修梵行耶？」答曰：「不也。」又復問曰：「我向問賢者從沙門瞿曇修梵行耶？則言『如是』。今問賢者以戒淨故從沙門瞿曇修梵行耶？便言『不也』。以心淨故、以見淨故、以疑蓋淨故、以道非道知見淨故、以道跡知見淨故、以道跡斷智淨故，從沙門瞿曇修梵行耶？便言『不也』。然以何義，從沙門瞿曇修梵行耶？」答曰：「賢者！以無餘涅槃故。」

又復問曰：「云何賢者，以戒淨故，沙門瞿曇施設無餘涅槃耶？」答曰：「不也。」「以心淨故、以見淨故、以疑蓋淨故、以道非道知見淨故、以道跡知見淨故、以道跡斷智淨故，沙門瞿曇施設無餘涅槃耶？」答曰：「不也。」又復問曰：「我向問仁，云何賢者以戒淨故，沙門瞿曇施設無餘涅槃耶？賢者言『不』。以心淨故、以見淨故、以疑蓋淨故、以道非道知見淨故、以道跡知見淨故、以道跡斷智淨故，沙門瞿曇施設無餘涅槃耶？賢者言『不』。賢者所說爲是何義？云何得知？」

答曰：「賢者！若以戒淨故，世尊沙門瞿曇施設無餘涅槃者，則以有餘稱說無餘；以心淨故、以見淨故、以疑蓋淨故、以道非道知見淨故、以道跡知見淨故、以道跡斷智淨故，世尊沙門瞿曇施設無餘涅槃者，則以有餘稱說無餘。賢者！若離此法，世尊施設無餘涅槃者，則凡夫亦當般涅槃，以凡夫亦離此法故。賢者！但以戒淨故，得心淨，以心淨故，得見淨，以見淨故，得疑蓋淨，以疑蓋淨故，得道非道知見淨，以道非道知見淨故，得道跡知見淨，以道跡知見淨故，得道跡斷智淨，以道跡斷智淨故，世尊沙門瞿曇施設無餘涅槃也。」[26]

追隨　世尊修學諸法之目的是要求證涅槃解脫生死，但是求證涅槃而解脫生死以前，卻是必須先具備求證之條件，即是與該解脫層次相應的次法應當先修學圓滿，然後才能實證所欲證的該層次的涅槃法；換句話說，必須先因「心淨故、見淨故、疑蓋淨故、道非道知見淨故、道跡知見淨故、道跡斷智淨故」，「道跡」是指親身如實履踐，實修解脫法時才有「道跡知見淨」及「道跡斷智淨」的實質，才可能證得　世尊所施設的無餘涅槃，實證之後才能了知爲何　世尊要以有餘涅槃來稱說無餘涅槃。爲了避免了知涅槃法的內容以後成爲知識而無解脫正受，失去應證的涅槃功德，一切學人都應該先修習與各個涅槃層次相應的次法，然後才付諸於實修而作觀行；如是觀行完成時才會有所證涅槃的解脫功德，否則空知涅槃眞義又有何用？必無解脫功德正受故，不能如實履踐涅槃境界故。

又，欲證涅槃解脫者，必須先學次法及八正道法，《中阿含經》卷三十八〈梵志品　第一〉亦如是說：

26《中阿含經》卷 2〈七法品〉第 1，《大正藏》冊 1，頁 430，中 24-頁 431，上 4。

於是，鬚閑提異學即從座起，偏袒著衣，叉手向佛，白曰：「瞿曇！我今極信沙門瞿曇！唯願瞿曇善爲説法，令我得知此是無病、此是涅槃。」世尊告曰：「鬚閑提！若汝聖慧眼未淨者，我爲汝説無病、涅槃，終不能知，唐煩勞我。鬚閑提！猶生盲人，因他往語：『汝當知之，此是青色，黃、赤、白色。』鬚閑提！彼生盲人頗因他説，知是青色，黃、赤、白色耶？」答世尊曰：「不也！瞿曇！」「如是，鬚閑提！若汝聖慧眼未淨者，我爲汝説無病、涅槃，終不能知，唐煩勞我。鬚閑提！我爲汝説如其像妙藥，令未淨聖慧眼而得清淨。鬚閑提！若汝聖慧眼得淨者，汝便自知此是無病、此是涅槃。」[27]

若於次法具足實修者，慧眼清淨（具足正見）已，即能自知無病、涅槃，故世尊隨後即說：「鬚閑提！若汝聖慧眼得淨者，汝便自知此是無病、此是涅槃。」世尊在在處處宣示說，必須先具足實修種種次法，使身心能適應於涅槃解脫境界後，方可實修涅槃法，然後始能親證涅槃，否則都只是空有涅槃智慧而無解脫受用，名爲凡夫。

27《中阿含經》卷 38〈梵志品 第 1〉，《大正藏》冊 1，頁 672，下 4-15。

凡是欲證聲聞涅槃而不得力的人，應當修四念處觀；若是五蓋重而不得力的人，應先以五停心觀對治，然後實修涅槃以後方能獲得解脫受用，是故《雜阿含經》卷二十四說：

彼以賢聖戒律成就，善攝根門，來往周旋，顧視屈伸，坐臥眠覺語默，住智正智。彼成就如此聖戒，守護根門，正智正念，寂靜遠離，空處、樹下、閑房獨坐，正身正念，繫心安住。斷世貪憂，離貪欲，淨除貪欲；斷世瞋恚、睡眠、掉悔、疑蓋，離瞋恚、睡眠、掉悔、疑蓋，淨除瞋恚、睡眠、掉悔、疑蓋。斷除五蓋惱心，慧力羸、諸障閡分、不趣涅槃者，是故內身身觀念住，精勤方便，正智正念，調伏世間貪憂；如是外身、內外身，受、心、法法觀念住，亦如是說。是名比丘修四念處。28

這就是說，聞熏涅槃的道理而直接觀行的人，若未先以四念處或五停心觀降伏攀緣心，改變貪染、瞋恚、愚癡的心性，他所觀行出來的結果都只是世間人對出世間涅槃的知識，不會獲得解脫正受，其實並沒有實證涅

28《雜阿含經》卷 24，《大正藏》冊 2，頁 176，中 7-18。

槃而誤以爲實證涅槃，捨壽後的去處很令人擔憂。所以世尊開示說：應該先「善攝根門」，以「正智」安住其心；應該先成就聖戒「守護根門」，在寂靜處坐，遠離世間諸法而使自己「正身正念，繫心安住」令心得住；還要「斷世貪憂，離貪欲，淨除貪欲；斷世瞋恚、睡眠、掉悔、疑蓋，離瞋恚、睡眠、掉悔、疑蓋，淨除瞋恚、睡眠、掉悔、疑蓋」。這些條件具足時，五蓋已經修除而發起初禪，或者已經降伏五蓋而獲得未到地定了，但還不是實證涅槃，得要修四念處觀：觀身不淨、觀受是苦、觀心無常、觀法無我。令自己的身心得以如是安住不動之後，再以四聖諦深觀，方能眞實斷三縛結，得初果涅槃——七次人天往返而得解脫。由此可知次法的重要性。

又，唯有遇到直心之人，善知識方得傳授涅槃之路，例如《長阿含經》卷八如是說：

復有五法，謂滅盡支：一者、比丘信佛、如來、至眞、等正覺，十號具足。二者、比丘無病，身常安隱。三者、質直無有諛諂，能如是者，如來則示涅槃徑路。四者、自專其心，使不錯亂；昔所諷誦，憶持不忘。五者、善於觀察法之起滅，以賢聖行，盡於苦本。[29]

必須先瞭解諸佛是十號具足者，十號的內容應該先有瞭解；還須身心正常調適於出世間法，所謂「身常安隱」，其心「質直無有諛諂」，善知識方得傳授涅槃之法令其正式觀修。觀修之後能否實證，則要依其是否「自專其心，使不錯亂；昔所諷誦，憶持不忘」而定；然後得要「善於觀察法之起滅」而了知蘊處界等諸法悉皆生滅無常，然後「以賢聖行，盡於苦本」，才是實證涅槃而得解脫之時，否則終究只有乾慧而無實質，何有涅槃的實證與解脫功德正受？涅槃解脫之理雖然已知，對他而言終究只是知識而非實證，若是自言證果，捨壽後即告墜落三惡道中。

知道世尊不斷強調次法重要性的原理了，可以開始實修了，那麼是誰可以實證呢？二乘涅槃解脫的非境界，是否必須出家以後方能實證？其實不然，當你在次法上的修習已經圓滿了——實證涅槃的條件具足了，這時只要有正智，願依四聖諦八正道正理而修，皆可證得聲聞四果，非唯出家人，是故《雜阿含經》卷十二明載云：

29 《長阿含經》卷 8，《大正藏》冊 1，頁 51，中 14-20。

佛說此經已，阿支羅迦葉遠塵離垢，得法眼淨。時，阿支羅迦葉見法、得法、知法、入法，度諸狐疑，不由他知、不因他度，於正法、律心得無畏，合掌白佛言：「世尊！我今已度，我從今日，歸依佛、歸依法、歸依僧，盡壽作優婆塞，證知我。」阿支羅迦葉聞佛所說，歡喜隨喜，作禮而去。時，阿支羅迦葉辭世尊去不久，爲護犢牸，牛所觸殺，於命終時，諸根清淨，顏色鮮白。爾時，世尊入城乞食。時，有眾多比丘亦入王舍城乞食，聞有傳說：「阿支羅迦葉從世尊聞法，辭去不久，爲牛所觸殺，於命終時，諸根清淨，顏色鮮白。」諸比丘乞食已，還出，舉衣鉢，洗足，詣世尊所，稽首禮足，退坐一面，白佛言：「世尊！我今晨朝眾多比丘入城乞食，聞阿支羅迦葉從世尊聞法、律，辭去不久，爲護犢牛所觸殺，於命終時，諸根清淨，顏色鮮白。世尊！彼生何趣？何處受生？彼何所得？」佛告諸比丘：「彼已見法、知法、次法、不受於法，已般涅槃，汝等當往供養其身。」爾時，**世尊為阿支羅迦葉授第一記**。[30]

30《雜阿含經》卷12，《大正藏》冊2，頁86，中3-23。

這就是說，只要先世學法之時，次法已經先具足了，初聞 世尊演說正法之時，色身雖未出家，亦能實證涅槃，成爲心出家而非身出家的佛弟子，捨壽時便能出離三界生死苦，阿支羅迦葉即是現成的例子。所以，一切在家修行的佛弟子，也不必妄自菲薄，只要努力修行而把次法具足圓滿了，聽聞如實無誤的涅槃法以後自己觀行實修，亦能實證涅槃。但是次法的具足與否，不是自己說了就算數，得要依照 世尊諸經中的聖教，一一檢驗五蓋的伏除，必須觀察已伏或已除[31]而且無誤以後，才能確定，這是末法時代所有修學聲聞涅槃的人都必須特別留意之處，以免誤犯大妄語業。以下各節開始略說次法，所謂「**施論、戒論、生天之論、欲爲不淨、上漏爲患、出要爲上**」。

在這一節的最後，要特別提示的一點是：必須先修五停心觀而獲得未到地定。若不能隨修一種或二種以上，獲得未到地定者，縱使具足觀行斷我見等內容而了知三界我之虛假，則其五蓋尚未降伏，仍不能如實斷除我見，則三縛結具足存在，自謂已斷我見、已斷三縛結，都無實義；因爲他

---

31 依見道修道而言五蓋之伏除，已伏者必得未到地定，已除者必定發起初禪。

所觀行而得的結果只是乾慧而無初果解脫之實質，不是眞的斷我見證初果。必須先有降伏自心已得安忍之定力，然後如實觀行而斷三縛結，方能如實忍於斷煩惱所得的智慧，才是眞正的初果實證者。猶如三果的實證者必須有初禪具足的定力作支撐，才能超越欲界而生於色界天中的道理相同，這是所有求證聲聞涅槃的四眾學人都應先知的正理。

第五節　施論

次法總共有三論三法：「**施論、戒論、生天之論，欲爲不淨，上漏爲患，出要爲上。**」三論中的首論即是布施之論——布施的因果正理，對於想要實證解脫果的人而言，是最基本的條件。如果心中不信布施以後必然會發生的此世後世因果，他心中只是慳貪於欲界法而成爲世俗人，拔一毛以利天下而不爲，或者雖然富有卻只願以微少及粗劣之物布施，這種人仍然貪著於欲界法，一定不會有想要求出三界生死的堅強意願；因爲他連最粗重的欲界法都不肯捨棄，都還落在我所的執著中，何況能夠捨棄較輕的色界法及最輕的無色界法？更何況要他捨棄五陰自己而證涅槃？即使他有跟著大眾在修學解脫之道，也只是附庸風雅而學，並非眞的想要求出三界生死諸苦；這是因爲他對欲界境界仍有極大的貪愛，怎麼可能願意實證放捨三界一切諸法及放棄自我的涅槃果？若是想要勉強幫他取證聲聞涅槃而爲他解說四聖諦、八正道等法，他聽了以後都只成爲知識，都不可能是眞正的解脫道妙法，因爲他都沒有如實履踐的能力。在這樣的背景下說法及聞法，對於善知識與他，雙方都無意義，也只是浪費了說法者的寶貴光陰，所以只要爲他講「施論、戒論」而到「生天之論」也就夠了。至於是否有因緣繼續爲他宣講「欲爲不淨、上漏爲患、出要爲上」的三種次法，就得觀察他以後的因緣了。若是涅槃正法解脫道正理——演述四聖諦、八正道乃至不受後有等法義，可就不必了。學人在這個道理上面必須如實理解及完全信受，也願意如實履踐，否則所謂的求出三界生死，終究只是空言，不過是附庸風雅而沒有實證的可能；將其修學解脫道的各種行，說之爲熏習對於聲聞涅槃的信心而非能證之人，允爲恰當。

所謂的「施論」是說布施的因果，屬於十善業道的範圍。布施的人在未來世可以獲得世間資財上的福德，由於已有這個福德，可以用來迴向聲聞菩提的實證，乃至迴向緣覺菩提、佛菩提的實證，所以經由布施所獲得的福德，可以成為實證三乘菩提的資糧。

至於布施的最基本因果，猶如《優婆塞戒經》卷五〈雜品〉第十九之餘中，佛如是說：

> 如為身命耕田種作，隨其種子獲其果實，施主施已亦復如是，隨其所施獲其福報。如受施者受已，得**命**、**色**、**力**、**安**、**辯**，施主亦得如是五報；若施畜生得百倍報，施破戒者得千倍報，施持戒者得十萬報，施外道離欲得百萬報，施向道者得千億報，施須陀洹得無量報，向斯陀含亦無量報，乃至成佛亦無量報。[32]

布施時有三種要義必須了知：施主、福田、施事。假使三者都殊勝，所獲未來世的福德無量無邊，不可思議。上一段經文中所說者，即是較量福田之殊勝或下劣；若人布施時即是種福田，所種福田越殊勝，未來世獲得的福果也就越殊勝；所種福田若不殊勝，未來世獲得的福果也跟著下劣。譬如受施者已經接受布施了，施主就能在未來世獲得五種福果，使他壽命

32《優婆塞戒經》卷5〈雜品〉第19之餘，《大正藏》冊24，頁1058，下1-8。

增長而不短壽，色身康泰而不會一生病痛纏身無法遠離，也能獲得從事營生之時所必須的氣力，一生際遇安和利樂，言語方面也能與人正常論辯而不會有語言上的障礙；這五種福果，在下一世中會跟著他，猶如影子隨逐於人一樣不會失去。這種福果，依世尊的開示，若施於無力回報施主的畜生時，來世可得百倍之報；若是施於持戒者，來世可得十萬報；若是施於外道法中遠離欲界貪愛而證得初禪的人，來世可得百萬倍福果；若是施給即將證得聲聞初果的佛弟子，來世可得千億倍之報；若是施給聲聞法中的初果人、菩薩法中的證悟者，乃至施給現前之佛，來世都是得到無量倍之福報。

這種布施的世間因果，若不信受，表示他對解脫道出世間法尚無法信受，對解脫果也一定無法信受，為他演述解脫道的四聖諦、八正道，都是沒有意義的。此類人若是自稱已得初果、已經開悟，都是大妄語人；若是自稱祖師再來，都已造下異生業，來世必在三惡道中；因為凡是有因緣斷三縛結證初果的人，以及證初果以後明心開悟的人，都不可能不信布施的因果。懂得布施因果的人，絕對不會求受他人供養世間財物；若有人宣稱已得阿羅漢果，而竟繼續飲酒、抽煙、求五欲之樂，未來世必在地獄，出期遙遠，是具足異生性之人，何況能是阿羅漢？

若是福田不殊勝，而施主殊勝，所獲得的果報亦是無量無邊；若是所施殊勝，譬如以勝妙法布施於有緣人，或以廣大資財普遍布施於一切貧窮者而不分別高下，所獲得的果報亦是無量無邊；若是布施時以少量財物布施於良福田、善福田，譬如布施給外道離欲而證初禪者，來世得百萬倍果報；若是布施時以少量財物布施給初果人或證悟不退之菩薩，未來世都得無量無邊之福報。此外還有至心施、自手施、信心施、時節施、如法求財施，以及布施時應注意的其他不同事項等，都會影響布施的因果，使布施的福果大爲增加或大爲減少；如是布施因果之細節，請詳閱拙著《優婆塞戒經講記》，此處不復重贅。

乃至有人布施以後獲得未來世下墮的惡因果，譬如布施給專門利用雙身法淫人妻女的邪教，使邪教更有資財勢力而可大力推廣邪法，使人間殘害眾生、淫人妻女的惡行更加擴散；或如布施給否定大乘法的弘法者，或如布施給大乘法中專門以常見、斷見等外道法，來取代佛門正法的弘法者，必使世尊破斥的相似像法更加擴散而抑制了義正法的流傳，都會在未來世獲得惡果，未來多世將與惡法相應而逐漸下墮於三惡道中。這是由於不如法的布施，在未來世必定得惡果，所得果報必與所布施的內涵相應而不相捨離，他想要以布施所得小劣福果相應於正法的實證，必將遙遙無期，這是一切努力勤作布施的佛弟子所必須留意之處。當然，布施之論並非只有上面所說的內涵而已，其中的因果與變異相很廣；本書的內容既非以布施的因果爲主，關於布施的種種事相以及所將產生的種種福果上的變異相，在本書中不再詳加說明；想要深入瞭解的佛門四眾，可以請閱拙著《優婆塞戒經講記》細讀，自能知之，此處從略。

第六節　戒論

受持五戒之人，未來世得以保住人身，乃至由於持戒利益眾生而得生天；因此一切人都應受持五戒，不論是否想要修學解脫道而實證涅槃。例如《長阿含經》卷二云：

於是，世尊即從座起，著衣持鉢，與大眾俱，詣彼講堂，澡手洗足，處中而坐。時，諸比丘在左面坐，諸清信士在右面坐。爾時，世尊告諸清信士曰：「**凡人犯戒，有五衰耗**。何謂爲五？一者求財，所願不遂。二者設有所得，日當衰耗。三者在所至處，眾所不敬。四者醜名惡聲，流聞天下。五者身壞命終，當入地獄。」又告諸清信士：「凡人持戒，有五功德。何謂爲五？一者諸有所求，輒得如願。二者所有財產，增益無損。三者所往之處，眾人敬愛。四者好名善譽，周聞天下。五者身壞命終，必生天上。」[33]

不能持戒而常常壞戒的人，死後尚且會下墜於地獄中，人身不保，何況能實證聲聞初果乃至證得菩薩果？其所言涅槃之實證，都屬空談。

又，世尊開示云：敬重於解脫道善法故，應當持戒。《長阿含經》卷九：

復次，比丘！聖所行戒，不犯不毀，無有染汙，智者所稱，**善具足持**，**成就定意**。復次，比丘！**成就賢聖出要**，平等盡苦，正見及諸梵行；是名重法，可敬可重，和合於眾，無有諍訟，獨行不雜。[34]

33《長阿含經》卷 2，《大正藏》冊 1，頁 12，中 13-20。
34《長阿含經》卷 9，《大正藏》冊 1，頁 54，上 15-19。

如是敬重法故而受持出家戒或在家戒，對於解脫生死而證涅槃之「賢聖出要」方能成就。若連基本的戒法都無法受持，或受持之後屢屢犯戒而無法自行遏止，貪財之戒、貪色之戒、謗賢聖之戒尚且無法受持，何況能證初果涅槃乃至菩薩涅槃？何以故？初果人必奉五戒或聲聞戒不犯故，證悟明心不退之人必奉菩薩十重戒不犯故，偶有犯者亦必對眾懺悔、後不復作故。

又，持聖戒者易得聖道，故應持聖戒，不持外道戒，方能實證涅槃。例如《長阿含經》卷十三云：

摩納！如餘沙門、婆羅門食他信施，行遮道法，邪命自活。或言此國勝彼，彼國不如；或言彼國勝此，此國不如。占相吉凶，說其盛衰。入我法者，無如是事，但修聖戒，無染著心，內懷喜樂；目雖對色而不取相，眼不爲色之所拘繫，堅固寂然，無所貪著，亦無憂患，不漏諸惡，堅持戒品，善護眼根；耳、鼻、舌、身、意，亦復如是；善御六觸，護持調伏，令得安隱。猶如平地駕駟馬車，善調御者執鞭持控，使不失轍；比丘如是御六根馬，安隱無失。[35]

聲聞出家戒法可以調伏自心，始從拘繫而漸習慣，最後心性自然良善，無諸貪著，自能於解脫之道善得相應，末後終能實證涅槃。佛道中的菩薩戒亦復如是，若能嚴持不犯，自然漸漸調伏自心，末後終能實證三乘涅槃。

經中亦說，持世間戒精進修行，得超欲界而生清淨梵天之中；若進而受持佛戒精進修行，皆得實證聲聞聖道。例如《毘婆尸佛經》卷二所載 世尊之開示：

爾時毘婆尸佛欲令欠拏歡喜信受開示妙法。佛言：「如過去諸佛所說，若布施持戒，精進修行，能離欲、色煩惱過失，得生淨天。時，欠拏太子、帝穌嚕聞是語已，心得清淨；如毘婆尸正等覺心，生正解心、不疑心、善心、軟心、廣心、無礙心、無邊心、清淨心；復爲宣說苦集滅道，四諦法行種種開示。時欠拏太子、帝穌嚕通達四諦，見法知法，得法堅牢法、依法、住法、不動法、不捨法、不空法，譬如白疊無諸塵垢，悟法之心亦復如是。爾時，欠拏太子、帝穌嚕白毘婆尸佛

35《長阿含經》卷 13，《大正藏》冊 1，頁 84，下 9-19。

言：『如來、應、正等覺！我願出家，受善逝戒。』佛言：『善哉！今正是時。』即與剃髮受具足戒。如是彼佛為彼二人現三種神通，令發精進趣向佛慧：一、現變化神通，二、現說法神通，三、現調伏神通。如是現已，欠拏太子、帝穌嚕勇猛精進，經須臾間，眞智相應，斷盡諸漏成阿羅漢。」[36]

只有與戒具足相應而能降伏三界法貪愛的人，才能在聞法之際斷盡我所執及我執，證阿羅漢果，因為已經超越欲界愛而發起初禪，已經超越三界境界而斷盡我所執及我執了，何況自稱阿羅漢或自稱證道的菩薩而不能持聲聞戒、菩薩戒？

又，持戒能助行者成就智慧之修行，乃至得以成就四沙門道。《大集法門經》卷上云：【復次，三種福事成就慧行，是佛所說。謂布施莊嚴成就慧行，持戒莊嚴成就慧行，禪定莊嚴成就慧行。】[37] 在《佛開解梵志阿颰

36《毘婆尸佛經》卷 2，《大正藏》冊 1，頁 157，上 2-19。
37《大集法門經》卷上，《大正藏》冊 1，頁 228，上 14-16。

經》也是如此開示：【若持戒淨，便得沙門四道。】[38] 也證實持戒可以幫助眞正想要實證解脫道的人，當他受持別解脫戒聲聞戒以後，眞能清淨受持，若有正確的聲聞解脫道知見與行門，就可在此一生之中證得聲聞法中的有餘及無餘涅槃。

若是依止正法之師修學而有正智的人，由於持戒便能善於修行而得解脫、實證涅槃，此亦有《中阿含經》卷十〈習相應品 第五〉經文爲證：

爾時，世尊告曰：「阿難！持戒者不應思『令我不悔』，阿難！但法自然，持戒者便得不悔。阿難！有不悔者不應思『令我歡悅』，阿難！但法自然，有不悔者便得歡悅。阿難！有歡悅者不應思『令我喜』，阿難！但法自然，有歡悅者便得喜。阿難！有喜者不應思『令我止』，阿難！但法自然，有喜者便得止身。阿難！有止者不應思『令我樂』，阿難！但法自然，有止者便得覺樂。阿難！有樂者不應思『令我定』，阿難！但法自然，有樂者便得定心。阿難！有定者不應思『令我見如實、知如眞』，阿難！但法自然，有定者便得見如實、知如眞。阿難！有見如

38《佛開解梵志阿颰經》，《大正藏》冊 1，頁 262，下 21-22。

實、知如眞者不應思『令我厭』，阿難！但法自然，有見如實、知如眞者便得厭。阿難！有厭者不應思『令我無欲』，阿難！但法自然，有厭者便得無欲。阿難！有無欲者不應思『令我解脫』，阿難！但法自然，有無欲者便得解脫一切婬、怒、癡。阿難！是爲因持戒便得不悔，因不悔便得歡悅，因歡悅便得喜，因喜便得止，因止便得樂，因樂便得定心。阿難！多聞聖弟子有定心者便見如實、知如眞，因見如實、知如眞便得厭，因厭便得無欲，因無欲便得解脫，因解脫便知解脫；生已盡，梵行已立，所作已辦，不更受有，知如眞。阿難！是爲法法相益，法法相因，如是**此戒趣至第一**，謂度此岸，得至彼岸。」[39]

在求證涅槃法中的眞正道器，是指「持戒者便得不悔」的人，因爲凡是眞正的道器，法爾如是，持戒之後必然心生歡喜而得不悔，不需再作意加行之後方得不悔，所以 世尊說：「但法自然，持戒者便得不悔。」世尊也開示說：「有厭者不應思『令我無欲』。」因爲持戒不悔而且心生歡喜的人，法爾自然漸離欲界諸法，時間久了以後自然轉變清淨，所以 世尊說：「但法自然，有厭者便得無欲。」無欲的緣故便得初禪，在實質上超越欲界境

39《中阿含經》卷 10〈習相應品 第 5〉，《大正藏》冊 1，頁 485，中 22-下 18。

界，便能斷除五下分結。世尊乃至開示「有無欲者不應思『令我解脫』」，因爲都能斷離欲界境界了，比欲界煩惱輕細的色界、無色界法的執著，自然更容易斷除了，所以世尊說：「阿難！但法自然，有無欲者便得解脫一切婬、怒、癡。」於是斷盡五上分結成爲慧解脫阿羅漢。由此可以證實，戒法是求證聲聞涅槃、菩薩涅槃的修行者，都必須遵守而且必歡喜受持的；若是與戒法不相應，處處覺得受拘束（還不必談到常常犯戒者），便是心地不清淨，也是現前已於欲界法中時時生起貪愛而落入我所執之中，此人尚且無法超越於欲界境界，何況能斷除三界貪愛而證阿羅漢果。若有人不信布施之因果亦不持戒，而自稱已證聖果者，皆是地獄種姓一類，決無可疑。

又如《中阿含經》卷二十三〈穢品 第三〉說：

> 或有一人不犯戒、不越戒、不缺戒、不穿戒、不污戒，稱譽持戒；若有一人不犯戒、不越戒、不缺戒、不穿戒、不污戒，稱譽持戒者：「此法可樂、可愛、可喜。」[40] 能令愛念，能令敬重，能令修習，能令攝持；能令得沙門，能令得一意，能令得涅槃。

40《中阿含經》卷 23〈穢品 第 3〉，《大正藏》冊 1，頁 576，下 21-26。

意思是說，凡是求證涅槃出三界果報的人，都應該持戒；而且是有人初持戒時，其他同樣已持戒的人，應該爲他鞏固對於戒法的信心。若是有人持戒嚴謹乃至意樂於戒行，其他人便應該讚歎持戒者。若是持戒者被讚歎之後，心中得喜，又因爲欲求涅槃解脫而愛樂持戒之法，認知戒法可以幫助自己遠離三界貪愛，於是持戒不悔乃至持戒歡喜，漸漸便能棄捨三界一切法而得出離；能出離已，末後便能證得沙門法；證得沙門法已，隨後便能善受棄捨自我的滅諦，心得一意而不悔；心得一意而不悔已，便能證得涅槃，得出三界生死。由此可見，持戒一法在求證涅槃過程中的重要性，故說一切求證涅槃、求出三界生死者，都應該愛樂聲聞戒、菩薩戒。

又，凡是在家的聲聞初果人，一定都受持三自歸戒，沒有不持三歸戒的聲聞初果人（更沒有不持三歸戒的明心開悟菩薩）。如是史實具載於四大部阿含諸經中，不煩一一列舉。以此爲驗，若見有人宣稱已證初果乃至四果者，竟不歸依於菩薩勝義僧或聲聞勝義僧，當知其人所謂證果，悉屬因中說果，乃是大妄語人，分屬外道，有智之人悉皆不會信受其證果之言，否則空修諸行而無所成猶其輕者，隨其誤犯大妄語業而墜三塗則屬愚癡。若已實證聲聞解脫道果位者，於佛、法、僧三寶之實質，已有基本之實證與認知，絕無不肯尋覓勝義僧而歸於佛門三寶者，唯除當代之士已無勝義僧而唯有自身是勝義僧；然此勝義僧自身仍然歸命於佛門三寶，仍會隨眾而於凡夫僧中求受聲聞戒乃至菩薩戒，完成受戒表相，而於受戒表相中至心歸命諸佛及十方法界中一切三寶，絕不自立於三寶之外。以上所舉聖戒道理，證實求證解脫道果位涅槃者，必須歸依三寶而受三歸戒，或於聞法時已先於五戒等法得忍而後求受五戒、出家戒、菩薩戒等。

第七節　生天之論

天有三種：欲界天、色界天、無色界天。若未具足了知欲界天、色界天、無色界天的境界，而言能證出三界生死之涅槃，即成奢言，不免犯下大妄語業，是故應當略說。

受生於欲界天的境界中，是因前世在人間受持五戒，行諸善業，不捨離十善業道；或因受持三歸並持五戒，以此緣故，捨壽之後生於欲界天中；或者世間俗人不唯不犯眾生，並且加修十善業道，成就善福，死後得生於欲界天中享福。欲界天人的境界，具足勝妙之五欲，但不像人間的五欲受用之時、之後都有負擔，所以被世間智者所讚歎。欲界天總共有六天：四王天、忉利天、夜摩天、兜率陀天、化自在天、他化自在天；各天的天主，大多在人間擔任一教之教主，譬如道教最高之神祇玉皇上帝，即是忉利天之天主釋提桓因；觀察其餘諸多正教之教主境界，亦都在欲界第二天的境界中，並未超出欲界天之外，仍在三界生死輪迴之中，未證初果。若是一神教之教主或其所供奉之神，不過是人間鬼神境界，是故信徒祭祀之時，都不離血食及酒；如是祭祀事相，仍具載於一神教之經典中，迄今仍於一神教徒中流傳及受持。

色界天則是由於遠離欲界五欲境界，不再喜愛財色名食睡等法，特別是不再喜愛男女色，是故心得清淨而住於梵行——清淨行——之中，加上修證禪定而得未到地定的緣故，獲得初禪或二禪、三禪、四禪的定境，死後得以往生色界天中，是超脫於欲界的天人。初禪天有梵眾天、梵輔天、大梵天三類天人，大梵天王為初禪三天之天主。二禪天有少光天、無量光天、光音天三類天人，光音天為二禪天之天主。三禪天有少淨天、無量淨天、遍淨天三類天人，遍淨天爲三禪天之天主。四禪天有福生天、福愛天、廣果天、無想天四類天人；廣果天爲四禪天之天主，但不能管轄無想天人，因爲非其境界。無想天人沒有身行、口行、意行，不參與四禪天之生活，自以爲住在無餘涅槃中而滅除名等四陰。四禪天中另有五不還天，屬於已證三乘菩提而有四禪證境的菩薩所住，亦是聲聞三果人所居住的天界，都是出世聖人所住的境界；四禪天人雖然聽聞有此五天，但不能見也不能到。從初禪天到四禪天的所有天人與天主，除了已證三果的上流處處般涅槃的聲聞聖者，或如生般涅槃、有行般涅槃、無行般涅槃的聲聞聖者，或如因願力而往生色界天的菩薩，以外都是未斷盡身見的凡夫，雖然已經超脫於欲界或色界的下界愛，仍未離三界輪迴生死苦，未證聲聞涅槃，是故四禪天人的境界仍無可羨之處。菩薩雖然也應實證第四禪，只是用爲修行及度眾之工具，而非所證之標的，是故不同外道證四禪者。

無色界天是外道凡夫、佛門凡夫修得四空定者，死後往生之處所，並無天人之身，沒有色陰等十一法；故無眼等五色根與五塵等的十色處，以及法處所攝色（即緣於五塵上的法塵），只有精神狀態，即是意識住在四空定中。四空定，是說空無邊處、識無邊處、無所有處、非想非非想處。是由意識覺知心依憑四空定之定力，住在這四種境界中，一無所思、只有定中的覺受，無法生起聞、思、修、證等不同層次的智慧；三乘聖眾說此爲愚癡無明之境界，由於住於無色界中，終將過去修定所得之福報享盡而最後唯餘其他微小惡業，故於無色界天下墜之後往往不能生在人間，不得受學諸法；是故一切有智菩薩見此境界猶如蛇蠍，避之遠住，絕不受生於無色界天。

瞭解欲界天、色界天、無色界天以後，知道天界都是受生之處所，不離生死輪迴境界，就會知道這些都是凡夫所住的境界；也都知道自己證得四禪、四空定以後，仍在三界生死輪迴中，並未證得涅槃，仍未解脫於三界生死；必須斷除我見、我所執、我執以後，未來世可以不再受生於三界中，才是超越三界脫離輪迴的無生無死涅槃境界。具足知道「生天之論」，就會具足瞭解三界境界，就不會因爲禪定的修證而誤以爲是證得涅槃，因此不會犯下大妄語業而下墮三惡道中，避免未來世受更多、更大、更久的種種大苦。

至於三惡道境界，則只對造惡業者說，對於求出三界生死之人即無需論之，是故本書中不必演述；因爲求證涅槃之人必屬修善棄惡之人，與三惡道之法並不相應，是故無需說之。實證涅槃之人對於自己是否已出三界境界，必須加以自我驗證，此時只需以欲界天、色界天、無色界天境界自我檢驗，不需以三惡道境界檢驗，因爲早已超過三惡道境界而永遠不可能誤入了，是故於此不必說之，以節省篇幅。以上略說生天之論，若欲詳細瞭解天界境界及受生天界與三惡道之因果詳情者，請詳閱拙著《楞嚴經講記》自可知之，此處不再廣作說明。

瞭解「施論、戒論、生天之論」以後，還不能修學聲聞解脫道，因爲還沒有修學的動機或動力，而只是解脫道中的基礎知識，原因是善知識還沒有激發學人出離三界生死的動力。所以接著必須深入瞭解「欲爲不淨」，知道人間和欲界六天的五欲不清淨，生起遠離欲界之心，才會想要出離欲界境界而想要生到色界天中，於是願意修習梵行遠離欲界五欲，以及修習禪定而後證得初禪或更高的禪定，將來才能生到色界天中；有了初禪的實證，取證三果解脫涅槃才有可能；若無初禪或更高的禪定實證，而言已證三果涅槃，都屬妄想空言。如是正理以及聖教，具足解析於拙著《阿含正義》中，此處不復贅述或援引。證得禪定以後，住於清淨而無欲的色界境界中，死後將能往生色界天中；但仍未脫離色界生死，也還沒有動機想要出離色界生死，還得要瞭解「上漏為患」。善知識應當為學人解說，色界雖是清淨境界，已無五欲存在，是清淨梵行境界，卻仍然是有漏之法，不離三苦中的壞苦與行苦等諸苦，尚未脫離色界生死，因為色界天的境界仍然不是解脫的涅槃境界。相較於欲界下地的有為貪欲之漏，色界天的境界就稱為「上漏」；既然仍是有漏境界，是故此色界相較下界的欲界境界雖可稱清淨、解脫，但終非究竟解脫，功德仍然會繼續漏失，求證解脫之行者此時還是應該超越，才能免於生死輪迴。

當學人漸次進修而漸漸清淨，於是禪定證量也跟著次第提升而到達第四禪境界時，由於已知色界漏，因此繼續進修而遠離色界定，進修四無色定，次第發起空無邊、識無邊、無所有、非想非非想四種定境，死後可以往生無色界天，色界天「上漏」的過患便消除了。但是行者證得四空定以後，不該期待死後往生無色界天，而應該依善知識的教導，瞭解無色界的境界依舊是受生之處，並不是涅槃境界，還是應該要出離，所以 世尊接下來一定為學人解說「出要為上」的道理；也就是說，如何能出離無色界的方法，對於證得無色界定的人來說才是最重要的，而不是以四空定的境界作為所證涅槃之標的，所以說「**出要為上**」。

善知識要先如此為有心求出三界生死輪迴的學人解說了「**施論、戒論、生天之論**」，觀察學人已能具足信受以後，接著才為學人講解「**欲為不淨**」，講時就得觀察學人對於出離欲界境界有沒有意願；若無意願，依舊愛樂欲界中的五欲，他就是沒有信受「**欲為不淨**」的學人；繼續為他宣講「**上漏為患**」時，他一定不願意聽受，就可以止而不說，因為這已經顯示該學人還沒有證得聲聞涅槃的條件。如果信受「**欲為不淨**」了，便可以為他宣講「**上漏為患**」，讓學人瞭解色界天的境界只是受生之處，不是涅槃境界，仍然會有生死，所以是有漏境界，死後依然會繼續下墮而不離人間或三惡道等輪迴，所以名為「**上漏**」。如果學人聽了，心中不接受，不願意遠離色界的境界，依舊喜愛初禪到四禪的境界，就是不接受「**上漏為患**」的人，善知識便不需再解說下去，到此為止，因為已經顯示該學人也仍然還沒有證得聲聞涅槃的條件。

如果解說了「**上漏為患**」時，學人確實接受了，願意遠離色界天等「**上漏**」，善知識才會繼續為學人演說「**出要為上**」；就是解說四空天的境界一樣是受生之處，並非不生不死的涅槃境界，死後仍然會下墮人間或三惡道，不離生死苦，促使學人生起出離無色界的意願，想要修學能使他出離無色界的最重要法道，表示他已經接受「**無色界的境界不是涅槃境界**」，願意修學解脫道中最上的「**出要**」——聲聞解脫道，這時善知識才會爲他詳細解說聲聞出要之道。若是聽聞無色界仍屬生死境界以後，學人心中依舊不想滅除所餘的四陰，想要繼續保持——**特別是意識自我**——「**名**」的存在，則顯示他對「**出要爲上**」的道理仍然不懂，就不該繼續爲他解說聲聞解脫出離三界之要道，四聖諦的聖法便不需再爲他解說了。

這樣解說次法之中最後三法之目的，不是要學人一一親證四禪及四空定，而是要學人瞭解四禪與四空定的境界，只是色界與無色界的境界，都同樣是受生之處而非已離受生處的涅槃境界，所以色界天、無色界天同樣會有壽命生死而不離輪迴，能使學人知道涅槃的實證是應該要超越這些境界的，學人即不會因爲無知而產生大妄語業，死後就不會因大妄語業而下墮三惡道中。但是實證聲聞解脫道而在死後取無餘涅槃時，並不一定要具足四禪、四空定方能解脫生死，因爲慧解脫者與證四禪八定的俱解脫者並無差別，亦可在死後入無餘涅槃而解脫生死，生前亦是同樣證得有餘涅槃；所以慧解脫阿羅漢只需證得圓滿的初禪就足夠了（當然最好是有二禪的實證），但不需要具足證得四禪、四空定而取證滅盡定。

以上所說，是諸佛度化眾生實證聲聞涅槃時的常行法式，正是佛教中所有善知識度人實證聲聞涅槃時，應該遵守的說法次第，這就是諸佛爲度眾生出離三界生死而說四聖諦等「諸佛常法」之前，都會先演述而教導於學人的次法，這也就是《長阿含經》卷一所云：「漸爲說法，示教利喜：施論、戒論、生天之論，欲惡不淨，上漏爲患，讚歎出離爲最微妙清淨第一。」[41] 當學人心地清淨了，願意信受奉行了，才爲學人接著演述聲聞解脫之道，所謂四聖諦、八正道等三十七道品法等「諸佛常法」。這個大前提是古今善知識們常所忽略的地方，乃至平實今世無師自通三乘菩提，之後出世弘法時，因爲並無師教而忽忘如是正理，是故不觀根機而令一切追隨之學人普得三乘菩提或證悟明心，便有弘法以來三次法難事件等退轉者不信三乘涅槃之義，妄自否定而招來謗勝妙法、謗賢聖僧等大惡業。後時即因三

41《長阿含經》卷1，《大正藏》冊1，頁9，上6-9。

次內部法難事件而有警覺，乃漸次深入經教尋求對治，方知聖教中接引學人之時，都應遵循「趣『法、次法』」之原則；於是漸漸引生往世弘法之事相記憶，今於此書中首先提出並公開自身如是醜事，願我佛門所有善知識與諸學人，都能信受奉行 世尊此一教導之要旨，即是有關聲聞解脫道的**法與次法**，都應一體教導及一體修行，並應教導學人遵行「**先修次法，後證涅槃**」之求法原則。

第八節　欲爲不淨

——三歲孩兒也道得，八十老翁行不得

凡是修學解脫道而求證涅槃，企望得以出離三界生死之人，於前面所述「**施論、戒論、生天之論**」已經了然；隨後所應修學者即是「**欲爲不淨**」，所謂欲，總言之，主要是財、色、名、食、睡。財者，世間錢財，現代人主要的錢財是存在銀行中的存款，經濟學中歸類爲購買力，能使擁有者得以購買所需之種種資源，是爲最主要之財。其次則是多有存款之後，廣置屋宇、田產等；再次則是更有錢財之後，廣置有價值之物，比如古董器物、

古時的名畫，或如收藏有價値的限量產品而可以長久保存者。廣有錢財屋宇及有價財物之收藏後，必然繼之以貪求男女色，是故廣求名媛、美女以爲後室，夜夜笙歌、紙醉金迷之時即是貪求淫樂觸受，墜入欲界貪愛境界必然更深、更廣、更強。欲界愛的勢力增長以後，欲求涅槃解脫即無絲毫可能。

如是因欲貪而產生的現象即是世間人的通例，然於出家人中，往往出家日久以後，落入偏鋒：既不能求男女色以滿足淫欲身受，則以廣求財產及名聲、法眷，以取代之，謂之爲禁止淫行後之補償作用，不亦宜乎？每見末法時期的諸大道場，動輒一、二百公頃山林或田地，廣有錢財數百億元自由運用，生活猶如國王，住居寺院猶如皇宮，出入之時前呼後擁，排場不小，皆是受戒之後徒於身行表相不行淫欲，然未如實伏斷心中欲貪，以致轉求其他欲界法而作心理補償之惡行。如是等人，欲求涅槃、欲脫三界生死，絕無可能。

等而下之，則是出家成爲比丘之後，與比丘尼成爲世間眷屬，共生子女之後，子女對該比丘稱呼爲叔，對該比丘尼稱呼爲嬸；每天離寺而到學校門口接送子女上學及回寺共住，世尊預記末法時代的佛門怪象，已在今時的佛教界中出現了。但這種現象，於中國佛教界中畢竟還不普遍，在日本則已是司空見慣，信徒們早已見怪不怪而認爲是日本佛教界的正常事。最愚癡及惡劣者，則是以外道男女性交之法，滲入佛門中，並且將此至低至賤之外道法，高推於諸佛之上，說爲更高於諸佛的報（抱）身佛境界；以佛法修行之名，遂行彼等欲界世間之淫欲滿足；實乃出家人行於在家法，是最嚴重破壞佛教正法的惡行，不但不能度諸眾生脫離生死，更陷眾生於地獄種姓中，世間之惡莫過於此。可嘆者，如今海峽兩岸佛門竟多有此誤認如是外道法可得解脫、可證涅槃者，寧不令人感嘆彼等諸眾之愚癡？

復次，出家人行於在家法固不應當，然在家人若行於出家法，亦是不應當之惡行。一切在家之人，自應有其世法營生之道，除了不應以非法之行取得錢財以爲資生、以爲學道修道資糧，亦不應受他人錢財或金銀古董等物供養；否則亦是不離欲界境界之繫縛，求出色界、無色界更不可能，何況求證三果、四果涅槃？是故在家之人弘法之時，凡有信眾護持正法之錢財，涓滴皆應歸入公款之中，不許絲毫用之於個人及世間眷屬之私用上，否則即是悖離涅槃之實證，欲求三果、四果涅槃，永不可得。正因此故，正覺同修會中所有行政幹部或教學體系人員，若非出家之身，凡以在家之身弘法時，若收受金銀錢財、古董文物、珍玩寶物……等供養者，一旦查獲，必定撤銷其職事（雖然正覺同修會中的所有職事全都是無給職）。

「欲爲不淨」，不論是淫欲或五欲，都是身心方面的不清淨行爲，亦是求證涅槃之前必須遠離的欲界境界。這個道理其實不難懂，對學法求涅槃的人而言，正是「三歲孩兒也道得，八十老翁行不得」，卻是求證涅槃的人都必須遵守的基本條件；以此緣故，若有人於欲界諸法捨不得、離不得，繼續希求大眾供養錢財，乃至想要藉錢財發展其在人間的名聲或勢力，都是未離欲界貪愛的凡夫，連欲界貪著都不能暫時降伏，何能有初果的實證？而奢言阿羅漢的果證以炫世人，都無實義，未證言證大妄語業之後只成地獄種姓，捨壽後的未來無量世不可愛異熟果報，令人爲之擔憂。

然而如是類人大多不思善知識爲他擔憂之原因，不思善知識爲其指正之悲心，反而心生大瞋，動輒妄謗善知識及其所弘正法，罪在地獄。多劫之後從地獄出，必入鬼道中再受無量苦；多劫受完鬼道果報之後，才能生於旁生道中；初生於旁生道中，往往世世被其他眾生所食噉；然後為人類服勞務，以此償報先世在人間時耽誤眾生道業之鉅債；當其惡業經歷多劫受報，已多分減輕之後，漸漸轉生為人類寵物，報盡之後方得生於人間再度為人，但已是歷經數百劫之後的事了。方生為人之時，或目盲、或聾啞，或勝義根不圓滿而不聰明，導致學法時很難理解法義；或扶塵根有所缺漏，難以正常生活於人間，造成學法修道之種種遮障。即使度完如是困苦過程而在百世之後已得正常人身，亦將因為多劫前的惡見種子未滅除，甫聞善知識演說「法」與「次法」之關聯時，因為大妄語之習氣種子及瞋、慢種子現行，自覺受到善知識之否定或禁制，於是又因大妄語之事實再被揭發而生大瞋，又謗正法及賢聖；因此不能捨離欲界五欲大貪及大妄語業、謗賢聖之大惡業，再度成就地獄種姓，死後又再墜入地獄；又必須再經久劫歷事三惡道境界，方得重回人間，繼續再三反覆如是過程而致求證涅槃無期。如是類人，思之誠可憐憫，卻是因欲而造惡業所致，是故「欲為不淨」的道理，應為末法時代學法眾生說之。

第九節　上漏爲患

「上漏爲患」的上漏，是指色界天的境界仍屬有漏境界，必會導致解脫三界生死苦的功德繼續漏失，是相對於下地欲界的有漏所以稱爲上漏。色界總共有四天，每一天中各有三種天人；例如初禪天，證得初禪圓滿的天人，若是加修了慈無量心，也具足慈無量心，在人間捨壽以後往生初禪天時，就可以當大梵天王；若是沒有加修慈無量心，或者雖修而未圓滿慈無量心，初禪定境已圓滿證得後往生初禪天時，可以當梵輔天，輔佐大梵天王統理初禪天人。若是已得初禪而未圓滿，往生初禪天時只能當梵眾天。以此爲例，二禪天、三禪天、四禪天的狀況都是如此；雖然都已超過欲界不淨的境界而住於清淨梵行的色界境界中，但都仍然是受生之處而有生命；既有生命則有壽算，不離一期生死，有開始則必有終了之時；到了命終之時就會下墜於人間或三惡道中，仍是有漏境界，所以稱爲「上漏」；「上漏」的過患就是仍然有生死，有生死就不離八苦與三苦。若能認知色界中仍有這種過患，才會懂得超越色界天的境界，繼續求斷色界的我所執與我執，才有可能證得二乘無學所證的涅槃，才能超出三界生死苦。

第四禪天有三種天人，而四禪境界中的無想天雖然仍屬第四禪天的境界，但因爲他們能滅除受想行識而入無想定中，只餘色身存在不死，不是一般的四禪天人所能辦到，所以不歸第四禪天所管轄。然而從初禪天到第四禪天，乃至證得無想天境界而往生無想天中，都在色界的四種受生境界之中，也是領受禪定果報的處所而不是出離三界生死的涅槃境界，都仍是有生必有死之法。所以色界四天及第四禪無想天的境界，雖然超越了欲界生滅法的境界，但仍然是生死相續的有漏境界，仍然有生死災患而不是涅槃解脫安隱，故名「**上漏爲患**」。

《中阿含經》卷二十四〈因品 第四〉開示說：

「復次，阿難！有七識住及二處。云何七識住？有色衆生若干身、若干想，謂人及欲天，是謂第一識住。復次，阿難！有色衆生若干身、一想，謂梵天初生不夭壽，是謂第二識住。復次，阿難！有色衆生一身、若干想，謂晃昱天，是謂第三識住。復次，阿難！有色衆生一身、一想，謂遍淨天，是謂第四識住。復次，阿難！有無色衆生度一切色想，滅有對想，不念若干想，無量空處，是無量空處成就遊，謂無量空處天，是謂第五識住。復次，阿難！有無色眾生度一切無量空處，無量識處，是無量識處成就遊，謂無量識處天，是謂第六識住。復次，阿難！有無色眾生度一切無量識處，無所有處，是無所有處成就遊，謂無所有處天，是謂第七識住。」

「阿難！云何有二處，有色眾生無想無覺，謂無想天，是謂第一處。復次，阿難！有無色眾生度一切無所有處，非有想非無想處，是非有想非無想處成就遊，謂非有想非無想處天，是謂第二處。」

「阿難！第一識住者，有色眾生若干身、若干想，謂人及欲天。若有比丘知彼識住、知識住集，知滅、知味、知患、知出要如眞。阿難！此比丘寧可樂彼識住，計著住彼識住耶？」答曰：「不也。」

「阿難！第二識住者，有色眾生若干身、一想，謂梵天初生不夭壽。若有比丘知彼識住、知識住集，知滅、知味、知患、知出要如眞。阿難！此比丘寧可樂彼識住，計著住彼識住耶？」答曰：「不也。」

「阿難！第三識住者，有色眾生一身、若干想，謂晃昱天。若有比丘知彼識住、知識住習，知滅、知味、知患、知出要如眞。阿難！此比丘寧可樂彼識住，計著住彼識住耶？」答曰：「不也。」

「阿難！第四識住者，有色眾生一身、一想，謂遍淨天。若有比丘知彼識住、知識住習，知滅、知味、知患、知出要如眞。阿難！此比丘寧可樂彼識住，計著住彼識住耶？」答曰：「不也。」

「阿難！第五識住者，無色眾生度一切色想，滅有對想，不念若干想，無量空處，是無量空處成就遊，謂無量空處天。若有比丘知彼識住、知識住集，知滅、知味、知患、知出要如眞。阿難！此比丘寧可樂彼識住，計著住彼識住耶？」答曰：「不也。」

「阿難！第六識住者，無色眾生度一切無量空處，無量識處，是無量識處成就遊，謂無量識處天。若有比丘知彼識住、知識住集，知滅、知味、知患、知出要如眞。阿難！此比丘寧可樂彼識住，計著住彼識住耶？」答曰：「不也。」

「阿難！第七識住者，無色衆生度一切無量識處，無所有處，是無所有處成就遊，謂無所有處天。若有比丘知彼識住、知識住集，知滅、知味、知患、知出要如眞。阿難！此比丘寧可樂彼識住，計著住彼識住耶？」答曰：「不也。」

「阿難！第一處者，有色衆生無想無覺，謂無想天。若有比丘知彼處、知彼處集，知滅、知味、知患、知出要如眞。阿難！此比丘寧可樂彼處，計著住彼處耶？」答曰：「不也。」

「阿難！第二處者，無色衆生度一切無所有處，非有想非無想處，是非有想非無想處成就遊，謂非有想非無想處天。若有比丘知彼處、知彼處集，知滅、知味、知患、知出要如眞。阿難！此比丘寧可樂彼處，計著住彼處耶？」答曰：「不也。」「阿難！若有比丘彼七識住及二處知如眞，心不染著，得解脫者，是謂比丘阿羅訶，名慧解脫。」42

經文中的義理，請詳見拙著《阿含正義》中之釋義，此處不再重贅。

42《中阿含經》卷24〈因品 第4〉，《大正藏》冊1，頁581，中12-頁582，上17。

這段經文中的主要意思是說，七識住，意謂七種「識陰所住的境界相」，也就是說：欲界天及人間眾生有種種身、種種了知，這就是識陰的第一種安住處；若離這種境界，欲界天及人間眾生的識陰就無法安住了！眾生的識陰第二種安住處就是初禪天，眾生識陰的第三種安住處是光音天，眾生識陰的第四種安住處是遍淨天，眾生識陰的第五種安住處是空無邊處天，眾生識陰的第六種安住處是識無邊處天，眾生識陰的第七種安住處是無所有處天，如是七種處所是眾生心的安住處，也是受果或造業之處，即是眾生心識生存輪迴受生之處，合稱爲識陰或意識所住的七種處所，故名七識住。

二處（二入）中的一處（一入）是無想天。世尊在《阿含經》中說「想亦是知」，所以無想定有時亦名「無知定」。以前常常有大師把靜坐時心中離開語言文字妄想的境界，當作是證得無想定，其實仍未證得欲界定，更不是未到地定，就別提初禪乃至三禪，更別提四禪中的無想定了。也有人坐到睡熟而中斷覺知心，然後醒來就誤以爲剛才是進入無想定中或未到地定過暗境界中，都是誤會。無想定是依序證得未到地定、初禪、二禪、三禪、四禪，日日進入第四禪等至位中很長一段時間，再經由誤會涅槃的思惟才能證得的，不是未曾次第實證未到地至第四禪的人可以進入的。證得第四禪的人，對入出第四禪定境已經很嫺熟以後，欲求涅槃解脫生死苦；這時由於已知涅槃之中沒有覺知心自我，絕對寂靜，但因未斷我見故，恐懼覺知心意識與色身全部俱捨以後會落入斷滅空，是故不捨色身而捨棄覺知心意識自己，以涅槃想而進入「**涅槃**」中，其實只是進入無想定中。

當他進入無想定中，不再有覺知心存在而獨留色身繼續存在，誤以為就是實證無餘涅槃了。當他死後作涅槃想而捨壽時，將會出生在第四禪天的無想天中，那時發覺自己還存在著，不是入涅槃，於是又趕快以入涅槃之作意而把意識滅了，成為無心的狀態而獨留四禪天身在四禪天中（即是入於無想天而非住於無想天）。但是無想定或無想天人仍有色身繼續存在，終歸要壞，仍然不是常住不壞的涅槃；所以當他的天壽（若無想定具足圓滿而往生無想天中，不會中夭，壽命可以長達五百大劫）終了時，覺知心意識必會重新現前，那時定福已經享受完了，便無法再安住於無想天中，又須重新受生於欲界中，仍未脫離生死眾苦，依舊不離生死之衰患。無想天的果報，是色界境界中的最高層次，絕無點滴欲界漏，但仍是有漏境界，不脫上漏範圍，故仍是「**上漏為患**」；何況初禪到四禪的境界，當知不曾脫離「**上漏為患**」的隱憂，仍非出離生死之涅槃境界。

假使有人自稱已證阿羅漢果，但他所證的涅槃境界仍不離識陰或意識所住的這七種境界，這表示他是錯證涅槃，仍在七種「識所住」的境界中，仍未離三界生死境界，仍然未離輪迴眾苦，不離「七識住」的生死境界；則其所說證果之事即屬因中說果，成為大妄語業。世尊特地解說七識住與二入（二處）的道理，就是為了預防眾生不愼誤犯大妄語業而下墜三惡道中，悲天憫人的情懷顯露無餘。若是有人都還未發起初禪，就表示他還沒有離開欲界的層次，而說他已經證得阿羅漢果，同樣是因中說果的大妄語人；因為佛法中沒有不證初禪的三果人，何況能有不證初禪的阿羅漢？若是證得阿羅漢果以後，竟還在抽煙喝酒，也還不離淫觸欲望，分明是欲界五欲的具足貪著者，連欲界境界的誘惑都無法絲毫壓伏，更別說是超越欲界境界，而說自己已證阿羅漢果，可就是佛法中的大笑話了。因為此人尚且未知「欲為不淨」的道理，當知更不能知「上漏為患」之義，是故繼續沈淪在欲界五欲之中，具足凡夫異生之性，而稱說自己證阿羅漢果，與善星比丘無異，是地獄種姓之人，不可救藥。

第十節　出離為要——出要為上

歸屬於無色界的四空定境界，以及死後往生無色界天的境界，則是只有「名」而無色，因此而稱爲無色界定、無色界天。證得四空定的人，死後可以往生無色界天。四空定是指空無邊處、識無邊處、無所有處、非想非非想處。爲何會有四空定的實證？是因爲修禪定的人知見錯誤，不知道涅槃中是應該滅盡五陰十八界等一切我，因此而保持著意識覺知心而進求四空定的境界，錯認爲即是無餘涅槃的出三界生死解脫境界。

這一類異生凡夫在第四禪定境中，觀察第四禪的境界雖然已極清淨，但仍有色身存在；既有色身存在即是生滅法，有生之法最終無不歸於壞滅故。有這個正確的認知而未能斷三縛結時，就會想要捨棄四禪天身，獨留微細意識覺知心繼續存在。這類人色身是我的邪見已經斷除，但由於不知道意識之上還有意根與第八識的存在，恐懼滅除意識覺知心以後將會落入斷滅空中，所以進求四空定的境界，錯認爲已證涅槃而出離三界生死、已得解脫。以此緣故，在第四禪定境中生起捨棄四禪天身的作意，進入虛空境界中安住；虛空境界無邊廣大，此定境中的微細意識亦覺知虛空無邊廣大，故名空無邊處。

於空無邊處住久了，又發覺空無邊處定境中會使微細意識漸漸擴散而不利於定心的持續，於是放棄空無邊處定境，不緣於空無邊處而捨棄任何所緣，改緣意識自心而住，成爲識無邊處定。然而意識自心的功能差別無量無邊，依意識的種子（功能差別）而住時，所緣意識種子無量無邊，所以意識也跟著所緣的無量無邊種子而擴散，因此定心也難保長久，於是棄捨識無邊處，一切都無所緣，成爲無所有處定。在無所有處定中住久了以後，若有智慧加以觀察，又將發覺無所有處的定境中，一切都無所緣時，仍然有意識覺知心存在，依舊是三界有，於是便將意識轉入無想（無知）的境界中，誤以爲意識已經斷除而不存在了，於是住於這種無想（無知）的定境中，自以爲進入無餘涅槃的境界中，其實只是非想非非想定（非知非非知定）。

然而這種定境其實不是眞正的涅槃，因爲這時只是意識心很微細而且不返觀自己是否繼續存在，只是把意識心的證自證分停止了，在這個定境中意識不會返觀自己是否仍然存在，所以出定以後自認爲在那個定境中是沒有任何自己存在的境界。其實那時意識仍繼續存在，只是不返觀自己而不知道自己仍然存在，不是眞實無我的涅槃境界。有智慧的人知道這個境界時，就會說這是非知非非知的禪定境界，也就是非想非非想定，仍然是受生之處；將來死後往生非想非非想天，仍屬於三界中的境界；若不中夭，壽命八萬大劫享盡以後，必定下墜於人間或三惡道中。由於所有福報已經享盡，只剩下小惡業存在，已無小福報可以受生人間，大多會受生於旁生道中。有智慧的菩薩們看見無色界四空天的境界時，都知道這只是逗留有情繼續存在三界中的深坑，大家都避之唯恐不及。

七識住與二入中所說的二入，是意識所入而無所住的境界相，分說如下。非想非非想天境界，因爲識陰只剩下意識一心，又對意識自己的是否仍然存在，已不會起心動念返觀，不了知自己是否仍然繼續存在，所以意識進入非想非非想定以後似無所住，故不說是意識的住處，而說是意識的所入境界。由於這時的意識覺知心已伏我見而未斷，雖已沒有四識住、七識住的喜樂或執著存在了，已無貪喜增廣的問題存在了，但因意識仍然繼續存在，故非已斷我見、我執的境界；仍有意識入於此境界中存在而不了知自己及境界，故說是識所入而不是識所住的境界，所以不說是識陰或意識所住的境界，另行立名爲「入」。

無想定或無想天也是一樣有入而無住，所以證得第四禪而無解脫知見的人，在定中觀察第四禪境界，知道仍然無法脫離世間心（覺知心）的境界：覺知心既是有生之法，將來也必有滅，有生有滅即不是無生無死的涅槃。由此確定而知，只要有覺知心（特別是指意識心）的存在，就必定不是無生無死的涅槃，以此緣故而在第四禪中滅除覺知心而保留色身不滅，作涅槃想而滅除意識覺知心自己，以爲就是進入無餘涅槃中，但意根仍具足存在，其實只是進入無想定中。由於恐懼落入斷滅空中，所以獨留四禪天身繼續存在而不知諸心法之中仍有意根存在，以爲如此就可以入無餘涅槃又不會成爲斷滅空。但因尚未斷除三縛結，無法斷除我執，所以刻意保留著色身不滅，在這種錯誤涅槃作意下以爲是進入涅槃，其實只是進入無想定中，不是涅槃。但他不知這個道理，自認已證涅槃，死後進入這個定境時便往生在無想天中；往生之時在無想（四禪）天中看見自己覺知心仍然存在，於是趕快滅除覺知心而進入無想定中，成爲無想天人，只留著第四禪天身獨自存在。

但因爲見惑、思惑尚未斷除，所以若不中夭的無想天人，在定中五百大劫以後又會因一念無明的緣故而使覺知心重新現起。這個無想定或無想天的境界中，由於覺知心全部滅除了，連微細意識都不存在了，這時當然不知道自己住在什麼境界中，因此證得無想定或生在無想天中的有情，只有入而無所住，因此也歸入「**二處**」（亦名二入）之中，不說是「**七識住**」或「**四識住**」的境界中。三界中最勝妙的定境雖然無過於無想定與非想非非想定，但往生此二處之後一旦覺知心現起了，便立刻要下墜於三惡道中。菩薩見到這種境界，總是避之猶如蛇蠍。所以 世尊對四禪天無想定的實證者說「**上漏爲患**」，對無色界非想非非想定的實證者說「**出要爲上**」，是因爲只有如實理解七識住、二入的人，才能確實檢驗自己是否眞的已斷我見、我所執、我執，才能確實驗證自己是否眞的已證聲聞涅槃。

第二章　聲聞涅槃之聞熏

第一節　二乘四聖諦簡介

七識住、二入的解說，使四眾弟子如實理解三界的不同境界，能如實自己檢驗是否眞的證涅槃而不受後有了，已函蓋了四禪、四空定、無想定的層面。但是建立正確的次法知見，也對次法實修有成以後，應該開始實修涅槃之道了，究竟應該如何實修而證聲聞涅槃？就得進入聲聞四聖諦的範疇了。

爲何需要如實理解四聖諦及實修四聖諦？是因爲若不如實理解四聖諦內涵者，實修時必將遺漏小部分乃至大部分未修，則四聖諦縱使已經實修，亦不能證得初果，聲聞涅槃的實證即無其分；若已如實理解四聖諦全部內涵，但尚未如實觀行及如實修正身口意行，則其所知只是知識，分屬聞慧、思慧而無修慧，則無可能實證四聖諦，亦無法證得初果，何況聲聞涅槃之取證？是故若欲取證聲聞二種涅槃者，應當如實理解四聖諦都無遺漏，應當如實觀修四聖諦而具足完成，也就是必須具足接受四聖諦的全部內涵，並轉易心性而與四聖諦全部相應，才能證得阿羅漢果而取二乘涅槃；以是緣故，於此章中必須解說四聖諦。

聲聞四聖諦之要旨即是知苦、斷集、證滅、修道。四聖諦謂苦聖諦、苦集聖諦、苦滅聖諦、苦滅之道聖諦。之所以稱爲聖諦，是因爲這是三界中不可移易的眞實道理。經由三界苦的了知，才能生起想要遠離三界生死的意願；若是生在苦中而不知苦，即無遠離三界生死的意願，便無求證涅槃之意願，所以修學聲聞解脫道之前，首先應知的就是苦聖諦，就是對三界境界的苦相必須具有基本的了知，這就是修學苦聖諦之目的。至於三界境界中的苦相，歸納而言則有八苦、三苦差別；八苦謂：生、老、病、死、求不得、愛別離、怨憎會、五陰熾盛等。三苦謂：苦苦、壞苦、行苦。如是等苦，有淺而易知者，亦有深而難知者，於後即將略解，此不贅述。舉凡具足爲有情宣說八苦、三苦等正理者，所說諸苦道理即是苦聖諦。

集聖諦，是說眾生所受三界中的各種生死諸苦，都是由於生存之時不斷收集各種後有種子，導致世世不斷地受生而永無止期，無法脫離三界生死苦，所以說，眾生集世間法種子的道理即是集聖諦。只要斷除了各種的集，就不會再有後世的三界生死，便能遠離三界生死中的各種痛苦。至於集的種類，依聲聞解脫道而言，大略說有二種：第一種是愛樂三界境界而不斷熏習三界境界法，例如貪愛人間有爲境界，受持五戒保住人身，世世受生於人間；或如貪愛欲界天、色界天、無色界天境界，不斷持五戒兼行十善，或如修學四禪八定而執著定境，愛樂不捨，成就後有種子而在死後必定會再受生於天中；第二種是造作惡業而被惡業所拘繫，死後下墮三惡道中，無法脫離三界生死。爲人一一說明眾生集諸後有的眞實道理，就是集聖諦。

滅聖諦，是告知眾生，只要把五陰十八界自我全部滅除，只要不再被「三界我及三界我所」的執著所牽引，死後即能不再受生，就是《阿含經》中說的「我生已盡，不受後有」，才是聲聞涅槃的境界。進而說明不受後有的境界並非斷滅空，而是眞實、清涼、滅盡、無欲、常住不變。世尊也在四大部阿含諸經中說，無餘涅槃之中雖然已經滅盡蘊處界等自我，但仍有本際常住不變，滅除大眾對於落入斷滅空的恐懼；然後說，滅盡自我而不再領受任何一種後有，就能出離三界生死痛苦的眞實道理，就是滅聖諦。

道聖諦，是教導眾生如何修行才能達成身心清淨、超脫欲界不淨境界，以及超越色界、無色界而永遠不受後有的涅槃解脫境界，也就是八正道的實修可以使人達成這個不受後有、實證涅槃的目標。八正道的主要內容是正見、正志、正語、正業、正命、正方便、正念、正定。修這八正道之目的，是為了滅除三界有之身心，所以八正道在《阿含經》中這麼說：「**是名有身滅道跡。**」是說八正道的實修，就是滅除三界有之身（之功能）的修道方法與路徑。此節中只作略說概述，不作細部解說。

第二節　苦聖諦

為何需要理解三苦、八苦？若是對三苦、八苦的內涵不能具足及如實理解，則不能接受八苦及三苦所說的苦果及苦證，不但對三界中的各種我所的存在，無法知其為苦，則於聲聞解脫果的實證無緣。若對三界中的各種不同自我的存在，仍然會有執著，即是無法了知及無法接受諸行無常故苦的愚人，因此即無法實證苦聖諦的內涵，無法與苦聖諦相應而不能發起遠離三苦八苦之定心，則苦聖諦的觀行及實修即無法成就，聲聞涅槃的取證也就無法成功。以此緣故，必須說明三苦、八苦之內涵，想要取證聲聞涅槃的人也必須實修苦聖諦，依於如實理解、如實修行而且心得決定，因此改變了身口意行以後才能說是如實取證苦聖諦。

苦之內涵：八苦、三苦。八苦者，謂生、老、病、死、求不得、怨憎會、愛別離、五陰熾盛。人之出生，先受處胎之苦，後受出胎時被擠壓之苦乃至悶絕，是名生苦。有生即有老，老是一切人間有情所不能免者，老時色身漸壞，行動不易，種種失常，不可愛樂，故說老即是苦。有生有命即必有病，乃是人間常法，是故病人受諸痛苦，難可悅意，故名為苦。有生、有老，即必然有死；死為世人之所不愛，人人厭之；尤以惡人之死，猶如生脫龜殼一般痛苦，決定不可愛樂；即使善人也都不樂意死，很想要長壽不死，所以死即是苦。生、老、病、死是人生四大痛苦，但生活在人間依舊仍有三種痛苦，是說活在人間之時，求種種世間有為法，想要過得順遂或安逸，往往求不可得，因此活得不如意或活得很痛苦，即是求不得之苦。活在人間，總是會有不想遇見之人，不得不與怨家或厭惡之人共同生活在一起；若是無法避免而必須常常遇見時，心中即有痛苦，即是怨憎會之痛苦。反過來說，若是親愛的家人、好友、長輩、師長有朝一日或死、或者遠行，捨離吾人而去，心中亦不免痛苦，是名愛別離苦。綜觀如是七種苦，都因爲五陰熾盛的緣故，才會有世世受生於人間具足五陰，於是難免會有上面這七種苦，即是五陰熾盛苦；再從另一方面來說，學佛之後認知五陰是生死輪迴痛苦之根由，想要滅除五陰而不可得，縱使滅除身見了，也往往不能當世出離三界生死苦，都因爲無量劫來熏習人間諸法而對自己的五陰有著深重執著的緣故，所以五陰熾盛是一切想要證涅槃而得解脫之修道人的最大痛苦。以上略說八苦，詳細內涵，請自己深入思惟，亦可蒐尋一般善知識之細說，此處不作詳述。

三苦者，謂苦苦、壞苦、行苦。苦苦者，是說世間各種苦的本身即是苦，譬如出生時受到壓擠的色身痛苦，撞傷、割傷、腐蝕物所傷時的痛苦，或如吃到極苦之物亦是苦，依此類推，這些事物本身即是痛苦，名爲苦苦。壞苦，是說世間一切法最終都會毀壞，沒有不壞之事物，是故會壞之法即會令人於壞滅時產生痛苦，如是必壞之事即是不離壞苦。行苦者較難體會，但行苦函蓋一切有爲法——不論是無漏有爲法或有漏有爲法。即使正在享受人間最樂之事時，已是處在行苦之中；意謂樂事正在享受之時就已經開始了變異毀壞的運行過程；是故，最後終必過去而消失樂受，最後終必毀壞而變滅。凡是在快樂之事生起之時，已經開始諸行無常變異的過程，直到最後毀壞而變滅；所以行苦是在一切樂受、苦受、捨受的過程中都一直存在著，永遠不曾也不會中止，也就是一切法無常之意，一切法存在及運行過程都不離行苦。

行苦即是顯現無常的道理，關於無常，若僅略說或僅聽聞、閱讀，行者往往忽略而不能親自實地觀行，於是成爲知識而不是自己親自觀修苦聖諦；是故應親自廣爲觀察，乃至擴及欲界天、色界天、無色界天，都要廣爲觀察八苦、三苦等事。並且在親自現前觀察之後，要能忍；也就是要能接受這八苦或三苦中的每一種苦都確實是苦，才是眞的實證苦聖諦。若只是知道而心中仍然對其中的某一種苦認爲不是苦，即是沒有生忍，即沒有苦聖諦忍，就是沒有實證苦聖諦。至於人間的行苦，主要爲六識無常、內六塵無常、六根無常、六入無常，這些都是求證涅槃而求解脫的行者所應親自深入觀行的內容，故於此處不作細說。若欲深入瞭解四聖諦內涵者，請詳閱拙著《阿含正義》諸輯，此不贅述。

凡欲證得無我境界而證涅槃，解脫於欲界生死乃至解脫於無色界生死者，都應親自深入觀行；所謂無我，是說十二處、十八界合爲五陰人我，但五陰無常故無我。十二處是六根與六塵，十八界則是十二處加上六識。意思是說，五陰是由十二處、十八界組成，才能有六入而生活於人間；欲界中如是，色界、無色界中亦復如是，只是十八界或五陰的內容有或多或少的差別而已。但十二處有生而必有滅，是無常之法，不得常住，無常故苦；終必毀壞而歸於空，空故無我；無常、無我則不是眞正的自我，不可愛樂與執著，應當求證不生不滅的涅槃，先解脫於欲界生死，乃至解脫於無色界生死而不再輪迴，永遠脫離八苦、三苦的痛苦與煩惱；是故五陰無我、十二處無我、十八界無我、六入無我；唯有涅槃常住不壞，是求出生死苦惱的聲聞行者究竟歸依處。

聲聞行者的最終目標是實證無餘涅槃，知苦則是實證涅槃的大前提；若不知人間之苦何在，若不知欲界天、色界天、無色界天諸苦的存在，即無求出三界生死苦的動機，即不會有遠離五欲、努力修行求出色界、無色界而證涅槃的動力。所以實地觀行苦聖諦，具足實證苦聖諦，是每一位求證聲聞涅槃的人，都必須自己實地觀行的首要內涵，絕對不是閱讀或聽聞以後就算已經實證苦聖諦了。以上是極簡略說明苦聖諦，詳細內涵請閱讀《阿含正義》及諸善知識的說法，然後自行深入觀察，方能產生厭離欲界乃至無色界之作意，隨後所應觀行之斷集道理，方能深細修之，實證苦集諦。

第三節　苦集聖諦

斷集之時，首先應斷的集就是惡見，所以惡見之集應知、應斷。惡見是障礙一切人出離三界生死苦的主因，是障礙一切人實證涅槃的最根本見解；如是見解阻絕一切人實證涅槃，令人永生永世輪迴生死乃至沈墜三惡道中，本質屬惡，故名惡見。由是緣故，惡見的集應該立即斷滅。若想求證涅槃而得解脫生死苦，卻不想遠離惡見，是愚癡人；想要求證涅槃出離生死苦，卻對救護大眾遠離惡見而破斥惡見的善知識，加以虛妄地評判，即是口說想要求證涅槃而對眞正的涅槃法加以抵制的人，名爲人間最深重無明的愚癡人，是人名爲具足惡見者。這是因爲善知識破斥惡見的行爲，是在幫助他滅除惡見，他卻因爲對凡夫師父的情執而極力否定正在幫他斷除惡見的善知識，正是恩將仇報的世間愚行，也是正在努力聚集和鞏固惡見的愚行，永遠無法遠離惡見，此世乃至未來多世都將求證涅槃而遙遙無期，因爲他的惡見及惡業種子尚未滅除；乃至由於毀謗善知識義行的緣故，成就惡業，不免要被惡業拘繫而下墮惡道，乃竟高談闊論而欲斷除惡見及證涅槃，實乃無義之談。

惡見（五利使）集，經中說為「**應斷知**」；具足知、詳知惡見故，得斷三縛結、證初果（斷三縛結之內容詳見拙著《阿含正義》諸輯中說，此處不復重贅），是故斷除惡見之集，實乃一切求證涅槃之人首要之務。對於惡見應如實斷除，斷除之後應確實檢查是否真的已斷；若已斷除，自我檢查之後已如實知，名為「**已斷知**」。

惡見又名五利使，惡見的內涵是五種不正確的見解，由此五種不正確見解而產生了結使，成就了繫縛眾生流轉於三界中的動能，其見邪惡故名惡見。又因為這五種邪見容易斷除，不像我執與我所執難以斷除，故說這五個結使容易斷除而稱為利，即合稱為五利使。惡見五利使的內涵如下：身見、邊見、邪見、見取見、戒禁取見。這五種邪惡之見解合名惡見，是一切求證聲聞涅槃而求解脫生死的人，於入道之時所應立即斷除的。乃至修菩薩道的人，雖然並非求證聲聞有餘、無餘涅槃，也同樣必須盡速斷除；因為這五種邪惡見解，會障礙菩薩道的修行者難以破除無始無明；若不盡速將此惡見斷除，永遠無法實證金剛心如來藏，即永遠不可能證得菩薩所應證的本來自性清淨涅槃。

至於惡見等五利使的內涵，於此書中亦不作解釋，欲詳細瞭解之聲聞解脫道及菩薩道行者，請直接閱讀拙著《阿含正義》及諸善知識論著即知。本書中所說為涅槃實證之原理，為免增加篇幅，是故此處僅作五利使惡見之提示，欲令大眾悉知修證聲聞涅槃者所應觀行及斷除之急務，自行斷除，速得入道。

惡見斷除以後，必能生起聲聞解脫道的見地，即是聲聞初果人。此時已經熟知解脫之道不是在修集種種有為法（例如神通等）功德，而是在了知五陰、十二處、十八界、六入的虛妄，然後開始一一滅除自己對這些法的執著或貪愛；接著就是三界愛的「集」應該趕快修斷，這已是聲聞修道位中的事了，此時開始就是要趕快滅除對於三界諸法的「集」。然而想要滅除對三界諸法的「集」，避免繼續蒐集後有的種子一定要有方法，即是道聖諦所說的八正道；而修習八正道之前，心中往往還有一些疑問，就是：修滅我見、我所執、我執等煩惱以後滅了自己，究竟是什麼境界？因此得要在實修八正道之前，先瞭解滅聖諦。但是實修苦滅聖諦及道聖諦之前，必須先瞭解人類對三界的「集」究竟有哪些內涵，才能在實際上具足觀修滅聖諦與道聖諦；若是對三界諸法的「集」不能全部瞭解而有遺漏時，修習苦滅聖諦及道聖諦時將會有所遺漏，欲求證的涅槃即不能實證，所求的解脫即不能達成。以此緣故，對於三界諸法的「集」，應該詳細如實瞭解而全部知悉以後，才能達成苦滅聖諦及道聖諦的實修，這就是 世尊施設四聖諦如是順序的原因。

三界愛的「集」，諸方善知識所說已多，於一般佛法書籍中所能讀到的內涵，於此書即不再重複贅述。此處只針對一般學人未能觀照之處補充說明，提點大眾能夠確實了知斷「集」的道理，可以遠離錯謬之見而如實斷除惡見（五利使）之「集」，實證聲聞初果而斷除三縛結，如是成就聲聞涅槃取證時的首要目標。至於三界愛的「集」，容俟大眾實證聲聞初果而生起解脫道的見地以後，依於見地而自行觀察即能知之，不勞平實再行贅言。

五利使等惡見者，謂身見、邊見、邪見、見取見、戒禁取見。身見又名我見，緣因五陰我、十二處我、十八界我都有功能，所以錯認種種我爲眞實我的我見，就因此而名爲身見。五陰我的內涵，即是色、受、想、行、識；十二處我的內涵，即是眼、耳、鼻、舌、身、意等六根，加上色、聲、香、味、觸、法等六塵；十八界我的內涵，即是十二處我加上眼識、耳鼻舌身意識等六識。由於五陰、十八界的和合運作，就會有六入，於是眾生覺知有自我的存在，錯認和合所成的五陰、十二處、十八界自我爲眞實的自我，於是在六入中執著自我而擴展到執著與自我有關的各種我所，包括外六入等外我所與內六入等內我所[43]，就是人類生活在人間所執著的全部；由如是我所，擴而及於身外之財色名食睡等五陰所有之「外我所」。但是惡見中的這個身見（我見），卻是其他四種惡見的根源，若能滅除身見這個惡見，其餘四個惡見即能漸漸滅除，成就解脫果的見地；若是已曾實修五停心觀而獲得未到地定作爲基礎，便能依於蘊處界入之中全部無我的如實觀行，在實質上成爲聲聞道中的初果人。至於五陰、十二處、十八界、六入等法的詳細內涵與解說，請詳《阿含正義》中的解釋，此書中也不詳作解釋，以免重複。

惡見的「集」滅除，是成就聲聞解脫道的第一步，然後才能開始正式進入解脫道的實修；若是不能滅除惡見的「集」，就無法進入解脫道的實修，

---

43 從心王來說心所法時，一切心所法皆是我所，名爲內我所。外六入爲眼之外我所，內六入即是眼之內我所。是故我所之意，不單是指五陰所擁有之各種身外之法。

所謂的證果都會只是因中說果，成爲大妄語者。當惡見的「集」已經滅除時，接著才是針對貪愛欲界諸法而產生的各種「集」加以滅除；在欲界集尚未滅除之前的修道過程中，所出現的薄貪瞋癡的境界，就稱爲二果人的境界。進而完成「**欲爲不淨**」的實修時，自然會依於未到地定而發起初禪，此時方可稱爲證得三果向或三果的離欲境界，五下分結斷除。然後斷除對於色界五陰我、八處我、十二界我的貪愛執著，修習了「**上漏爲患**」的具足實證功德；最後進而斷除對於無色界四陰我、二處我、三界我的執著，最後連清淨的意識心對「**自我放捨、欲取涅槃**」的作意也滅除了，才能成就四果聖者的有餘涅槃與無餘涅槃，對出離三界法的要道已經如實了知而成就「**出離爲要**」的實證功德，才是眞正的慧解脫阿羅漢，才是眞能出離三界生死苦的聖者。所以，「集」的滅除，必須具足三界愛的斷除，才能阻斷對於繼續受生於三界境界中的「集」；三界後有的「集」已經不再繼續而且被棄捨了，才能實證四果涅槃而成就四果解脫，永遠出離三界輪迴生死眾苦。必須如是進修，方是眞修聲聞解脫道不生不死涅槃境界的人。

有餘涅槃是滅除對自我的執著，就是滅集的意思，所以《雜阿含經》卷二明文開示：

佛告比丘：「善哉！善哉！比丘！色是無常。若善男子知色是無常、苦、變易，離欲、滅、寂靜、沒；從本以來，一切色無常、苦、變易法知已，若色因緣生憂悲惱苦斷；彼斷已，無所著；不著故安隱樂住，安隱樂住已，名為涅槃。受、想、行、識亦復如是。」[44]

換句話說，對於色陰等十一法（十八界中的五色根、六塵）都知道是無常的，無常所以是苦，是變易而非常住的自我；由這樣的現觀，遠離對色陰自我繼續保有的欲心，願意滅除色陰自我，不再擁有後世的色陰而寂靜、滅沒。對於無始劫以來一切色陰都是無常，無常故苦，無常所以是變易法的事，如實了知以後，如果是由色陰的因緣而產生的憂悲惱苦已經斷除了；這個憂悲惱苦已經斷除以後，心中對色陰便沒有任何執著；不執著色陰自己的緣故便能安隱無憂地安住下來，如此安隱無憂地住心以後，就稱之為涅槃。對於色陰是如此，受、想、行、識等四陰亦同樣是如此而證得涅槃。所以斷集以後，對欲界法不再集，名為「梵行已立」；對色界法不再集，對無色界法也不再有集，名為「所作已辦」；此時已然清楚知道自己死後不會

44《雜阿含經》卷 2，《大正藏》冊 2，頁 8，中 5-10。

再有中陰身出生了，名爲「不受後有」。如是如實了知而確定以後，即是解脫、證涅槃；此時對於解脫的境界已經知道了，如何證得這樣的解脫也已經知道了，故說「解脫、解脫知見，知如眞」。所以，證涅槃的唯一原則即是斷滅一切的集；斷滅欲界法的集便會發起初禪，超脫欲界境界而名爲「梵行已立」；接著是要如實斷除五下、五上分結，對色界、無色界的集已經斷滅而名爲「所作已辦」，如是名爲實證阿羅漢果，才是眞正的斷集者。

第四節　苦滅聖諦

苦滅聖諦之眞實義：「苦」者，謂八苦、三苦；「滅」者，謂滅除五陰、十二處、十八界、六入等三界法的集；「聖」者，謂此苦滅之法是三界中眞正神聖之法；「諦」者，謂此苦滅之理，諦實無謬。是故苦滅聖諦之全體眞實義，即是苦滅的神聖眞實道理。三界一切有情之所以輪轉生死而有無量生死痛苦，都是因爲有五陰、十二處、十八界、六入作爲眞實自我，而不能理解陰、處、界、入等四者都是生滅有爲之法，都不能成就常住不壞之法；但眾生不能理解這個事實，都被五蘊所遮障而產生無明，所以五蘊在凡夫位就稱爲五陰。五陰的內涵細分爲十二處、十八界；因爲有十二處、十八界法故有六入；因有六入，眾生自覺有我而對外六入、內六入等法產生執著，是故便有我見與我執。

由有我見與我執故，對外我所產生了執著而有外我所之執著；於是造業而由業力的實現，輪轉三界生死中。所造之業，有善惡之分；因外我所的貪愛而造惡業者，當然必須輪迴於三惡道中，不證涅槃、不得解脫。若非造惡業者即不受惡業影響，不致於淪墜三惡道，卻仍然會因爲我見與我執而不斷地受生，因此而有三善道中——特別是人間——的生老病死等八苦、三苦；是故八苦與三苦都是基於五陰、十二處、十八界、六入而有。有智之人依循 佛陀如是教誨而觀察到此，能夠了知眾生自我即是由我見與我執而有；若是滅除了我見與我執，不再受生以後就滅了後有，不再有後世的八苦或三苦，一切苦即告滅除；所以苦滅聖諦，即是滅除一切蘊處界我，不再有六入，自然成就無餘涅槃不生不死境界的道理。所以滅苦之法即是滅除蘊、處、界、入等法，成就眞實無我之境界，即是聲聞涅槃；如是之法，即是苦滅之神聖諦理，稱爲苦滅聖諦。

舉經文爲證，《中阿含經》卷二十九〈大品〉第一 世尊如是開示：

彼如是知、如是見，欲漏心解脫，有漏、無明漏心解脫；解脫已，便知解脫：我生已盡，梵行已立，所作已辦，不更受有，知如眞。[45]

這就是說，必須先修清淨行而解脫於欲界漏，「梵行已立」；然後解脫於色界漏（上漏），「上漏爲患」已得滅除；再解脫於無色界漏（有漏）[46]，最後解脫於無明漏（捨離滅除五陰後的捨心作意、我慢已除），此時「有漏、無明漏」已得滅除，即是「出要爲上」；如是解脫於三漏以後，即是「所作已辦」，就知道自己已得解脫了，未來捨壽後不再受生了，所以說阿羅漢自知「生已盡」。而這個「生已盡」的實證，一定是有其內涵的，就是要先「梵行已立」，滅除了欲界愛，建立了清淨行而發起初禪；所謂「梵行已立」，必須以發起不退的初禪爲驗，方能自命爲三果人，否則不免成就大妄語業。隨後所

45《中阿含經》卷 29，《大正藏》冊 1，頁 609，下 11-14。

46《大般涅槃經》說「色無色界一切煩惱除無明是名有漏」者，乃將欲界漏區隔以後而將上二界漏同說，但欲界漏仍具「有漏」，非無「有漏」。《阿含經》中將三界漏分說，故說：欲界漏是「欲爲不淨」，色界漏是「上漏爲患」，無色界漏是「有漏、無明漏」。若依實際之理，欲界亦有三漏、色界亦有二漏；今說二乘涅槃，應依《阿含經》中 世尊之意而說。讀者應會通 世尊之意，不可妄疑 世尊說法前後牴觸。

應作的修道之業已經完成，就是滅除上漏、有漏與無明漏了，所以說「所作已辦」。這時已經自知「不更受有」，確定死後不會再度出生中陰身了，這是所有阿羅漢們都能自我檢查的，所以說「知如眞」。

在經文中，世尊指示我們一個很重要的意涵，就是「生已盡」，就是「不受後有」，卻是末法時代所有自稱阿羅漢的學人們所昧略不知之處，不論北傳或南傳的假聖者大師們；所以滅除五陰、十二處、十八界、六入等自我，同時也滅除與三界愛相應的種種法的執著，即是如實滅集；如是滅集之後而「不受後有」即是無我境界，無我則無生死，無生死即無輪迴諸苦。因此說，聲聞解脫道的修行，是要滅除我與我所，而不是要「把握自己、當自己」；凡是求證解脫而想要出離三界生死苦的學人們，都不應該悖反世尊所說之聲聞道而行，否則只能永遠當凡夫或佛門裡的常見外道。如是說明苦滅聖諦的精神與要義，細說之內容，請大眾詳閱四大部阿含諸經及《阿含正義》之所說，或詳讀諸方善知識之所說。但諸方善知識所說若不符合世尊上面開示之意涵者，則不應信受，應直接依經文所說而自行思惟觀察。

然而俱解脫的「梵行已立」與慧解脫的「梵行已立」，內容則有差異；

今舉俱解脫之「梵行已立」經文而說，以免有人隨於自己的意思解釋而產生誤會，成就大妄語業。《長阿含經》卷九：

> 云何九難解法？謂九梵行：若比丘有信而不持戒，則梵行不具；比丘有信、有戒，則梵行具足。若比丘有信、有戒而不多聞，則梵行不具；比丘有信、有戒、有多聞，則梵行具足。若比丘有信、有戒、有多聞，不能說法，則梵行不具；比丘有信、有戒、有多聞，能說法，則梵行具足。若比丘有信、有戒、有多聞，能說法，不能養眾，則梵行不具；若比丘有信、有戒、有多聞，能說法、能養眾，則梵行具足。若比丘有信、有戒、有多聞，能說法、能養眾，不能於大眾中廣演法言，則梵行不具；若比丘有信、有戒、有多聞，能說法、能養眾，能於大眾廣演法言，則梵行具足。若比丘有信、有戒、有多聞，能說法、能養眾，能在大眾廣演法言，而不得四禪，則梵行不具；若比丘有信、有戒、有多聞，能說法、能養眾，能於大眾廣演法言，又得四禪，則梵行具足。若比丘有信、有戒、多聞，能說法、能養眾，在大眾中廣演法言，又得四禪，不於八解脫逆順遊行，則梵行不具；若比丘有信、有戒、有多聞，能說法、能養眾，於大眾中廣演法言，具足四禪，於八解脫逆順遊行，

則梵行具足。若比丘有信、有戒、有多聞，能說法、能養眾，在大眾中廣演法言，得四禪，於八解脫逆順遊行，然不能盡有漏成無漏，心解脫、智慧解脫，於現法中自身作證，生死已盡，梵行已立，所作已辦，更不受有，則梵行不具；若比丘有信、有戒、有多聞，能說法、能養眾，能在大眾廣演法言，成就四禪，於八解脫逆順遊行，捨有漏成無漏，心解脫、智慧解脫，於現法中自身作證，生死已盡，梵行已立，所作已辦，更不受有，則梵行具足。[47]

這段經文意思是說，慧解脫阿羅漢固然已經能出離三界生死苦而說爲「所作已辦」；但若是從俱解脫的層面來看，便說慧解脫阿羅漢的「所作已辦」其實還不具足，還不圓滿。也從是否「能說法」、有沒有威德而「能養眾」[48]，來說諸阿羅漢的「所作已辦」是否已經具足。但本書僅從實證涅槃得出三界生死，來定義一切實修解脫道求證涅槃的人，是否「所作已辦」。

實證苦滅聖諦的人，必定實證聲聞解脫道的三三昧：空、無願、無相。

47 《長阿含經》卷 9，《大正藏》冊 1，頁 56，中 19-下 22。
48 長養四眾弟子於解脫道修學方面之道業。

意思是說，苦滅聖諦的見道實證者，繼續經由八正道的實修，必定因爲蘊處界入的無常、苦、空而證得空三昧；已證得空三昧的人，必會證得無願三昧；已證得無願三昧的人，必定會證得無相三昧；具足證得三三昧者，才是實證苦滅聖諦的聖者。若是只在見地上實證此三三昧的人，是初果人；證初果而發起解脫道見地的人，繼續修道而得薄貪瞋癡，是二果人；或是斷除五下分結，發起初禪而證得三果，不再還於欲界、人間，都是依修道位分證三三昧的聖者；若是在修道上面已經自知「不受後有」的人，或是進而達到具足各類「梵行已立」的俱解脫聖者，則是在修道上實證三三昧的人，乃是慧解脫或俱解脫的四果聖者。

聲聞解脫道三三昧中的空三昧，是因爲現觀蘊、處、界、入等法皆是由諸法和合所成，不是本自存在之法，有生有滅而沒有自在性，終究不可久保，因爲無常而歸於「空」，是故證得二乘法中的空三昧。證得空三昧的緣故，於三界諸法已經無所願求，即是「無願」，是名無願三昧。證得無願三昧時，所見三界一切諸法都歸於空，不見三界一切境界有其常住之相，所以於一切法中都見其緣起性空而無常住相，如是證知一切諸法「無相」，即是親證無相三昧之聖者；依止於「無相三昧」次第修斷五下分結、五上分結而具足圓滿三三昧的人，則能「不受後有」，於是自知「我生已盡」，證得「解脫」，「知如眞」。此人即是親證聲聞解脫道三三昧的人，方可名爲實證聲聞涅槃者。若只是從見地上實證三三昧的人，只得聲聞道中的法眼淨，並非依於解脫道見地繼續實修而解脫於欲漏、有漏、無明漏者，所以只成初果人，尚未證得涅槃；千萬別自稱已得三果乃至阿羅漢，以免大妄語業。

第五節　先知法住　後知涅槃

然而末法之世有許多人努力勤修聲聞解脫道，結果竟然連初果的實證都只成爲因中說果，後來都被證實只是大妄語的誤會之說，全都無法實證解脫道；追究其誤會解脫道之原因，都是緣於假名善知識的誤導，不是學人自身故意大妄語。繼續追究末法時代善知識們誤會聲聞解脫道果證的原因，咎在不知四阿含諸經中　世尊說的「先知法住，後知涅槃」的眞正義理。以此緣故，在此特地說明「先知法住，後知涅槃」的義理；一切想要觀行四聖諦而證知苦滅聖諦的人，都應該懂得「先知法住，後知涅槃」的道理，然後才能實證苦滅之道聖諦。何以作如是說？正是爲免解脫道中的學人「因外有恐怖」，以及避免「因內有恐怖」，是故應當「先知法住，後知涅槃」，然後才有可能實證聲聞涅槃。與「先知法住，後知涅槃」眞正義理有關的經典二部，次第舉述如下：

第一部是《雜阿含經》卷十四：

時，諸外道詣須深所，而作是言：「我今日大衆聚集未曾講堂，作如是論：『我等先來爲諸國王、大臣、長者、居士及諸世人之所恭敬奉事，供養衣被、飲食、臥具、湯藥，今悉斷絕；國王、大臣、長者、居士及諸世間悉共奉事沙門瞿曇、聲聞大衆。我此衆中，誰有聰明黠慧，堪能密往沙門瞿曇衆中出家學道，聞彼法已，來還宣說，化諸國王、大臣、長者、居士，令我此衆還得恭敬、尊重、供養？』其中有言：『唯有須深聰明黠慧，堪能密往瞿曇法中出家學道，聞彼說法，悉能受持，來還宣說。』是故我等故來相請，仁者當行。」時，彼須深默然受請，詣王舍城迦蘭陀竹園。

時，衆多比丘出房舍外露地經行。爾時，須深詣衆多比丘，而作是言：

「諸尊！我今可得於正法中出家受具足，修梵行不？」時，眾多比丘將彼須深詣世尊所，稽首禮足，退住一面，白佛言：「世尊！今此外道須深求於正法中出家受具足，修梵行。」爾時，世尊知外道須深心之所念，告諸比丘：「汝等當度彼外道須深，令得出家。」時，諸比丘願度。

須深出家已經半月，有一比丘語須深言：「須深當知，我等生死已盡，梵行已立，所作已作，自知不受後有。」時，彼須深語比丘言：「尊者！云何學離欲、惡不善法，有覺有觀，離生喜樂，具足初禪，不起諸漏，心善解脫耶？」比丘答言：「不也，須深！」

復問：「云何離有覺有觀，內淨一心，無覺無觀，定生喜樂，具足第二禪，不起諸漏，心善解脫耶？」比丘答言：「不也，須深！」

復問：「云何尊者離喜，捨心住正念正智，身心受樂，聖說及捨，具足第三禪，不起諸漏，心善解脫耶？」答言：「不也，須深！」

復問：「云何尊者離苦息樂，憂喜先斷，不苦不樂捨，淨念一心，具足第四禪，不起諸漏，心善解脫耶？」答言：「不也，須深！」

復問：「若復寂靜解脫起色、無色，身作證具足住，不起諸漏，心善解脫耶？」答言：「不也，須深！」

須深復問：「云何尊者所說不同，前後相違？云何不得禪定而復記說？」比丘答言：「我是慧解脫也。」作是說已，眾多比丘各從座起而去。

爾時，須深知眾多比丘去已，作是思惟：「此諸尊者所說不同，前後相違，言不得正受，而復記說自知作證。」作是思惟已，往詣佛所，稽首禮足，退住一面，白佛言：「世尊！彼眾多比丘於我面前記說：『我生已盡，梵行已立，所作已作，自知不受後有。』我即問彼尊者：『得離欲、惡不善法，乃至身作證，不起諸漏，心善解脫耶？』彼答我言：『不也，須深！』我即問言：『所說不同，前後相違，言不入正受，而復記說，自知作證。』彼答我言：『得慧解脫。』作此說已，各從座起而去。我今問世尊：云何彼所說不同，前後相違，不得正受，而復說言『自知作證』？」

佛告須深：「彼先知法住，後知涅槃。彼諸善男子獨一靜處，專精思惟，不放逸住，離於我見，不起諸漏，心善解脫。」須深白佛：「我今不知『先知法住，後知涅槃』。彼諸善男子，獨一靜處專精思惟不放逸住，離於我見不起諸漏，心善解脫。」佛告須深：「不問汝知不知，且自**先知法住，後知涅槃**。彼諸善男子獨一靜處，專精思惟，不放逸住，離於我見，心善解脫。」

須深白佛：「唯願世尊爲我說法，令我得知法住智，得見法住智。」佛告須深：「我今問汝，隨意答我。須深！於意云何？有生故有老死，不離生有老死耶？」須深答曰：「如是，世尊！」

「有生故有老死，不離生有老死。如是，生、有、取、愛、受、觸、六入處、名色、識、行、無明，有無明故有行，不離無明而有行耶？」

須深白佛：「如是，世尊！有無明故有行，不離無明而有行。」

佛告須深：「無生故無老死，不離生滅而老死滅耶？」須深白佛言：「如是，世尊！無生故無老死，不離生滅而老死滅。」

「如是，乃至無無明故無行，不離無明滅而行滅耶？」須深白佛：「如是，世尊！無無明故無行，不離無明滅而行滅。」

佛告須深：「作如是知、如是見者，爲有離欲、惡不善法，乃至身作證具足住不？」須深白佛：「不也，世尊！」

佛告須深：「是名**先知法住，後知涅槃**。彼諸善男子獨一靜處，專精思惟，不放逸住，離於我見，不起諸漏，心善解脫。」佛說此經已，尊者須深遠塵離垢，得法眼淨。

爾時，須深見法得法，覺法度疑，不由他信，不由他度，於正法中心得無畏，稽首佛足，白佛言：「世尊！我今悔過，我於正法中盜密出家，是故悔過。」佛告須深：「云何於正法中盜密出家？」須深白佛言：「世尊！有眾多外道來詣我所，語我言：『須深當知，我等先為國王、大臣、長者、居士及餘世人恭敬供養，而今斷絕，悉共供養沙門瞿曇、聲聞大眾。汝今密往沙門瞿曇、聲聞眾中出家受法，得彼法已，還來宣說我等，當以彼聞法教化世間，令彼恭敬供養如初。』是故，世尊！我於正法、律中盜密出家，今日悔過，唯願世尊聽我悔過，以哀愍故。」

佛告須深：「受汝悔過，汝當具說：『我昔愚癡、不善、無智，於正法、律盜密出家，今日悔過，自見罪、自知罪，於當來世律儀成就，功德增長，終不退減。』所以者何？凡人有罪，自見、自知而悔過者，於當來世律儀成就，功德增長，終不退減。」

佛告須深：「今當說譬，其智慧者，以譬得解。譬如國王有防邏者，捉捕盜賊，縛送王所，白言：『大王！此人劫盜，願王處罪。』王言：『將罪人去，反縛兩手，惡聲宣令，周遍國中，然後將出城外刑罪人處，遍身四體，劖以百矛。』彼典刑者受王教令，送彼罪人，反縛兩手，惡聲宣唱，周遍城邑，將出城外刑罪人處，遍身四體，劖以百矛。日中，王問：『罪人活耶？』臣白言：『活。』王復勅臣：『復劖百矛。』至日晡時，復劖百矛，彼猶不死。」佛告須深：「彼王治罪，劖以三百矛，彼罪人身寧有完處如手掌不？」須深白佛：「無也，世尊！」

復問須深：「時彼罪人，劖以三百矛因緣，受苦極苦劇不？」須深白佛：「極苦。世尊！若劖以一矛，苦痛難堪，況三百矛，當可堪忍？」佛告須深：「此尚可耳，若於正法、律盜密出家，盜受持法，為人宣說，當受苦痛倍過於彼。」

佛說是法時，外道須深漏盡意解，佛說此經已，尊者須深聞佛所說，歡喜奉行。[49]

49《雜阿含經》卷14，《大正藏》冊2，頁96，下11-頁98，上12。

語譯如下：

【有一時，那些外道們前往須深的住所，然後這樣子說：「我們今天大眾聚集在未曾講堂中，這樣子討論：『我們大家以前被那些國王、大臣、長者、居士以及許多世間人所恭敬與奉事，供養我們衣被、飲食、臥具、湯藥，如今全部斷絕了；現在國王、大臣、長者、居士及那些世間人全部都共同奉事出家人瞿曇（編案：世尊出家前的姓氏）和聲聞大眾。我們這些大眾之中，誰有聰明與應變的智慧，堪能祕密前往沙門瞿曇的大眾之中出家學道，聽聞了他們的法以後，再來還歸我們的未曾講堂裡同樣宣說，教化那些國王、大臣、長者、居士們，使我們這裡的大眾依舊可以得到他們的恭敬、尊重、供養？』大眾之中有人說：『只有須深很聰明，也有應變的智慧，堪能祕密前往瞿曇的法中出家學道，聽聞他們的說法，全部都能領受憶持，再回來爲大眾宣說。』由於這個緣故，我們特地前來相見邀請，請您找個時間出發吧。」當時，那位須深默然接受請求，然後前往王舍城迦蘭陀竹園。

當時，眾多比丘們出在房舍外沒有遮蔭的地方經行。這時候，須深前往面見眾多比丘，便這樣子說：「諸位尊者！我如今可以在你們的正法中出家而受具足戒，修習清淨行嗎？」當時，眾多比丘們帶領彼須深前往世尊的所在，向世尊稽首而頂禮於世尊足下，然後退下來站在側面，向世尊稟白說：「世尊！如今這位外道須深請求在我們正法中出家受具足戒，修學清淨行。」這時，世尊已知外道須深心裡所想的事情，便告訴諸比丘說：「你們應當度化那外道須深，使他得以在僧團中出家。」當時，諸比丘都願意度化須深出家修清淨行。

須深出家以來已經半個月了，有一位比丘告訴須深說：「須深啊！你應當知道，我們是生死已盡，梵行已立，所作已作，自知不受後有了。」當時，那位須深告訴諸比丘說：「尊者！是不是說，修學遠離五欲及種種惡不善法，有覺有觀離生喜樂具足初禪，不生起諸漏而得心善解脱呢？」比丘答覆他說：「不是這樣的，須深！」

須深又問：「是不是說，遠離有覺有觀的初禪，內淨一心無覺無觀定生喜樂，具足第二禪而不生起諸漏，心善解脱呢？」比丘答覆說：「不是這樣的，須深！」

須深又問：「是不是說，尊者您已經遠離第二禪的喜悅，以捨離二禪的心住在正念正智中，身心受樂而獲得聖尊所說定境以及捨心，所以具足了第三禪，不生起種種有漏，獲得心善解脫呢？」比丘答覆說：「不是這樣的，須深！」

又問：「是不是說，尊者您已經遠離種種苦又息滅了禪定之樂，憂與喜已經先斷除，住於不苦不樂的捨心之中，也清淨了定念而且一心，具足第四禪而不生起諸漏，因此而得心善解脫呢？」比丘答覆說：「不是這樣的，須深！」

須深又繼續追問說：「或者是又因爲寂靜或解脫而具足生起色界、無色界定，親身實證而且具足安住，不再生起種種有漏，獲得心善解脫呢？」比丘答覆說：「不是這樣的，須深！」

須深接著追問：「爲什麼尊者的所說有所不同，而且前後相違呢？爲什麼不曾證得這些禪定而又記說您已經獲得解脫、證得涅槃呢？」比丘答覆說：「因爲我們是慧解脫啊。」說了這樣的話以後，眾多比丘們就各自從座位上起身而離去。

這個時候，須深知道眾多比丘們已經離去了，就這樣子思惟：「這些尊者們所說的並不相同，前說與後說互相違背，既然說並沒有得到所有禪定的正受，竟然又公開記說解脫的境界已經自知而且自己作證。」作了這樣的思惟以後，就前往佛陀的所在，向佛陀稽首並且頂禮足下以後，退住側方一面，稟白佛陀說：「世尊！他們眾多比丘在我的面前記說：『我重新再出生的事情已經斷盡，清淨行已經建立，在修行上所應作的事情已經作完了，自己清楚知道未來不再接受後有了。』我隨即請問那些尊者們：『您已經得到遠離欲界、遠離欲惡的不善法的初禪，乃至於最後已經親身作證，不再生起三界中的種種有漏，獲得心善解脫了嗎？』他們答覆我說：『不是這樣的，須深！』我隨即請問說：『諸位所說都不相同，前說與後說互相違背，竟然不證入禪定的正受，而又自己記說，對於解脫已經自己證知而且自己可以親身證實？』他們答覆我說：『我們是證得慧解脫。』這樣子說明了以後，各自從座位上起身而去。我如今請問世尊：爲什麼他們所說各不相同，前說與後說互相違背，沒有獲得禪定的正受，竟然公開記說『自己確實已經知道不再領受後有，而且說是已經親身作證了』？」

佛陀告訴須深：「他們是先知道正法而安住下來，然後才知道涅槃。他們那些善男子獨自住在一個清靜的處所，專心精細地思惟，不放逸而安住，先離開了我見，又不再生起欲界漏、色界漏、有漏，所以獲得心善解脫。」須深稟白佛陀說：「我如今不懂『先知法住，後知涅槃』。不懂那些善男子們，獨一靜處專精思惟不放逸住，離開了我見而且不再生起三界漏，心善解脫的事情。」佛陀告訴須深：「我不問你知或不知，你應該設法使自己先知法住，後知涅槃。那些善男子們都是獨一住於清靜處，專心精細地思惟，不放逸地安住下來，先離開了我見，然後心善解脫。」

須深就稟白佛陀說：「我很希望世尊為我說法，使我能夠知道法住的智慧，可以看見法住的智慧。」佛陀告訴須深：「我如今問你，你可以隨意答覆我。須深！你的意下如何呢？是不是因為有出生的緣故所以有老與死，不離出生所以有老死呢？」須深答覆說：「如是，世尊！」

「有出生的緣故而有老死，不離出生而有老死。就像是這樣子，出生、後有、四取、貪愛、領受、觸知、六個外所入之處、名色等五陰、識陰六個識、身口意行、對眞相無知而愚癡黑暗，是不是因為有無明的緣故而有三行，不離無明而有三行呢？」須深稟白佛陀說：「就像是這樣子，世尊！因為有無明的緣故而有身口意三行，不離無明而有三行。」

佛陀告訴須深：「所以，是不是沒有出生的緣故就沒有老死，是否不離生滅而能使老死滅呢？」須深稟白佛陀說：「就像您說的這樣，世尊！沒有出生的緣故就沒有老與死，不能離開生滅而有老死滅。」

「就像是這樣子，乃至於沒有無明的緣故就沒有身口意三行，不能離無明的消滅而使三行消滅呢？」須深稟白佛陀說：「就像是您說的這樣，世尊！沒有無明的緣故就沒有身口意三行，不能離開無明的消滅而使這三行消滅。」佛陀便告訴須深說：「你假使這樣了知、這樣看見因緣法的話，就能遠離欲界愛、遠離種種惡不善法，乃至於最後親身作證而具足於解脫境界中安住嗎？」須深稟白佛陀說：「**不是這樣的**，世尊！」佛陀就告訴須深說：「這就是我說的『**先知法住，後知涅槃**』。那些善男子們由於這個正理，獨自一人在安靜處所，專心精細地思惟，心中不放逸地安住，離開了我見，不再生起三界諸漏，所以心善解脫。」佛陀說完此經以後，尊者須深當時遠離了六塵境界中的污垢，得到法眼淨而證得初果了。

這時候，須深已經看見了法而證得了法，覺悟這個法而度過了疑惑，不需要再藉著別人來生起信心，也不需要再由別人來度他了，已經在正法裡面心中獲得無所畏懼了，於是向佛陀稽首，又頂禮佛陀足下，稟白佛陀說：「世尊！我如今懺悔過失，我是在正法中竊盜祕密而來出家的，由於這個緣故而懺悔過失。」佛陀告訴須深：「你是怎麼樣在我正法中竊盜祕密而來出家的？」須深稟白佛陀說：「世尊！有許多外道來到我住的地方，告訴我說：『須深！你應當知道，我們以前廣被國王、大臣、長者、居士以及其餘的世人所恭敬供養，而今已經斷絕，他們全都共同供養出家人瞿曇和聲聞法中的大眾。你如今祕密前往沙門瞿曇、聲聞眾中出家，受學他們的法義；獲得他們的法以後，還歸我們道場中宣說給我們知道，我們應當以從那裡聽聞得來的法義教化世間，使得國王等人對我們恭敬供養如同以前一樣。』由於這個緣故，世尊！我是在您的正法、戒律中竊盜祕密而來出家的，今天懺悔過失，祈願世尊聽受我懺悔過失，由於哀愍我須深的緣故。」

佛陀告訴須深：「我接受你的悔過，你應當具足地說：『我以前愚癡、心地不善、沒有智慧，於如來正法與戒律中竊盜祕密而來出家；今日懺悔過失，自己看見了罪惡、自己知道這是罪惡，令我於當來之世的律儀可以因此而成就，功德因此而增長，終究不會退失或減少。』為什麼要這樣具足說呢？凡是有人造作罪惡以後，親自看見、自己知道以後而懺悔過失的話，於未來之世可以因為懺悔這個善法而使得戒律與威儀獲得成就，於法上的功德也隨著增長，終究不會退失或減少。」

佛陀告訴須深：「如今應當演說譬喻，若是有智慧的人，由於譬喻就可以得到領解。譬如國王設有預防犯罪的巡邏人，專門捉捕強盜賊人，繫縛以後送到國王的處所，稟白說：『大王！這個人是搶劫的強盜，願大王處以罪刑。』國王說：『帶著那個罪人離去，反縛他的兩手，以惡劣的聲音向大眾宣令，周遍於全國之中都能聽到，然後把他帶出城外刑罰罪人的地方，把他遍身四肢都刺上一百矛。』那個專門處理刑罰的人領受了國王的教令，就遣送那個罪人，反縛他的兩手，以惡聲宣唱他的惡事，周遍國內所有城市邑鎮，把他帶出城外，到了刑罰罪人的處所，遍滿全身以及四肢，刺進了一百矛。到日正當中，國王又問：『那個罪人還活著嗎？』大臣稟白說：『還活著。』國王又下令給大臣：『再刺他一百矛。』等到下午的時候，國王又下令再刺上一百矛，那罪人依舊沒有死亡。」佛陀告訴須深：「那個國王治罪時，下令刺了罪人三百矛，那個罪人身上難道還會有完整的地方猶如手掌大小嗎？」須深稟白佛陀說：「不可能還有，世尊！」

佛陀又問須深說：「當時那個罪人，由於被刺三百矛的因緣，領受的痛苦是不是極爲痛苦強烈呢？」須深稟白佛陀說：「非常地痛苦，世尊！即使只是刺在身上一矛，已經苦痛難堪了，何況是三百矛，怎麼可能忍受得住呢？」佛陀告訴須深說：「這種痛苦還算是可以忍受的，假使是於正法、戒律中竊盜祕密而出家，竊盜了所受持的法義，爲別人宣揚解說，死後下地獄應當領受的苦痛，是很多倍而超過那個罪人的。」

佛陀解說這個法的時候，外道須深已經漏盡成爲阿羅漢，如實理解世尊所說的法義。佛陀演說此經以後，尊者須深聽聞佛陀所說，歡喜奉行。】

這就是說，世尊爲須深解說十二因緣法以後，問須深說：「像這樣子觀察十二因緣法時，就能夠遠離欲界惡法，繼續**向上**進修而證得涅槃、解脫於三界生死嗎？」須深就向 佛陀稟白說：「**不是這樣的**，世尊！」這表示須深此時已經知道有個常住法恆存，在這個大前提下，觀行十二因緣法時才能成就，否則不免生疑而恐懼：滅盡名色十八界而不受後有以後會不會成爲斷滅空？所以單修十二因緣法而不修十因緣法時，就不知道或不能確認有個本住法常住──**不知法住**，就不可能接受十二因緣法所說應該滅盡五蘊名色自我成爲無餘涅槃的道理，修習因緣觀時所應滅除的無明就不可能滅除。於是 佛陀告訴須深說：「這就是我說的**先知法住，後知涅槃**。」是因爲先知道有一個法是常住不變的，然後才會知道滅盡五蘊的無餘涅槃是不生不滅的，所以捨棄此世五蘊「不受後有」以後並不是斷滅空，這個本住法就是第八識如來藏，就是無餘涅槃中的本際；因爲這個知見確認了，所以「彼諸善男子」才能夠接受五蘊、十八界全都虛妄，但不是斷滅空，才能夠「獨一靜處，專精思惟，不放逸住，離於我見，不起諸漏，心善解脫」，最後才眞正的了知涅槃的眞義。這就是 世尊說的「**先知法住，後知涅槃**」的眞義。阿羅漢們必須「**知法住**」，但菩薩摩訶薩們卻必須「**證法住**」，所以菩薩們斷我見以後再證得這個常住法的智慧，不共於二乘聖人、有別於二乘聖人，因此實相般若被判定爲別教之法。

曾經解說對本住法常住有正確認知，而能使解脫道修行者不會墮入斷滅恐懼的第二部經典，是《中阿含經》；在卷五十四〈大品 第二〉中已曾演說。這部經中的法義，平實已於《阿含正義》第四輯中特地詳細解說；因爲這個法義很重要，爲了幫助想要實證二乘涅槃的學人，應該轉載而再次舉陳如下，令學人免於斷滅空的恐怖而得實證二乘涅槃：

【如來藏不僅是十方三世一切法自性之所以能夠生、住、異、滅的眞實相，也是無餘涅槃的本際，更是修證二乘解脫道的正知見基礎；若離這個基礎，如同前面章節中所舉證的經文一般，我見與我執的斷除就都不可能成功；所以認清本識如來藏的存在實有，認清本識如來藏的常住不可壞性，對於修證解脫道的修證者而言，是一個必須具備的大前提，在本節中也將再舉經文來證實這一點。這是因爲解脫道的修證，若想避免落入常見外道境界中，就必須確實滅盡蘊處界一切法；若想避免落入斷見外道境界中，就必須確認有一個無餘涅槃的本際——**本識**——如來藏的常住而不可壞滅性；而這個本識確實是可證的，不是空口徒言的名相施設，否則，在遵佛所囑而滅盡蘊處界時，就會成爲空無一法的斷滅境界了，就同於斷見外道所說一般無二了。

所以，對於解脫道的修證，一定要恪遵佛囑，確認本識的存在（不必一定親證），才能遠離斷、常二見的妄想境界。但是，對於涅槃本際的認知雖然是修證解脫道的大前提，一切外道及今天佛門中的多數人，卻都無所認知；這種現象，不僅存在於今天的中國佛教界及南洋佛教界中，其實是古時就已經存在了！當年世尊弘揚聲聞菩提的緣起性空法，曾被誤會佛法的外道謗爲斷滅空；如同今天佛門解脱道中的凡夫大師們一樣，在不承認本識存在的前提下，都不願意死掉意識心，所以總是將離念靈知心抱得緊緊的，不肯死掉，與古時謗法的常見外道一樣；這都是由於他們對世尊所宣揚二乘涅槃法義的**本識大前提**無知所致；不幸的是，現代佛門的凡夫大師們，卻一直都在否定無餘涅槃中眞實存在的本際——常住不滅的**本識如來藏**，在實質上把聲聞菩提推入斷滅空中，來實現古時常見外道對聲聞菩提的誹謗。謗法的古事，有經文爲證：

世尊云：「……師子！云何復有事，因此事故，於**如實法**不能謗毀：『沙門瞿曇宗本斷滅，亦爲人説斷滅之法。』師子！我説身惡行應斷滅，口、意惡行亦應斷滅。師子！若如是比，無量不善穢汙之法，爲**當來有**本，煩熱苦報、生老病死因，師子！我説此法盡應斷滅。師子！是謂有事，因此事故於**如實法**不能謗毀：『沙門瞿曇宗本斷滅，亦爲人説斷滅之法。』……」(《中阿含經》卷4)

這正是古時外道由於無知，無根謗毀世尊所傳聲聞菩提緣起性空法義的事例，謗世尊正法爲虛相法、爲斷滅空。今**語譯**如下：

「……師子！爲什麼說還有別的事情，因爲這種事情的緣故，對於如實法是不能加以誹謗毀壞而說：『沙門瞿曇說的法，其宗旨的根本是斷滅，也爲眾人解說斷滅之法。』師子！我說的是身惡行應該斷滅，口、意惡行也應該斷滅，我不是說一切法空的斷滅。師子！像如此一類的無量不善穢汙的法，是**未來世會出現後有**的根本，也是煩熱苦報、生老病死出生的因由，師子！我說的是這些邪見與煩惱法全都應該斷滅（不是錯解一切法空而成爲斷滅空）。師子！這就是說有些事情存在，因爲這些事情存在的緣故，對於**如實法**是不能加以誹謗毀壞而這樣說：『沙門瞿曇說的法，其宗旨的根本是斷滅，也爲眾人解說斷滅之法。』……」

所以古時世尊弘法時就已經有外道或佛門內未悟聲聞菩提的凡夫們，將世尊**如實法**的解脫法義，錯認爲是蘊處界滅盡後而無如來藏獨存的一切法空斷滅境界了。但是世尊說，有惡劣果報的緣故，所以不該對某些事情加以誹謗及毀壞，譬如誹謗及毀壞世尊的法義說：「沙門瞿曇所說的法義，是斷滅見，他是根據斷滅境界作爲中心思想而說解脫之道。」其實世尊所說的二乘涅槃，雖然是要滅盡蘊處界及一切法的，但是滅盡一切法以後，卻是**常**、**恆**、清涼、眞**實**的究竟出離生死境界，是**如實法**，並不是古時的常見外道及今時印順、大願所講的「滅盡蘊處界以後成爲一切法空」的斷滅境界，也不是他們私底下新創的滅盡蘊處界後仍有**意識細心常住不滅**的常見外道境界，所以是與印順、昭慧、達賴所說斷滅見的**一切法空**大不相同。若不能確信有本識常住不滅，就會誤以爲滅盡蘊處界以後是斷滅空，於是在想要遵照 佛囑來滅盡蘊處界時，心中將會有所恐怖，即使眞的現觀蘊處界的虛妄以後，仍將是不敢確實斷除我見與我執的。所以說，由於有第八識如來藏的緣故，使得二乘涅槃不墮斷滅空，大異於外道的斷見法。有何原始佛法中的根據而作是說？且以下舉經文爲證。

比丘復問曰：「世尊！云何因內有**恐怖**耶？」世尊答曰：「比丘者，如是見、如是說：『**彼**或昔時無，設有，我不得。』彼如是見、如是說，憂感煩勞、啼哭椎胸而發狂癡，比丘！如是**因內有恐怖也**！」

比丘歎世尊已，復問曰：「世尊！頗有因內無恐怖也？」世尊答曰：「有也！」比丘復問曰：「世尊！云何因內無恐怖也？」世尊答曰：「比丘者，不如是見、不如是說：『**彼**或昔時無，設有，我不得。』彼不如是見、不如是說，不憂感、不煩勞、不啼哭、不椎胸，不發狂癡。比丘！如是**因內無恐怖**也！」

比丘歎世尊已，復問曰：「世尊！頗有因外有恐怖也？」世尊答曰：「有也。」比丘復問曰：「世尊！云何因外（註）有恐怖也？」世尊答曰：「比丘者，如是見、如是說：『**此**是神，此是世，此是我。我當後世有。』彼，如是見、如是說；或遇如來，或遇如來弟子聰明智慧而善言語、成就智慧；彼，或如來、或如來弟子，滅一切自身故說法：捨離一切漏、一切我、我所作，滅慢使故說法。彼，或如來或如來弟子，滅一切自身故說法，捨離一切漏、一切我、我所作；滅慢使故說法時，憂感煩勞、啼哭椎胸而發狂癡，如是說：『**我，斷壞，不復有**。』所以者何？彼比丘所謂長夜不可愛、不可樂、不可意念；比丘多行彼，便憂感煩勞、啼哭椎胸而發狂癡。比丘！如是**因外有恐怖**也！」（註：五陰是外法，本識是內法。若恐懼外法五陰全部滅除時會成爲斷滅境界，心中就有恐怖。）

比丘歎世尊已，復問曰：「世尊！頗有因外無恐怖耶？」世尊答曰：「有也。」比丘復問曰：「世尊！云何因外無恐怖耶？」世尊答曰：「比丘者，不如是見、不如是說：『**此**是神，**此**是世，**此**是我，**我**當後世有。』彼，不如是見、不如是說；或遇如來，或遇如來弟子聰明智慧而善言語，成就智慧；彼，或如來、或如來弟子，滅一切自身故說法，捨離一切漏、一切我、我所作；滅慢使故說法。彼，或如來或如來弟子，滅一切自身故說法，捨離一切漏、一切我、我所作，滅慢使故說法時，不憂慼，不煩勞，不啼哭，不椎胸，不發狂癡，不如是說：『**我斷壞，不復有**。』所以者何？彼比丘，所謂長夜可愛、可樂、可意念；比丘多行『**彼**』，便不憂慼、不煩勞、不啼哭、不椎胸，不發狂癡。比丘！如是**因外無恐怖也**！」（《中阿含經》卷 54，《大正藏》冊 1，頁 765，上 1-中 13。）

這一段經文，若無深妙智慧，一定是讀不懂的，或是一定誤會佛陀的眞意。在此先依據前一段經文中的意義，將閱讀及思惟此段經文的要訣指出來，讀起來就不會產生誤會，也不會因爲錯誤的解釋而導致前後不通：這一段經文中說的「**彼**」，是指更前一段經文中說的**想像中**常住不壞的**精神**。常住不壞的精神就是入胎識，指的是無爲法、常住法、清涼法、恆不變易法，不屬於蘊處界所攝，世尊將祂說爲「**我**」，不同於生滅性的蘊處界假我、**無我**。「**此**」是說凡夫比丘誤把蘊處界中的某一法或某些法，誤認爲是無爲法、常住法、清涼法、恆不變易法的「**我、精神**」，但其實仍是蘊處界所攝的生滅法，不是眞正常住的「**精神、我**」，不是無爲性、常住性、恆不變易、眞實的「**精神、我**」。「**我**」是指與蘊處界同時同處的無爲法、常住法、恆不變易法，這才是這段經文中說的常住法：因爲常住的緣故，所以說爲「**我**」；生滅而不常住的蘊處界我及一切法，都說爲**無我**。依照這個定義去讀這一段經文及前後段經文，就不會產生前後互相矛盾、衝突的地方；若不依循這個要訣來理解，將會產生前後說法矛盾不通的困擾。讀通了這段經文，就可以確實了知這些阿含部的經文，其實本來就屬於大乘經，但二乘聖人聽聞之後只懂得其中有關解脫道的義理，只能結集這個局部的經文而成爲二乘解脫道的法義了！

今先**語譯**（直譯而沒有增詞），請讀者比對前面經典原文來閱讀，才不會誤認為平實如同印順一樣對經文的註解有所扭曲：

比丘又問說：「世尊！如何是因為內法而有恐怖呢？」世尊答覆說：「這一類比丘，有這樣的看法、這樣的主張：『〔**彼常住之精神**〕可能是往昔並不存在的，假設眞的有常住法，而我不能證得。』他們這樣子知與見、也這樣子說出來，心中就憂慼煩勞、啼哭起來，雙手搥打自己的前胸而發出了狂癡的模樣來，比丘！這就是因為內法不能證得而有恐怖的事啊！」

比丘讚歎了世尊以後，接著又請問說：「世尊！有沒有比丘是因為內法而沒有恐怖的呢？」世尊答覆說：「有的！」比丘又請問說：「世尊！如何是比丘因為內法而沒有恐怖呢？」世尊答覆說：「有一些比丘們，不是像這樣子知與見、也不是像這樣子說：『〔**彼精神**〕可能是以前不曾存在的，假設眞的有〔**彼精神**〕，而我不能證得。』他們不是像這樣的知與見、也不是像這樣子說出來，心中都不憂慼、不煩勞、不啼哭、不會雙手搥胸，不發狂愚癡。比丘！像這樣子的比丘們，就是因內法的眞實有，所以心中沒有恐怖啊！」（信受佛語所說無餘涅槃中有本識精神常住不壞，心中即無恐怖而願意滅除五陰自己全部，成就解脫果。）

比丘讚歎世尊以後，又請問說：「世尊！有沒有比丘們因爲外法而有恐怖的呢？」世尊答覆說：「有的。」比丘又請問說：「世尊！如何是比丘們因爲外法而有恐怖呢？」世尊答覆說：「有一些比丘們，是這樣的知見、這樣的說：『這五陰中的覺知就是常住的〔**精神**〕，這就是世間根本，這就是眞我。這個能覺能知的**我**、**精神**，應當在後世還會繼續存在。』他們那些比丘們，像這樣知與見、也像這樣子主張；他們有時遇到如來，或者遇到的如來弟子是聰明智慧而且善於言語、也成就了解脫的智慧；那些比丘們，或者遇到如來，或者遇到如來弟子，是滅盡一切自身蘊處界的緣故而爲他們說法：應當捨離一切有漏、捨離蘊處界中的一切假我、捨離蘊處界假我所造作出來的一切法。有智慧的比丘們是因爲滅除了我慢與結使的緣故而這樣說法的。那些聞法的比丘們，或遇如來或遇如來弟子是滅除了一切自身執著的緣故而說法，說應該捨離一切有漏、一切蘊處界假我、蘊處界假我所造作的一切法，都是滅除了我慢結使的緣故而說法時，他們聽了以後就憂慼煩勞、啼哭著以雙手搥胸而發狂愚癡，這樣子說道：『**我、精神**，斷壞以後不會再有了。』爲什麼而煩惱啼哭、搥胸狂癡呢？那些比丘所說的常住的精神（墜入蘊處界中而誤會離念靈知爲常住的精神），是處在黑暗長夜而不可貪愛、不可樂著、不可以被意識所懷念的；那些比丘們的心常常行於蘊處界我的境界中，聽了這些開示以後（而知道錯認常住的精神、我，誤以爲沒有常住的精神、我可以常住不壞），就憂慼煩勞、啼哭搥胸而發起狂癡的行爲來。比丘！像這樣子就是因爲蘊處界外法的無常而導致心中有恐怖啊！」

比丘讚歎世尊以後，復又問道：「世尊！有沒有比丘是因爲外法而沒有恐怖呢？」世尊答說：「有的。」比丘又復請問說：「世尊！如何是比丘們因爲外法而沒有恐怖呢？」世尊答覆說：「有一些比丘們，不像那些愚癡比丘這樣的知與見、也不像是這樣子說：『這蘊處界中的〔**覺知心我**〕是常住的，而認爲這就是世間的根本，這就是眞實我，而這個蘊處界所含攝的眞我應當在後世還會繼續存有。』他們不像那些愚癡比丘們這樣的知見，也不像愚癡比丘們那樣子說。他們或者遇到如來，或者遇到的如來弟子是聰明智慧而且善於言語，並且成就了智慧；

他們遇到的，或者是如來，或者是如來弟子，都是滅盡一切自身貪愛的緣故而說法，是捨離一切有漏、捨離一切蘊處界我、捨離一切蘊處界我所造作的一切法，是滅除我慢結使的緣故而說法。那些有智慧的比丘們所遇到的，或是如來或是如來弟子，都是滅盡一切自身的緣故而說法，是捨離一切有漏、一切蘊處界我、蘊處界我所造作的一切法，是滅除我慢結使的緣故而說法時，那些聞法的比丘們都不憂慼，不煩勞，不啼哭，不搥胸，不發出狂癡的樣子來，也不像是愚癡比丘們這樣子說：『**能覺知的我**將會斷壞，不再有任何的自我存有。』為什麼呢？那些有智慧的比丘們，所說的是：長夜之中確實是有**可愛**、**可樂**、**可意念的常住法**；比丘們心中常常運行於**那個常住法**中，就不憂慼、不煩勞、不啼哭、不搥胸，也不會發起狂癡的樣子來。比丘啊！像這樣子就是因為外法的無常，但心中仍然沒有恐怖啊！」

由此阿含部的經文中，已經證實了阿含經中確實是一直都有隱語密意宣說「**存有**」思想的，並且是由於蘊處界滅盡後的這個存有，使無餘涅槃不是斷滅，才能使得比丘們確實斷盡我見與我執。這部經文中說有些比丘是證得常住法本識的，因為佛說那些比丘是常常運作他們的心行於**彼法本識**中的。由此可見這部經從佛陀口中說出時一定是大乘經典，但是二乘聖人聽聞以後卻結集成二乘聲聞解脫道的經典了！因爲親證本識的比丘，不可能仍是二乘聲聞人，一定會迴心進入大乘法中的，早就成爲菩薩而不再是聲聞人了！但結集此經的二乘聖人卻仍然沒有迴心大乘法中，所以集成於四阿含中。由此經文的旁證也可以證明大乘法的弘傳，是在佛陀住世時就已經開始了，才會有二乘聖人親聞大乘經典而結集此經，故不是等到佛入滅後數百年才漸漸發展出大乘法來的。

假使有人堅持說：「蕭平實解釋這段經典，是曲解、誤解、錯解，這一段經典的原意是在說蘊處界緣起性空，不是他所說的有一法常住存有卻不是蘊處界法。」那麼他們應當把這一段經文確實直譯出來，並加以解釋，看能否不產生自相矛盾之處？爲了那些難度的人，平實且再舉示這一段經文**緊鄰著**的前一段經文，來看看 佛陀的眞實意旨如何，就可以了知佛陀在阿含道中有沒有說過存有的思想，有沒說過**常住法**：

「復次，有六見處。云何爲六？比丘者，所有色，過去、未來、現在，或內或外，或精或麤（粗），或妙或不妙，或近或遠；**彼一切非我有，我非彼有**，亦非是神；如是慧觀，知其如眞。所有覺（受陰），所有想（想陰），所有此，見『非我有，我非彼有；我當無我，當不有；彼（覺、想）一切非我有，我非彼有，亦非是神』。如是慧觀，知其如眞。所有此，見『若見聞識知（識陰及行陰）所得所觀，意所思念，從此世至彼世，從彼世至此世，**彼一切非我有，我非彼有**，亦非是神』。如是慧觀，知其如眞。所有此，見此是神，此是世，此是我；**我**當後世有，**常，不變易；恒，不磨滅法；彼**（五陰）**一切非我有，我非彼有**，亦非是神；如是慧觀，知其如眞。」（《中阿含經》卷 54）

由這一段經文中的說法，很清楚的反證：**五蘊無常故無我**的同時，已經表達確實有常住法與緣起性空的五蘊法並存的眞相了，因爲：五陰非**我**有，**我**非五陰有，這已經很明白的顯示有一個與五陰同時並存的**眞識存有**。說白一點兒，這部經典其實根本就是大乘經典，只是因爲被二乘人聽聞、結集而成的緣故，大乘法義就不存在了，所以就成爲偏重解脫道的小乘經典了！二乘聖人結集此經的主要目的，只是用來護持聲聞菩提及聲聞學人不墮入斷見中。今將此段經文語譯如下，佛意即可明了。心中有疑的讀者，當然可將經文一字一句比對平實的語譯，看看平實是否有故意曲解之處。假使懷疑平實有曲解之處，那麼您當然可以試著語譯看看，自然會覺察到平實的語譯才是最正確的語譯：

「復次，另外還有六種見處。如何是六見處呢？比丘們的智見是：所有的色陰，過去世、未來世、現在世的色陰，或是內色陰或是外色陰，或是精妙的色陰或是粗糙的色陰，或是好的色陰或是不太好的色陰，或者近世的色陰或是遠世的色陰；那些色陰，全部都不是眞我所有，眞我也不是那些色陰所有的，那些色陰也不是常住的精神；應當像這樣子有智慧的觀察，如實的知道其本質。所有的受陰，所有的想陰，此受、想二陰，都應該看見一切受想陰『不是眞我所有，眞我也不是那些受想二陰所有的；這種受與想陰的我其實將來會壞滅而無我的，未來捨壽後將不能繼續存有。那個受陰與想陰，一切都不是**真我**所有，**真我**也不是那一切受陰、想陰所有，眞我也不是一般人所說的精神。』像這樣子有智慧的觀察，如實的知道其本質。所有這個識陰、行陰，應該要看見能夠見聞識知的識陰及行陰，這個識陰、行陰所得與所觀的諸法，是意根與意識之所思念的，以爲可以從這一世去到另一世，或以爲能從前一世來到這一世；但是那個識陰與行陰，一切都不是**真我**所有的，**真我**也不是那個識陰與行陰所有，識陰與行陰也不是常住的精神。要像這樣子有智慧的觀察，如實的知道其本質。一切有情的此—**真我**—不是五陰、精神；所有的五陰，若誤以爲是常住的精神，錯認五陰是世間的根本，錯認爲是**真我**；就以爲這個假我應當在後世還會存有，以爲是常住法，以爲是不變易法；也誤認爲是永恆是不磨滅法；但是彼五陰，一切的五陰都不是**真我**所有的，**真我**也不是彼五陰所有的，彼五陰也不是常住的精神；像這樣子有智慧的觀察，如實的知道其本質。」

由這一段經文中，佛說**五陰與真我不互相混合為一個不可分的法**，已經可以看得出來：五陰是與眞我同時同處而**不相在**的，不是合爲一法而不可分離的，所以死後當然就互相分離而成爲**愛別離**，不能再互相擁有了。既然有一個眞我精神與五陰同在，而五陰無常故無我，卻反證出一個與五陰的**無常**、**無我**體性相反的眞我精神，那就是《阿含經》中所說的存有證據了！若有人主張這段經文中說的**我**（眞我），是講蘊處界中的覺知心或作主心，不是講第八識心，他將會自相矛盾、自相衝突而無法自圓其說的；因爲「**我**」與五陰不相攝屬而同時存在，才能說與五陰的關係是：**彼五陰非我有，我非彼五陰所有**。若這個「**我**」講的是五陰中的法，就成爲「五陰非五陰我所有，我非五陰我所有」，就成爲語意學上的笑話了！正因爲相待於五陰的無常故無我，所以一定是有一個眞我，祂是經文中說的「常，不變易；恒，不磨滅法」，才能與五陰相對而說爲「非**我**有，**我**非彼有」。也是因爲如此，所以這部經文的稍後，佛又說到：「如是正解脫如來，有因提羅及天、伊沙那，有梵及眷屬，彼求不能得**如來所依識**。如來是梵，如來是冷，如來不煩熱，如來是不異。我如是說，諸沙門、梵志誣謗我虛妄，言不眞實：『沙門瞿曇，御無所施設。』」（《中阿含經》卷 54）

這部阿含的經文中，佛甚至明說：你們外道所說的創造眾生與萬物的大梵天，其實就是這個我——釋迦如來的自心；所以自心如來這個我，就是你們所說的創造眾生與萬物的大梵天。這不是在大乘經中才這麼講的，而是在阿含中就已經這麼講的，所以當然不可以因爲大乘經中曾說自心如來是大梵天，就說大乘佛法是後來梵化而成為大乘佛教，謗稱是與梵我合流而成為大乘佛教。印順這樣子偏執而判教，是與事實不符的。所以，正解脫的如來是早就證得這個五陰假我所依的眞識、眞我、自心如來的；可是因提羅、天、伊沙那等婆羅門，各種修梵行者及他們許多的眷屬，勤苦而努力修行來尋找，卻都不能找得到「**如來所依識**」。所以如來在人間，當然是依這個眞識、眞我、自心如來才能存在人間及利樂眾生的；而外道主張能創造眾生的大梵天，其實都只是這個自心如來，而他們都找不到；所以他們所崇拜的大梵天正是自心如來，但這不能解釋為大乘佛教的梵化，因為這是印順所稱的**原始佛法**中的阿含經典所說的，不是「**後來**」的大乘法中才這樣子說的。這個識、我、如來，本來就是清淨性的，所以祂才是眞正的梵、大梵；祂本來就無煩無熱，所以是冷、清涼。因此佛陀說：「**如來不煩熱**。」這個眞我，出生了如來的五陰而與如來的五陰同時並存、共同在運作著，是與如來**不一亦不異**的，所以佛說：「**如來是不異**。」

但是，因為阿含說的這個識很難證得，許多出家修行者、外道修行者，都無法證得，不能確實理解佛所說的正理，所以就在誤會佛法的情況下，誣賴及誹謗 佛陀說法虛妄，又謗佛陀說法不眞實，指稱佛陀自住境界其實只是一切法都無所有，是「駕御於無所有，依無所有而施設種種說法」，與今天達賴、印順的思想並無二致。由此可知，「**如來所依識**」是非常難以親證的，連阿羅漢都無法證得，當然絕對不是外道們所能證得；所以佛陀在世時常常受到外道的種種無根誹謗：「**其實是沒有這個識存有，佛陀只是施設而說，並無實質的常住識存有。**」達賴與印順所說，不就是那些外道的說法嗎？】（以上錄自《阿含正義》第四輯。）[50]

第六節　無餘涅槃是滅盡一切三界有

無餘涅槃並非有境界之境界，乃是無境界的非境界；因爲二乘聖人證涅槃而在捨壽入涅槃以後，都是「不更受生」的，從此永無任何境界存在，十八界全部滅盡，例如《別譯雜阿含經》卷十記載云：

佛告犢子：「如來世尊，於久遠來諸有見者，悉皆除捨，都無諸見，雖

50 平實導師著，《阿含正義－唯識學探源》第四輯，正智出版社（台北市），頁 1034-1049。

有所見，心無取著。所謂見苦聖諦，見苦集諦，見苦滅諦，見至苦滅道諦，我悉明了；知見是已，視一切法皆是貪愛諸煩惱結，是我我所，名見取著，亦名憍慢。如斯之法，是可患厭，是故皆應當斷除之。既斷除已，獲得涅槃，寂滅清淨，如是正解脫諸比丘等，若更受身於三有者，無有是處。」[51]

語譯如下：

【佛陀告訴犢子說：「如來世尊，於久遠劫以來，凡是三界有的種種見解，全部都已經滅除捨棄，都沒有任何三界有的種種見解，雖然在三界度化眾生之時心中依舊有所明見，但是心中並沒有絲毫的執取或貪著。我所說看見苦聖諦，看見苦集諦，看見苦滅諦，看見能夠使學人到達苦滅的正道聖諦，我全部明白了知；了知及看見這些正理以後，看待一切法全都是貪愛等種種煩惱結使，全都是三界我與我所，名之為因見而攝取、執著，也名之為因為自我的存在而生起憍慢。像這樣的三界我等等法，都是求涅槃之人認為的過患而厭惡者，由於這個緣故全部都應當斷除掉。既然已經

51《別譯雜阿含經》卷 10，《大正藏》冊 2，頁 445，中 7-15。

全部斷除之後，便獲得涅槃，迴無六塵諸我而寂滅清淨，像這樣眞正解脱的許多比丘等，如果說他們還會再度受身於三有之中的話，是沒有一點點正確道理的。」】

又，非想非非想處是眾生的最後存在處所，涅槃則是一切眾生的邊際，非三界境界。意思是說，到了涅槃非境界中，便不會有任何眾生存在的了，所以五陰眾生身中的意識心是不可能進入涅槃非境界中存在的，否則涅槃即是眾生境界而非出三界有的非境界了，例如《別譯雜阿含經》卷十五明文記載：

佛告赤馬天子曰：「如是！如是！若有不生老死，不出不沒眾生邊際，實無是處。若欲知者，眾生邊際即是涅槃，若盡苦際，是即名爲得其邊際。」52

語譯如下：

【佛陀告訴赤馬天子說：「正像是你說的這樣子！正像是你說的這樣

52《別譯雜阿含經》卷 15，《大正藏》冊 2，頁 477，下 12-15。

子！如果有不生、不老、不死，而不能出離眾生邊際、不能消滅眾生的邊際，眞的沒有這種道理。如果想要知道眞相的話，眾生的邊際即是涅槃；如果能夠窮盡三界苦的邊際，這樣就說他已經得到所有眾生的邊際了。」】

又，切實脫離三界有的人，是不住於世間境界的人，才可以稱爲實證涅槃；若是還墮在三界有之中，就是墜入世間而不知涅槃的人，當知即是不證涅槃，例如《別譯雜阿含經》卷十五：

佛言：「迦葉！隨汝意說。」迦葉即說偈言：

比丘能具念，心得善解脫，願求得涅槃，已知於世間。
解有及非有，深知諸法空，是名爲比丘，離有獲涅槃。

時迦葉天子說此偈已，歡喜頂禮，還于天宮。[53]

語譯如下：

【佛陀說：「迦葉！隨順於你的意思而說吧。」迦葉天子隨即說偈：

53 《別譯雜阿含經》卷 15，《大正藏》冊 2，頁 480，上 16-21。

比丘若能具足解脫法的正念，心中已得善法而得解脫生死，意欲求證而獲得涅槃，是已經知道三界各種五陰世間的人。如實解知三界有以及非有的境界，深入現觀而了知一切諸法皆空，這樣的人就稱為比丘，已經離開三界有而獲得涅槃。

當時迦葉天子說完這首偈之後，歡喜頂禮世尊之後，還于他自己的天宮。**】**

還有其他的《阿含經》中聖教說，五陰不得進入涅槃中，因為五陰全部是緣生法的緣故，例如《增壹阿含經》卷八〈安般品 第十七〉之二說：

婆羅門言：「止！止！沙門！捨此雜論，我今欲問深義。云何沙門，頗不依法得涅槃乎？」（舍利弗所化現之）周利槃特報曰：「不依五盛陰而得涅槃。」婆羅門曰：「云何沙門，此五盛陰有緣生耶？無緣生乎？」周利槃特對曰：「此五盛陰有緣生，非無緣也。」54

54《增壹阿含經》卷8，《大正藏》冊2，頁586，上26-中2。

這意思是說，涅槃不是依五陰而存在，不是依五陰而存在，因爲一切五陰都是藉緣而生，不是無緣而可以自己出生或存在的，所以五陰都是生滅法；生滅法不可能存在於「常住不變」的無餘涅槃中，因此說，識陰所攝的意識，不論是粗細，都不能存在於無餘涅槃的境界中。由於此故，《中阿含經》卷四〈業相應品 第二〉如是開示：

> 有五因緣，心滅憂苦。云何爲五？若婬欲纏者，因婬欲纏故，心生憂苦；除婬欲纏已，憂苦便滅。因婬欲纏，心生憂苦，於現法中而得究竟，無煩無熱，**常住不變**，是聖所知、聖所見。如是，瞋恚、睡眠、掉悔、若疑惑纏者，因疑惑纏故，心生憂苦；除疑惑纏已，憂苦便滅。因疑惑纏，心生憂苦，於現法中而得究竟，無煩無熱，**常住不變**，是聖所知、聖所見。是謂五因緣，心滅憂苦。[55]

所以說，無餘涅槃中雖是常住不變的非三界境界，然而涅槃的非境界中全無任何三界有可以存在，才能永脫三界有的生死苦；因此，一切求證涅槃、求出生死的學子，都應該建立正知正見：知五陰可滅者方知有涅槃

55《中阿含經》卷 4，《大正藏》冊 1，頁 445，上 8-17。

可證。若還想要在無餘涅槃的無生無死境界中繼續保留五陰的全部或局部存在，都是愚昧於涅槃的俗人凡夫，所以《增壹阿含經》卷二十八〈聽法品 第三十六〉中 世尊開示說：

「諸天子當知，由此五盛陰，知三惡道、天道、人道；此五盛陰滅，便知有涅槃之道。」爾時，說此法時，有六萬天人得法眼淨。[56]

語譯如下：

【「諸天子們應當要知道，由於這五個熾盛的陰蓋（五陰熾盛），所以大家知道有三惡道、天道、人道等有情的存在；這個五盛陰滅盡以後不再受生了，便會知道眞有不生不死的涅槃之道。」正當這時，世尊演說這個法義時，有六萬天人依聲聞法得到法眼淨而證初果。】一切有智慧的人，都知道不生不死的涅槃中是不該有已生必死的五陰全部或局部繼續存在的。

又，世尊說「涅槃爲滅盡」，就是滅盡三界有，所以無餘涅槃中不該還有欲界意識心存在，不該還有色界定心或無色界定心存在；簡言之，就是

[56] 《增壹阿含經》卷 28，《大正藏》冊 2，頁 707，中 21-24。

不該還有意識的粗心或細心存在，才能成為無餘涅槃而不再領受三界生死中的種種苦，所以《增壹阿含經》卷三十六〈八難品 第四十二〉之一：

世尊告曰：「……云何為四？一切行無常，是謂一法；一切行苦，是謂二法；一切行無我，是謂三法；涅槃為滅盡，是謂第四法之本。如是不久，如來當取滅度。汝等當知，四法之本，普與一切眾生而說其義。」[57]

語譯如下：

【世尊告示說：「……如何為四法呢？一切行無常，是我說的第一法；一切行都是苦，是我說的第二法；蘊處界的一切行之中並沒有眞實常住的不壞我，是我所說的第三法；涅槃就是滅盡三界有，是我所說的第四法之本末。就像是這樣子，再過不久，我釋迦如來即將取滅度。你們大家應當知道，這四法之本末，應該普遍地為一切眾生而演說其中的義理。」】

又如《增壹阿含經》卷三十六〈八難品 第四十二〉之一也有同樣的說法：

57 《增壹阿含經》卷 36，《大正藏》冊 2，頁 749，上 5-13。

世尊告曰：「止！止！諸人勿懷愁憂。應壞之物欲使不壞者，終無此理。吾先以有此四事之教，由此得作證，亦復與四部眾說此四事之教。云何為四？一切行無常，是謂一法；一切行苦，是謂二法；一切行無我，是謂三法；**涅槃為滅盡**，是謂第四法本。如是不久，如來當取滅度。汝等當知，四法之本，普與一切眾生而說其義。」[58]

由阿含部諸經中的聖教，在在處處都顯示涅槃之中不可能還有三界法的存在，否則即是三界有所含攝的三界境界，不是涅槃。如果到現在還有人主張說意識的粗心、細心、極細心可以入住無餘涅槃中，大家都應該指稱那些人就是愚癡人，或者指稱那些人都是佛門中的外道，不是眞正的佛弟子；因為他們所信受、所奉行的是常見外道的教義，不是佛門聖教中的教義。

但是聲聞聖者的二種涅槃——有餘涅槃、無餘涅槃，有時是從另一個層面來分別指稱三果涅槃與四果涅槃，不是一成不變的，例如《增壹阿含經》卷七〈火滅品 第十六〉記載說：

58 同註腳 57。

一時，佛在舍衛國祇樹給孤獨園。爾時，世尊告諸比丘：「有此二涅槃界。云何爲二？有餘涅槃界、無餘涅槃界。彼云何名爲有餘涅槃界？於是，比丘滅五下分結，即彼般涅槃，不還此世，是謂有餘涅槃界。彼云何爲無餘涅槃界？於是，比丘盡有漏成無漏，意解脫、智慧解脫，自身作證而自遊戲：生死已盡，梵行已立，所作已辦，更不復受有，如實知之，是謂無餘涅槃界。此二涅槃界。是故諸比丘當求方便，至無餘涅槃界。如是，比丘！當作是學。」爾時，諸比丘聞佛所說，歡喜奉行。[59]

這就是說，世尊有時是從是否會再還來欲界或人間受生，而說爲已證涅槃。換句話說，除了中般涅槃的三果人以外，其餘的三果人死後一定是受生於色界天中，不會受生於欲界天中，更不會再度下來人間受生，於是就從所受生的色界天中取涅槃，成爲生般涅槃，或是上流般涅槃等。也就是說，這樣的三果聖者，他是一定會取證無餘涅槃的，但他所證的涅槃，是要順上受生而取涅槃的；這表示他在人間所證的涅槃，是尚有餘惑未曾

59《增壹阿含經》卷 7，《大正藏》冊 2，頁 579，上 12-23。

斷盡的，仍有餘惑待斷，所以他的涅槃名爲有餘涅槃。這與一般情況所說的有餘涅槃，是指阿羅漢未入無餘涅槃之前，尚有寒熱饑渴等餘苦未盡，要等他入了無餘涅槃以後才能除盡這些苦而名爲有餘涅槃，定義有所不同，是從不同的面向來定義，所以不可一概而論。

第七節　無餘涅槃滅盡五陰是斷滅空嗎？

無餘涅槃中雖然是滅盡三界有，不存留五陰、十二處、十八界、六入的全部或局部，乃至連極細意識或意根都不可能存在，卻不是斷滅空，也不是緣起性空，而是眞實、寂滅、清涼、清淨的。例如《雜阿含經》卷二說：

比丘！若離色、受、想、行，識有若來、若去、若住、若生者，彼但有言數，問已不知，增益生癡，以非境界故。色界離貪，離貪已，於色封滯，意生縛斷；於色封滯、意生縛斷已，攀緣斷；攀緣斷已，識無住處，不復生長增廣。受、想、行界離貪，離貪已，於行封滯，意生觸斷；於行封滯、意生觸斷已，攀緣斷；攀緣斷已，彼識無所住，不復生長增廣。不生長故，不作行；不作行已住，住已知足，知足已解脫；解脫已，於諸世間都無所取、無所著；無所取、無所著已，自覺涅槃：「我生已盡，梵行已立，所作已作，自知不受後有。」我說彼識不至東、西、南、北四維、上、下，無所至趣；唯見**法**，欲入涅槃，寂滅、清涼、清淨、眞實。[60]

語譯如下：

【比丘們！如果離開色、受、想、行，而說識陰等六識會有來、去、住或者出生的話，他的說法只是落在言語之數中，眞的被質問法的實質時，他們都是不知道的；若是爲了要使他們增益而爲他們演說時，則只會增加他們的愚癡，因爲「取陰俱識」攝藏五陰等五類種子的道理，不是他們的境界所能了知的緣故。對色的功能離開貪著，離開貪著以後，對於色陰的出生增長就跟著封滯了，於是意對色陰所生的繫縛便斷除了；對於色陰功能的貪著封滯，使得意對色陰所生的繫縛斷除以後，對色陰的攀緣跟著斷除；攀緣斷除以後，識陰就沒有所住之處所，識陰功能也就不會再度生長或增廣。同樣的道理，對受、想、行三陰的功能離開貪著了，離開貪著以後，於受、想、行

60《雜阿含經》卷 2，《大正藏》冊 2，頁 9，上 11-25。

等三陰功能的貪著就被封滯了，於意對受、想、行三陰想要繼續出生的接觸斷除了；於行等三陰的貪著封滯、意想要出生這三陰的觸斷除以後，攀緣便斷除了；攀緣斷除以後，那識陰六識沒有所住的處所，六識在三界中的功能便不會再繼續生長或增廣。不生長的緣故，不會再造作各種行；不作各種行以後便安住下來，安住下來以後已經於一切法中知足，知足以後便得解脫；解脫以後，於三界各種世間便都無所取、也沒有任何執著了；無所取、無所著以後，自己覺知到涅槃的境界：「我的受生已經窮盡，清淨行已經建立，於取證涅槃之中所應該作的事情已經作完了，自己很清楚知道是不會再領受後有了。」那麼我釋迦如來就說他的識不會去到東、西、南、北四維或上方、下方，沒有可以去到的地方；這時證得涅槃的聖者，只看見法，想要進入涅槃，是寂滅、清涼、清淨、眞實。】如是語譯之後，有智慧的讀者讀後便知道 世尊聖教的眞義，不必再作解釋了。

由 世尊的聖教中，在在處處都證明，正確的緣起法是常住法，才是眞實的無爲法，而不是與斷見外道一樣的緣起性空的斷滅空，可以說爲聲聞涅槃的實證道理，所以《雜阿含經》卷十二如是開示：

如是我聞：一時，佛住王舍城迦蘭陀竹園。爾時，世尊告異比丘：「我已度疑，離於猶豫，拔邪見刺，不復退轉，心無所著故，何處有我爲彼比丘說法？爲彼比丘說賢聖出世空相應緣起隨順法，所謂有是故是事有，是事有故是事起。所謂緣無明行，緣行識，緣識名色，緣名色六入處，緣六入處觸，緣觸受，緣受愛，緣愛取，緣取有，緣有生，緣生老、死、憂、悲、惱、苦。如是如是純大苦聚集，乃至如是純大苦聚滅。

如是說法，而彼比丘猶有疑惑猶豫，先不得得想、不獲獲想、不證證想，今聞法已，心生憂苦、悔恨、矇沒、障礙。所以者何？此甚深處所謂緣起，倍復甚深難見，所謂一切取離、愛盡、無欲、寂滅、涅槃；如此二法，謂有爲、無爲，有爲者若生，若住，若異，若滅；無爲者不生、不住、不異、不滅，是名比丘諸行苦寂滅涅槃。因集故苦集，因滅故苦滅，斷諸逕路，滅於相續，相續滅滅，是名苦邊。比丘！彼何所滅？謂有餘苦，彼若滅、止、清涼、息、沒，所謂一切取滅、愛盡、無欲、寂滅、涅槃。」佛說此經已，諸比丘聞佛所說，歡喜奉行。

語譯如下：[61]

【如是我聞：有一個時節，佛陀住在王舍城迦蘭陀竹園。那個時候，世尊告訴一位心存異見異想的比丘說：「我已經度過疑惑，遠離了種種的猶豫，拔除了邪見之刺，永遠不會退轉於三界中，因爲心中已經不會再有任何執著的緣故，還有什麼處有我釋迦如來爲那些比丘們說法呢？我爲那些比丘們演說賢聖出世的空相應緣起隨順法，所說的是因爲有這個法的緣故所以這個事相便會跟著有，因爲這個事相已經有的緣故所以這個事相生起。我所說的緣無明而有行，緣於行而有識，緣於識而有名色，緣於名色而有六入處，緣於六入處而有觸，緣於觸而有受，緣於受而有愛，緣於愛而有取，緣於取而有後有，緣於後有而有出生，緣於出生而有老、死、憂、悲、惱、苦。就像這一樣又這一樣的純粹大苦聚集而成五陰，乃至像這樣子而有純大苦聚集而成的五陰壞滅。

61《雜阿含經》卷 12，《大正藏》冊 2，頁 83，下 1-22。

像這樣子詳細說法，而那些比丘們心中還是有疑惑而猶豫不決，先所不曾證得的卻作已證得之想、所未獲得的卻作獲得之想、所不證得的卻作證得之想，所以如今聽聞妙法以後不能實證，心中生起了憂愁痛苦、懊悔怨恨、矇然暗沒、遮障疑礙。為何會如此呢？是因為這個甚深之處我所說的緣起，加倍又加倍的甚深而難以照見，就是我所說的一切取都已遠離、貪愛已滅盡、於諸法無欲、迥無六塵而寂滅、不生不死的涅槃；像這樣的二法，就是有為與無為，有為的法或如出生，或如停住，或如變異，或如滅壞；無為的法就如不生、不住、不異、不滅，這樣子就說是比丘諸行之苦已得寂滅、涅槃。因為集的緣故所以苦集，因為滅的緣故所以苦滅，斷絕了種種聯結三界生死的道路，消滅了各種相續受生的法，相續消滅而得滅盡時，就說這是苦的邊際。比丘們！那究竟是什麼滅了呢？就是說有餘之苦，那些苦如果消滅、歇止、清涼、息滅、消失，就是所說的一切取已經滅除、貪愛滅盡、沒有三界有的愛欲、迥無六塵的寂滅、無生無死的涅槃。」佛陀演說此經以後，諸比丘們聽聞佛陀所說，大家歡喜奉行。】

這就是說，眞正的涅槃是常住法，才能說是 世尊所教示的緣起法：「有是故是事有，是事有故是事起。」這也就是 世尊說的十因緣法，正如《長阿含經》卷十的明示：

「阿難！緣識有名色，此爲何義？若**識不入母胎者，有名色不**？」答曰無也。「若識入胎不出者，有名色不？」答曰無也。「若識出胎，嬰孩壞敗，名色得增長不？」答曰無也。「阿難！若無識者，有名色不？」答曰無也。「阿難！我以是緣，知**名色由識，緣識有名色**，我所說者義在於此。」[62]

名色之由來都是由於先有根本識入於母胎中，然後才會有名等六識心及意根與色陰一起產生，然後住胎滿足十月而得出胎；出胎以後也是由於這個能出生名色的第八識而得長大成人，這才是「有是故是事有，是事有故是事起」；然後才能有十二因緣法可供修行人現前觀行而斷我見、我執等。既然有此根本識如來藏入胎而出生了名色，那麼斷了三界有之集而斷我見、我執以後，捨報入無餘涅槃時滅盡名色，當然還是有這個根本識如來藏繼續存有，所以無餘涅槃絕對不是斷滅空。而如來藏獨存的境界就是無餘涅槃，其中都無六根、六塵、六識，所以絕對寂靜、迴無熱惱而說清

62《長阿含經》卷 10，《大正藏》冊 1，頁 61，中 8-14。

涼、如來藏恆存而說眞實，證明涅槃不是斷滅空的代名詞，不該說無餘涅槃的滅盡境界是斷滅空。

所以說，涅槃絕非壞滅法、斷滅空，亦有《雜阿含經》卷二爲證：

如是我聞：一時，佛住舍衛國祇樹給孤獨園。爾時，世尊告諸比丘：「我今爲汝說壞、不壞法。諦聽，善思，當爲汝說。諸比丘！色是壞法，彼色滅涅槃是不壞法；受、想、行、識是壞法，彼識滅涅槃是不壞法。」佛說此經已，諸比丘聞佛所說，歡喜奉行。[63]

語譯如下：

【如是我聞：一時，佛陀住在舍衛國的祇樹給孤獨園。那個時節，世尊告訴諸比丘說：「我如今爲你們演說壞法、不壞法。詳細地聽著，要善於思惟，我將爲你們演說。諸比丘們！色陰是可壞之法，那個色陰消滅後的無餘涅槃是不可壞之法；受、想、行、識四陰都是可壞之法，那個識陰消滅後的無餘涅槃是不可壞之法。」佛說完此經以後，諸比丘們聽聞佛陀所說，

63 《雜阿含經》卷 2，《大正藏》冊 2，頁 12，中 25-下 1。

全都歡喜奉行。】

這表示滅除全部五陰自我以後，並非斷滅空，而是不可壞的常住法；這個不可壞的常住永恆的無餘涅槃中，正是能出生名色的「識」──阿賴耶識改名爲異熟識──離六塵獨自存有，所以不是斷滅空。但這個識是能生名色的識，不是「名」所含攝的識陰中的意識，意識是被「識」所生的「名」中的識陰中的一個識，是被「識」所生之生滅識，不是能生意識、能生識陰的常住「識」，常住識是恆而不壞的識，所以祂獨存而名爲無餘涅槃時，無餘涅槃就是不可壞的法性，這也證明無餘涅槃不是斷滅空。

又，信有離見聞覺知的第八識獨存常住不壞，信有離見聞覺知的第八識常住不壞，信有能生名色的第八識常住不壞，方能證涅槃；佛於《中阿含經》卷二十四〈因品 第四〉中復舉七種識住及二種識入境界說明皆是三界生死法，不可仗恃，要依「不見」諸「有」之「神」，方能證涅槃：

佛言：「阿難！或有一不見覺是神，亦不見神能覺，然神法能覺，亦不見神無所覺。彼如是不見已，則不受此世間；彼不受已，則不疲勞；不疲勞已，便般涅槃：我生已盡，梵行已立，所作已辦，不更受有，知如眞。阿難！是謂增語，增語說傳，傳說可施設有。知是者，則無所受。阿難！若比丘如是正解脫者，此不復有見如來終，見如來不終，見如來終、不終，見如來亦非終亦非不終，是謂有一不見有神也。」64

語譯如下：

【佛陀說道：「阿難！或者有一比丘了知不見不覺者是精神，亦不曾看見這精神能覺，然而這個精神之法卻是能覺，也不曾看見這個精神對祂所應知的事情無所覺。那個比丘像精神這樣子不見一切法以後，就不再領受這個五陰世間；他不領受五陰世間以後，心中則不疲勞；不疲勞以後，便取般涅槃而說：我生已盡，梵行已立，所作已辦，不更受有，知如眞。阿難！這就是所說的增語，以這個增語而演說流傳，流傳演說時可以施設爲眞實有。知道這個正理的人，就不再有所受。阿難！如果比丘像這樣子正解脫的話，這就不會再有看見如來終沒，看見如來沒有終沒，看見如來終沒、不終沒，看見如來亦非終沒亦非不終沒，這就說有一個不見三界有的精神啊。」】

64《中阿含經》卷 24，《大正藏》冊 1，頁 580，中 17-26。

這就是說，有一個**精神**能出生六根、六塵、六識等名色，這個精神對六塵境界卻都無知無覺，然而這個精神又不是全無知覺，因爲對於祂自己所運作的種種法都是有知有覺的，這就只有第八識才能如此，所以世尊說：「**不見覺是神，亦不見神能覺，然神法能覺，亦不見神無所覺。**」開示了這個道理以後，世尊又說三界一切色陰都是依此「神」而施設，七識住、二處也都是依此「神」而施設，八解脫也是依此「神」而施設。換句話說，此「神」是能生萬法的精神，能生之法恆而常住，性如金剛方能恆住不壞，是故此「神」所生之名色滅盡而名爲無餘涅槃時，其實仍然是此「神」獨住而不與萬法爲侶的絕對寂靜境界，名爲涅槃。由此證明涅槃不是斷滅空。

又，無餘涅槃雖是滅盡五蘊、十八界，但非斷滅空，而是眞常恆住，佛世諸比丘大多知之，例如《雜阿含經》卷五十：

時，彼比丘作是念：「此沙彌能說斯偈，我今何不說偈而答？」即說偈言：

云何名爲常？常者唯涅槃。云何爲無常？謂諸有爲法。

云何名為直？謂聖八正道。云何名為曲？曲者唯惡徑。[65]

今語譯此偈如下：

什麼名之為恆常？恆常的法只有涅槃。
什麼法被說為無常？就是說五陰、十八界等種種有為法。
什麼名之為直路？是說聖者所修的八正道。
什麼名之為彎曲？彎曲的路是只有導向惡道的路徑。

由以上所舉示的聲聞解脫道阿含部的諸經聖教所說，可以證明滅盡五陰、十八界法後的無餘涅槃並非斷滅空，不同於斷見外道之邪見。末法時代的解脫道修行者，由於不知道第八識的法性是恆存不壞而能生蘊處界及宇宙山河等萬法，或者由於惡知識的誤導而隨之否定第八識的法性恆存，因此不知不覺間陷入因內有恐怖和因外有恐怖的情境之中，於是不敢眞的斷除我見，就無法取證聲聞初果，永遠不能斷除三縛結。既不能脫離我見範疇，求悟大乘般若之時也不免落入識陰之中，建立識陰的全部為常住眞如，或是

65《雜阿含經》卷 50，《大正藏》冊 2，頁 372，中 11-16。

建立識陰中的意識爲常住心；或是將有生必滅的意識心分割爲粗意識與細意識，錯將生滅有爲的細意識認定爲眞如心；於是既不能斷我見證初果，也不能證得大乘般若，是故永絕於三乘賢聖之外，永遠住於凡夫無明之中，卻又自以爲證悟菩提而成就大妄語業。

追究大眾落入這種可憐境地的原因，全都是肇因於對外法五陰不能如實理解，又肇因於對內法本識——**諸法本母**——的第八識常住不滅不能信受，因此而產生了因外有恐怖及因內有恐怖的結果。而須**深**之所以成爲佛教正法中的盜密者，其中的密並非是指聲聞解脫道的緣起性空內涵，而是指法住智；這個法住智說的是常住不壞法自心如來，就是大乘菩薩們所證的第八識如來藏，就是《阿含經》中說的「**諸法本母**」常住法如來藏——不知不覺而又能知能覺的「**神**」，這正是十方三界一切法界中的最大祕密。若是有人潛入佛門中假意出家而盜取這個常住法的祕密，即是盜密出家之人，縱使證悟而不懺悔、歸依三寶，則是罪在阿鼻地獄。當須**深**實證這個法住智時，就對這個法住智的祕密如實了知，立即知道這個盜法出家之罪是如何嚴峻；他爲了要滅此罪，所以立即對　佛陀發露懺悔，由此可知**法住智**的深奧勝妙所以不共聲聞、緣覺，世尊絕對不爲聲聞、緣覺而不迴心大乘者說。也由法住智的深奧勝妙，益發顯示盜取法住智內涵的罪業無比嚴峻；因爲這是三界一切法之所依，萬法全都依此諸法本母而住；證得這個智慧時必然成爲菩薩，不再是聲聞解脫道中的智慧而已，當然也該懂得立刻發露懺悔而歸依三寶，從此斷離外道、永絕往來。

然而聲聞解脫道的修行者，對於常住法的本識如來藏，不必親證，只要絕對信受，就可以免除因內有恐怖及因外有恐怖的問題，就能實證解脫果。所以說，對於五陰的全部內涵，以及五陰的生滅事實，都應如實而具足理解；對於諸法本母的第八識如來藏也應該如實理解，不要輕信那些未曾實修而只作學術研究之否定大乘的日本人亂說；應該依止經中的聖教並且如實理解聖教中的眞實義，才能遠離因外有恐怖、因內有恐怖的現象，也才能實證聲聞涅槃。

這個大前提，在末法時代的二十世紀及二十一世紀初，一直都沒有善知識說出來而被當代佛教界完全忽略，導致佛門四眾久修之後而都無所實證，或者成爲因中說果的大妄語行爲人。所以，現代佛門四眾一切大師與學人，都必須正視此一大前提；將此大前提的義理深研清楚，並獲得如實理解以後，再進行解脫道的實修，就不會再有問題了，在次法已經實修而降伏性障以後，必得未到地定，實修此聲聞法以後，此世至少都能證得聲聞菩提中的法眼淨而證初果。這時，三縛結確實斷除了，是可以親自檢驗的；如此學法才有實益，否則終究只是附庸風雅罷了。

第八節　道聖諦

四聖諦中的道聖諦，全名應說爲**苦滅道聖諦**，因爲這一聖諦中所說的內容，是在理解苦聖諦、苦集聖諦及苦滅聖諦以後，應該如何實修的確實而不可改變的眞實義，所以名爲道聖諦。

滅除三界中生死輪轉諸苦的方法，就是八正道：正見、正念、正思惟、正業、正精進、正語、正命、正定。略說如下：

正見：是對聲聞解脫道的義理應有正確的見解而產生實修上的見地，必須對四聖諦的義理具足理解了，才算是具足正見。正見的內容，函蓋一切會影響解脫道實修結果的正確知見；譬如上面所說的大前提與大方向，都是正見；又如對於因內有恐怖、因外有恐怖二種現象的如實理解，以及對於如何可以因內無恐怖、因外無恐怖的如實理解等，不只是對於四聖諦本身的理解而已。正見的內涵，此書中只作提示而不作細說，讀者請直接閱讀四大部阿含諸經及諸方善知識所造諸書，佐以拙著《阿含正義》的閱讀、思惟、觀行，即可達成正見的建立。關於八正道的其餘內涵也一樣不作細說，只作列舉式的略說。

正念：對於出離生死、遠離流轉法等善法，於心中隨時憶持；即是心心念念不忘憶持出世間法，於自己心中時時明記，就稱爲正念。若廣說時，則是說佛門賢聖弟子對於苦聖諦思惟三界苦；在集聖諦中思惟種種集；在滅聖諦中思惟何法應滅，何法未滅；於道聖諦中思惟八種正道，心中時時都有無漏作意與心相應，於種種正法隨念而不忘不失、不遺不漏，就稱爲正念。

正思惟：是說佛門中的賢聖弟子對三界有之種種苦應正確思惟其苦，對於三界有中的各種集應正確思惟，對於所應滅的諸法應正確思惟滅後的狀況，對於如何修滅之道應正確思惟八種正確的法道。思惟完成以後，心中具有無漏法相應的作意，並且詳細地深入再作正確思惟，遍及諸法中加以極詳細地正確思惟，不作非如理作意的思惟，就稱爲正思惟。

正業：是說佛門中正修聲聞解脫道的佛弟子四眾，對於苦聖諦應詳細思惟苦，對於集聖諦應詳細思惟集，對於滅聖諦應詳細思惟滅，對於道聖諦應詳細思惟道。不但以如此的意業作爲正業，在行上面還應該滅除各種邪命的身口意行，遠離各種會導致未來世趣向惡道的身口意等三種惡行，也是正業。對於各種由色身所造的惡行，由於心中的抉擇力所引生的無漏作意，產生了遠離和止息的功德，也能夠於各種身口意等惡業全部遠離；在自己身上顯現出了寂靜的律儀，於各種會導致未來世再出生三界有的業行，全都不作不造、不行不犯，這就是正業。

正精進：這是說，佛門四眾弟子對於苦應詳細思惟苦，對於集應詳細思惟集，對於滅應詳細思惟滅，對於滅苦之道應詳細思惟種種法道；然後與解脫三界生死的無漏作意相應，因此而生起種種殷勤精進之心，勇健猛利而熾盛地敦勵自己，久而不息地勇猛觀行修正，就是正精進。

正語：是說佛門四眾弟子，對於苦聖諦詳細思惟苦，對於集聖諦詳細思惟集，乃至對於道聖諦詳細思惟各種道，於修道過程中修除一切會導致自己趣向邪命的四種妄語，由於正見、正念而產生的抉擇力，能與無漏作意相應而遠離四種妄語，令口業律儀顯現寂靜，這就是正語。

正命：是說賢聖弟子四眾，對於苦聖諦詳細思惟種種苦，乃至對於道聖諦詳細思惟各種道；以此緣故，對於會導致趣向邪命的各種身語惡行，都由正見等抉擇力而引生的無漏作意，得以遠離、得以止息，顯現出離三界的寂靜律儀，不造作一切導致流轉三界生死的身行，遠離殺盜淫等惡業，是名正命。

正定：是指心得決定，就是對於前七種正道已經有正確認知，並且決定不會動搖其心，因爲心中已得決定而不會改變了，這就是正定。因爲一般的說法總是偏向於禪定的修行，反而忽略了正定的最主要宗旨即是心得決定而不改變之意，則應舉經證明之，例如《長阿含經》卷五所說：**【如來善能分別說七定具，何謂七？正見、正志、正語、正業、正命、正方便、正念，是爲如來善能分別說七定具。】**[66] 就是說，世尊所說的七種定具足，是指對於正見等七種正道的實修，心中已得決定而不會再動搖了，永遠都

66《長阿含經》卷 5，《大正藏》冊 1，頁 36，上 5-7。

不會退轉於前面七種正道的實修，即是正定。

以上是略說道聖諦的內容，所修的八正道，都必須以正見爲前導而修之，方是正確的修習道聖諦。若是正見一法沒有正修，產生了偏差，所修其餘七種正道都成爲偏斜之道，已經不屬於正道。一切修習解脫道的佛門弟子，對此大前提必須留意，時時修正錯誤的知見，修習的八正道才能與四聖諦相應；否則終其一生努力修行的結果，都將唐捐其功，是故前面章節所說的法與次法都必須同時留意，不能有絲毫忽略而偏差。

唯有精修八正道者方能解脫生死，非唯正知正見而已，這在《雜阿含經》卷四十三亦有明文爲證：【河者，譬三愛：欲愛、色愛、無色愛。此岸多恐怖者，譬有身。彼岸清涼安樂者，譬無餘涅槃。栰者，譬八正道。手足方便截流度者，譬精進勇猛到彼岸。】[67] 這也明確告訴四眾弟子說：想要渡過三界生死大河的人，都必須知道三界有之一切身（一切功能差別），都是此岸而不能得解脫、證涅槃；所謂彼岸清涼安樂，就是無餘涅槃解脫生死苦；正知正見只知道應該如何到達無生死彼岸的知識，還得要有渡河的工具才

67《雜阿含經》卷 43，《大正藏》冊 2，頁 313，下 21-24。

能到達無生死的彼岸，而渡河所需要的工具就是船筏，所以渡過生死大河的過程中的必要工具是八正道船筏。若是只對苦、集、滅等三個聖諦深入研究理解，而不肯依於正道的全部一一實修，則是只在生死此岸站立而不以船筏進入河中渡過，在此岸上徒然思惟觀看或模擬，就以爲是渡過生死大河而到達無生死底彼岸，全都只是一己的妄想，於解脫生死上面永遠徒勞無功。不幸的是末法時期有許多世間智慧聰明伶俐的學人，正是只想知道彼岸的境界而不肯付諸實行，連八正道船筏都沒有登上，更沒有駛入河中努力划槳，只是聽聞到如何划槳便自以爲已經到達無生的彼岸了；如是而犯下大妄語業的人，比比皆是。

奉勸所有不修次法、不修五停心觀、不證未到地定而只是想像觀行，便想要獲得初果的實證乃至妄想獲得阿羅漢果的實證，都是不可能在解脫道上有所進展，何況能證涅槃而成阿羅漢？不免落入大妄語業中而不能自拔，誠可憐憫。爲何平實故作此說？謂每見有諸人不肯在次法上實修，正業、正語、正命、正志全無，貪瞋嚴重無明依舊，而僅閱讀平實著作數本之後便言已經開悟，在具足異生性的事實下，便言已證阿羅漢果或已入三地、四地等，渾然不知已經犯下大妄語業，來世已不可能繼續留在人間，何況繼續修學正法而得證果？普願如是類人，於此皆有醒覺，肯下心實修正業、正語、正命、正志等，期能伏除性障、修除五蓋、具修福德、實證定力，然後方始修學涅槃正理而作如實觀行，方能獲得實證上之功德與解脫，否則縱使觀行甚佳，結果亦只是乾慧而無證果及解脫之實質，空有大妄語之重業隨身，於己於他皆無所益。

第三章　聲聞涅槃之勸修

第一節　聲聞道之三轉法輪——三轉十二行法輪

佛陀來此地球降生，於示現初成佛時，從菩提伽耶以雙足遠行前後三天到達鹿野苑，三轉四聖諦法輪，度憍陳如等五比丘當場次第成爲阿羅漢，這就是《阿含經》中有名的三轉四行十二法輪，簡稱爲聲聞解脫道的三轉法輪，或簡稱三轉十二行法輪。由三轉四行十二法輪，證明解脫道的修行，若聞法者爲有因緣的弟子，是可以當場實證阿羅漢果的，所以聞法當場的證果，並非只是理論而已。但是前後三轉四聖諦法輪時各有不同的側重之處，如下所說，是佛門學人求證解脫道時所應知悉，也是所應一一履踐的內涵。

世尊**初轉四聖諦法輪**時，主要在**解釋**解脫道的義理，說明四聖諦的內涵；同時示現解脫道的修證是可能的，涅槃不是空想施設的唯名言法，令聞者建立信心，願意求證；是故說法時側重於令五比丘**了知三界苦**，令五比丘生起求證之心；但憍陳如由於根器較利，以及往世的因緣，即是在初轉法輪時，聽完四聖諦就證得阿羅漢果，所以憍陳如又名阿若拘鄰，就是「**解了法**」的意思。

世尊隨後立即再度運轉四聖諦法輪，名爲**第二轉四聖諦法輪**；此時側重於**勸請修行**：苦聖諦應知、集聖諦應斷、滅聖諦應證、道聖諦應修，主要就是**勸修**聲聞解脫道、實證聲聞涅槃。促令大眾不要單只聽聞就滿足，而是應該要實地去完成四聖諦的觀行。這是第二轉四聖諦法輪，重在勸修；此時也有比丘實證阿羅漢果。

然後是**第三轉四聖諦法輪**，主要是側重於**滅聖諦**的**證轉**；雖然有所側重，但仍然必須具足四聖諦的證轉，不能有一聖諦不實證、不運轉。所以第三次轉法輪的四聖諦，是世尊正在運轉第三次法輪時，同時督促弟子們在聽聞時，要一一確認無訛：苦聖諦已知、集聖諦已斷、滅聖諦已證、道聖諦已修。如果弟子們能夠一一確認無誤，就能斷除三界愛、斷除五上分結，成爲慧解脫阿羅漢；此時五比丘已全部證得阿羅漢果。於此之前，五比丘們尚未親聞 世尊說法，仍在外道法中以定爲禪；雖然精修禪定各有所證，但終究仍在三界的範疇中，不能出離三界。直到 世尊前來鹿野苑爲他們說法，經由**釋義**、**勸修**、**證轉**的三個過程，才各自依於所證的禪定爲基石而次第證得阿羅漢果，得出三界生死，成爲五比丘，也是佛教僧團的首次成立。

五比丘遇到 世尊爲說四聖諦十二行法輪之前，已經在正業、正命、正志上有了正精進，只是尚缺正見、正思惟，所以 世尊成佛之後來到鹿野苑爲他們說法時，他們便在 世尊三轉四行十二法輪的過程，各自都獲得了正念與正定而證得阿羅漢果，已知死後不會有中陰身生起，自知不受後有。世尊前後三次運轉四聖諦法輪，總共合爲十二種行法，故稱三轉十二行法輪。由於前後三次運轉四聖諦法輪，所說之法總共有苦、集、滅、道等三次演述，由於三次轉法輪時有釋義、勸修、證轉之側重差別，是故四聖諦總有十二種應行之法；五比丘即是在 世尊首次三轉十二行法輪時，依 世尊而得度成爲比丘聖弟子，首度成立聲聞僧團。

眞修解脫道的佛門四眾弟子，在完成正見、正命、正語、正志之後，若已得止心而不搖動所以發起未到地定了，此時亦可正精進而如此仿效、自行觀修。但平實要再苦勸一次：於前後三次觀修四聖諦之前，必須先對前面章節所說的**次法**全部深入瞭解思惟，並且已付諸實行而有未到地定生起以後，才可以進入四聖諦的三次觀修過程，才能實證初果眞斷三縛結。若是求證三果及四果者，必須先有完成次法的驗證——由修習「**欲爲不淨**、**上漏爲患**、**出要爲上**」，發起初禪作爲觀行的基礎，否則觀修以後仍無可能成就慧解脫果，連三果都不可得，梵行未立、所作未辦故。

如是實修而作觀行者，能夠成爲斷三縛結的聲聞初果人已屬稀有難得；因爲想要成爲聲聞初果的人，除了這些觀行以外，還必須有次法的實修及未到地定作爲觀行的基礎。若已完成如上所說次法的實修以後，確認「欲**爲不淨**」而脫離欲界愛，因此發起初禪了，此時可以進入四聖諦的三次觀修運轉過程，在第一次四聖諦思惟觀行時，應側重於苦聖諦的觀修；此時必須窮究三界境界而加以觀察、思惟，無一遺漏；從三界一切境界的觀察中，一一確定其境界相，並於三界的所有境界相中，要能夠如此觀察：人間具足八苦，欲界天雖不具足八苦，也不免「欲**爲不淨**」，同時也是生滅無常而有死苦、愛別離苦、怨憎會苦、五陰熾盛苦、行苦；再觀察色界雖然已超過「欲**爲不淨**」，但仍有「**上漏**」無常生滅，依舊不免無常的行苦過患；最後觀察無色定的成就者死後往生之處，那四個無色界天的處所，依舊不免生滅壽盡而告下墮，仍是無常境界，不曾外於三界有的範疇而有行苦，仍以出離爲要。如是觀察之後，對於四禪及四空定便沒有愛樂與執著。此時已具足了知三界之粗重苦與微細苦，對三界境界即無愛樂與執著，不再想追求往生三種天界；如是具足了知苦聖諦的內涵與觀察，才可以進入集聖諦與滅、道二諦的思惟與觀察。

初觀四聖諦時，以苦聖諦、集聖諦爲偏重之觀察內容；滅聖諦則是重在理解「**我生已盡、不受後有**」，要了知的是證阿羅漢果捨壽滅盡名色（滅盡五陰、十八界）後的涅槃境界中，是滅盡、眞實、清涼、寂靜、常住不變，免除因內有恐怖、因外有恐怖的障道內涵。道聖諦是重在理解八種滅除苦集的方法。此時重觀四聖諦，要側重於勸勵自心精勤修習，要偏重於集聖諦的精修，要依八正道的方法側重於三界有之中所有各種集的修斷；也就是對於三界愛的集，應該努力在歷緣對境時當場隨觀隨斷；於是對於人間五欲應該從「**欲爲不淨**」方面，努力作斷除精修。在初次觀修四聖諦法輪時，由於確認五陰或無色界的四陰境界都是生滅無常而斷除身見，成就初果了；此時重新觀修四聖諦時，即是要對人間五欲的集加以修斷，由於這個緣故而獲得薄貪瞋癡的心境，取證二果道證。

二果斷結證道的內容，詳後滅聖諦中再加說明，此處從略，專就三轉十二行法輪的要義加以說明，以便解脫道中的實修行者得以有所遵循。此時所應觀修的內涵是斷集，所以必須進而對欲界天的五欲不淨深入瞭解，繼續對欲界天五欲的集應如何斷除，一一細心觀察，觀察之後隨即下定決心加以斷除。當實修者在此時下定決心要斷除欲界諸法的貪愛時，對於遠離欲界愛已經心得決定了，在初觀或修學次法時尚未發起初禪者，此時將會依於原來所修的未到地定而發起初禪，自知不久就可以眞斷五下分結證得第三果，即將成爲阿那含人。

再繼續觀修色界境界及無色界境界的生滅無常，了知自己應該對無色界境界加以修斷時，也能確定不久之後可以證得慧解脫果。於是行者必須對色界瞋、無色界癡的內涵深入瞭解，下定決心修斷如是瞋與癡的集。然後必須瞭解我慢的斷除——因極微細自我的存在而生喜的深沈作意必須除斷；對於取證涅槃而生起的捨心，在取證第四果時也必須修斷，因爲這二者是三界中最微細的集，然後才可以證得慧解脫。總結第二次觀修的主要用意，在於勸喻自己應當實修四聖諦法，即是三界苦應知、三界集應斷、三界有應滅、道聖諦應修，故說第二轉四聖諦法輪之目的在於勸修。

然後進入第三次觀修四聖諦的過程，目的是要使弟子們達到可以實證及運轉四聖諦之目的，所以 世尊第三次再轉四聖諦法輪。這次觀修，要先從苦聖諦開始觀行，重新檢查自己是否已對苦聖諦的全部內涵具足了知，確認是否已經心得決定，使自己的作意堅定住於三界一切有都是苦的現象與苦的存在，確定苦聖諦已經在自己心中運轉了。然後轉入集聖諦中，將三界有的各種集一一觀察，確認自己對於三界有之一切境界是否眞的已經完全棄捨，沒有絲毫愛樂，就是確定自己對於集聖諦已經如實親證而眞的在運轉了。若已確定自己對三界一切法都無愛樂，確認已無三界諸有的集，最主要是對於識陰中的意識覺知心——特別是對微細意識存在的自我愛樂，必須確定集聖諦已經實證而且正在運轉。

當這個苦、集聖諦已經實證和運轉時，即可進入滅聖諦中進行滅聖諦的第三次觀修；此時應詳細觀察自己對滅聖諦是否已經如實現證，有沒有遺漏某一種三界有的境界未曾滅除貪愛之心；然後一一確認三界有——欲界有、色界有、無色界有，全都滅盡時是什麼境界，連最後一分的無色界有滅除以後的無餘涅槃境界，也都確認而無恐懼，並且心中愛樂著死後可以不再生起中陰身，如是確定不受後有時，就可以確認自己對滅聖諦已經實證——「我生已盡」；而這個滅聖諦的作意已經如實運轉了，就是滅聖諦已證的現象。接著應進入道聖諦中觀修，察看八正道的所有內涵；對於八正道的內涵，自己是否已經確認都已作到；如果確認都已作到，即是對於道聖諦已經實證，而這種如實住於道聖諦中的作意已經運轉無誤，也不會有偶爾退失的現象了，就是道聖諦已經實修、已經在運轉了。全部確定而沒有遺漏時，就是已證四果的慧解脫阿羅漢了，每日都以圓滿的初禪身樂自娛，而不再對欲界的財、色、名、食、睡有所貪著。以上就是 世尊從菩提伽耶步行到鹿野苑度五比丘成阿羅漢時，三轉十二行法輪的概要內涵；但是這樣的說明仍極簡略，讀者自行實修時，應該一一深入現觀，並須先有次法與未到地定或初禪不退的功德持身，才能說是已經證轉四聖諦法輪，才能說是已經實證聲聞果。

如是說明以後，顯示這個三轉法輪其實只是聲聞法的四聖諦三次運轉，並非許多人所誤會的 世尊一世三轉法輪小、中、大三乘菩提的內容；爲了避免誤會，還是應該針對這部分的差別加以說明。

第二節　聲聞解脫道之三轉法輪異於諸佛之三轉法輪

聲聞解脫道之三轉法輪，是度有緣人證阿羅漢果，不是證緣覺果及佛菩提果，所轉法輪內涵都不涉及因緣觀及般若所證的實相法界故，更未涉及成佛所必須具足實證的一切種智。

聲聞解脫道的三轉法輪所說法義內涵，前後三轉法輪都是演述四聖諦；如是四聖諦法義，所觀察的對象只限於三界九地的蘊、界、處、入等法，意在觀察及瞭解，然後確認三界九地的一切蘊處界入全部虛妄，並無實質不壞之自我可得，實證三界諸法無我。然後確認有生則必有死，有生則必有種種三界九地輪迴生死之苦；唯有滅除後有之生，才能滅除輪迴生死的種種苦。並且要再確認自己對於三界九地一切境界中的未來自我，已經都無執著，願意滅盡自己的後有，死後不再有自己的蘊、處、界、入中的任何一法存在，成爲無餘涅槃。此時確定自己死時不會再有中陰身生起了，確定自己眞的不受後有了，即是「我生已盡」，成就聲聞解脫道所應證的涅槃。如是三轉都是聲聞法的四聖諦法輪，凡所觀行的對象，都是三界有爲法的蘊、處、界、入等法，不涉及因緣觀及法界實相如來藏的境界，因此所證都與實相般若的義理內涵無關，都不涉及大乘菩薩所證的般若實相密意，故非成佛之道。

然而諸佛前來人間示現受生、八相成道，不是只教導眾生證得解脫三界生死的聲聞涅槃道而已，而是重在教導眾生實證成佛之道，趣向佛菩提道，不是爲了傳授聲聞解脫道而來人間受生示現；因此觀機逗教而施設了小、中、大乘法義三轉法輪的不同內涵，先以三轉四聖諦十二行法輪而教導眾生實證聲聞解脫道，各自可以確認「梵行已立、所作已辦，我生已盡、不受後有」。當有情實證解脫道而可以確認自己已經不再領受後有，確實不再墮於三界生死大苦之中了，這時對 世尊就有絕對信心，於是能夠接受佛菩提道的長遠修行過程，不畏懼於三大阿僧祇劫難行苦行的菩薩道，開始實修佛菩提道時，才是開始實修成佛之道。

以此緣故，世尊在初轉法輪時期，多次三轉四聖諦法輪，度諸大眾實證聲聞涅槃以後，往往隨順因緣而開示因緣觀，令諸阿羅漢們證得緣覺果。然後便開始第二轉法輪時期演述實相般若；並且佐以教外別傳方式，幫助大眾快速證得第八識如來藏心，即證眞如而能現觀實相法界的主體如來藏心，能現觀如來藏心的眞如法性，實相般若同時生起，證得諸佛及菩薩所證的本來自性清淨涅槃，此時方始生起實相般若智慧，方是成佛之道的首次實證。此即是第二轉法輪初期，專說實相法界之義涵，即是般若初期的宣演；然後漸次具足宣演成佛之道的大略次第，令諸實證般若的阿羅漢菩薩們，得以漸次通達般若而轉入初地，因此成爲大阿羅漢，是爲第二轉法輪的般若期。

然而諸大阿羅漢位的入地菩薩們，已經通達而知十度波羅蜜的概要內涵，此時距離佛地仍極遙遠，自知尚未成佛，對於成佛之道的具足內容想要深入探究；是故　世尊開始教授一切種智之內涵，教導菩薩廣修十地之道，開始修習十度波羅蜜多；所有已經迴小向大的大阿羅漢菩薩們，因此開始深入實相法界中探求更具足、更勝妙的佛法智慧，漸次邁向佛地，即是第三轉法輪的唯識種智諸經宣演增上慧學的過程。如是大阿羅漢位的入地菩薩們，各因修證層次差別，得要再歷經一大或二大阿僧祇劫，深修唯識一切種智直到圓滿時，方得成佛。

如是三轉法輪的前後次第施設，幾乎是十方世界諸佛都同樣不二；只有在很少的淨土世界中，只作成佛之道的般若與種智等二轉法輪的宣演，不先作聲聞、緣覺解脫道的初轉法輪宣演。由此可證，聲聞解脫道的三轉十二行法輪，純屬聲聞解脫道內涵的實證，僅演說解脫道應知、應修、應證的四聖諦法義，並非諸佛世尊所作的成佛乃至入滅前的第三轉法輪整體施設宣演的全部內容，不可混爲一譚，以免障礙自己在解脫道及佛菩提道的實修與進展。

第三節　三界愛集斷故證慧解脫

初轉法輪聲聞解脫道之宣演，側重於四聖諦義理之解釋，以及稍後演述的因緣法，這是　釋迦如來示現爲已經成佛的最重要也是最初的表徵。由於佛道之內涵既深又廣，並非未證三乘菩提之人初聞時所能得解，因此要先以實證聲聞涅槃而得解脫，作爲親證的示現，並且教令聽聞者得以實證解脫而出離三界生死苦，聽聞之人方能因爲聞法信解實證而生起對解脫生死苦的具足信心。然後才作第二次的法輪運轉，主要在於勸修，說法的重點在於苦聖諦應知、集聖諦應斷、滅聖諦應證、道聖諦應修，所以第二次運轉四聖諦法輪時，側重於勸導大眾實修。當大眾歡喜信受而願意實修時，進入第三轉四聖諦法輪，是側重於實證及運轉；即是苦聖諦已知、集聖諦已斷、滅聖諦已證、道聖諦已修；而這個在第三轉四諦法輪聲聞涅槃之證轉，側重在滅聖諦的證轉；必須是對滅聖諦所說的內涵，能夠確認已經實證「滅」的道理，也就是確定自己已經不樂於後有了，才能說是聲聞解脫道的第三轉法輪已經眞的證轉了。

這時可以確定自己對於四聖諦已經如實證轉了，就是證得慧解脫的阿羅漢，仍然不是俱解脫的阿羅漢，更不是三明六通大阿羅漢。慧解脫阿羅漢已有十智，最後一智是聲聞無生智。然而慧解脫的證境，往往有人誤會，以致於誤犯大妄語業，於此必須說明二個自我檢驗的標準：除了五下分結、五上分結的斷除以外，第一個自我檢驗標準是初禪的發起不退——超越於欲界有而具足「梵行已立」的功德已經現前；第二個自我檢驗的標準，是確認死後不會再生起中陰身而證明「不受後有、我生已盡」。

前者是驗證自己是否已經完成「梵行已立」這個「次法」，也就是對於「欲爲不淨」是否已有具足實修；若是已經具足實修時，會在這個「次法」上面有所驗證，就是發起初禪定境，並且初禪已經具足八種體驗而不會退失了，具足生起一心、覺、觀、喜、樂等五支功德了，方可名爲「梵行已立」。其次是對於解脫道勝法的驗證，就是確認自己對於後有——不論是哪一種三界法中的後有，全都沒有絲毫的執著而不會生起中陰身了，才可名爲「**我生已盡、不受後有**」。對這個部分，必須「**知如眞**」，才能確定自己眞的已經解脫了。這時可以很篤定地確定自己將來死後不會再生起中陰身了，捨壽時就會直接進入無餘涅槃；當他還在世時，已斷除五上分結煩惱的境界就稱爲有餘涅槃。若無這些驗證而自稱已得解脫、已證阿羅漢果，都屬因中說果的愚癡人，是拿自己的未來無量世異熟果報開玩笑，死後自嚐無量世的地獄極重苦果，乃是世間最愚癡之人，一切世人無能與之比擬。

必須是能夠滅盡三界一切集的人，才能滅盡一切後有，方得解脫，方證涅槃；爲免誤犯大妄語業而導致死後下墜三惡道中，一切佛門學人對此都應當深刻、深入對自己給予檢驗。《中阿含經》卷十八〈長壽王品 第二〉說：

阿難！若有此法，一切盡滅無餘不復有者，彼則無生，無老、病、死。聖如是觀，若有者必是解脫法，若有無餘涅槃者是名甘露，彼如是觀、如是見，必得**欲漏心解脫**，有漏、無明漏心解脫。解脫已，便知解脫，

生已盡，梵行已立，所作已辦，不更受有，知如眞。[68]

近年每見有人讀過平實幾本著作，並未全讀以及熟思、熏修，便自言已得阿羅漢果或已證三、四地境界，然檢查其所述法義與言行，皆無有絲毫實質而徒有空言。平實甫聞彼等大妄語傳言之後心生驚懼：是否平實諸書中所說不夠明確而導致彼等諸人妄生罪過？以是緣故，今於此書中不得不再三、再四乃至再十，不斷地提示次法的重要性。換句話說，若無次法的實修並已確實獲得足夠的結果，來作爲實修聲聞法、緣覺法、菩薩法的基石，而是直接修學三乘菩提諸法者，都是空言而無實慧及解脫可得，縱使世智辯聰而得如理思惟，所得亦只是知識—乾慧—而非解脫或佛法智慧，以無次法基石支持而建構三乘菩提之實證時，必然成爲空中樓閣而無實質，徒自妄語招得來世極不可愛的異熟果報，並又自誤誤人相隨入火坑，於己於他悉皆無益。

以是緣故，針對一切求證聲聞涅槃之人，必須不斷地強調：應當確認已經不會在死時生起中陰身了，以此確定我慢已斷，才能說是**「所作已辦、我**

68《大正藏》冊 1，頁 543，中 14-20。

生已盡、不受後有」的阿羅漢；必須已經檢驗確定超越欲界五欲而生起滿分初禪了，才能說是「梵行已立」；必須對**次法**爲證法的基石等正見有正確建立而無絲毫懷疑，並已檢驗次法都已具足修證了，才能說是正見已經具有基礎了。否則即是違背一切阿羅漢都必須宣示的「梵行已立，所作已辦，我生已盡，不受後有」大前提與實修上的事證。以此緣故，滅盡五陰方得無餘涅槃，以及次法必須先已具足修證的道理，仍須不斷地強調，藉以挽救已曾、現在、即將誤犯大妄語業的佛門學人，速得遠離大妄語業而保住人身，今世乃至未來世中仍得生在人間繼續受學涅槃之法。

例如《雜阿含經》卷二（四十六）有云：

「於何滅而不增？色滅而不增，受、想、行、識滅而不增。於何退而不進？色退而不進，受、想、行、識退而不進。於何滅而不起？色滅而不起，受、想、行、識滅而不起。於何捨而不取？色捨而不取，受、想、行、識捨而不取。滅而不增，寂滅而住；退而不進，寂退而住；滅而不起，寂滅而住；捨而不取，不生繫著；不繫著已，自覺涅槃：『我生已盡，梵行已立，所作已作，**自知不受後有**。』」佛說此經時，眾多比丘不起諸漏，心得解脫。[69]

語譯如下：

【「對於什麼應該滅除而不再增加其勢力？是應該對色陰滅除而不增長其勢力，對受、想、行、識應該滅除而不增長其勢力。對於什麼應該退失而不加以增進？應該對色陰的勢力退失而不加以增進，對受、想、行、識的勢力應該退失而不加以增進。對於什麼應該滅除而不讓它生起？是對色陰應該滅除而不讓它的勢力生起，對受、想、行、識的勢力應該滅除而不讓它生起。對於什麼應該捨棄而不執取？是對色陰應該捨棄而不執取，對受、想、行、識應該捨棄而不執取。如是滅除而不增長其勢力，心無所求得以寂滅而得安住；如是退失五陰諸法勢力而不增進，心得寂滅退失五陰勢力而安住；滅除五陰勢力而不令它生起，心得寂滅而得安住；捨離五陰而不執取，於五陰不會生起繫縛貪著；不繫縛貪著以後，自己覺知到不生不死的涅槃：『我的來生已經滅盡，清淨的梵行已經建立，於解脫生死所應當作的事情已經作完了，**自己知道不再領受後有**。』」佛陀說完此經時，眾多比丘們已經

69《大正藏》冊 2，頁 11，下 25-頁 12，上 5。

不再生起種種的三界有漏法，心中已證得解脫。】

又如《雜阿含經》卷二（三十三）亦云：

如是我聞：一時，佛住舍衛國祇樹給孤獨園。爾時，世尊告諸比丘：「色非是我。若色是我者，不應於色病、苦生，亦不應於色欲令如是、不令如是。以色無我故，於色有病、有苦生，亦得於色欲令如是、不令如是。受、想、行、識亦復如是。比丘！於意云何？色爲是常、爲無常耶？」比丘白佛：「無常。世尊！」「比丘！若無常者，是苦不？」比丘白佛：「是苦。世尊！」「若無常、苦，是變易法，多聞聖弟子於中寧見有我、異我、相在不？」比丘白佛：「不也，世尊！」「受、想、行、識亦復如是。是故，比丘！諸所有色，若過去、若未來、若現在，若內、若外，若麁、若細，若好、若醜，若遠、若近，彼一切非我、不異我、不相在，如是觀察；受、想、行、識亦復如是。比丘！多聞聖弟子於此五受陰非我、非我所，如實觀察。如實觀察已，於諸世間都無所取，無所取故無所著，無所著故自覺涅槃：『我生已盡，梵行已立，所作已作，**自知不**

受後有。』」[70]

語譯如下：

【如是我聞：一時，佛陀住在舍衛國祇樹給孤獨園中。正當那個時節，世尊告訴諸比丘說：「色陰不是眞實的我。若色陰是眞實我，就應該可以自我主宰，便不應該於色陰上面有病、苦出生，亦不應該於色陰上面想使色陰如是之時，竟然不能使色陰如我所想的這樣。由於色陰沒有眞實我的緣故，才會於色陰之中有病、有苦的產生，也才會在色陰上面想要讓它如是之時，竟然不能令色陰如我所希望的這樣。受、想、行、識四陰的道理，也是和色陰的道理一樣（所以五陰全部都不是眞實我）。比丘們！你們的意下如何呢？色陰究竟是常住不壞的呢、或無常的呢？」比丘們稟白佛陀說：「色陰無常。世尊！」「比丘們！如果無常的時候，是不是苦呢？」比丘們稟白佛陀說：「是苦。世尊！」「若是無常、苦，即是變易不住之法，多聞的聖弟子於色陰等十一法之中難道能夠看見『色陰是眞實我、色陰異於眞實我、色陰與眞實我互相融合而同在』嗎？」比丘們稟白佛陀說：「不可能的，世尊！」「受、想、

70《大正藏》冊 2，頁 7，中 22-下 11。

行、識的道理也是像這樣子。由於這個緣故，比丘們！諸所有色陰，或過去色、或是未來色、或是現在色，或內色、或是外色，或是麁色、或是細色，或是好色、或是醜色，或是遠色、或是近色，那一切色陰都不是眞實我、不異於眞實我、與眞我不相在，應該像這樣子詳細觀察；對於受、想、行、識四陰也應當如是詳加觀察。比丘們！多聞聖弟子對於這個五受陰不是眞實我、不是眞實的我所，要如實觀察。如實觀察以後，對於三界一切世間都沒有所取了，沒有所取的緣故便沒有執著，沒執著的緣故就能自己覺知涅槃：『我的未來生已經滅盡，超越欲界的清淨梵行已經建立，於解脫生死所應當作的事情都已經作完了，我已經**自己知道死後不會再領受後有**。』】

在這些經文中，再三再四而且不斷地開示說，一定要斷除對五陰、對三界我的愛著，經由實修而不再對後有有任何的集，心中都沒有再想獲得後世五陰或後世色界有、無色界有的心念，意欲滅盡一切自我而不再受生了，才能證得涅槃而解脫生死眾苦。所以《中阿含經》卷十八〈長壽王品　第二〉也有同樣的開示：

爾時，尊者阿難叉手向佛，白曰：「世尊已說淨不動道，已說淨無所有處道，已說淨無想道，已說無餘涅槃。世尊！云何聖解脫耶？」世尊告曰：「阿難！多聞聖弟子作如是觀，若現世欲及後世欲，若現世色及後世色，若現世欲想、後世欲想，若現世色想、後世色想及不動想、無所有處想、無想想，彼一切想是無常法、是苦、是滅，是謂自己有。若自己有者，是生、是老、是病、是死。阿難！若有此法，一切盡滅無餘不復有者，彼則無生，無老、病、死。聖如是觀，若有者必是解脫法；若有無餘涅槃者，是名甘露。彼如是觀、如是見，必得欲漏心解脫，有漏、無明漏心解脫。解脫已，便知解脫，生已盡，梵行已立，所作已辦，**不更受有**，知如眞。」[71]

語譯如下：

【那個時候，尊者阿難叉手面向佛陀，稟白說：「世尊已經解說如何清淨不動道，已經解說如何清淨無所有處道，已經解說如何清淨無想道，已經解說無餘涅槃。世尊！如何是聖者的解脫呢？」世尊開示說：「阿難！多聞聖弟子是這樣子觀察的，或是對現世的存在有欲以及對後世的存在有欲，或是對現世的色陰及後世的色陰，或是對現世欲的知覺、後世欲的知

---

[71] 《大正藏》冊 1，頁 543，中 5-20。

覺，或是對現世色陰的知覺、對後世色陰的知覺以及滅除三慢以後心得決定不搖動的知覺、無所有處的知覺、無自我覺知之處的知覺，那一切的知覺全都是無常之法、是苦、是滅盡，這時是說自己眞實存在。如果自己是有眞實存在的話，這就是生、就是老、就是病、就是死。阿難！若有了這樣的法，一切全都止盡、滅除而無絲毫留存，都不再有的時候，他就是證得無生，沒有老、病、死。聖者像是這樣子觀察，如果有這樣的觀察，必定是解脫之法；如果有了無餘涅槃的實證，這就稱爲甘露。他像是這樣子觀察、像這樣子看見，必定會得到欲漏心解脫（生起初禪斷除五下分結），有漏、無明漏心解脫（斷除對色界、無色界的愛著）。已得解脫以後，便知道解脫的道理，未來生已經滅盡，清淨的梵行已經建立，於解脫道中所應作的事情都已經辦完，**不會再度領受後有**，自己很清楚知道而沒有錯誤。」

以此緣故，求出三界生死苦的人應當先求斷集，確實斷除對三界我的集以後，才有可能實證涅槃；而這個斷集，不是單單在五陰、十八界自我的斷集上面，還包含外我所、內我所的斷集，也就是同樣要在六根、六塵上面斷集，所以《雜阿含經》卷十三（三一一經）說：

如是我聞：一時，佛住舍衛國祇樹給孤獨園。爾時，尊者富樓那來詣佛所，稽首禮足，退住一面，白佛言：「善哉！世尊！爲我說法，我坐獨一靜處，專精思惟，不放逸住，乃至自知不受後有。」

佛告富樓那：「善哉！善哉！能問如來如是之義。諦聽，善思，當爲汝說。若有比丘！眼見可愛、可樂、可念、可意，長養欲之色；見已欣悅、讚歎、繫著，欣悅、讚歎、繫著已歡喜，歡喜已樂著，樂著已貪愛，貪愛已阨礙。歡喜、樂著、貪愛、阨礙故，去涅槃遠。耳、鼻、舌、身、意亦如是說。」

「富樓那！若比丘，眼見可愛、樂、可念、可意，長養欲之色；見已不欣悅、不讚歎、不繫著，不欣悅、不讚歎、不繫著故不歡喜，不歡喜故不深樂，不深樂故不貪愛，不貪愛故不阨礙。不歡喜、不深樂、不貪愛、不阨礙故，漸近涅槃。耳、鼻、舌、身、意亦如是說。」佛告富樓那：「我已略說法教，汝欲何所住？」富樓那白佛言：「世尊！我已蒙世尊略說教誡，我欲於西方輸盧那人間遊行。」[72]

當富樓那深入瞭解斷除外我所、內我所的集以後，願意去最難度化的

72《大正藏》冊2，頁89，中1-20。

輸盧那國弘法度化那些人。

所謂斷集之法，其實即是斷除三界一切法的愛著；然而斷除三界一切法愛著的道理，歸納之後無非就是欲界貪、色界瞋、無色界癡，所以《雜阿含經》卷十八（四九〇經）開示說：

閻浮車問舍利弗：「謂涅槃者，云何爲涅槃？」舍利弗言：「涅槃者，貪欲永盡，瞋恚永盡，愚癡永盡，一切諸煩惱永盡，是名涅槃。」復問：「舍利弗！有道有向，修習多修習，得涅槃耶？」舍利弗言：「有。謂八正道，正見乃至正定。」時，二正士共論議已，各從座起而去。[73]

這段經文語意明瞭，不需語譯或解釋；然而這段經文中特地說道：**斷除三界有即是斷除貪**、**瞋**、**癡**三**法**；最後特別強調實修的方法：**八正道**。所以想要實證聲聞涅槃而非空言的人，都應該把八正道付諸實行，不打折扣。當您自覺眞的證果時，對於已證初果乃至阿羅漢果時，應該生起的可愛驗證內涵已經都有了，才可以宣稱自己已經證果了，否則未來世極不可愛的痛苦異熟果報，是逃不掉的。若是宣稱證得阿羅漢果或成佛以後，還在

[73] 《大正藏》冊 2，頁 126，中 2-7。

勸募錢財，供作個人買房地產、古字畫、抽煙、喝酒……等事者，不論他把平實寫的書、說的法轉述得如何勝妙，本質都只是未離欲界愛的凡夫，其行爲已經證明爲「梵行未立、所作未辦」故，當然死後必須再受後有，而其所謂證果之言，無非因中說果、徒成空言的大妄語業。

然而如是證知之後應該爲佛弟子眾說明，三果人所證涅槃有五大類七品人，《長阿含經》卷八：「復有五法，謂五人：中般涅槃、生般涅槃、無行般涅槃、有行般涅槃、上流阿迦尼吒。諸比丘！是爲如來所說正法，當共撰集，以防諍訟，使梵行久立，多所饒益，天、人獲安。」[74] 這是說，三果人有五大類：第一類是死後在中陰階段入無餘涅槃；第二種人是死後往生色界天時即取無餘涅槃；第三種人是往生到色界天時，不必修行就會自然取證無餘涅槃；第四種人是生到色界天以後，要經過重新思惟觀行一段時間以後才能斷盡我慢、我執而證無餘涅槃；第五種人最差了，死後要經歷初禪天中的修行，次第轉到第四禪天中繼續觀行，然後才能證得無餘涅槃。然而，第一種人又有三種差別：第一類是中陰才剛剛生起時，就立

74 《大正藏》冊 1，頁 51，下 12-16。

即警覺而滅除我慢，隨即入無餘涅槃；第二類是在中陰身生起以後，繼續觀行而發覺自己捨壽後爲何沒有成爲無餘涅槃，然後斷除我慢而入無餘涅槃；第三類人則是觀行以後，還要等到中陰身壞滅時才能入無餘涅槃。所以三果人雖有五種人，卻有七個品類差別。

最後回到初學人的層面再來說明：想要斷除三界有之集，不論是誰，都應該要先詳知五陰、六入、十二處、十八界的全部內涵，也必須先熟知五陰的過患、五陰的集、五陰的滅除境界、滅除五陰的方法等，名爲修道。例如《雜阿含經》卷十（二六八經）：

如是我聞：一時，佛在舍衛國祇樹給孤獨園。爾時，世尊告諸比丘：「譬如河水從山澗出，彼水深駛，其流激注，多所漂沒。其河兩岸，生雜草木，大水所偃，順靡水邊，眾人涉渡，多爲水所漂，隨流沒溺，遇浪近岸，手援草木，草木復斷，還隨水漂。」「如是，比丘！若凡愚眾生不如實知色、色集、色滅、色味、色患、色離，不如實知故，樂著於色，言色是我，彼色隨斷。如是不如實知受、想、行、識、識集、識滅、識味、識患、識離，不如實知故，樂著於識，言識是我，識復隨斷。」

「若多聞聖弟子如實知色、色集、色滅、色味、色患、色離，如實知故，不樂著於色。如實知受、想、行、識、識集、識滅、識味、識患、識離，如實知故，不樂著識，不樂著故。如是自知，得般涅槃：『我生已盡，梵行已立，所作已作，自知不受後有。』」佛說此經已，時諸比丘聞佛所說，歡喜奉行。[75]

這段經文中的義理並不難懂，於此便不再語譯，讀者熟讀自知其義，便可依教奉行而實修之。

對於初學解脫道求證涅槃的人，必須先理解一個道理：**對五陰不得無常想的人就不可能獲得五陰無我想，於五陰不能獲得無我想的人就不可能證得涅槃**，以下是阿含部《雜阿含經》中的聖教開示。

《雜阿含經》卷十（二七〇經）：

「諸比丘！云何修無常想，修習多修習，能斷一切欲愛、色愛、無色愛、掉、慢、無明，若比丘於空露地、若林樹間，善正思惟，觀察色無常，

75 《大正藏》冊 2，頁 70，上 12-29。

受、想、行、識無常。如是思惟，斷一切欲愛、色愛、無色愛、掉、慢、無明。所以者何？無常想者，能建立無我想，聖弟子住無我想，心離我慢，順得涅槃。」佛說是經已，時，諸比丘聞佛所說，歡喜奉行。[76]

《雜阿含經》卷十（二七二經）：

「多聞聖弟子作是思惟：『世間頗有一法可取而無罪過者？』思惟已，都不見一法可取而無罪過者。我若取色，即有罪過；若取受、想、行、識，則有罪過。作是知已，於諸世間，則無所取；無所取者，自覺涅槃：『我生已盡，梵行已立，所作已作，自知不受後有。』」佛說此經已。時，諸比丘聞佛所說，歡喜奉行。[77]

此外，凡是修學解脫道而想要實證涅槃的人，對於五蘊、十八界、三界有，都應當如實知，然後具足了知蘊處界的無常、苦、無我；在次法已修已證而得未到地定之時，作此觀行以後心得決定的人便能如實斷除三縛結，確實證得初果。如是之人，極盡七有往返以後，必出離三界生死。由

76《大正藏》冊 2，頁 70，下 25-頁 71，上 3。

77《大正藏》冊 2，頁 72，中 4-11。

於這個緣故，應當如實知，而且要具足知蘊處界的無常、苦、無我等法。《別譯雜阿含經》卷十六（三四〇經）：

> 一時，佛在王舍城毘富羅山足。佛告諸比丘：「若有一人，於一劫中，流轉受生，收其白骨；若不毀壞，積以為聚，如毘富羅山。賢聖弟子隨時聞，如實知苦聖諦，如實知苦集、知苦滅、知趣苦滅道，如是知見已，斷於三結，所謂身見、戒取、疑，名須陀洹，不墮惡趣，決定菩提，趣於涅槃，極至七生七死，得盡苦際。」[78]

也就是說，解脫道中的法與次法，都必須如實知、如實修，而且必須具足知、具足修，不得有所缺漏，否則想要求證四果涅槃下至初果涅槃，都是不可得的。

第四節　定境集見斷故，亦修斷故，證俱解脫

定境的集，是指四禪、四空定；欲界定只是方便說之為定，不在此處所說定境中；未到地定則是未到初禪，雖已超過欲界天，但因初禪天與他

78 《大正藏》冊 2，頁 487，中 17-24。

化自在天之間並無天界可供安住，必仍墮生於欲界天中，故也不在此節所說的禪定範疇中。

初禪集的斷除，是一切慧解脫阿羅漢必須具足的實證；但是慧解脫者對於二禪以上乃至滅盡定的集，也必須在見地上滅除，卻不必在實修上面全部實證及斷除，在實修上可以各有分證。所以慧解脫阿羅漢在定境集斷除的實修上面，或者有初禪集的斷除，或者有二禪集的斷除，或者有三禪、四禪乃至無所有處集的斷除等差別。初禪集到非想非非想定的集，若已全部斷除，就具足八背捨；證得八背捨具足的人，必定能證得滅盡定而成為俱解脫的聖者。然而滅盡定的集亦須滅盡，才能入無餘涅槃，這是所有俱解脫阿羅漢必須實證的內容，即是對於解脫道的慧障與定障二者，都已全部滅除了，故名俱解脫。

初禪集，是指證得初禪者對於初禪境界的執著，愛樂初禪中的五支功德，所謂一心、覺、觀、喜、樂；對這五支功德若有喜樂而不能放捨，即無法背捨初禪而獲得二禪的實證；但是已經背捨初禪的阿羅漢，卻不一定能證第二禪。又，已證得二禪的凡夫人，也不一定是對初禪的集已經滅除，原因是他尚未斷除我見，只是在求證更高的禪定上面用心，不得不對初禪暫時背離，所以對初禪及二禪定境的集，都仍然存在。三禪、四禪都有四支功德，若是不能捨棄這些功德，也無法成功背捨，就被三、四禪的定境功德所繫縛。四空定中則各有一心的功德，若不能背捨其功德與定境，同樣會被四空定的定境所繫縛，不能成為俱解脫者。

這是修學禪定的凡夫們的通病，所以都同樣被禪定的境界所繫縛。但這些證得禪定者，只要能夠斷除我見，也就是在見地上面斷除對於三界我的集，就能證得慧解脫果；如果已經具足四禪、四空定的修證，只要斷了我見，就能當場斷除三界愛全部的集，本質是在事修上面斷除了色界、無色界的定境的集，可以成為俱解脫的阿羅漢。換句話說，必須在定境集的斷除方面，除了在見地上面斷除，也必須要在事修上面針對四禪八定的愛著具足斷除，具足成就八背捨時才能證得俱解脫果，成為非時解脫的俱解脫阿羅漢，不同於待時解脫的慧解脫阿羅漢。這就是說，必須在禪定的實證與證後的背捨上面實修，從具足初禪的境界中修習背捨而證二禪，再從具足二禪的境界中修習背捨而證三禪，乃至從非想非非想定中修背捨而證滅盡定，才能成為俱解脫阿羅漢。

這樣的本質，其實就是先在見地上面斷除三界我的集，然後在事修上面漸次斷除三界我的集。慧解脫阿羅漢則是在「梵行已立」之後發起初禪，依於見地所得智慧而斷除三界我的愛著，不必在四禪八定的背捨上面具足修證，這是慧解脫果與俱解脫果不同的根本所在。但是證得滅盡定者也不一定就能解脫三界生死，依舊不是俱解脫的阿羅漢；因為有的人是智慧不足，雖然已經解脫於定障而證得滅盡定了，卻仍有我慢、仍有捨心存在，所以無智慧而不能在捨壽時入無餘涅槃；這是仍有慧障而無法即時出離三界生死，他還得要再進修不放逸住，才能解脫於三界生死而證無餘涅槃。這個內容已在《阿含正義》中引述 世尊的開示而講解過了，於此書中即不再贅述。

接著要說明受陰對求證涅槃者的障礙，是說必須已離十八界因緣所生受，不再對境界受有絲毫愛味了，才能說是已得涅槃道跡。《雜阿含經》卷八（二一九經）云：

如是我聞：一時，佛住舍衛國祇樹給孤獨園。爾時，世尊告諸比丘：「我今當說涅槃道跡。云何為涅槃道跡？謂觀察眼無常，若色、眼識、眼觸因緣生受，內覺若苦、若樂、不苦不樂，彼亦無常。耳、鼻、舌、身、意亦復如是，是名涅槃道跡。」佛說此經已，諸比丘聞佛所說，歡喜奉行。[79]

若是滅除六種我所貪愛的觀行，還不能把五陰、十八界自我的愛著滅除，名爲似涅槃道跡。《雜阿含經》卷八（二二〇經）說：

如是我聞：一時，佛住舍衛國祇樹給孤獨園。爾時，世尊告諸比丘：「有似趣涅槃道跡。云何爲似趣涅槃道跡？觀察眼非我，若色、眼識、眼觸因緣生受，若內覺若苦、若樂、不苦不樂，彼亦觀察無常。耳、鼻、舌、身、意亦復如是，是名似趣涅槃道跡。」佛說此經已，諸比丘聞佛所說，歡喜奉行。[80]

分別了以上的差別以後，如何是眞正的無餘涅槃？《中阿含經》卷二〈七法品 第一〉：

79《大正藏》冊 2，頁 55，上 3-9。
80《大正藏》冊 2，頁 55，上 10-16。

云何無餘涅槃？比丘行當如是。我者無我，亦無我所；當來無我，亦無我所；已有便斷，已斷得捨；有樂不染，合會不著。行如是者，無上息迹慧之所見，而已得證。我說彼比丘不至東方，不至西方、南方、北方、四維、上、下，便於現法中息迹滅度。我向所說七善人所往至處及無餘涅槃者，因此故說。[81]

這就是說，無餘涅槃中是沒有絲毫自我存在的，所以五陰我、十八界我的局部，連一絲一毫都不存在而得滅盡無餘了，才能說是證得無餘涅槃；這樣的聖人死後是沒有去處的，只剩下無形無色的空性第八識如來藏獨自存在，無覺無知、迥無六塵、六識，離見聞覺知而獨存，不再於三界中現行了，這就是無餘涅槃；世尊所說三果七品善人所證的有餘涅槃，即是由這個無餘涅槃而施設成立的。

第五節　證無生

聲聞法解脫道所說的證無生，並非初機學人或淺學聲聞法的佛弟子所

81《大正藏》冊 1，頁 427，下 16-22。

能接受或認同的，因爲聲聞法解脫道中說的證無生，與凡夫心中所想的證無生是大相違背的，所以《羅云忍辱經》卷一世尊說：「佛之明法，與俗相背；俗之所珍，道之所賤。清濁異流，明愚異趣；忠佞相讐，邪常嫉正。」[82]無怪乎平實多年弘揚正眞之三乘菩提以來，每常有諸凡夫大法師私下以言語大力抵制，尤以假藏傳佛教密宗諸師爲最；更有諸師座下愚忠之信徒，大力毀謗平實所說 世尊正法，誣謗平實爲邪魔外道，坐實了 世尊經中如是預記。

眞正的聲聞解脫道所證無生，至少是慧解脫，都是「梵行已立、我生已盡、不受後有」，都是至少發起具足的初禪，並且是死後不再生起中陰身，已不再受生了，因此後世的五蘊、六入、十二處、十八界等法都不再生起了，永遠不會再有未來世的自我了，並且還要有「解脫知見」而能爲人演說聲聞法證涅槃的道理，才能稱爲證無生。一般淺學解脫道之人，不論大師抑或學人，心中總是想要以識陰六識覺知心自我，入住無餘涅槃中獲得常住不滅，誤以爲有如是無死境界而說爲無生，不免淪墜於外道的五現涅槃中，永遠

82《大正藏》冊 14，頁 769，下 22-23。

不離死後重新受生的窘境而不離生死輪迴。但這類愚人總是要等到死後進入中陰身境界時，才會知道這不是眞正的無生，而是誤認有生有死之識陰境界在死後的未來可以恆存而無生，都與三乘菩提中的證無生不相應，因此此故名凡夫知見，然而那時卻已成爲畜生中陰身或餓鬼身了；若在生前有大妄語業及誤導眾生大妄語之業，則是落入地獄中才知道錯會，卻是爲時已晚。

然則聲聞法解脫道中說的證無生，究竟是何法應該永滅而說後世無生？而說此後永離生死之苦？簡單地說，就是種種集已經滅盡的緣故，因此而確認自己生前是「**梵行已立**」，說自己捨壽後是「**我生已盡、不受後有**」，而且是自己「**知如眞**」，不待 世尊授記爲阿羅漢，因此而證得聲聞解脫道所應證的二種涅槃：有餘、無餘。

修習聲聞解脫道所能證得的涅槃總有二種：有餘涅槃、無餘涅槃。有餘涅槃的所斷，一般而言是阿羅漢的所證，是斷除我見、我所執、我執等煩惱以後的證境，可以不受後有。但《阿含經》中有時從另一方面來定義有餘與無餘涅槃，是指三果人尚有五上分結煩惱未能斷盡，是尚有殘餘煩惱未斷，名爲有餘；但已不會再返來欲界中，必定繼續往上二界次第受生而在最後取無餘涅槃，不再受生，永無後有，名爲涅槃，所以這類三果人的解脫就可以名爲有餘涅槃。四果人已經斷盡上述煩惱，捨壽時不起中陰身，永棄三界法而不取後有，即取無餘涅槃；在世之時已無清淨行應修，已無煩惱應斷，其涅槃本質是煩惱永斷無餘，即稱爲無餘涅槃。這部分經文及其解說，詳見拙著《阿含正義》及前文之引證及詳述，於此處不再重述。以下所說者，是阿含部一般經文中定義的有餘與無餘涅槃。

佛世及 佛陀入涅槃後的正法時期所有阿羅漢們，對無餘涅槃的定義都是「**梵行已立，不受後有，我生已盡**」，沒有人像現代大法師們自稱爲阿羅漢時所說的「**死後有覺知心自己存在離念的境界而住在無餘涅槃中**」。現代大師的這種涅槃不是未來世將有「**後有**」，而是想要死後仍保有「**現有**」，要把這一世死後必將斷滅的覺知心繼續保持在中陰境界中永遠不壞，然而必不可得。這其實只是 如來示現在人間之前的常見外道們所說的涅槃，正是外道五現涅槃中最粗淺的第一種；密宗四大派法王們，自稱成佛所證的涅槃則是行淫中專心受樂時的離念境界，仍不外於常見外道的假涅槃，都屬外道五種現見涅槃中的第一種。這二類人全都不離生死輪迴，不是眞正證得出離三界生死的涅槃，當然不可能成就「**我生已盡、不受後有**」的後世永遠無生的涅槃實證；所以現代顯密所有大師們自稱的阿羅漢果證，正是 如來示現在人間以前的外道們自稱的阿羅漢果證，一模一樣而無差別（同樣落在識陰或意識境界中，同樣不離三界有爲生死輪迴，都是假阿羅漢），不論大乘地區的中國佛教或南洋地區的小乘佛教。因爲他們既未能「**我生已盡、不受後有**」，甚至連「**梵行已立**」而發起一點點初禪的證境都沒有，本質上是所作未辦，甚至對於什麼是所應當作也都不知，還談什麼阿羅漢的果證？

眞正的無餘涅槃是出離三界之法，沒有絲毫自我，也不住在三界境界中；舉凡五陰、十二處、十八界、六入等法，即使少至只剩下獨頭意識的二禪以上等至位的細意識境界，仍然全部是三界內之法；三界內之法，不可能移到三界外的無餘涅槃中存在，只能存在於三界內。例如離念靈知，若未與定境相應時，只是人間短暫的離念，例如前念已過、後念未起之間的無定力相應的極短暫離念境界，不離識陰六識具足的六塵境界，是五俱意識，都只是人間之法，尚且到不了欲界四王天境界，怎能奢言已經是涅槃境界？縱使是第四禪等至位或四空定等至位的離念靈知，也仍然是色界或無色界所攝的細意識，只是獨頭意識境界，仍未超出識陰範圍，仍屬三界有，故仍不離生死。既然都不是實證無生的境界，都是有生滅的識陰或細意識境界，當然都不離三界生死；如是而言已證無生，不過是癡人說夢，並無實義。

其中最怪異的是，密宗四大教派等假藏傳佛教（註）說的樂空雙運、大樂光明，是由喇嘛或男信徒，共同或各別與女信徒上床交合的求淫樂之法；不論是一人對一人樂空雙運，或是眾多男信徒與眾多女信徒輪座雜交的樂空雙運，即使眞的可以如同宗喀巴在《密宗道次第廣論》中說的，每年每月的每一天都抱著異性交合而不分開，永遠保持在樂受的最高點，自始至終都不曾分離而成就第四喜的遍身大樂時，依舊是識陰六識的境界，不離色陰、受陰、想陰（覺知性）、行陰（樂受的領受過程）；本質上正是 世尊在四阿含諸經中說的「七識住」境界中最粗淺的第一種，也是具足人間識陰六識而住於現前受樂自恣的境界中，與外道現見涅槃中的第一種完全相同，《楞嚴經》中早已破斥過了。而且這是由識陰等六識住在色、受、想、行等四陰的境界中，正是《阿含經》中所說「四識住」的外道「四種識住」凡夫境界，連聲聞初果斷身見、斷三縛結的智慧都談不上，更不可能觸及賢位菩薩開悟明心所證的實相境界，竟然謊稱是遠高於 釋迦如來，自稱已

證報身佛 盧舍那的莊嚴報身境界，豈不令有識之士恥笑？

可悲的是，現代佛教界已經看不見有識之士了，所以在家、出家等四眾，上從出家已久的大法師、小法師，下迄初學的男女居士們，競相投入密宗，追求樂空雙運、大樂光明的外道識陰境界，自稱實證解脫道或實證佛菩提道。後來終於出現了有識之士，以悲憫之心出來為大家解說：密宗四大派假佛教這種邪淫法，從裡到外沒有一絲一毫是佛法，與佛教三乘菩提的修習及實證內容根本不相干。卻招來修習密宗外道法的大法師與學人們的攻擊與嘲笑，不免要令有識之士悲哀嘆息。（平實註：西藏地區只有覺囊巴一派弘揚他空見如來藏妙義，才是眞正的藏傳佛教；但在古時已被達賴五世假手薩迦與達布二派消滅了，這是平實在定中所見的事實。）

然而佛法中所說的無生，是要滅盡未來世一切三界有，所以必須把五陰的自我全部滅盡的，不可能有人間五陰的自我繼續存在；在無餘涅槃中，連無色界非想非非想天中的離念靈知都不可以存在，何況還能容許密宗四大派主張的欲界五陰具足而享受樂空雙運的淫觸等我所境界存在？例如《中阿含經》卷十一〈王相應品 第六〉的記載：

佛告比丘：「無有一色常住不變，而一向樂，恒久存者。無有覺、想、行、識常住不變，而一向樂，恒久存者。」[83]

語譯如下：

【佛陀告訴比丘說：「沒有一種色陰之法可以常住不變，而能夠是一向擁有快樂，並且是恒久存在的。也沒有任何受、想、行、識四陰是常住不變，而能夠一向快樂，並且是恒久存在的。」】

世尊的意思是說，五陰所攝的一切法全都是無常敗壞之法，無常則苦，無常則無我，不可愛樂；連五陰自身都無法永遠常住而必敗壞，稱爲死亡；而樂空雙運淫觸是攝屬五陰的我所，又是變異不定的無常法，當然更不可能久存。涅槃是常住不變的，是不可敗壞之法；而無餘涅槃之中亦無其他可以敗壞之法存在，所以五蘊等無常敗壞之法，不可能存在於常住不變的無餘涅槃中。由此證明密宗四大派男女交合樂空雙運而假名爲佛法中的**無上瑜伽**，只是欲界人間凡夫們的貪淫境界，違背「梵行已立」的實修而無法到達色界初禪的境界，更不可能超越於棄捨色法的無色界境界，當然是

83《大正藏》冊 1，頁 496，上 25-28。

背捨無生涅槃的境界了。

雖然二乘聖者證得涅槃以後，捨壽時「不受後有、**我生已盡**」而滅盡五蘊，入無餘涅槃；但無餘涅槃既是「**常住不變**」之境界，顯然不是斷滅空，必然有心常住不變。這個可以獨存於常住不變的無餘涅槃中的法，就是「諸**法本母**」，是能生名色之「識」——是能出生名等七識心及色陰的另一個識如來藏；所以無餘涅槃境界，就是本識如來藏不再出生後世名色而獨存的境界，不再有未來世的五陰出生了，這就是聲聞解脫道中親證無生的眞相，是諸證悟菩薩之所見、所知的境界。

又如《中阿含經》卷四〈業相應品 第二〉：

復次，更有**現法**而得究竟，無煩無熱，**常住不變**，是聖所知、聖所見。云何更有**現法**而得究竟，無煩無熱，**常住不變**，是聖所知、聖所見？謂八支聖道，正見乃至正定，是爲八。[84]是謂更有**現法**而得究竟，無煩無熱，**常住不變**，是聖所知、聖所見。

84《大正藏》冊 1，頁 445，上 17-22。

語譯如下：

【除了這個以外，還有一個現前可以實證的法而可以究竟生死，沒有煩燥也沒有熱惱，常住永恆而不變異，是聖弟子們所了知、聖弟子們所親見的。什麼是還有現前可以實證的法而可以究竟生死，沒有煩燥也沒有熱惱，常住永恆而不變異，被聖弟子們所了知、聖弟子們所親見的呢？是說經由八支聖道的修行，就是正見乃至正定，就是這八種的正修行。這就是我所說還有**現前可以實證的法**而可以究竟生死，無有煩燥也無熱惱，常住永恆而不變異，是聖弟子們所了知、聖弟子們所親見的法。】

所以八正道的修行正理，不是教人要趣向一切法空、斷滅空，而是**現法**並且是**常住不變**；這已經證實二乘聖者所證的有餘涅槃、無餘涅槃都不是斷滅空，而是常住不變並且是盡未來際都永遠不再有後世五蘊的出生，這才是眞正的無生。盡未來際都不受後有了，這當然已經足夠證明無餘涅槃中是沒有五蘊、十二處、十八界、六入的任何一法繼續存在的了，又何來凡夫大師們所說的離念靈知繼續存在？阿羅漢們如是實證，才能夠向 佛陀稟告說：「**我生已盡，梵行已立，所作已辦，不受後有，知如眞。**」既然如此，當然不該把識陰六識覺知心，或是把識陰所攝的粗意識、細意識轉入無餘涅槃中存在；因爲一切意識不論粗細，都是要藉根塵二法爲緣才能出生的法，當意識出生之後就是已生，不可能轉變爲無生之法；既非無生之法，就不可能存在於無生的無餘涅槃中。

《雜阿含經》卷二（三九經）：

受、想、行界離貪，離貪已，於行封滯，意生觸斷；於行封滯、意生觸斷已，攀緣斷；攀緣斷已，彼識無所住，不復生長增廣。不生長故，不作行；不作行已住，住已知足，知足已解脱；解脱已，於諸世間都無所取、無所著；無所取、無所著已，自覺涅槃：「我生已盡，梵行已立，所作已作，自知不受後有。」我說彼識不至東、西、南、北、四維、上、下，無所至趣，唯見法，欲入涅槃，寂滅、清涼、清淨、眞實。85

語譯如下：

【受、想、行等三蘊的作用已經離開貪欲了，離開貪欲以後，於身口意

85《大正藏》冊 2，頁 9，上 16-25。

等行就被封住而停滯，因此意根與意識所生想要觸知境界的作意就斷滅了；於身口意等行就被封住而停滯，因此意根與意識所生想要觸知境界的作意斷滅以後，對各種境界的攀緣就跟著斷除；對境界的攀緣斷除了，識陰六識對境界就不會再執著，不會繼續生長和增廣其愛著的勢力。六識對境界愛著的勢力不生長的緣故，不再造作各種身口意行；不造作身口意行以後就在不愛著的狀況下安住不動，安住不動以後便對一切都知足，知足以後即是已經解脫；解脫以後，於三界世間都不再有所取、全都無所愛著；不再有所取、也沒有執著以後，自己覺知不生不死的涅槃：「**我未來重新再出生的事情已經窮盡，遠離欲界的清淨行已經建立，於解脫生死上面所應該作的事情已經作完了，自己知道不會再領受後有了。**」我釋迦牟尼佛就說他的識不會去到東、西、南、北、四維、上、下，沒有任何祂會去到的處所，這時候他只看見涅槃之法，想要入涅槃，這個境界是沒有六塵的寂滅境界、是清涼而無熱惱的、是清淨而不染汙的、是眞實而非斷滅空。】

《雜阿含經》卷十一（二七六經）也這麼說：

尊者難陀告諸比丘尼：「善哉！善哉！姊妹！汝於此義當如實觀察：『彼彼法緣生彼彼法，彼彼法緣滅，彼彼生法亦復隨滅，息、沒，寂滅、

清涼、眞實。』」[86]

語譯如下：

【尊者難陀告訴諸比丘尼說：「很好啊！很好啊！姊妹們！妳們對於這個眞實義應當要如實觀察：『那個法及那個法作爲藉緣而出生了那個法與那個法，當那個法與那個法的助緣消滅時，那個被生的法與那個被生的法同樣也就跟隨著壞滅，這時候的一切三界煩惱是止息、失沒，沒有塵而究竟寂滅、清涼而無熱惱、眞實而不是斷滅空。』」】

但大乘佛法的實證必須論及四種涅槃：二乘的有餘、無餘涅槃及大乘的本來自性清淨涅槃、無住處涅槃。涅槃是三界外的無境界境界，無我亦無我所，永脫生死輪迴；然而三界外無法，是故涅槃境界中絕無一法可得。滅除三界我等一切法就稱爲出三界，稱爲無餘涅槃；所以不該有蘊、處、界、入等自我移到三界外存在，否則那種「三界外」的境界就一樣具有三界中法了，其本質就是三界中的境界，同樣不離生死流轉，就不是證無生；

86《大正藏》冊 2，頁 75，上 26-29。

等於換個空間繼續流轉生死，其實是不離三界境界而誤以爲已在三界外，何曾有不生不死的涅槃可言？猶如有人在人間流轉生死厭倦以後，又不知道人間以外的欲界天一樣是受生之處，有生則必有死；由於無明而不知的緣故，期望修行善法而在將來死後離開人間時，可以往生在欲界天中不生不死，譬如一貫道外道說的「天堂掛號、地獄除名，永無生死」；亦如一神教外道說的「信上帝，行善事，生天堂，得永生」，都只是此世死後受生於欲界天而轉生到下一世去，仍在欲界境界中輪迴，不離三界中的生死，並無絲毫永生可得；因爲既然有生而求其永，已生之後必然不能離開永遠不斷的死滅，舉凡有生之法都必有死故。所以外道說的「永生」，是換個地方繼續後世的生死，並非「無生」。

例如欲界天有六天，這些天主們壽命遠比人間長，當他們看到人類死了又生、生了又死，看到某一個人在人間已經生死幾十次以後，而他們仍然活得好好地，所以他們在天上壽終之前，往往自以爲是永遠生存而不死的，便因這個無明而自稱是永生的天神；殊不知人間上去的四王天仍然有生死，乃至向上到達欲界天的第六天，仍然有生死。例如四王天的一天等於人間五十年，三十天爲一個月，十二個月爲一年，天人壽命爲五百歲。四王天上去的忉利天，一天爲人間一百年，同樣以三十天爲一個月，十二個月爲一年，天人壽命爲一千歲。如是往上倍加，到達欲界天的最高層次是他化自在天，以人間的一千六百年爲天上的一天，同樣是三十天爲一個月，十二個月爲一年，他化自在天人壽命則是一萬六千歲。欲界六天的天主、天人、天女們，同樣都有壽命，只是比人間長壽很多倍；當他們看見人類多世生死而自己依舊健在時，便自以爲是永生不死的無死者；等到五衰之相現前時，才知道自己也會死，依舊不離生死；那時才想要修行，爲時已晚。

又如色界天、無色界天壽命遠長於欲界天，但同樣是有壽命，壽盡命終依舊要重新受生於三界中，繼續無盡地受生而保持不斷地死亡再重新受生，仍然不離生死輪迴。例如色界天的初禪天人壽命爲一劫，乃至四禪天人壽命有八劫；無色界天的空無邊處的天人壽命爲一萬劫，乃至非想非非想處的天人壽命爲八萬四千劫。欲界天及色界天中的各個不同層次的天主，壽命都比各該層次天人的壽命更長，亦都無中夭的現象，但仍有壽算而不是永生不死。至於諸天的天人們，除了非想非非想天以外，所有天人之中都會有許多人不能具足天壽而有中夭的現象，即使非想非非想天人的壽命都同樣八萬劫，都沒有中夭者，然而八萬劫後依舊要捨壽而下墮人間或三惡道中。所以一切天主、天人都同樣有壽命而不離生死，只有長壽、短壽的差別，都無不死而永生之天主、天人，當然都不是已離生死的涅槃境界，自然不離 世尊所說的七種「**識住**」以及二種「**入**」的境界，所謂「**七識住**」與「**二入**」。如是「**七識住**」與「**二入**」的境界，請詳拙著《阿含正義》中的詳解，此處不再重述。

想要出離三界生死而證無生，必須滅盡三界有，三界有即是五蘊、六入、十二處、十八界等法；當這些自我全部滅盡而不再出生時就是無餘涅槃，才是眞正的無我，才是眞正的無生；自稱永「**生**」之人，其實不懂有生必有死的道理，是不懂無生的生死中人。爲求永遠脫離生死痛苦而斷盡我執，死後永遠不受後有——永遠滅盡識陰六識及意根末那識而永遠無我，這才是二乘菩提所證的涅槃，所以 世尊說：「**修智心淨，得等解脫，盡於三漏——欲漏、有漏、無明漏。已得解脫，生解脫智：生死已盡，梵行已立，所作已辦，不受後有。**」[87] 所以二乘涅槃的境界就是「不受後有」，這個不受後有的境界卻是經由解脫的智慧以及實證至少初禪的禪定來達

87《長阿含經》卷 2，《大正藏》冊 01，頁 12，上 21-24。

到，也就是確實瞭解欲界、色界、無色界的一切境界都是不離生死的境界，沒有永生不死的天界；有了這種智慧而確實瞭解唯有滅除自我才能脫離三界生死，就是二乘涅槃的智慧。具足初禪而脫離欲界，並且有這個智慧而滅盡我所執及我執時，死後已能不再接受後有，就不會再去受生，便無後世的蘊處界，永斷七轉識及六入而成爲無餘涅槃，不再有後世的出生，才是眞正聲聞菩提解脫道的無生。

雖然無餘涅槃中是已經滅盡五蘊、十八界的無境界境界，但卻不是凡夫眾生所誤會的斷滅空的境界，因爲 世尊已說有餘涅槃是「寂靜、清涼、滅盡」，能夠如此的原因則是滅盡生死熱惱的緣故，導致識陰六識無所住而不再增長其重新受生的種子，令意根隨之永滅不起。例如《雜阿含經》卷三（六四經）：

> 識無所住故不增長，不增長故無所爲作；無所爲作故則住，住故知足，知足故解脫，解脫故於諸世間都無所取，無所取故無所著，無所著故自覺涅槃：「我生已盡，梵行已立，所作已作，自知不受後有。」比丘！我說識不住東方、南、西、北方、四維、上、下，除**欲見法**，涅槃滅

盡、寂靜、清涼。[88]

語譯如下：

【識陰六識由於無所住的緣故而不增長對於自我的執著，我執不增長的緣故而對三界境界無所爲，住於無作之中；無所爲、無所作的緣故意等六識覺知心便安住不動了，安住不動的緣故便於一切境界知足，於所有境界都能知足的緣故而解脫於一切境界，解脫於一切境界的緣故便於三界一切世間的境界都不再攝取，不攝取三界一切境界的緣故便於三界一切境界都沒有絲毫執著，連想要住於無色界定境的執著都滅除了；由於都沒有絲毫執著的緣故，便能夠自己覺察到涅槃的境界：「**我重新受生的因緣已經滅盡，清淨行已經全部建立，對於出離三界生死所應作的修行等事都已經作完了，自己已經如實了知可以不再接受後世的三界諸有了。**」比丘們！我說從此以後意識等六識永遠不再安住東方，也不再住於南、西、北方，四維上下一切世界全都不再安住，**除非行於菩薩道而想要看見眞實法**。這樣的涅槃是滅盡一切後有，是遠離六根、六識、六塵的絕對寂靜，也是清涼

88《大正藏》冊 2，頁 17，上 12-19。

而沒有三界諸法的遠離熱惱的境界。】

既然滅盡蘊處界以後仍有「法」而可被證悟佛菩提的菩薩們所見，卻非蘊處界等三界有，當然這個「法」不是三界中的境界，也不是斷滅空，這才是眞正的無生。

無餘涅槃絕非斷滅空，因爲有一個法常住不變，也就是能夠出生名色的本識在名色滅盡以後永恆的獨自存在，所以說聲聞阿羅漢所證的涅槃是「常住不變」；因此 世尊說是「寂靜、清涼」，而且從來都說是「眞實」而非斷滅空，這才是眞正的無生，才是《阿含經》中的正確說法。例如《雜阿含經》卷三十四（九六二經）：

佛告婆蹉種出家：「如來所見已畢，婆蹉種出家！然如來見，謂見此苦聖諦、此苦集聖諦、此苦滅聖諦、此苦滅道跡聖諦；作如是知、如是見已，於一切見、一切受、一切生，一切我、我所見、我慢繫著使斷滅，寂靜、清涼、**真實**，如是等解脫。」[89]

語譯如下：

[89]《大正藏》冊 2，頁 245，下 20-25。

【佛陀告訴外道出家人婆蹉種：「如來對於三界生死諸法所應看見的已經全部看見了，婆蹉種出家！然而如來另有所見，是說看見了：這個是苦聖諦、這個是苦集聖諦、這個是苦滅聖諦、這個是苦滅道修行過程的聖諦；像這樣子了知、像這樣子看見以後，在一切所見、一切所受、一切所生諸法上面，對於三界中一切我的見解、一切我所的見解、一切我慢繫縛執著等結使已經斷滅，證得迥無六塵的寂靜、遠離三界熱惱而清涼、**真實**而非斷滅空，就像是這樣遠離三界種種法的解脫。」】

這樣的實證者，才是聲聞解脫道中眞正的證得無生。意思是說，解脫的智慧是了知：三界所有層次中的我都是有生有滅而不眞實，都是有我所執著的境界，都是源於對自我的執著而有不同層次的熱惱；如是具足看見而了知以後，就是滅除無明而有了解脫的智慧，也知道滅除無明所應修習的解脫道苦滅道聖諦的八正道；於是把「我見、我所見、我慢繫著結使」滅除，看到沒有熱惱的絕對寂靜而清涼，看見眞實而非斷滅無常的解脫境界。由此可見，二乘涅槃雖然必須滅除蘊處界等一切三界我，但是入了無餘涅槃以後並非斷滅空，才說是眞實的無生。斷滅空的境界不該說為無生，而是有一個常住不壞法不再受生於三界有之中，才能說是無生。

《長阿含經》卷十二：

或有外道梵志作是說言：「沙門釋子有不住法。」應報彼言：「諸賢！莫作是說：沙門釋子有不住法。所以者何？沙門釋子，其法常住，不可動轉，譬如門閫常住不動，沙門釋子亦復如是，其法常住，無有移動。」

語譯如下：

【有時候會有外道修清淨行的人這樣子說：「出家修行的釋迦牟尼佛弟子們有不住而歸於斷滅的法。」應該回報他們這樣的話而向他們說：「諸位賢者！不要講出這樣的話：出家修行釋迦牟尼佛弟子們有不能常住的一切法空的法教。這是爲什麼呢？出家修行的釋迦牟尼佛弟子們，他們所證的法是常住的，是不可動轉的，就好像門框一樣常住不動；出家修行的釋迦牟尼佛弟子們也像是這樣子，他們所證的法是常住不壞的，是永遠都沒有移易或動轉的法。」】

又如《中阿含經》卷三〈業相應品 第二〉說：

身生不善、口行不善、意行不善無明行、漏、煩熱、憂慼，彼於後時不善無明行滅，不更造新業，棄捨故業，即於現世便得究竟而無煩熱，**常住不變**，謂聖慧所見、聖慧所知。

《中阿含經》卷四〈業相應品 第二〉也如此說：

復次，更有現法而得究竟，無煩無熱，**常住不變**，是聖所知、聖所見。云何更有現法而得究竟，無煩無熱，**常住不變**，是聖所知、聖所見？謂八支聖道，正見乃至正定，是爲八。是謂更有**現法**而得究竟，無煩無熱，**常住不變**，是聖所知、聖所見。

同樣是開示說，色陰滅盡、識陰六識及意根滅盡後，不復出生後世一切粗細意識有以後，獨有諸法本母的第八識——**出生名色的識**——獨自存在而無六識、六塵等任何境界時，成爲常住不變的涅槃絕對寂靜境界，才是眞正的無生。

以上所舉阿含部的經文中都說，證得無生的聲聞聖者，都同樣是不再有後世的五蘊存在，都是「不受後有、我生已盡」的斷盡我執境界，這才是二乘聖者所證的**無生**。

至於大乘菩薩依佛菩提道所證的**無生**，則是**本來無生**的第八識自住境界，稱為本來自性清淨涅槃，是無始劫以來本就不曾有生的常住心境界，是本就不住於六塵及任何煩惱境界中的寂靜心，是本無煩惱的清淨心；是如此絕對寂靜而又能夠依於業種來出生有情五陰身心的無住心，陪同五陰在三界中運作不斷，而祂自己卻是本來無生無死的涅槃。如是親證者即得稱之為親證本來自性清淨涅槃，即是親證大乘無生法的大乘賢聖。如是正理，於拙著諸書中所說已多，即不於此重贅。至於諸佛的無住處涅槃，仍然是依此第八識心轉滅其中含藏的一念無明及無始無明，將其中的一切種子究竟清淨以後，能與大圓鏡智、成所作智相應時，此心中的一切種子（一切功能差別）都可以由意識、意根、前五識、第八識各各自由運作；從此開始不住於分段生死、變易生死之中，但亦不住於無餘涅槃之中，即稱之為無住處涅槃，則非等覺位、妙覺位菩薩之所能知。如是綜說無生，謂無生之境界並非斷滅空無之境界，而是**常住不變**，也是**寂滅**、**清涼**、**真實**的常住境界。

由於無生不是斷滅空，不是將滅止生，所以應該先認知除了五陰以外，每一個有情都同樣有常住法；有這樣的認知作基礎來修行，才有可能真的斷我見、證初果。因此《阿含經》中也說到每一個人都有不老、不病、不死者，如是認知，方是正求涅槃之正道。《增壹阿含經》卷十二〈三供養品 第二十二〉：

> 爾時，世尊告諸比丘：「有三法甚可愛敬，世人所貪。云何爲三？所謂少壯，甚可愛敬，世人所貪。無病，甚可愛敬，世人所貪。壽命，甚可愛敬，世人所貪。是謂，比丘！有此三法，甚可愛敬，世人所貪。」「復次，比丘！雖有此三法，甚可愛敬，世人所貪，然更有三法，不可愛敬，世人所不貪。云何爲三？雖有少壯，然必當老，不可愛敬，世人所不貪。比丘當知，雖有無病，然必當病，不可愛敬，世人所不貪。比丘當知，雖有壽命，然必當死，不可愛敬，世人所不貪。是故比丘！雖有少壯，**當求不老，至涅槃界**；雖有無病，**當求方便，使不有病**；雖有壽命，**當求方便，使不命終**。如是，諸比丘！當作是學。」爾時，諸比丘聞佛所說，歡喜奉行。

不老、不病、不死，才是眞正的無餘涅槃境界；但意識心不論粗細，例如密宗四大派的樂空雙運覺知心意識，是極粗意識；亦如台灣釋印順法師所說的「眞如」直覺，其實是假眞如，仍然是粗意識；若是從初禪到無所有處定中的意識，屬於細意識；非想非非想定中不返觀自己的意識則屬極細意識，也仍然是三界中法，不能外於老、死，故有壽算。由是之故，必須超越於五陰、十八界之外，永遠不再受生而不再有後世意識等法，才是眞正的聲聞涅槃。

親見如來者皆是菩薩而非聲聞，謂親見如來即是已證第八識眞如，故名親見如來，諸佛如來悉以第八識眞如爲本故。如是之人，雖見五陰無常、苦、無我、空，然見此空非斷滅，有如來常住身，名爲「見佛」，世尊說如是之人「成大沙門」。例如《增壹阿含經》卷二十四〈善聚品 第三十二〉明載：

是時，世尊漸與說法，所謂論者：施論、戒論、生天之論，欲爲不淨，漏爲是大患，出家爲要。是時，世尊以知小兒心開意解，諸佛世尊常所說法：苦、集、盡、道，是時世尊盡與彼長者子說。是時，長者子即於座上，諸塵垢盡，得法眼淨，無復瑕穢。是時，長者子即從座起，頭面禮足，白世尊言：「唯願世尊聽受出家，得作沙門。」世尊告曰：「夫爲道者，不辭父母，不得作沙門。」是時，長者子白世尊言：「要當使父母聽許。」世尊告曰：「今正是時。」

爾時，長者子即從座起，頭面禮足，便退而去……是時，長者子父母各共嘆息而作是言：「今正是時，隨汝所宜。」是時，長者子頭面禮足，便辭而去。往至世尊所，頭面禮足，在一面立。爾時，彼長者子白世尊言：「父母見聽，唯願世尊聽使作道。」爾時，世尊告舍利弗：「汝今度此長者子使作沙門。」舍利弗對曰：「如是。世尊！」爾時，舍利弗從佛受教。度作沙彌，日日教誨。

是時，彼沙彌在閑靜處而自剋修，所以族姓子出家學道，剃除鬚髮，修無上梵行者，欲得離苦。是時，沙彌即成阿羅漢，往至世尊所，頭面禮足，白世尊言：「我今已**見佛**聞法，都無有疑。」世尊告曰：「汝今云何**見佛**聞法而無狐疑？」沙彌白佛言：「色者無常，無常者即是苦，苦者是無我，無我者即是空，**空者非有**、**非不有**，**亦復無我**。如是智者所覺知；痛、想、行、識無常，無常者是苦，苦者無我，無我者是空，**空者非有**、**非不有**，此智者所覺知；此五盛陰無常、苦、空、無我、非有，多諸苦惱，不可療治，恒在臭處，不可久保，悉觀無有我，今日觀察**此法**，便爲**見如來**已。」世尊告曰：「善哉！善哉！沙彌！即聽汝爲**大沙門**。」

由此可以證實，此經本屬大乘經，但聲聞聖者聽聞之後結集所成，卻只能收入聲聞解脫道經典之中，歸屬於阿含部類。此經中的沙彌自稱已經「**見佛**」，又說「**空者非有、非不有，亦復無我**」，顯然是實證第八識眞如的境界，一切已證眞如者必皆同此見地故。又此沙彌最後說五陰無常、是苦、無我、不可久保以後，又再次強調說：「今日觀察**此法**，便爲**見如來已**。」不是以面見應身如來 釋迦佛作爲見如來，而是「**觀察此法**」作爲「**見如來已**」，很顯然是以親證第八識眞如作爲已見如來。這是菩薩之所證，分屬大沙門，而在聲聞解脫道中結集聖典的阿羅漢等人，竟然依舊稱呼如是大沙門爲沙彌，由此可見他們對大乘法的無智，亦顯示他們不懂大乘法的妙理。然而由此阿含部經典的明載，亦可證明滅盡五陰之後無餘涅槃之中並非斷滅空，仍有「**如來**」、仍有「**佛**」恆存，因此這位沙彌被 世尊讚歎爲「**大沙門**」。

這是本來無生之法，已不是聲聞解脫道中說的滅盡五陰以後，不再有後世五陰出生的將滅止生以後的無生，而是本來無生之法。由此證明不迴心的聲聞聖者們，在佛世是同時與聞大乘經典的；只因未證大乘妙法，對世尊演示的大乘妙法沒有勝解，因此不能具足念心所，導致所憶念的這部經典就只有與解脫道相關的內涵，無法具足結集此經的全部內涵。由此亦可證明，不論是聲聞解脫道中所證的涅槃，或是大乘菩薩們所證的涅槃，都不是斷滅空，本質都是本來無生的涅槃；差別只在於聲聞人是從所滅的五陰來看無生，以致成爲將滅止生；而菩薩從滅盡五陰之後無餘涅槃中的本際第八識眞如來看無生，則是本來無生；所以聲聞聖者所證的無生是滅盡五陰之後不再出生來世五陰而說無生，菩薩所證的無生是再加上證得「**如來**」而親見無餘涅槃中的「**如來**」本來無生。這便是大乘與小乘所證無生的差異處。

第四章　聲聞涅槃之證轉

第一節　自我檢驗——應證轉之內涵必有定力相應

於三乘菩提之證果時，若無定力相應，則其智慧不能證轉，只是乾慧而無證果之實質，以此緣故，平實於成立正覺同修會之前的共修期間，發給禪淨班諸親教師所用之教材中，已經明確要求諸師於講授禪淨班初級、中級、高級等三個階段之課程中，應訓示諸學員修學定力，於課程中要求要有無相念佛及看話頭純熟之動中定力相應，才能證果以及證悟不退。由如是緣故，必須教導無相念佛動中功夫，練成動態中的未到地定功夫。此定力可以確定及保證其見道智慧得以證轉之功德，成爲眞正的初果人及明心不退的七住菩薩，不是僅有見道的乾慧知識。其中的部分綱要內容如下：

1、必須修動中定：無相念佛、看話頭。

2、「四依大士、六通菩薩，說法度人，**定為首要**。末代相承，說法教授，自不修定，身無內道，出言即便破人修定，世人顚倒，實可哀哉。」並講解欲界定、未到地定。

3、「到達此階段前之漫長修持，其目的在減少執著、**增強定力**，攝取知見。**定力**、知見具足，便知轉折和方向。層層轉折升進後，禪就出現了。大要而言，即是『攝心爲戒，**因戒生定，因定發慧**』，大乘無漏慧之現前即是禪。」

4、「若開悟後悟境退失，應修定力（動中功夫：看話頭），定力若強，悟境永不退失，即可參究『如何是佛性？』」

5、「第四目 參究牢關：思惟修：配合所閱經典，於**定中**思惟：識得眞心本性，要脫生死……」

除此以外，每年精進禪三的報名表中，親教師的審核項目中也有一項定力的考核，要求親教師應審核報名參加禪三者之定力；這是因爲若無定力支持，不能降伏煩惱，心仍剛強難調，則見道後無能成功轉依於斷三縛結的觀行智慧，也無能成功轉依於明心後所證的第八識眞如境界。不能轉依如來藏之眞如境界，則其證眞如之功德即不能證轉，證眞如之功德不能現前，必然會發生否定眞正眞如境界而欲另覓想像中才有的眞如境界之現象發生。徵之於二〇〇三年楊先生由於不具備定力而無法轉依第八識眞如境界，是故余教導其親證之眞如境界無法證轉，乃公然否定第八識之眞如法性，倡言另有眞如法性可證，並狂言眞如出生阿賴耶識如來藏；此即是對大乘見道功德不能證轉之人，不能安於第八阿賴耶識之本來自性清淨涅槃者，不肯認取阿賴耶識之眞如法性。凡此，皆因不肯如實親修無相念佛功夫，以致未曾發起動中定力，以致無法與所觀修的眞如智慧相應所致；由此可見，欲證聲聞涅槃者，於實證前先修定力之重要性。

《大寶積經》卷五十七云：【若人無定心，即無清淨智，不能斷諸漏，是故汝勤修。】在根本論《瑜伽師地論》卷五十三，彌勒菩薩也說：

又復**依止靜慮律儀**[90]，入諦現觀得不還果，爾時一切惡戒種子皆悉永害。若**依未至定**[91]證得初果，爾時一切能往惡趣惡戒種子皆悉永害。

90「依止靜慮律儀」，謂證得具足圓滿的初禪而不退失，於諸威儀中皆依止初禪等持位的功德而住，非指定境。

91「依未至定」，是依止未到地定的等持位定力而住，非指定境。

此即名爲聖所愛戒。[92]

這是由妙覺菩薩當來下生 彌勒尊佛的明確開示，三果人至少必須有初禪具足實證的定力作基石，才能支持斷除五下分結的功德，才能證轉三果人的解脫智慧與解脫正受；而初果人的見地與解脫正受，也要有未到地定的定力作基石，才能支持斷除三縛結的智慧與解脫正受，否則對於「惡戒種子」及「往惡趣惡戒種子」，都是不能永害的。因爲沒有相應定力的人，觀行所得智慧都只是乾慧而無實質，未來仍會因爲惡因緣而使密宗的三昧耶邪戒對他產生影響，轉入密宗修學以致破戒而下墜三惡道中；或者空有初果智慧而屬乾慧，在名聞利養等惡因緣誘惑之下，仍會爲了世間利益而故謗賢聖、妄謗正法；或是被世俗法五欲所誘惑而引生趣向三惡道的種子，違犯重戒而導致下墜三惡道中。由此可知，藉由次法的修學而發起定力，先調伏剛強心性而後求證涅槃的重要性。

定力的重要性，在於定力可以伏惑；當學人有了正確的觀行智慧時，若有能夠伏惑的定力時，斷結的轉依及證眞如的轉依都能成功；若無定力

92《瑜伽師地論》卷 53，《大正藏》冊 30，頁 590，下 1-5。

作爲助緣，則斷三縛結及證眞如以後，縱有智慧，也將只有乾慧而不能轉依成功。是故善知識幫助其實證以後，見道之內涵對他而言只是知識，其見道之功德無法證轉，即非眞實見道之人；未來將會繼續在見道之內涵（譬如二乘見道的斷三結及大乘見道的證眞如）上面，不斷地產生疑問而糾纏不清。

《大般涅槃經》卷三十一〈師子吼菩薩品 第十一〉也有如是開示：【善男子！如拔堅木，先以手動，後則易出；菩薩定慧亦復如是，先以定動，後以智拔。】[93] 要先有修定過程而獲得定力以後，剛強難調的心性先被定力降伏了，然後再以智慧證轉才能如實斷除結使。以此緣故，平實於弘法初期發行的《無相念佛》及《禪—悟前與悟後》中如此主張，於隨後相繼出版的諸書中也不斷地有相關的各種開示，並非近年才開始要求會員們要有基本定力，例如平實主張證悟之各種條件中，有一項是必須有基本的定力——未到地定；在《優婆塞戒經講記》第六輯八十五頁說：「你證悟的福德夠不夠，就看你對正法的護持。當然護持有很多種，而見道資糧也有很多種：定力、慧力……等。」這是公元二〇〇五年底所說之法義。

93《大般涅槃經》卷 31〈師子吼菩薩品 第 11〉，《大正藏》冊 12，頁 548，中 6-8。

在更早的二〇〇〇年出版的《宗通與說通》一八一頁亦曾說明：

學人欲求明心——入大乘別教眞見道位，必須心細，如來藏行相微細，非諸粗心大意之人所能明證故。爲諸學人見道明心故，當先令彼勤修基本**定力**，時時住於一心不亂淨念相繼之境，而不妨礙世間諸行。

同書一八五頁亦有是說：

因緣不具者，大約有五：一者信力未足，謂是人熏習佛法以來，時劫尚近，於十信位之菩薩六度萬行，尚未圓成；於三寶所，信未具足，未能遠離外道知見，未能遠離外道歸依，是名信力未足。二者**定力**未充，謂是人心浮如海浪，攀緣如猿猴，不定如意馬，性燥如猛火，昏沉如冬蛇，不能四時住心一境、離諸攀緣、專心向道，是名定力未充足。三者慧力未足，謂是人熏習佛法以來，一向喜樂人天有爲福報，於大乘菩提心不喜樂。

並非近年方作是說。

又，平實此世證悟之前已確定必須有未到地定爲依持，見道方得有用，否則將無見道功德；由於平實悟前有此主張，因此認同李元松先生對未到地定的同樣主張，此事亦已載於書中：

【前有一位大法師，私底下跟我說：「你啊！不要腳踏兩條船；腳踏兩條船，到後來會掉進水裡。」那時候他以為我在跟現代禪學法，因為那時候我還沒有破參，還在苦參之中；但我覺得李老師有一本書《與現代人論現代禪》，我認同他在書中的一句話說：「學禪的人要先能夠於未到地定得自在。」由於當時我認同他這一句話，所以就託人買了兩本，拿去他們寺院裡送給二位出家的好友，結果反而被他們打了小報告，所以我就被大師訓話了。（《金剛經宗通》第八輯，二四〇頁，此是依據二〇〇八年春天公開講經所說整理成文。）】

平實於《維摩詰經講記》中亦有不少地方提及證悟前應有定力，主張必須先修學未到地定的定力，成就看話頭功夫，然後方能求悟。在《維摩詰經講記》第一輯二一三頁說：

精進的結果，開始學禪，可是剛開始不懂什麼叫作禪，結果學到定去了，那個禪定也很好嘛！終於開始修禪定，也證得初禪或**未到地定**了，五住位就圓滿了。後來想一想：「禪定再怎麼修，還是外道境界，還是不能出離生死。」他想一想：「我還要更精進。」可是要精進什麼呢？精進學般若智慧啊！所以他開始學般若，就表示他開始進入六住位了。

此亦說明，希求證悟之人，應該在悟前先證得未到地定。

平實此世悟後也仍然認爲必須有定力，才能幫助學人證悟。《維摩詰經講記》第四輯一八五頁說：

在我們這個時代弘法，你必須從禪定開始，因爲你如果不從禪與定開始，就無法度人，所以一開始就講禪與定。可是我們當年開始講禪時很麻煩，因爲在講禪時大家聽不懂：到底你在講什麼？所以我們不得不停下來，教大家修學定力，所以改講無相念佛；因爲參禪得要先會看話頭，可是話頭弄不懂，如何能參禪？**本來我們是先教定**，希望大家都有**定力**了，應該就可以看話頭了，沒想到還不行；所以《小止觀》講完了，大家也修練禪定很久了，接著講禪時大家還是聽不懂，只好再施設個方便，中途講無相念佛，鍛鍊大家的定力而不是定境，然後才講禪，終於才有人會看話頭，後來終於有人能夠悟入般若。

證悟之前必須先有定力，所以《維摩詰經講記》第三輯一二〇頁說：

但是菩薩證這三解脱門時，仍然不樂非時而求，非時而求的人一定不是菩薩。假使有人在大環境未成熟時，在自己的福德、**定力**、慧力都未成熟時而求證三解脱門，那就是非時而求。非時而求一定會產生煩惱，所以每天學佛修法時修學得很痛苦，到最後仍然一事無成。

又如《維摩詰經講記》第四輯二五〇頁說：

那樣的精進，爲什麼還找不到呢？因爲心地還很粗糙，他無法感覺到自己身上有個如來藏；一定要心細了，漸漸有點感覺了：「我身上好像有個如來藏。」可是在哪裡呢？還是不知道；心細下來然後繼續再參，最後終於才能找到。既然還得要心夠細，當然得要修得**基本的禪定**功夫，所以還得要爲他講定，特別是動中相應的**定力**。可是光有這五個就能悟嗎？也不行！因爲方向錯了就永遠都找不到，所以還要教他一些般若的道理，讓他具足正知見。這樣**六度具足了**，聞熏完成了，眾生**才有能力親證如來藏**，所以要具足爲他解説六度波羅蜜。六度波羅蜜講解完了，六個條件都如實勤修具足了，不證如來藏也難，不起般若智慧也難，因爲一定會有一天證到如來藏。

《維摩詰經講記》第六輯三十六頁也說：「怕的就是知見、**定力**與福德不具足，就難以悟入了。」以上都是講經時公開講過而整理下來的。

不但如此，更早之前的公案拈提諸書中，已曾同樣主張必須先有定力才能求悟的開示。例如《宗門正眼》一三八頁說：

若學禪底人不重知解、不重分析者，則將永遠無證悟之因緣也！所以者何？謂證悟之人，最重要之事即是聞熏正確之知見，而後始是修學**見道所須之基本定力**也！

第二百頁中也說：

如是離語言文字之觀行，平實名之爲思惟觀，即是《瑜伽師地論》所說之「無相分別」也，乃是意識覺知心所有之功能，乃是**禪宗破參者所應具有之基本定力**。

於《宗門法眼》一三一頁亦說：

這能思、能見、能覺、能觀之心乃是前六識，於眠熟昏迷等五位中斷，是生滅法，既非眞心亦非佛性。佛性雖不離見聞覺知之性——與六識見聞覺知之性同時同處運作，但非六識之見聞覺知性；若無定力、慧力、大福德，即不能眼見，便將能見、能思、能覺、能知之心認作佛性，便道佛性即眞心，此名「凡夫隨順佛性」；有**定力**……者方能眼見佛性，名爲「未入地菩薩隨順佛性」；初地以上菩薩眼見佛性離於覺照障礙，名爲「已入地菩薩隨順佛性」。

同書二〇一頁說：

平實今世未離胎昧，以致初學佛時亦曾被此位名師誤導，親近修學六年，無有發明，只是出現了許多從未學過的證境——出現許多定境，亦出現往世所修之定法而自行增長了**定力**，卻都與此師所說迥然而異，亦是此師之所未知者。後來索性退休在家專事參禪，仍依此師之法勤修十九日夜，發覺依其禪法而修者，竟然是前無所證標的、現無觀行應有之知見、後無應得之智慧。如是檢討確定之後，即予捨棄，自己釐清方向與知見：知道禪宗的禪法貴在教人尋自眞心，見自本性，便揚棄此師所授知見；於家中歷經十九日之晝夜苦參而放棄其法之後，第十九日下午改用自己釐清之後所得知見，憑藉自己自修而得之**定力**，方才破參。

同書二〇三頁中說：

然而此師出道弘法以來，往往破斥他人以定爲禪，衆人便不疑他亦是以定爲禪；殊不知此師非唯以定爲禪，並且連修定最基礎之未到地定功夫亦無，連宗門禪參究之前應先修得之看話頭功夫，一樣付之闕如，何有悟緣？

同書二八八頁明確提及三果人必須先有未到地定，然後發起初禪方能實證三果功德：

又如三果人之離執，亦是由智慧而得；譬如二果人之貪瞋癡已薄，欲取三果解脫，於是深入觀行，現觀欲界五塵諸法悉皆虛妄不實，亦能令人沈淪生死而無有了期，於是下定決心斷除欲界愛；經由如是欲界法之觀行而生厭心，樂離欲界境界，於是以其**未到地定**之制心一處功夫，自然**發起初禪**而得遠離欲界貪愛，於是五下分結斷，成三果人。

同書三六〇頁則說明參禪人必須有定力：

參禪人不可將意識修入「六處不知音」境界，謂如是境界只是二禪或以上禪定之等至位離五塵境界，仍處於意識境界中，非是宗門禪證悟般若實相之智慧境界；反須於修成**定力**—**看話頭功夫**—之後，將這具有**定力**功德的意識覺知心，不入定境中住，投入聲色一切六塵境中，尋覓與靈知意識同時存在的「六處不知音」之眞心；萬勿將能知六塵之妄心意識遠離五塵而住，誤以爲悟。

於《宗門正道》四四六頁亦說：

當鍛鍊覺知心，使生**定力**；定力生已，心轉細膩，復須熏習正確之佛法知見；具知見及**定力**已，即可參禪覓心——尋找自己本已離念之第八識眞心。一旦撞著觸著眞心，無妨妄心眞心並行，從此自通二轉法輪般若諸經，不須人教；從此便可隨善知識修習種智，亦自能知假善知識所說唯識之錯謬所在，便於諸方大師之已悟未悟，心無疑惑，是名疑見斷。

於同書四八一頁亦說：【「念佛到境空心寂時」，本應探究實相，已有**定力**故；徐居士卻令人需「了了分明」，返墮意識心中，非智者也。】

同書四九六頁亦說：

復次，欲求眼見佛性，須具三法，佛所明言：**定力**、慧力、福德莊嚴（詳《大般涅槃經》）。但有一緣欠缺，余亦莫能助之；豈如徐居士等未具看話頭定力者所能見性？徐居士目前尚不會無相念佛功夫故，會無相念佛者方能看話頭故，能看見「話之前頭」者必會無相念佛故。

同屬公案拈提的《宗門正義》六十頁中說：【若人欲悟般若，必須先有求悟之心；有此心已，方有動機修學**參禪應有之定力**，方有動機聞熏參禪應有之正知見。】

於《宗門密意》八十二頁中說：【復有一種人亦不肯面對事實：自己久在眞悟禪師座下而不能悟，咎在自己之慧力、**定力**、福德未具，卻不肯承認自己因緣未具足。】

同書一四九頁說：

平實多年來，不斷勸說諸方大師：**應當殷勤進修基本定力**，應當建立正知正見，應當早日勤求證悟如來藏，達成禪宗開悟明心之基本目標；後又於書中示以悟後進修之內容及次第。

同書三七一頁中說：

平實說眞實言：欲證得上開初地菩薩之境界者，必須依「佛菩提道」之次第而進修之，不可躐等而行。謂須親於大乘佛法聞熏聞修，建立正知見，並修習十善業道，具足十信位功德；然後始入初住位中廣修布施，成就初住滿心功德；次入二住位中勤學戒法，嚴持戒法，成就二住位功德；復入三住位中修習忍法，能忍眾生惡心惡行（非謂破壞佛教正法之惡行），能忍聞所未聞深妙正法，不致生起誹謗之心，方得成就三住位功德；次入四住位中聞熏正精進之法義，遠離邪精進，成就四住位功德；復入五住位中進修基本之禪定功夫（譬如未到地定、無相念佛、看話頭功夫），成就五住位之功德；然後入六住位中，熏修解脫道眞義而作觀行、以斷我見，進修般若實義，聞熏如來藏體性等正知見，聞熏參禪之方向與方法，**如是具足六住位之功德已，方能證悟明心——親證如來藏**。

平實於《阿含正義》套書中，亦曾說明定力之重要性，例如一五五頁中說：

如是無量數劫累世修集極廣大福德，要須性障極輕微（已除煩惱障異生性與所知障異生性），已具足性種性與道種性；**要須基本定力發起**，要須深心發起十無盡願而力行不輟，要須悟後承事大善知識修學不已，然後始能證之，然後能了知成佛之道內容與次第，得入初地，故名極難。

於同書一二三九頁說：

定解脫中，只有一種是滅盡定的真實解脫，其餘都只是解脫於欲界刺、聲刺、覺觀刺、喜刺、出入息刺……等，不是說修定可以得解脫三界生死；但是**定力**可以伏住我執，所以修定可以助成滅盡定的取證，故亦因此而方便名爲定解脫。在已斷我見的前提下，證得定解脫中的**初禪**時（背捨未到地定），可以成爲三果人；若無斷我見的前提，發起禪定時則與解脫三界生死輪迴的實證無關，只能說是解脫於下界境界的定解脫罷了，都仍在三界生死之中。

復次，於《起信論講記》第一輯十八頁中亦有說：

不要老是怪親教師：「我來了這麼久了，怎麼都還沒有消息。」不要怪親教師，要怪自己，一定是自己福德不夠、**定力不夠**、慧力不夠，才會悟不了。

第二輯一二三頁中說：

言歸正傳，因此而說本覺相—**菩提**—不是從外來的，是眾生各人本來都有的；因爲不是從外面來的，不是因修行而得來的，是本來就有的，所以本覺是依附於眞心而從來不生的，所以它不會壞掉；見性也一樣，不可以因爲現在**定力**退失了、看不見了，就說這個佛性現在消失了；那麼未來再補足**定力**時又看見了，那是從哪個地方再取來佛性裝進你心中的呢？所以才說現在重新再有佛性？當然不是這樣的。

同書二四五頁中說：

終於有一天遇見了一位眞正能教人修習禪定功夫的善知識，修得一些**禪定功夫**，或者發起初禪，或者發起二禪，**終於有了基本的定力**，**可以進修般若智慧了**，可以將這個定力用來助益參禪而證悟般若。但是初禪與二禪的定境，對參禪證悟的幫助不大，所以我們是以動中定力的進修爲主，不在初期教你修習靜中的初禪、二禪定境（作者按：初禪定境往往是在動中發起的，多數不在靜坐時的定境中發起）；所以我們教導無相念佛的動中定，作爲參禪證悟的助力。

於《起信論講記》第三輯一二五頁中說：

然而這類我執種子是很難修除的，只有長時間修足四禪八定，而使這種**俱生我執已經完全被定力所降伏**，才能在斷除我見的當下就能取證無餘涅槃；這就是古時已**具足四禪八定**的外道們，當他們聞 佛說法而斷我見時，就當場證得俱解脫果而成爲聖弟子。

證明定力對證道者的助益與必要性。又於同書一三九頁中說：

但是語言文字不斷的人，**定力**很差，很難悟入，所以我們施設無相念佛，幫助你降伏煩惱、制心一處而容易參禪明心，目的並不是爲了與妄念、妄想對抗。

復於二七四頁中說：

其實不是這樣，得要觀察過去世和這一世的狀況，判斷學人所熏習的慧力夠不夠？**定力**夠不夠？信力夠不夠？然後還要觀察他的福德。因爲唯一佛乘的菩薩想要證悟大法，必須要具足福德才能證悟，並不是只有信力慧力和定力就可以證悟了。

《起信論講記》第四輯六十三頁中也說：

所以《大般涅槃經》中 佛說：「十住菩薩雖見佛性，猶未了了；以首楞嚴三昧力故，能得明見。」原因就在這裡，所以，你**一定要有定力**，而且必須是修習看話頭—**無相念佛首楞嚴定**—的基本**定力**；沒有這個基本定力，我再如何的幫忙，也是沒有用的，一樣看不見。

同書六十四頁亦說悟後仍須繼續進修定力：

當你在六住滿心位證得眞如心性而轉入七住位了，接下來漸修福德、**定力**、慧力而到十住初心，努力求見佛性，最後終於眼見佛性而滿足十住心，進入初行位了，這時雖然只是少分見，但是已經取得眞如法身的中品用的功德了，所以就一定會深信眞如法身，就會確認如來身無去無來、無有斷絕；這時候所確認的如來身，就函蓋體與用二法了。

同書七十二頁中亦說：

見性的人在見性後的第一要務就是保持**定力**不退，以免眼見佛性的境界失去；但是有的人事務很忙，沒辦法繼續保持**定力**，所以必需強行規定，讓他繼續禮佛作功夫，先保持**定力**一段時間，讓他經歷很長時間的眼見佛性階段的體驗與領受。

於《起信論講記》第五輯一五九頁說：

我們印行的全部書中，從來都說：「想入無餘涅槃的話，一定要把十八界法，包括意識覺知心全部滅掉。」但是卻一直都這麼說：「想要證悟般若的話，得要以具有**定力**的覺知心意識，來證得另一個從來都不打妄想的第八識眞如心，是眞心如來藏與意識覺知心並存運作。」

同書三二八頁也說定力的重要性：

有些人破參明心的時候，可能會覺得明心跟做無相念佛的功夫、做看話頭的功夫，似乎無關。確實是無關，但是也不能說無關；因爲沒有定力的時候，心很散亂而粗糙，根本無法在參禪的法上用功，哪有可能破參明心、悟入實相？所以《大般涅槃經》說：「先以定動，後以智拔。」眾生的根本煩惱是牢不可拔的，得要先用定力把煩惱搖動、搖鬆，才好拔除；就好像一根很堅固的木樁，釘在地上牢牢不動；你想要拔掉它，絕對拔不動的；聰明人就先搖它，左搖右搖、前後搖動，把它晃動一段時間，它就鬆弛了，再拔時就起來了。同理，眾生的無明煩惱根深柢固，很難拔除；不如先叫他**修定**；**修定**的功夫就是用制心一處的功夫，把心猿意馬繫縛在法上，綁久了自然就乖了，不會再到處攀緣種種法，才能專心一意用我們所教的智慧來參禪，才能破參明心而打破無始無明，才能同時斷除見惑煩惱；這就是「先以定動，後以智拔」的道理。

同書三二九頁說：

身心輕安的受用以後，專心一意的參禪時，就很容易悟了；當你有**定力**，能夠專心一意參禪，包括所有微細的部分都不會放過，就容易悟入。心細的人，去到禪三時會發覺說，原來主三和尚的一舉一動都是禪，終於他發覺了；其實等到他們發覺到的時候，其實都已經太晚了，都是累了很久、辛苦很久，最後破參明心時才發覺到這一點。但是能發覺到這一點的人，就表示他的心真的夠細了，所以每一個很微細的機鋒都可以領受到。所以**想悟入般若禪的人，一定要先修止**，要有能力讓自己的覺知心制心一處而不攀緣外塵。

同書三三一頁亦說：

因爲事實確是這樣，所以在般若的修證以前，一定要**先修定力**，基本的**定力**具備了以後，你才有辦法明心；心很粗糙的人，是無法破初參的；因爲**定力**發起了，你的心已經比以前細膩了，才有可能找到心眞如而破參。

同書三三二頁說：

禪就是這樣子，佛菩提道就是這樣子，所以才會教你**先修定力**，用定力把煩惱根搖動、搖動，鬆動了以後再用智慧來把煩惱拔掉。所以先要教你修習基本的**定力**，使覺知心能夠制心一處、專心不搖動。

求悟者爲何必須先有定力，同書三四五頁中如是說明：

爲什麼會有這個現象呢？這是因爲他的**定力**還沒有發起來，這是指導老師的問題，沒有方便善巧對治他的睡眠蓋。這種人修什麼法門最容易對治呢：無相念佛！當你無相念佛很純熟的時候，一上座就不會被瞌睡蟲障住；睡眠蓋嚴重的人不能修打坐的靜中功夫，他只可以修動中的功夫；所以有睡眠蓋的人修我們這個法門不會有障礙，去學打坐，他就沒有辦法修，上座時不是在打坐，而是坐著睡覺。

想要證得三果功德的人，必須有未到地定作基礎才能進修，才能在離欲時發起初禪而得實證三果，所以在三四七頁中說：

初禪的發起固然主要是把五蓋除掉，但是還要具備**未到地定**的功夫，並不是單把五蓋除掉就可發起初禪。什麼樣的未到地定功夫可以發起初禪呢？如果你把無相念佛的功夫做得很好，時時刻刻都在憶佛的念當中，這個定力就夠你入初禪了；有這個功夫而仍然入不了初禪，是因爲性障五蓋所障。

平實於《勝鬘經講記》第五輯一二二頁則說：

這意思是說：來正覺修學三乘菩提，不管是哪一乘的菩提法，想要修學時，親教師交代你的其他注意事項，你也要遵守、也要修學。如果你的老師指示：「你要把性障修除，也要修集福德，還要修習**定力**。」那麼這幾個部分就是次法了，這些法可以幫助你親證三乘菩提。

一二三頁也說明定力是見道的實證基礎：

可是在證這個法以前，必須具足次法才能證得這個正法；次法就是修除性障、修集資糧、**修習定力**；這些次法能幫助你證得正法。

於《楞伽經詳解》第八輯一五三頁中說：

離念靈知心既然晨晨從自心如來而出現，出現之前實無此心，則知離念靈知心本無今有、乃是有來者，不離來相；夜夜眠熟無夢時復斷，則是有去者；有來有去者，則非 佛所宣示不來不去之實相法……未修無相念佛法門之前，未得此淨念相繼境界故，故仍是有來有去之法；**必須以此定力**，藉由禪宗觀行之法，而**覓得第八識自心如來已**，現見自心如來從無始劫以來本不曾來，故盡未來際亦將永遠不去，如是修證者，方是親證不來不去者。

於《優婆塞戒經講記》第三輯十一頁中說：

可是有的人都不衡量自己：「我來同修會應該檢點自己的慧力夠不夠？我的福德夠不夠？我的性障消了沒？我的**定力**有沒有？我的信力具足了

沒有？我對於這如來藏有沒有信力？萬一讓我證得，我會不會退轉？」都沒有衡量信力夠不夠，一心想著：「我來了就是要求悟啊！」

《優婆塞戒經講記》第四輯三十六頁中說：【一般菩薩是慧多而定少，所以來到我們同修會的第一步就是修習基本**定力**——無相念佛、**看話頭**，要讓你定慧等持。】

同書二六八頁說：

全球去找找看，有誰寫書出來可以證明他已經證得如來藏而說是開悟了？都沒有啊！都是落在意識境界中，你想要開悟就只有到正覺來了，當然要認知：開悟不是容易的事。既然如此，一次悟不了，那就再努力，檢討自己悟不了的原因：是盜法心態的問題？是福德的問題？性障的問題？**定力**的問題？慧**力**的問題？原因很多。

這也說明，正覺同修會自始至終都主張要有未到地定的定力才能求開悟，符合根本論中的開示。《優婆塞戒經講記》第五輯一三五頁也說：

斷欲的人，離欲而不起貪的人，只要無相念佛的功夫很好，就可以發起初禪；因為無相念佛的功夫很好時，可以入**未到地定**。有了**未到地定**，又離欲界貪，初禪就自然發起了，眞實超離惡覺觀，也叫作離生喜樂地。但這個離生不是離三界生，是離欲界生，這就是修禪定。可是很多人不知道初禪修證的原理，每天在未到地定中耗時間，有時入定三天三夜才出定，但是初禪始終證不得，就是因為他沒有離欲界貪，所以未到地定功夫儘管很好，初禪永遠不現前。

《優婆塞戒經講記》第八輯一四五頁說：【初禪不難得：初禪之所以難得，大多在於性障，不在定力。無相念佛的**定力**只要很好，再把性障除了，初禪就自動出現了，所以初禪不難得。】

於講解般若智慧金剛三昧的《楞嚴經講記》第三輯三一二頁，平實說：【精進禪三快到了，恐怕**定力**不夠，於是每天努力拜佛，能每天努力拜佛就可以一心不亂，所以定力沒問題。】

於第九輯五十六頁中也說：【也就是說，如果想要快速「自得心開」，**定力**與正知正見的建立都非常重要，而這兩個部分卻是要假借各種方便來建立起來。】

於第十輯三十五頁中說：【經由正確知見的熏習以及**定力**的鍛鍊，再生起疑情參究時，突然遇到某一個適當的因緣，自然就破參明心了。】

同書八十一頁中說應該有定力相應才能眞實證悟：

這其實還是意識心，這可就比修定所得的離念靈知更差，因爲他只有前念與後念中間的短暫一、二秒鐘離念，連**基本定力**都沒有。這樣觀察，就可以知道他們都不是眞實證悟。

《金剛經宗通》第八輯第九頁也說：

因此，我們教大家修學無相念佛，轉成看話頭的功夫；我們只規定要有動中看話頭的純熟功夫，有這種動中的**未到地定**功夫就行了。如果要規定先證得初禪的條件，我看大乘了義法就無法傳下去了。

以上所載談到定力之文字，多爲套書中之所說，單本書中所說者僅於開頭列出《宗通與說通》一段文字爲證，其餘諸多單本書中所說雖多，例如《大乘無我觀》……等，則不一一列舉。之所以必須如是不厭其煩列舉這麼多的講經記錄中的開示作爲證據，是因爲近年會中某師誣謗平實近來改變說法：以前沒有要求必須定力才能證悟，現在改為要有定力才能證悟。為免讀者或會中四眾誤會，是故不厭其煩列舉以上眾多證據，證明正覺同修會打從一開始弘法之最早期，甚至是正覺同修會尚未成立以前的個人弘法時期，便已要求必須修練定力才能求悟的事實；也藉此證明，若無定力者，縱使善知識幫助得悟以後，他仍然會因為惡因緣而導致退轉，證明他是沒有眞如心的證轉功德。

這是因為若無定力，悟後不得受用，對於觀行所得無法生忍，即等於未悟；其所謂之悟只是知識而非實證，屬於 世尊所已指斥的「乾慧」。以無定力支持其所悟內涵而不能忍，致令觀行所得之智慧境界不能成為自己所轉依的境界，則其觀行所得智慧不能恆時運轉，故非實證者，即應收回以前對他所作的開悟印證。由是故說，必須有各該實證解脫果或實證大乘見道、實證大乘無生法忍必須相應之定力作為支持，所證方為眞實，否則即無法證轉，皆是「乾慧」知識而非實證，並非實修定力後所作之觀行而無法成功轉依故。以此緣故，正覺同修會初始弘法之時，即要求所有學員必須有深厚之無相念佛動中修來之功夫，並且必須再轉為看話頭之深厚功夫，方始錄取參加禪三，助其證悟。最早期「悟入」者有多人並未經由禪三報名之審核（當時所有人皆得參加禪三，隨即助其證得眞如），導致後來一一退轉，大多由於定力不足所致，亦有未修次法伏除性障即予引導悟入眞如所致。由此緣故，隨即開始審核其性障之伏除、定力之強弱、福德之多寡……等，然後方始助其證得眞如，退轉之現象隨即消失。

這都是正覺同修會成立之前的個人弘法時期，即已不斷經歷之事實；然而，平實如是作爲，終究只是一己之見解，未覓得經論依據之前，不得明言：「**證悟三乘菩提者必須有定力作爲依持方能實證。**」如是原則，於此以前實不便公然明言，只能依此見地於度眾時實行之。是故正覺同修會中之學員們，於會中修學三乘菩提之時，必皆要求深厚之看話頭功夫，以其屬於動中修得之未到地定故，如是要求及實行之後，得有次法支持而得漸漸上進，終不退轉。大乘眞見道之證眞如，依正覺同修會規矩之施設，認爲必須有未到地定之定力（極純熟的無相念佛功夫或看話頭功夫），而使其證眞如之智慧轉依成功，方能安忍於第八識之眞如境界，則悟後方能得忍，不必也不欲別求其他證眞如之想像境界，方是第七住之位不退菩薩。二十餘年來如是作爲，即是主張必須有未到地定作爲支持之實例。

又如相見道位完成時，至少必須有頂級三果（中般涅槃）之解脫果實證作爲支持，也就是必須已除五蓋性障而有不退失之初禪具足圓滿發起，其已具足之相見道位智慧及解脫功德始能證轉，能證轉之後始能入地。若還沒有各解脫果、大乘無生智慧果應該相應之不同層次定力支持，而竟倡言實證者，皆不能外於因中說果之大妄語業。

如是之理，本應於初始弘法之時即大力宣說之；然而一時未能覓得經論依據，不能冒然大舉而說，以免少聞寡慧學人甫聞平實之語，隨即毀謗又增口業，只能偶爾方便略說，並如是要求會中所有學人。後因增上班中傳授《瑜伽師地論》至卷五十三，見論中有如是言：「又復依止靜慮律儀（初禪乃至四禪）入諦現觀，得不還果，爾時一切惡戒種子皆悉永害。若依**未至定**（未到地定）證得初果，爾時一切能往惡趣惡戒種子皆悉永害，此即名爲聖所愛戒。」以此緣故，以此爲據而於增上班課程及講經時明確說之，不意竟有會中某老師言：「導師最近講法已稍微在修正法義，說要有未到地定功夫才能說已證初果。親教師以前依講義教導學員這部分有誤，我第一個要對學員眾懺悔。宗門見道與教門見道不同……」云云，視我會中禪淨班教材要求必須有動中定力之內涵爲無物，而此教材是所有親教師授課時都必須教導給學員者，該親教師當然應知教材中這些規定與內容，竟然還作彼說，眞屬顢頇之人也。

以此緣故，特將拙著諸書中語句摘錄臚列如上，證明余於初始弘法之時即已主張：必須有基本定力方有悟緣，若無定力即無悟緣，勉強助其實證之後皆無法轉依成功——證而不能運轉，即非眞實證轉者，久後不免退轉，是故後來退轉時即應說彼並非眞實證悟者。平實二十年來如上開示之文獻俱在，皆屬事實，並非遲至二〇一三年方才開始有如是說；於今如是舉證而消弭其邪見，冀能使其懺悔而滅其口業。至於其所言「**宗門見道與教門見道不同……**」等妄語，平實已於《宗通與說通》中詳實解說，該師仍未能讀懂，實屬憾事，本會將另行私下處理之。〔編按：該親教師已於二〇一四年八月的親教師會議對眾懺悔。〕（註：此處之編案：係〈正覺電子報〉連載時之編輯所按。本書內容係依連載內容結集成書，此前此後之「編案」或「註」，若未標明爲此書印行時所加者悉同。）

如是舉證，說明「**斷三縛結應證應轉**」之「**證初果**」者，必須有未到地定支持，方能轉依成功而獲得**證轉**之功德，成爲實證之初果人而非因中說果。如是正理，一切學人皆當在意，依此檢視自己之實證果德方可開口言己所證；否則皆不免大妄語業，來世必入三塗，學人於此應須知之。

第二節　斷三縛結應證應轉——證初果

斷三縛結的內涵，請詳拙著《阿含正義》書中的闡釋，此處不再重述。但觀行完成後，是否即是實證初果？仍有值得商榷之處，應於此處再述，即所謂「證轉」也。譬如《顯揚聖教論》卷七〈攝淨義品　第二〉說：

解脫者，聲聞菩提、獨覺菩提所證轉依，解脫煩惱障，解脫身攝。無上正等菩提所證轉依，解脫一切煩惱障及所知障，解脫身攝及法身攝。

此義，是說觀行完成之後，能否依其觀行而轉依成功，使其所觀行之智慧得以恆時運轉而存在解脫智慧、解脫功德，或菩薩之同時存在實相智慧、實相功德，由此而定其是否已經證得聲聞果、菩薩果，即是證轉之意。不論大乘見道之證眞如——入第七住位不退，抑或二乘見道之斷身見而斷三縛結——證初果，皆是同一道理。在此仍須提示一個證轉的條件，就是具備三乘菩提如實觀行——**如理作意觀行**——的智慧背後，必須有相應的定力作基石，才能支持觀行所得的智慧使能證轉，否則都只是知識而成爲乾慧，終究無有證轉的功德受用。以下仍依此前提而說，但將不再一一重複提示如是證轉之條件。

若有人證得第八識如來藏後，已能現觀此第八識之眞實如如法性，但心中不信如是現觀即是證眞如之智慧境界，希冀另有更勝妙之第九識眞如境界而妄想別證眞如；或於證得第八識眞如之眞實境界中，心不信受，妄想於第八識眞實如如法性之外別有證眞如之理；則謂此二種人雖已證眞如而不能轉依眞如，則其所謂眞如智慧之實證，仍非眞實之證，而是未能轉依成功以致再生妄想，故捨如來藏所顯示之眞如法性而欲別覓眞如，必將導致其所證之眞如智不能恆時運轉，失去證眞如之功德；是則不名已得證轉之人，應說其人未證眞如，仍非第七住不退轉位之菩薩。同理，修證解脫道而斷三縛結之人，若不能轉依自己所觀察出來的五蘊、六入、十二處、十八界悉皆無常空故苦、無常故無我之眞實理，或所觀察的蘊處界內涵不具足而有缺漏，則其蘊處界等假我無常空的智慧不可能轉依成功——心中仍不欲眞正接受，則其斷身見、斷三縛結之智慧不能恆時運轉，即名之爲未能證轉者，就不是眞正的初果人。推究如是大小二乘之觀行者，於其觀行內涵全部完成後而仍不能證轉之原因，咎在不曾先修得深厚未到地定之定力，心仍剛強而未調伏，因此不能生起已降伏「欲界我實有」之智慧功德；是故雖然觀行完成了，仍未能轉依成功，其智慧即不能運轉，不名證轉。由是故說，具備與各該實證智慧境界相應之必要定力極爲重要。

關於本節「斷三縛結應證應轉——證初果」之增補說明[94]

例如證初果者必須有定力相應一事，除了《瑜伽師地論》中明文所說以外，阿含部諸經中亦多有所說，如前第一章第六節〈戒論〉中所舉《中阿含經》卷十〈習相應品 第五〉經文：

【爾時，世尊告曰：「阿難！持戒者不應思『令我不悔』，阿難！但法自然，持戒者便得不悔。阿難！有不悔者不應思『令我歡悅』，阿難！但法自然，有不悔者便得歡悅。阿難！有歡悅者不應思『令我喜』，阿難！但法自然，有歡悅者便得喜。阿難！有喜者不應思『令我止』，阿難！但法自然，有喜者便得止身。阿難！有止者不應思『令我樂』，阿難！但法自然，有止者便得覺樂。阿難！有樂者不應思『令我定』，阿難！

---

94 編案：茲因115期連載內容出刊之後，有學人詢問：「證果必須有定力，是否還有經典依據？」是故增補如下文字說明，以除彼疑惑並利益讀者大眾。

但法自然，有樂者便得定心。阿難！有定者不應思『令我見如實、知如眞』，阿難！但法自然，有定者便得見如實、知如眞。阿難！有見如實、知如眞者不應思『令我厭』，阿難！但法自然，有見如實、知如眞者便得厭。阿難！有厭者不應思『令我無欲』，阿難！但法自然，有厭者便得無欲。阿難！有無欲者不應思『令我解脫』，阿難！但法自然，有無欲者便得解脫一切婬、怒、癡。阿難！是爲因持戒便得不悔，因不悔便得歡悅，因歡悅便得喜，因喜便得止，因止便得樂，因樂便得定心。阿難！多聞聖弟子有定心者便見如實、知如眞，因見如實、知如眞便得厭，因厭便得無欲，因無欲便得解脫，因解脫便知解脫；生已盡，梵行已立，所作已辦，不更受有，知如眞。阿難！是爲法法相益，法法相因，如是此戒趣至第一，謂度此岸，得至彼岸。」】

如是證明，舉凡修學聲聞法解脫之道而欲有所實證者，悉皆必須具備相應之定力，方得「入諦現觀」而得不退；非無定力之人，單憑聰明世智思惟觀修便得親證初果乃至四果，謂無定力支持者，必定不能「入諦現觀」故。

亦如《中阿含經》卷十〈習相應品 第五〉所載：

【我聞如是：一時，佛遊舍衛國，在勝林給孤獨園。爾時，尊者阿難則於晡時從燕坐起，往詣佛所，稽首禮足，却住一面，白曰：「世尊！持戒爲何義？」世尊答曰：「阿難！持戒者，令不悔義。阿難！若有持戒者，便得不悔。」復問：「世尊！不悔爲何義？」（註：守護諸根，護持戒律，得到不悔，方能生起世間定的相應境界，後時方能生起定力。）世尊答曰：「阿難！不悔者，令歡悅義。阿難！若有不悔者，便得歡悅。」復問：「世尊！歡悅爲何義？」世尊答曰：「阿難！歡悅者，令喜義。阿難！若有歡悅者，便得喜。」復問：「世尊！喜爲何義？」世尊答曰：「阿難！喜者，令止義。阿難！若有喜者，便得止身。」（註：「止」即是未到地定力生起了。必依初禪前未到地定，方能如實的「入諦現觀」而斷我見，是故未到地定是證初果時的必要條件。）復問：「世尊！止爲何義？」世尊答曰：「阿難！止者，令樂義。阿難！若有止者，便得覺樂。」復問：「世尊！樂爲何義？」世尊答曰：「阿難！樂者，令定義。阿難！若有樂者，便得定心。」（註：定心是指初禪善根發，初禪境界生起了。）

復問：「世尊！定爲何義？」世尊答曰：「阿難！定者，令見如實、知如眞義。阿難！若有定者，便得見如實、知如眞。」（註：得「**止**、**樂**」時，因止而使心中得喜，因樂而證實初禪善根發，此後於胸腔中有樂觸持身，是達到初禪時的身心喜樂現象，證實已經離開欲界境界了。）

復問：「世尊！見如實、知如眞爲何義？」世尊答曰：「阿難！見如實、知如眞者，令厭義。阿難！若有見如實、知如眞者，便得厭。」復問：「世尊！厭爲何義？」世尊答曰：「阿難！厭者，令無欲義。阿難！若有厭者，便得無欲。」復問：「世尊！無欲爲何義？」世尊答曰：「阿難！無欲者，令解脫義。阿難！若有無欲者，便得解脫一切婬、怒、癡。是爲，阿難！因持戒便得不悔，因不悔便得歡悅，因歡悅便得喜，因喜便得止，因止便得樂，因樂便得定。阿難！多聞聖弟子因『定』便得見如實、知如眞（註：「入諦現觀」證得初果乃至二果）。因見如實、知如眞，便得厭，因厭便得無欲，因無欲便得解脫，因解脫便知解脫；生已盡，梵行已立，所作已辦，不更受有，知如眞（註：證得第四果）。

阿難！是為『法法相益，法法相因』，如是此戒趣至第一，謂度此岸，得至彼岸。」佛說如是。尊者阿難及諸比丘，聞佛所說，歡喜奉行。】

由此證明：守護諸根，護持戒律，得到不悔，方能與世間未到地定相應。必依初禪前未到地定，方能如實「入諦現觀」，眞斷我見、知如眞；「知如眞」亦是確認自己是否已證初果的必要條件，更是其後能否於解脫道起修乃至證得第四果的首要關鍵，謂有學聖者未來實證三果、四果時，必須依初禪為基礎才能實證，然未到地定是初禪發起之基礎。「法法相益，法法相因，如是此戒趣至第一，謂度此岸，得至彼岸。」世尊此意是說，修行必是步步踏實，次第轉進而不能疏略其中必須相應的定力。

因此學人應知，三乘菩提智慧法門之修證，所應具備之相應定力是不可或缺的，再舉《大般涅槃經》卷二十九〈師子吼菩薩品 第二十三〉佛陀的開示如下：

> 善男子！菩薩摩訶薩具足二法，能大利益：一定、二智。善男子！如刈菅草，執急則斷，菩薩摩訶薩修是二法，亦復如是。善男子！如拔堅木，先以手動，後則易出，菩薩定慧亦復如是，先以定動，後以智

拔。善男子！如浣垢衣，先以灰汁，後以清水，衣則鮮潔，菩薩定慧亦復如是。

是故佛弟子們，應當老實修定伏心，佛道之修學方能得力。若未以定修伏攀緣的身心，縱有解脫道中的現觀，仍無法生起如實的解脫智慧（不得忍）；縱使閱讀善知識勝妙開示而作了觀行，或接受善知識正確指導而作了觀行，所觀悉皆如實，其心性仍不能與眞正降伏煩惱的初果人相同，即非眞實斷除三縛結；謂其所作斷結觀行之前並未修定降伏其心，觀行之後不能與所觀斷結之境界相應，致其心行仍無改變，與眞正的初果人有異，即不得謂爲證果，一切學人於此不可不知。

第三節　薄貪瞋癡應證應轉——證二果

解脫道二果功德之證轉，要在初果見地已經證轉之後，開始修行。此階段最重要者，厥爲護念意行，已非猶如初果人重在身口惡行之遮止了；若心中不能努力依止於所證初果智慧觀行之所得，如實運轉初果人之斷三結智慧，亦未願求阿羅漢出離三界之果德，則其二果之實證遙遙無期，捨壽後將往生欲界天中，成爲歷盡七次人天往返以後始能取證阿羅漢果者；如是之人，名之爲最鈍根之初果人。若不欲成爲此類人者，應該時時隨護意根，意識應時時緊盯著意根如下諸事：有無於欲界五欲諸法起心動念貪愛？有沒有努力修除瞋恚蓋？有沒有繼續在斷除五下分結上面努力？必須如是努力，方能使心中的貪瞋癡越來越淡薄。若能如是使令自己心中的貪瞋癡轉爲極淡薄時，即是二果薄地的功德已經實證、已經運轉不斷了，即名薄地聖者，才是眞正的二果聖者。

《出曜經》卷十〈學品 第八〉中說：

不護意者，隨意所種，入地獄、餓鬼、畜生中。設得爲人，輒墮卑賤；爲人所嫉，見則不歡。能護意者，若生天上，封受自然，金床玉机七寶殿堂；若生爲人，人所愛敬，是故說曰護意惡行也。自正意行者，意所馳念難禁難制，由意生念能使成事；身危妙行退轉垂辦之證，轉爲凡夫，是故說曰自正意行也。護意惡者，息意寂然不生想著，修意正行斂意專一，是故說曰，護意惡也。修意善行者，意念善行、身修正法、口宣其教，二事由意乃至無爲，是故說曰修意善行也。

意思是說，意識若不能善護自己的意根，放縱意根於種種非善之法馳騁其心：生起作意，思欲享受人間及天上種種五欲，並且隨心所欲而享受之。結果就是空有解脫果的見地，但是所行完全同於凡夫，初果聖人的功德並未絲毫證轉。由此開示，也可證明定力在證果上的必要性。如是之人，豈止不能證轉二果人應有之功德，連初果人的功德也不可能存在。若觀行蘊處界無常、苦、空、無我以後，同時有未到地定之功夫作爲支持力，初果聖者之見地已開始運轉，身口意行略異於凡夫了，然後意識努力攝護意根之作意，不使意根縱心於財色名食睡等五欲法；持之以恆，久而久之，則二果聖者薄貪瞋癡之功德漸漸開始運轉；運轉久之，不復退還初果聖者仍多三毒之境界中，方可名爲二果聖者，即是二果聖者薄貪瞋癡之果德已經證轉者，方是眞實之二果聖者。成爲眞正的二果人以後，才有機會求證三果的果德，然後才有機會證得四果聖者的有餘、無餘涅槃。這是末法時期的正常現象，所以末法時期沒有人可以直接證得阿羅漢果，除非有許多證據可以明顯證實他是乘願再來的菩薩摩訶薩。

第四節　五下分結斷，應證應轉——證三果

由於二果功德之證轉，於二果人之果德已經證轉而極穩定，已不退轉於二果人之果德以後，開始探求三果聖者之果德：三果人所斷之五下分結內涵爲何？這是由於薄貪瞋癡之果德所致，方有如是意欲，想要進求三果聖者之功德，將解脫果繼續往上推進。

三果聖者所應證者，即是五下分結斷。五下分結是說解脫果中超越二果人時所應斷除之結使，若不能修斷即無法超越下界（欲界），因此而名爲下分結。下分結總共有五個，故名五下分結；五下分結是求證三果的人所應斷，斷已方能超越三界中的下界——欲界。上分結是求證阿羅漢果的人所應斷，若不能斷除上分結，即不能超越色界、無色界等上二界，因此名爲上分結；上分結總共有五個，因此名爲五上分結。

五下分結的內容是：身見、疑見、戒禁取見、貪、瞋。前三是初果人之所斷，但初果人對三縛結斷除的內涵仍很粗糙，對於三縛結中的較微細內涵（上二界之結使）並未具足了知，尚未全部斷除，側重在欲界我虛妄的

見地上；進修二果而達成薄貪瞋癡之解脫境界以後，欲界中的五欲已經不能對他產生明顯的作用了，他在三縛結的更微細內涵漸漸有了許多的觀察，於是對三縛結的微細部分已經斷除了大部分；這時開始觀察三縛結的全部內涵，擴大觀察而及於色界、無色界的全部，對其中的微細身見、疑見、戒禁取見也加以具足觀察而斷除之。然後觀察自己的心境尚未脫離欲界愛、欲界瞋的境界，於是努力觀察自己與欲界法相應的貪與瞋，歷緣對境之中時時修斷。由於對欲界中相應的貪與瞋的集已經修斷的緣故，不再有相應於欲界境界的貪與瞋了，於是斷除了五下分結，成為三果人。

然而自己是否真的成為三果人了？不僅要在見地智慧上加以如實檢驗，還應於證轉上面加以觀察：自己在欲界五欲上面是否真的遠離而不再貪愛了？這個遠離而不再貪愛，並非只是身口上的行為已經遠離，而是必須確定心中真的遠離了，否則向人表明自己已證三果時，即是犯下大妄語業了，因此必須有明確的檢驗標準。這個明確的檢驗標準，就是禪定有無發起？而且是否為該禪定的不退轉者？誠如平實於二〇〇七年二月出版的《阿含正義》第四輯中說：「**阿含解脫道中，有證得初禪的凡夫，沒有不證初禪的三果人，也沒有不證初禪的慧解脫阿羅漢。**」這意思是說，三果的實證，要有斷除五下分結的實證與運轉；若沒有已經證轉的事實，就是還沒有三果的果德，只是空有斷除五下分結的智慧（知識），並無三果人的實質。如此而說自己已經實證三果的果位了，卻沒有三果人應有的果德，仍然是大妄語人；想要實證三果涅槃的人，於此必須特別留意。

這就是說，三果人應有的果德是否已經證轉了？是一切修證解脫道而想要確認自己是否已經成為三果人的修行者，都應該如實理解、如實證驗之事。換句話說，智慧上面已經具足三果人的果德了，但是身口意行上面仍然沒有三果人的實質，就不是真正的三果人，仍然只是二果人，最多成為三果向；因為他在三果果德上面並沒有發起，空有三果人斷五下分結的智慧，這只是**乾慧**而非實證。那麼如何是三果的實證？這就必須從是否已經把五下分結具足證轉來作檢驗。檢驗的標準就是有沒有進而具足初禪的實證？若沒有初禪的實證，或是初禪的實證已經有了，但是並未具足，他只能成為下品的三果人，成為上流般涅槃者，死後得要受生於初禪天中成為梵眾天，在初禪天中死後受生去二禪天中，如是往上次第受生而到四禪天，乃至有人得要次第上生到非想非非想天中捨壽時，方能入無餘涅槃。

若是初禪已經實證了，但是不久又退失了，或者不退失但卻不具足；這樣的人無法永遠安住於三果人的實質中，因爲斷除五下分結的功德並沒有繼續證轉，不能自稱爲已證三果。若是初禪具足之後，努力保任而使身口意三行永遠不墮於欲界法中，三縛結的上二界細相也具足了知而遠離了，欲界法相應的貪與瞋也全部斷除了，再也不能相應了，於是初禪永不退失，能使三果人的果德持續運轉不斷，才能宣稱已經證得第三果；否則，他是證不到三果涅槃的。若是已經具足圓滿證得三果人斷五下分結的內涵，使他斷五下分結的果德具足圓滿運轉了，他便是證得極清淨的三果，他的初禪將是圓滿而堅固的，顯現於外就是身口意行猶如阿羅漢一般。當他死時將會證得中般涅槃，於第一次中陰身的境界中，觀察爲何不能進入無餘涅槃的原因，發覺原來是由於我慢（因有細意識我存在而生喜）所遮障，於是當下斷除我慢，在第一個中陰身壞滅時就不再生起第二個中陰身，永盡後有而成爲無餘涅槃。

以此緣故，世尊說三果人證得有餘涅槃：《增壹阿含經》卷七〈火滅品第十六〉：「有此二涅槃界，云何爲二？有餘涅槃界、無餘涅槃界。彼云何名爲有餘涅槃界？於是比丘滅五下分結，即彼般涅槃，不還此世，是謂有餘涅槃界。彼云何爲無餘涅槃界？於是比丘盡有漏、成無漏，意解脫、智慧解脫，自身作證而自遊戲：生死已盡，梵行已立，所作已辦，更不受有，如實知之，是謂無餘涅槃界。」二果人不得名爲證涅槃者，因爲尚無能力遠離欲界法故，尚無能力到達色界境界故，由此證明三果人的「所作已辦」內涵中，必須有不退的初禪定力方能證轉解脫功德，也就是世尊說的「梵行已立」，允爲誠言。如是正見，末法時代修慧而不肯實修定力的學人，都應注心留意之，以免自稱三果聖者而成爲大妄語人時猶不自知。

第五節　五上分結斷，應證應轉——證四果

在聲聞解脫道中眞正的聖者，是三果、四果人，這是因爲已經超越欲界五欲而行於梵行中，永遠不再還來欲界中而繼續走向無餘涅槃了，由此故說初果與二果都只是方便稱爲聖者；所以得要斷了五下分結或斷了五上分結，才是解脫道中的眞正聖者。

五上分結者，第一爲色界愛，第二爲無色愛，第三爲掉舉，第四爲我

慢（於覺知心與意根心中仍有極微細的喜樂自我繼續存在的作意），第五爲無明。若是還沒有斷除這五個結，就不能超越色界、無色界等上界境界，因此名爲五上分結。對於色界的初禪天乃至四禪天的境界愛是否已經斷除？也就是說，對於初禪境界乃至四禪境界的愛著是否已經斷除？得要從實證初禪乃至第二禪以後（至少要能證得具足圓滿的初禪），然後觀察自己對色界這四種境界的愛著，觀察自己對這四種色界境界的掉舉情況；觀察自己對於這四種境界中的自我有沒有出現極微細的喜樂心？也就是觀察若在此四種境界中有自我的存在，有沒有心生喜樂？也要觀察這四種境界中的自我與定境法塵都是生滅性的虛妄法，斷除對色界這四種境界性的無明。對色界四種境界相應的心態應該如是觀察，對於無色界的四種境界相，也應比照如是正理，一一加以觀察。

必須如此深入一一觀察無誤，再也沒有色界我、無色界我的自我存在的喜樂了，思惑無明具足斷盡了，這五個上分結已經斷盡無餘了，心中想的只是捨壽後永遠不再領受後有了，此時應有二禪相應的定力，至少要有具足圓滿的初禪定力相應，捨壽時即不會再出生中陰身，更不會再去色界或無色界中受生，永遠不受後有而成爲無餘涅槃，眞正「**我生已盡**」等，才是眞的慧解脫阿羅漢。此後在捨壽前永遠都住於清淨行中，心中的作意只是想要滅除自己成爲無餘涅槃，對於色界、無色界等上二界的境界，以及對於未來世將會有上二界自我的事，都沒有愛樂，一心要取無餘涅槃。必須如此運轉其解脫智慧與作意，顯示自己的解脫作意恆時存在而無動轉，這樣才算是解脫果的涅槃作意確實有證轉。若無如是滅盡自己成爲涅槃之作意證轉，即不能稱之爲實證四果的聖者。

亦因如是，平實於佛菩提果亦主張必須完成對相見道位應修證的針對無生法之種種別相忍，並已修集入地所必須具備之廣大福德，兼有不退轉之初禪具足發起，並且不退轉於初禪之離欲功德——已如實斷除欲界愛；再憑相見道位圓滿之智慧功德成就如實斷除三界愛之功德——斷盡思惑成慧解脫，確定自己捨壽後能取無餘涅槃（或者至少要有頂級三果之解脫果實證），然後留惑潤生，再於佛像前發起十無盡願，對此十大無盡願生起了增上意樂方能入地。如是而說解脫道之證果與佛菩提道之證果，謂於所證必須有其各個果位及不同位階應當相應之定力作爲支持，方能於實證之後運轉其所證之智慧而眞得佛菩提果或解脫果，方名如實證轉者。已如實證轉者，方名眞實證果者；若已證而不能如實運轉者，即非眞實證轉者，徒有其慧即名乾慧，不能發起實證者都有的證轉功德，即不得自稱爲眞實證果者，否則死後不免大妄語業果報。所以，是否眞的有證轉，而證轉的內涵（**智慧**及果位相應之**定力**）是否符合各該果位所應有之內涵，乃判斷是否眞正證果的標準；這個是否證轉的檢驗標準，通於大小乘一切聖者。

得初禪以後，斷除對三界五陰的執著可得聲聞涅槃，《雜阿含經》卷三十一明載：

爾時，世尊告諸比丘：「若比丘若行、若形、若相，觀離欲、惡不善法，有覺有觀，離生喜樂，初禪具足住。彼不憶念如是行、如是形、如是相，然於彼色、受、想、行、識法，作如病、如癰、如刺、如殺、無常、苦、空、非我思惟；於彼法生厭、怖畏、防護，生厭、怖畏、防護已，以甘露門而自饒益，如是寂靜，如是勝妙，所謂捨離；餘愛盡，無欲、滅盡、涅槃。」

語譯如下：

【那個時候，世尊告訴諸比丘說：「假使比丘或者在身行上面、或是在身相上面、或是在心相上面，觀察到自己已經遠離五欲、惡劣的不善法，有覺有觀，遠離欲界生而獲得喜樂，初禪具足安住而證得猗覺支。他不再憶念像這樣的身行、像這樣的身形、像這樣的心相，然而他於那色、受、想、行、識等五個法，作出了如病、如癰、如刺、如殺、無常、苦、空、非我的正思惟；便於五蘊等法生厭而想要捨棄、怖畏再度受生而有五蘊、防護心意不再對五蘊執著，像這樣子生厭、怖畏、防護以後，以甘露法門而自己得到饒益，像這樣子寂靜，像這樣子勝妙，是我所說的捨離；其餘內我所、外我所的貪愛已經滅盡，無有欲心、滅盡上二界五蘊、證得涅槃。」

這已經很明確地開示給大眾：**至少要有不退轉而具足的初禪定力**，斷除五下分結或五上分結時，才能與解脫道的斷結智慧相應，才能有三果、四果的智慧證轉，才是眞正的三果、四果聖者。若沒有證四果時應有的定力支持，則不能證轉四果的解脫功德，只是乾慧而形同世人所說的知識，並非實證第四果的聖人。

第二篇　緣覺與獨覺之涅槃

第一章　緣覺涅槃

第一節　獨覺與緣覺之異同

獨覺與緣覺同樣是辟支佛，但獨覺聖者由於心中有慢，致使他們在有佛之世得聞因緣法時，心中不樂立即實證因緣法，意欲於無佛之世獨力參究而得實證，成爲獨覺。如是不依師尊教導即時親證，於未來無佛之世，自己以因緣法觀行五蘊苦、無常、空、無我，實證辟支佛果，是故一切獨覺聖者都同樣出於無佛之世，自證得果。從表相看來，他是無師自悟因緣法的聖者；但所有獨覺其實都是多生多世之前已經曾聞諸佛演說因緣法，獨覺之名只是依其實證辟支佛果的那一世而立名。

緣覺聖者心中無慢，大多屬於菩薩種性；只有少數是不迴心的聲聞種性，捨壽時入無餘涅槃，永不再受生於三界中。緣覺聖者多屬久劫隨佛修習菩薩道，但因隔陰之迷，此世不能憶起往昔多劫已修菩薩道；他們於有佛出世之時，因爲追隨於佛而受生在人間等候佛陀降生。當佛陀於人間示現成佛而轉法輪時，他們來到佛陀座下學法；佛陀以四聖諦三轉十二行法輪時，他們或在第一轉四聖諦法輪時，或在第二、第三轉四聖諦法輪時，證得聲聞果，成爲阿羅漢。後又聽聞佛陀演述因緣法，於是又證得辟支佛果；但因不是出於無佛之世自己觀行因緣法而悟入，所以稱爲緣覺；釋迦牟尼佛座下諸大阿羅漢都是這一類聖者，故仍屬聲聞而同是阿羅漢。

以是緣故，緣覺與獨覺的所證內容相同，同樣具足四聖諦及因緣法的觀行與實證，同樣可於捨壽時入無餘涅槃。但 釋迦牟尼佛在世時的一千二百位大阿羅漢們都是緣覺（除了少數不迴心的阿羅漢以外），他們後來又成爲證悟實相般若的菩薩，同時也都是緣覺聖者。至於諸大阿羅漢迴心成爲菩薩以後，他們座下的阿羅漢弟子們，有聲聞人、有緣覺，也有菩薩，但還不足以成爲大阿羅漢、大菩薩，因爲不像諸大阿羅漢是追隨 釋迦世尊學菩薩道已經無數劫的菩薩身分，是故所證仍不能猶如大阿羅漢的解脫無生智，也不能像諸大阿羅漢迴心大乘法後，聽聞 世尊演說《大般若經》後完成三賢位的修證而入諸地。佛世諸大阿羅漢之所以示現爲聲聞阿羅漢之形像，是因 釋迦世尊依於大小乘演法次第而宣演時，初轉法輪是聲聞緣覺法輪，於是聞受初轉法輪的四聖諦、因緣法之後，先成爲阿羅漢再成爲緣覺，然後在第二轉法輪宣演般若圓滿時，依所證眞如完成非安立諦三品心，並修入地前的加行（大乘四聖諦十六品心、九品心）而入初地；隨後又聞唯識增上慧學等一切種智時，各有所證而進入第二大阿僧祇劫的諸地之中，成爲證悟實相般若及道種智的菩薩。但初始追隨 佛陀出家，即已示現爲聲聞形像阿羅漢身，後來成爲實證般若的菩薩時，也就繼續保持著聲聞的外表形像。

若是推究他們所證的因緣法，其實與無佛之世獨自覺悟因緣法的獨覺並無不同；以此緣故，二者所證的無餘涅槃當然也完全相同，略說其中差別當有四點：第一、獨覺有慢，不願在有師教導的時節悟入因緣法之時證辟支佛果；緣覺無慢，聞佛說法當時即得悟入因緣法並證辟支佛果。第二、緣覺出於有佛之世，人數眾多；獨覺出於無佛之世，人數極少而形成稀有的現象，因此廣受眾生恭敬供養。第三、緣覺雖也修學神通，但不極用心於神通之修學；獨覺出於無佛之世，大多精修神通。第四、緣覺會隨順因緣而爲眾生說法，獨覺只示現神通而不爲眾生說法。

第二節　緣覺涅槃

緣覺所證之涅槃，必須以十因緣觀、十二因緣觀作爲觀行方法與內涵，實斷我所執、我執而得涅槃。但在實證以前，仍然必須有聲聞涅槃之實證作基礎；其所得涅槃同於聲聞阿羅漢，但智慧較深細。

末法時世修學因緣法者多不成就，推究其原因，首要爲誤修、誤學、誤信聲聞涅槃之法。誤修者所緣的因由，咎在不如實知苦聖諦之全部內涵，以此緣故不能如實了知斷除苦集的道理；縱使了知聲聞涅槃之滅諦境界是「我生已盡、不受後有」，亦將殘留色界我、無色界我等離念靈知心，仍不能滅除對上二界我的貪愛，是故不得聲聞涅槃；更多誤修的人，則是源於錯誤的法義認知，誤認爲欲界五塵中之能覺能知自我，住於一念不生境界中即是涅槃，同於常見外道。誤學而不能實證聲聞涅槃者，則是迷信誤修聲聞涅槃之大師——迷於其大名聲、大山頭、大寺院、廣大徒眾，於是追隨表相大師同墮於常見外道凡夫境界中，不外於識陰境界而自以爲已證涅槃。誤信者，只信而不學、不修，當然此世與未來世俱無實證聲聞涅槃之日。凡於聲聞涅槃四聖諦內涵不能如實理解及實證者，欲求因緣法之實證，遙遙無期。

末法時代求證因緣法之人，至多只能作文字學問之研究，例如釋印順即是；依文解義的結果，竟將二種不同意涵之因緣法，視爲增說與減說之差別，認爲內涵、義理並無二致。以是緣故，錯會因緣法極爲嚴重。如是之人，皆是因爲昧略於十因緣法所致，以致常見外道之六識論橫行於現代佛門中，處處宣揚如是邪說：「大乘非佛說」、「佛經只說人有六識，不曾說人有八識」、「粗意識是生滅法，但細意識是常住法」、「第八識如來藏是如來爲攝受恐懼斷滅空的眾生所施設的名詞，實際上沒有如來藏心存在，不可實證」、「如來藏只是緣起性空的異名」、「大乘佛教是從聲聞法部派佛教發展出來的」、「大乘經中說的第八識如來藏，是如來入滅以後的佛弟子們新創的，不是如來所說」……等，都是嚴重誤導佛弟子的說法；事實上是誤會三乘菩提眞實義理的邪見，也不符佛教自從　釋迦牟尼佛創教弘法以來的歷史事實。

以上所說的道理，在拙著《阿含正義》七輯書中，已經舉證阿含部諸經中的明文記載，全面證明二乘菩提解脫道所說的義理，仍然是八識論的教義。《阿含正義》書中，依據經教中的聖言量，將各種誤導佛弟子們的邪謬說法全面推翻，證明 佛陀在四大部阿含諸經中，已經說過確實有第八識如來藏的存在，並且指明第八識的存在是實證三乘菩提的根本，非獨聲聞菩提爲然。若推翻第八識事實上存在的經文聖教，則三乘菩提的實證都將成爲不可能；拙著《阿含正義》中並且舉出十因緣法加以說明，亦是證明二乘菩提中早已主張有第八識的具體事例。然後舉證《阿含經》中 世尊開示時，將十因緣法與十二因緣法同在一經連續宣說，先說十因緣法而斷除無明，後再依十二因緣法而斷內我所的執著及斷我執，成就緣覺果，並且細說十因緣法與十二因緣法的關聯。

今於此處再加闡釋：若不能如實而且具足觀察五蘊十八界內涵，不能如實觀察蘊處界集而斷除之，不能如實了知聲聞法中滅諦所說涅槃之理；不能依八正道之道諦正理而修，確實滅盡三界有之種種集，繼續保留著意識或識陰的一部分，想要實證因緣法而證涅槃者，絕無機會。因爲在聲聞法中已先熏習內識、外識正理，已先聞熏人類是八識具足之理，對於 佛陀所說滅聖諦的實證，是要滅盡一切三界自我之理已經明瞭無疑；然後依《阿含經》中所說因緣法，確立「**名色由識生**」、「**本識出生名色**」的聖教是真實語，則能信受《阿含經》中各部經典仍屬八識論正經。如是修學因緣法時，自然不會將十因緣法與十二因緣法混濫為一，即得了知緣覺或獨覺之所證內涵。如是實證者最後當然也知道，緣覺涅槃、獨覺涅槃其實與聲聞阿羅漢所證涅槃無二無別，差別只在於緣覺之解脫道智慧超勝於聲聞阿羅漢。

第三節　十因緣觀之修習理論

第一、要先確立四聖諦的現觀與實證是因緣法觀行能否實證的基礎，第二、要先確立名色由另一個根本識出生，緣覺果的實證才有可能成功，同時也要有至少初禪具足的定力實證，否則終究只是因緣觀的乾慧而無實證本質。但若不是從聲聞法的阿羅漢位增修因緣法，而是直接觀修因緣法的人，就必須先有初禪離欲的功德（梵行已立），再加上先作十因緣法的正確觀行，滅除了不知「**名色由識生**」的無明（知如真），然後修十二因緣法才能成功（所作已辦）；故說十因緣法也是因緣法觀行能否實證之關鍵，由此可知十因緣法於觀修因緣法中的重要性。這個理由詳第二章中另說，於此節中只解說十因緣觀之修習理論。

十因緣法的修習要先作逆觀，然後再作順觀加以檢查驗證。逆觀時，要從現象上分明存在的老病死憂悲苦惱向上推究，其根源即是生；若無五蘊十八界之出生，即無老病死憂悲苦惱。生之所以出現，則是源於前世死時具足了後有種子；推究前世後有種子的由來，則是因爲前世的種種身口意行攝取了能引生的種子。既然前世取了後有，即有死後重新入胎之事，方有此世的生與老病死憂悲苦惱；若不想再有後世的生與老病死憂悲苦惱，此世就不該再攝取後有種子，當然就是要斷集。那麼前世的後有種子存在，則是由於身口意行之中具足種種的取；既取欲界境界等我所，更取欲界我，永不放捨；或者修行以後捨離欲界法、欲界我，卻放捨不下色界法、色界我，更放捨不下無色定中的定境法塵與無色我；取如是法與如是我，於是後有種子便具足了；若能放捨一切取，自然就斷了後有，就不會再生而有老病死憂悲苦惱。

至於眾生會不斷地有各種取，則是源於對三界法及三界我有所貪愛，不忍三界法及三界我壞滅，於是才有各種取；若能將愛斷除，就不會再有各種取，後有便告斷盡，也就沒有生與老病死憂悲苦惱。然而眾生對於三界法及三界我的貪愛，其實源於有受；因爲有受的緣故，就對各種受產生了執著，於各種受之中能夠產生自我認識，覺得有自我存在是最重要的，有受的緣故就會產生貪愛，就會流轉生死。接著探究這個受蘊的產生，其原因就是因爲能觸；由於欲界我、色界我、無色界我，對於相應的境界能夠有所接觸，因爲接觸才能領受其中的種種境界相，心中產生愛樂而不能放捨自我，於是就有愛、取、有、生、老病死憂悲苦惱；於今之計，欲離三界輪迴苦，就得把觸知各種境界的觸心所法捨棄；若能滅了觸，就不會有後面的流轉了。然而能夠有觸的原因，卻是由於有六入；假使沒有六塵境界相入於覺知心中，就不會有觸這個心所法；所以應該滅除六入，就不會有觸，也不會有後面的受、愛……等有支；但是生在人間一定不可能斷除六入，乃至生在無色界也都還有意識、意根對定境的法塵入，所以出離三界生死的唯一辦法就是斷除對六入的執著。想要斷除六入的唯一辦法則是探討六入的來源，就是因爲有名色；具足了名色就會有六入，自然就會有觸、受……等。名色就是學佛人熟知的十八界我，歸納起來就成為五蘊我；色蘊即是五色根加上六塵，名則是四蘊受想行識以及意根；具足名與色了，即是人間正常的人類，就是住於人間的生死中；具足色界的名色，就是住於色界的生死中；具足無色界的名，就是住於無色界的生死中。

換言之，若是永遠拋棄了名色自我，「**我生已盡，不受後有**」，就不會有後面的六入、觸、受、愛、取、有、生、老病死憂悲苦惱。觀行到此地步，就必須探究名色從何而來？都因為有名色所以有生死流轉，滅除了名色就不會再有生死流轉。然而吾人當知名色不可能是無因而有，不可能唯緣而有，也不可能自己出生了自己，當然也不是與別人共同來出生名色自我，所以 龍樹菩薩的《中論》說：**諸法不自生、不從他生、不共生、不無因生**。意思是說，名色所函蓋的五蘊、十八界等諸法，都不是自己出生自己，因為自己還沒有出生以前是不存在的空無，不可能由不存在的自己來出生現在的自己，這就是諸法不自生。亦不是由另一個有情的名色來出生自己這個名色，因為別人的名色不能出生我們的名色，否則別人的名（受想行識）與色將會分散而在最後失去大部分功能，乃至消失；而別人的名色也是不可能分給我們的，這就是諸法不他生。但也不是單由種種助緣（譬如父精母血等種種緣）而沒有第八識，便能出生我們自己的名色，因爲這樣就沒有正因的心而只有藉著助緣物質來出生我們的身心，將會成爲物能生心的過失，成爲單由各種物質共同來出生我們的覺知心，落入現代醫學家物能生心的死胡同裡，這就是說諸法不共生。更不是無因而生自己這個名色，而是「**有因有緣世間集、有因有緣世間滅；有因有緣集世間，有因有緣滅世間**」，是要有根本因第八識而藉業緣及父母的色法來作助緣，如是因與緣具足時才能出生名色自我；當然也得要有因與緣，才能使我們修道以後可以滅盡自我而不會成爲斷滅空。

單憑父精母血而沒有另一個第八識心作根本因，是不可能出生名色自我的，這是因爲物不能生心。父精母血只是物質，沒有心，不能出生名色中的名——不能出生識陰六識心及受想二個心所法；必須是心，才能出生我們的名色——特別是「**名**」所含攝的覺知心。那麼，這個能生「**名**」的心就稱之爲「**識**」，因爲凡是「**心**」一定會有識別的功能，只是這個能生名色的「**識**」不在六塵中生起識別性，但還是有祂自己不同於覺知心的識別性，在六塵境界之外相續不斷地運作著。就像識陰六識被稱爲識，也像意根被稱爲末那識一樣，在《阿含經》中，這個能出生名色的心就同樣被稱爲「識」，在南傳《阿含經》（《尼柯耶》）中就稱之爲阿賴耶識，或者稱爲本際、諸法本母、心，在北傳大乘經中還稱之爲心、阿陀那識、如來藏、眞如、非心心、無住心、不念心、無心相心。每一個人都一定有這樣一個「識」常住不壞，才有可能由這個「識」藉業種、無明、父精母血，而與意根同住於母胎之中，來出生此世的名色五陰，這就是十因緣法中逆觀而推究名色之所從生時所說的「**名色緣識**」。

那個出生名色五陰的識——「彼識」，當然要稱爲第八識，因爲名色中的名，已經有識陰等六識及第七識意根了，這七個識都含攝於名之內，也都是被「彼識」所生，當然那個識要稱爲第八識了。在《雜阿含經》卷十二有如是觀行十因緣法的記載：

爾時，世尊告諸比丘：「我憶宿命未成正覺時，獨一靜處，專精禪思，作是念：『何法有故老死有？何法緣故老死有？』即正思惟，生如實無間等；生有故老死有，生緣故老死有。如是有、取、愛、受、觸、六入處、名色。何法有故名色有？何法緣故名色有？即正思惟，如實無間等生，**識有故名色有，識緣故有名色有**。我作是思惟時，**齊識而還**，

不能過彼；謂緣識名色，緣名色六入處，緣六入處觸，緣觸受，緣受愛，緣愛取，緣取有，緣有生；緣生，老、病、死、憂、悲、惱、苦。如是如是純大苦聚集。」[95]

這總共十個有支的因緣法，意思是說：「我釋迦牟尼佛憶起往昔無量劫前還沒有成爲無上正等正覺時，獨自一個人住在安靜之處，專精於禪思，我這樣想：『是什麼法有的緣故使得老死有了？是緣於什麼法而使老死也有了？』隨即正確地思惟，『生』猶如眞實而無間等持續著，緣於『生』而使『老死』有，是以『生』爲所緣而使『老死』有。如是往上推究，『有、取、愛、受、觸、六入處』而推究到了『名色』。最後推究是什麼法有的緣故使得『名色』有了？是以什麼法作爲所緣而使得『名色』有？隨即正確地思惟，也是猶如眞實而無間等的出生了所見，正是由於**第八識有的緣故而使得名色跟著有，是因為以第八識為所緣才會使名色跟著有**。我作了這樣的思惟時，只能思惟到那個**第八識就退回來了，不能超過那個第八識而思惟到還有什麼法**；所以詳細而正確的思惟後的結果就是說，緣於第八識而有

95《雜阿含經》卷 12，《大正藏》冊 2，頁 80，中 25-下 6。

名色，緣於名色而有六入等處所，緣於六入等處所而有能觸，緣於能觸而有種種境界中的受，緣於種種受而產生愛貪，緣於愛貪而有了各種後有的取，緣於各種的取而出現了後有種子，緣於後有種子而有未來世的出生；緣於生，就有了老、病、死、憂、悲、惱、苦。就像是這樣子，就像是這樣子，純屬三界生死的大苦也就聚集起來了。」

換言之，十因緣法的觀行，必須以八識論作爲基礎，去觀行十因緣法時才不會產生錯誤與矛盾。若是在十因緣法觀行時，仍把其中的「名色緣識」如同觀行十二因緣法時的「名色緣識」作一樣的解釋——同樣把「識」解釋爲識陰等六識，那他對十因緣法的觀行就會產生錯誤，有智慧的人就會覺得扞格不入，否則就會產生自我矛盾、互相牴觸的解釋，因此無法信受十因緣法的內涵，就不可能實證因緣法的觀行智慧了。因爲，名色之中已經具足七個識了，也就是末那識意根與識陰六識，名既是被另一個識所出生的，當然那個能生名的另一個識不可能是被生的意識或意根或六識心，一定就是第八識眞如心。但 世尊說還沒有成佛的無量劫前，祂那一世觀行十因緣法時，爲了想要明白名色從何而來？就觀察到一個事實：「識有故名色有，識緣故有名色有。」有那個第八識存在的緣故而使名色出生了，有那個第八識的緣故才有名色這個欲界有。這是在推究名色從何處出生的，不是像十二因緣法在探討識陰六識貪緣於名色而產生自我的愛貪、執著，而說識陰六識貪愛自我而有的種種行，導致後世再有名色出生而說為無明。

世尊在這個十因緣法的最後開示說：推究名色出生的處所時，只能推究到那個第八識為止，再往前面推究時並無一法可得，因此推究到那個出生名色的第八識時，就只能從那個識退回來了，終究不能超過那個識而有任何一法可以被推究出來，所以最後特地指出來說：「**齊識而還，不能過彼**。」可見這是在推究出生名色的那個法是什麼，不是在推究第八識出生名色的原因——行、無明。名色出生的原因是緣於六識覺知心的種種行，愛樂覺知心自我的種種行而產生了死後再去投胎獲得後有的勢力；也是由於不瞭解名色的無常、苦、空、無我，執著自我為實有的常住者，不瞭解這二個道理的人就是住在無明之中。這才是十二因緣法中逆推時所說的「**名色緣識、識緣行、行緣無明**」。無明與行是後世名色出生的原因，但不是能夠出生名色者，因為無明與行都不能自己存在；眞相是，由於有無明及行作為所緣，因此由第八識入胎而出生了名色，然後才有世世不斷的生死輪迴。

這是修學十因緣法時應該斷除的另一個無明，與十二因緣法的修學時面對不瞭解三界有的緣起性空而有的無明不同，因此修學十因緣法之目的是要確定名色[96]全部從另一個能生的「識」中出生。

所以《長阿含經》卷十有一段 世尊與阿難尊者間的問答：

「阿難！緣識有名色，此爲何義？若識不入母胎者，有名色不？」答曰：「無也。」「若識入胎不出者，有名色不？」答曰：「無也。」「若識出胎，嬰孩壞敗，名色得增長不？」答曰：「無也。」「阿難！若無識者，有名色不？」答曰：「無也。」「阿難！我以是緣，知名色由識，緣識有名色，我所說者，義在於此。」[97]

語譯如下：

【「阿難！緣於識而有名色出生，這是在說明什麼道理？如果彼識不進入母胎中住，會有名色產生嗎？」阿難答覆說：「沒有名色會產生的。」「如

96 名色的名中，已經函蓋了識陰六識及意根末那識。

97 《長阿含經》卷 10，《大正藏》冊 01，頁 61，中 8-14。

果彼識進入母胎以後都不出胎時，會有名色出生嗎？」阿難答覆說：「沒有名色出生的。」「如果彼識中途出了母胎，胎中的嬰孩就壞敗了，名色還能增長具足嗎？」阿難答覆說：「沒有名色可以增長具足的。」「阿難！如果沒有彼識的話，會有名色嗎？」阿難答覆說：「沒有名色的。」「阿難！我就是以這樣的緣故，知道名色是由彼識來出生，所以說緣於彼識而有名色，我所說的緣識有名色，道理就在這裡。」】

所以說，在名等七識心之外，還有另一個識，世尊在《阿含經》中為了區別眾生我等七個識，就說是「彼識」——那個識。還特別說明必須有「彼識」入胎而住，才能出生名色；而且必須住胎滿足時間，才能使名色具足圓滿而出生。這個十因緣觀的觀行，必須先滅除一個無明：名色要有「彼識」為因，才能藉父母為緣而出生。若不滅除這個無明，不相信確實有第八識能生名色，縱使把五陰十八界具足觀為無常、苦、空、無我，即使具備未到地定了，還是不可能斷除我見、斷除三縛結，證初果就不可能，何況能證緣覺果？那麼想要證涅槃就成為空想了。這是因為疑根未斷，心中深處還疑著：把五陰、十八界全部否定之後是否會成為斷滅空？由於這個懷疑之所見未能斷除的緣故，所謂斷三縛結證初果，都只是空言而無實質。

第四節 十二因緣觀之修習理論

觀修十二因緣法的條件是什麼呢？必先有十因緣法的觀行，確定是有那個第八識能出生吾人的名色，才會有我們的色身及覺知心，然後才能在人間有種種身口意行，才能認同名色永斷、「**不受後有、我生已盡**」的無餘涅槃境界不是斷滅空；因為滅盡此世五陰又不再受後有之後，仍有自己的那個第八識繼續常存，不是斷滅，所以 佛陀說阿羅漢所證的無餘涅槃是「**寂滅、清涼、清淨、眞實**」，而且說「**常住不變**」才是聖弟子們的「**聖慧所見、聖慧所知**」。以這個正見為大前提而且具足觀行五蘊、十八界的內涵以後，我見、我執等無明才能眞的滅除而無恐懼，才能在死後眞的「**不受後有**」而說是「**我生已盡**」成阿羅漢、緣覺。若不是已證聲聞解脫道成阿羅漢，然後轉修因緣法者，則都必須先有初禪降伏欲界惑的功德——就是「**梵行已立**」的功德已經證轉了，同時也如實修習十因緣法而且具足修習了，並且已經使十因緣法的觀行智慧如實證轉了，這時當然就可以開始觀修十二因緣法，如是觀修十二因緣法才會有成就。

如果自身在觀修因緣法之前已經降伏欲界愛，也就是已經發起具足圓滿的初禪而且不退失了——「梵行已立」的功德已經證轉了，並且也有十因緣法的正確現觀了，在這二個大前提下，觀修十二因緣法時就能確實斷除我見、我執。在具足這些基礎時，只要反覆把十因緣法與十二因緣法如實觀行——連續幾次深入而且如實觀行時，所獲得的因緣觀智慧就屬於證轉，已非乾慧。若是沒有先作十因緣法的正確觀行，也沒有初禪的圓滿具足不退「梵行已立」的超越欲界功德，就不會有「我生已盡、不受後有」的斷惑功德；即使持續不斷觀行十二因緣法的結果，仍將是空無所證，都無正確的因緣法智慧可以運轉，絕不可能是辟支佛。這個大前提，請讀者們必須注意。

十二因緣法的內涵是什麼呢？《緣起經》如是開示：

如是我聞：一時，薄伽梵在室羅筏，住誓多林給孤獨園，與無量無數聲聞、菩薩、天人等俱。爾時，世尊告苾芻眾：「吾當爲汝宣說緣起初差別義，汝應諦聽，極善思惟，吾今爲汝分別解說。」苾芻眾言：「唯然願說，我等樂聞。」

佛言：「云何名緣起初？謂依此有故彼有，此生故彼生，所謂無明緣行，行緣識，識緣名色，名色緣六處，六處緣觸，觸緣受，受緣愛，愛緣取，取緣有，有緣生，生緣老死，起愁歎苦憂惱，是名爲純大苦蘊集，如是名爲緣起初義。」

「云何名爲緣起差別？謂無明緣行者，云何無明？謂於前際無知，於後際無知，於前後際無知；於內無知，於外無知，於內外無知；於業無知，於異熟無知，於業異熟無知；於佛無知，於法無知，於僧無知；於苦無知，於集無知，於滅無知，於道無知；於因無知，於果無知，於因已生諸法無知；於善無知，於不善無知；於有罪無知，於無罪無知；於應修習無知，於不應修習無知；於下劣無知，於上妙無知；於黑無知，於白無知，於有異分無知；於緣已生或六觸處，如實通達無知。如是於彼彼處如實無知，無見無現觀，愚癡無明黑闇，是謂無明。」

「云何爲行？行有三種，謂身行、語行、意行，是名爲行。」

「行緣識者，云何爲識？謂六識身，一者眼識，二者耳識，三者鼻識，四者舌識，五者身識，六者意識，是名爲識。」

「識緣名色者，云何爲名？謂四無色蘊：一者受蘊，二者想蘊，三者行蘊，四者識蘊。云何爲色？謂諸所有色，一切四大種，及四大種所造，此色前名總略爲一，合名名色，是謂名色。」

「名色緣六處者，云何六處？謂**六內處**：一、眼內處，二、耳內處，三、鼻內處，四、舌內處，五、身內處，六、意內處，是謂六處。」

「六處緣觸者，云何爲觸？謂六觸身：一者眼觸，二者耳觸，三者鼻觸，四者舌觸，五者身觸，六者意觸，是名爲觸。」

「觸緣受者，云何爲受？受有三種，謂樂受、苦受、不苦不樂受，是名爲受。」

「受緣愛者，云何爲愛？愛有三種，謂欲愛、色愛、無色愛，是名爲愛。」

「愛緣取者，云何爲取？謂四取：一者欲取，二者見取，三者戒禁取，四者我語取，是名爲取。」

「取緣有者，云何爲有？有有三種，謂欲有、色有、無色有，是名爲有。」

「有緣生者，云何爲生？謂彼彼有情，於彼彼有情類，諸生等生趣，起出現蘊，得界、得處、得諸蘊，生起、命根出現，是名爲生。」「生緣老死者，云何爲老？謂髮衰變，皮膚緩皺，衰熟損壞，身脊傴曲黑黶間身，喘息奔急，形貌僂前，憑據杖策，惛昧羸劣，損減衰退，諸根耄熟，功用破壞，諸行朽故，其形腐敗，是名爲老。云何爲死？謂彼彼有情，從彼彼有情類，終盡壞沒，捨壽捨煖，命根謝滅，棄捨諸蘊，死時運盡，是名爲死。此死前老總略爲一，合名老死，如是名爲緣起差別義。」

「苾芻！我已爲汝等說所標緣起初差別義。」時薄伽梵說是經已，聲聞、菩薩、天人等眾，聞佛所說皆大歡喜，得未曾有，信受奉行。[98]

經文中世尊開示說：緣起初，就是十二因緣法。因爲有無明才有身口意等種種行，然後才會具足十二有支，這就是種種緣起法生滅現象之初始——緣起初，所以無明就是緣起初。

世尊又開示緣起的差別，一一詳示十二有支的內涵。說無明就是眾生

98 《緣起經》，《大正藏》冊 2，頁 547，中 12-頁 548，上 8。

對五蘊的前際、後際、前後際無知，也就是對於五蘊出生之前究竟是什麼？五蘊死後剩下的又是什麼？五蘊出生前、死壞以後全部都是什麼？對這些事實都無所知，就是無明。

又說，對於五蘊背後的內法第八識無所知，對於外法五蘊的全部內涵也無所知，對於內法第八識與外法五蘊的全部內涵無所知，就是無明。

又說，對於善惡業的業力無所知，對於造業之後必然會產生的異熟果報無所知，對於業力現行後的異熟生滅現象無所知，就是無明。

又說，對於諸佛的智慧境界、究竟解脫境界無所知，對於解脫三界生死之法及佛菩提道之法無所知，對於實證三乘菩提的僧寶無所知，就是無明。

又說，對於八苦、三苦的內涵無所知，對於八苦、三苦種子的集無所知，對於滅盡後有即是解脫的境界無所知，對於如何滅盡後有之道無所知，就是無明。

又說，對於生死之苦因無所知，對於生死苦果無所知，對於苦因已經生起的種種果報之法無所知，就是無明。

又說，對於善法無所知，對於不善法也無所知；身口意行造作以後，對於如何是有罪無所知，對於如何是無罪也無所知，就是無明。

又說，在解脫道上，對於什麼是應修習的法義與行爲無所知，對於什麼是不應修習的法義與行爲也無所知；對於下劣之世間法、出世間法無所知，對於上妙之世間法、出世間法無所知；對於黑法、黑業無所知，對於白法、白業無所知，對於未來世會有不同於此世的異熟果報無所知，就是無明。

又說，對於此世的所緣已經出生了或是對於六種觸的內外所依處無所知，就是無明。修習解脫道的人，應該這樣如實通達各種無所知；但是卻像這樣子對各種不同的六入所依之處都完全的無知，既無所見也沒有現前觀察到，住於愚癡之中而成爲無明、黑闇，就是所說的無明。

在以上這些無明之中，有一個是學佛人通常自以爲知卻普遍錯會的地方，就是這段經文中說的：「**名色緣六處者，云何六處？謂六內處：一、眼內處，二、耳內處，三、鼻內處，四、舌內處，五、身內處，六、意內處，是謂六處。**」

不單這段經文中如是說，其他的阿含部經文中也如是說，例如《長阿含經》卷八：

又，諸比丘！如來說六正法，謂**內六入**：眼入、耳入、鼻入、舌入、身入、意入。復有六法，謂**外六入**：色入、聲入、香入、味入、觸入、法入。[99]

又如《雜阿含經》卷三十一：

爾時，世尊告諸比丘：「有**內六入處**。云何爲六？謂**眼內入處**，耳、鼻、舌、身、意**內入處**。於此六法觀察忍，名爲信行，超昇離生，離凡夫地；未得須陀洹果，乃至未命終，要得須陀洹果。若此諸法增上觀察忍，名爲法行，超昇離生，離凡夫地；未得須陀洹果，乃至未命終，要得須陀洹果。若此諸法如實正智觀察，三結已盡、已知，謂身見、戒取、疑，是名須陀洹。不墮決定惡趣，定趣三菩提，七有天人往生，究竟苦邊。此等諸法正智觀察，不起諸漏，離欲解脫，名阿羅漢。諸漏已盡，所作已作，離諸重擔，逮得己利，盡諸有結，正智心善解脫。」佛說此經已，

99 《長阿含經》卷 8，《大正藏》冊 1，頁 51，下 16-19。

> 諸比丘聞佛所說，歡喜奉行。[100]

又如《雜阿含經》卷三十一：

> 如**內六入處**，如是**外六入處**、六識身、六觸身、六受身、六想身、六思身、六愛身、六界身、五陰，亦如上說。[101]

又如《雜阿含經》卷三十一：

> 爾時，世尊告諸比丘：「譬如世間所作，皆依於地而得建立，如是一切善法，皆依**內六入處**而得建立。」[102]

以上經文的主要意思是說：因緣法中說的六入有二種所依處，就是內六處與外六處；既然有內六處與外六處的差別，當然就有內六入與外六入的差別；既有內六入與外六入的差別，當然就會有內相分六塵與外相分六塵的差別；而十八界中的六塵當然就是內六塵，不是外六塵。外六入處就

100 《雜阿含經》卷 31，《大正藏》冊 2，頁 224，中 27-下 11。
101 《雜阿含經》卷 31，《大正藏》冊 2，頁 224，下 12-14。
102 《雜阿含經》卷 31，《大正藏》冊 2，頁 225，下 15-17。

是眼等五根的扶塵根加上意根，內六入處就是眼等五根的勝義根加上意根；意根遍緣一切諸法，所以既緣內處也緣外處，所以《楞嚴經》中 世尊開示說，意根默容一切諸法。

由於外六入處能攝取外相分六塵，吾人色陰才能接觸人間世界的六塵境界。但人間世界的六塵境界並非吾人的覺知心所能接觸，因爲外六塵是色法，識陰六識等覺知心是心，心不能觸物——不能觸知外六塵，當然無法了知外六塵的內涵。當第八識出生色蘊時，不但出生了能接觸外六塵的扶塵根等五色根，同時也出生了內色陰中的眼等五種勝義根，加上意根就有內六根，即是內六入處——內六入的所依處；於是第八識可以在祂所生的外六入處接收外六塵影像，轉而在內六入處（內六根）變生出內相分六塵影像；這個於內六入處變生出來的內六塵影像，是由覺知心所依的第八識心變現出來的，是心體之法，於是第八識所變現出來的識陰六識覺知心便可以接觸到，因此而獲得與外六塵一模一樣的六塵境界，其實都是在內六入處由第八識變現出來的內相分。

這意思是說，每一個人都有外六入與內六入。外六入是五色根中的扶塵根緣於外六塵中的五塵，以及意根緣於外六塵中的法塵；內六入是五色根中的勝義根緣於內五塵，以及意根緣於內五塵上顯現的法塵，和意識緣於內六塵的各種粗細相。從另一方面也可以證實 佛陀此說的眞意，就是十八界的建立。佛陀建立十八界來說明每一個人的身心，說大家同樣都各有自己的六根、六塵、六識；當阿羅漢捨壽入無餘涅槃時，把十八界全部滅盡之後「不受後有」，因此而在捨壽前說自己是「**我生已盡**」，但是外六塵依舊好好地存在著，只是阿羅漢把自己的內六塵滅掉，所以我們至今仍然有外六塵可作藉緣，而由如來藏變現與外六塵一模一樣的內六塵，供我們生活及修道；這已經足夠證明每一個人都同樣有內六入與外六入。

佛陀又把十八界歸納爲五陰，同樣說阿羅漢捨壽時捨棄五蘊自己，全部捨棄以後不再生起中陰身，也不會再去受生了，所以五蘊、十八界全部滅盡了，不再有後世的名色了，當然就不會再有生老病死憂悲苦惱等事。這意思是說，已經眞正證轉解脫功德的聖者們，都是已經斷盡我執而不再受生了，所以捨壽時都同樣滅盡五蘊、十八界，不再留存任何一法；他們所捨棄的十八界中已有六塵，證明他們所捨棄的六塵不是外六塵，而是各人自己的六塵，這六塵當然是內六入中的六塵，當然是在內六處——**在勝義根中**——由第八識變生的內六塵，不是外六塵。否則，往昔佛世的許多聲聞種性阿羅漢們捨壽入無餘涅槃以後，今時應不可能還有外六塵可供大家受用；但現在明明都還有外六塵繼續被有情所用，證明十八界、五陰中所說的六塵，其實都是內相分六塵而非外相分六塵。

講更清楚一些，若十八界中的六塵是指外六塵，當第一位阿羅漢捨壽入涅槃時，人間就應該沒有六塵可供受用了，大家都應該處於無六塵的非境界中了。也應該說，假使只有那一位阿羅漢有六塵可以滅盡，大家都不再有六塵，或者不再有各人自己的六塵可以滅盡，就意謂只有他具足十八界，剩下的阿羅漢們全都只有十二界——只有十二處，那麼佛法說的就不是平等法了。由此可知，佛陀在《阿含經》解脫道中所說十八界裡的六塵，必然是內相分中的六塵而非外相分中的六塵；阿含聖教中　世尊也說內六處、外六處，又說內六入、外六入，都可引為明證。

世尊又說「**一切善法，皆依內六入處而得建立**」，若不是在內六入處有經由第八識顯示出來的內六塵相分，覺知心就無法接觸人間世界的任何六塵，也就無法與外六塵境界互相聯結，對各種善法的修學就無法進行，也無法修行，連生活都變成不可能。假設十八界中的六塵都是外六塵，就應該所有人面對的境界，都是同一個境界而不會各有差別；然而每一個人所面對的外在六塵影像都有所不同，雖然同在一處的人所面對的六塵影像的差別很小，但仍有微細差別；不在同處的人所面對的境界可就完全不同，意謂各人所領受的六塵影像是完全不同的。因此證明 世尊所說有外六入處也有內六入處，又說有外六入與內六入的差別，都是不可推翻的世間極成道理。所以阿羅漢們入無餘涅槃時所滅盡的五蘊中的六塵是內相分的六塵，絕非外相分的六塵。若是不能如實理解這個道理，也是一個嚴重的無明，這也是應該斷除的，否則十二因緣法的觀行也不能成就。

而無明本身是不能自己存在的，要依第八識心才能存在；若不懂這個道理，也是無明。懂了這個道理以後，無明才能一一如實滅除，然後可以死心塌地的依止於正智修行，因此才能斷除對欲界法的貪愛，於是初禪發起了就是「梵行已立」；接著我執斷盡了，確定自己已經能夠不再受生而可以在死時入無餘涅槃了，就是「我生已盡、不受後有」的阿羅漢。而這一切解脫道的實證都源於無明的斷除，當無明斷盡了，識陰六識便不再愛樂身口意行，未來世已不再受生就不會有下一世的名色，就不會再度有生死輪迴之八苦與三苦等，死後就入無餘涅槃；因爲死後第八識心不會再出生中陰身了，他已經確定自己對「我生已盡、不受後有」所應修斷之事，全部都完成了，便是「所作已辦」。這樣才是眞正的辟支佛，他就成爲緣覺或是獨覺聖者，因緣法的觀行便是成就圓滿了。

第二章　十因緣觀與十二因緣觀之關聯

第一節　不修十因緣法則不能證因緣觀

若不修十因緣法就不能實證因緣觀，緣覺法的果德即無法獲得，就是無法證轉因緣法的凡夫，不會有涅槃的果報；這是由於不修十因緣法的人，不免「因內有恐怖、因外有恐怖」，於是恐懼捨報時「不受後有、我生已盡」之後，會成爲斷滅空，這種人縱使盡形壽修習十二因緣法，亦不能證得緣覺果。

如何是「因內有恐怖、因外有恐怖」？《中阿含經》卷五十四〈大品 第二〉云：

「復次，有六見處。云何爲六？比丘者，所有色，過去、未來、現在，或內或外，或精或麤，或妙或不妙，或近或遠，彼一切非我有，我非彼有，亦非是神；如是慧觀，知其如眞。所有覺、所有想、所有此見非我有，我非彼有。我當無，我當不有；彼一切非我有，我非彼有，亦非是神，如是慧觀，知其如眞。所有此見，若見聞識知，所得所觀，意所思念，從此世至彼世，從彼世至此世，彼一切非我有，我非彼有，亦非是神，如是慧觀，知其如眞。所有此見，此是神，此是世，此是我，我當後世有，常不變易，恒不磨滅法；彼一切非我有，我非彼有，亦非是神，如是慧觀，知其如眞。」

於是有一比丘從座而起，偏袒著衣，叉手向佛，白曰：「世尊！頗有**因內有恐怖**耶？」世尊答曰：「有也。」比丘復問曰：「世尊！云何因內有恐怖耶？」世尊答曰：「比丘者，如是見、如是說：『**彼**或昔時無，設有我不得。』彼如是見、如是說，憂慼煩勞，啼哭搥胸而發狂癡。比丘！如是因內有恐怖也。」比丘歎世尊已，復問曰：「世尊！頗有**因內無恐怖**耶？」世尊答曰：「有也。」比丘復問曰：「世尊！云何因內無恐怖耶？」世尊答曰：「比丘者，不如是見、不如是說：『**彼**或昔時無，**設有**我不得。』彼不如是見、不如是說，不憂慼，不煩勞，不啼哭，不搥胸，不發狂癡。比丘！如是因內無恐怖也。」

比丘歎世尊已，復問曰：「世尊！頗有**因外有恐怖**耶？」世尊答曰：「有也。」比丘復問曰：「世尊！云何因外有恐怖耶？」世尊答曰：「比丘者，如是見、如是說：『此是神，此是世，此是我，我當後世有。』彼如是見、如是說，或遇如來，或遇如來弟子，聰明智慧而善言語，成就智慧；彼或如來，或如來弟子，滅一切自身故說法，捨離一切漏、一切我、我所作，滅慢使故說法。彼或如來，或如來弟子，滅一切自身故說法，捨離一切漏、一切我、我所作，滅慢使故說法時，憂慼煩勞，啼哭搥胸而發狂癡，如是說：『我斷壞，不復有。』所以者何？彼比丘所謂長夜不可愛、不可樂、不可意念，比丘多行彼便憂慼煩勞，啼哭搥胸而發狂癡。比丘！如是因外有恐怖也。」

比丘歎世尊已，復問曰：「世尊！頗有**因外無恐怖**耶？」世尊答曰：「有也。」比丘復問曰：「世尊！云何因外無恐怖耶？」世尊答曰：「比丘者，不如是見、不如是說：『此是神，此是世，此是我，我當後世有。』彼不如是見、不如是說，或遇如來，或遇如來弟子，聰明智慧而善言語，成就智慧；彼或如來，或如來弟子，滅一切自身故說法，捨離一切漏、一切我、我所作，滅慢使故說法。彼或如來，或如來弟子，滅一切自身故說法，捨離一切漏、一切我、我所作，滅慢使故說法時，不憂慼，不煩勞，不啼哭，不搥胸，不發狂癡，不如是說：『我斷壞，不復有。』所以者何？彼比丘所謂長夜可愛、可樂、可意念，比丘多行彼，便不憂慼，不煩勞，不啼哭，不搥胸，不發狂癡，比丘！如是因外無恐怖也。」[103]

語譯如下：

【「復次，另外還有六見處。如何是這六種呢？身爲比丘的人，五色根及六塵等所有色法，不論是過去世的、未來世的、現在世的，不論是內色法或外色法，不論是精細色法或粗糙色法，不論是精妙或者不精妙，或是近處的色法或是遠處的，那一切色法都不是眞我所有，眞我也不是那些色法所有，這些形形色色的各種色法也都不是各人自己眞正的精神體；應該像這樣子有智慧的觀察，知道這些道理而瞭解一切色法是猶如眞實自我。所有的受陰、所有的想陰、所有的這些，都應該觀見並非是眞我所有，而眞我也不是彼色陰等所有。五陰十八界等我將來不免毀壞而歸於無，這種

103 《大正藏》冊 1，頁 764，下 15-頁 765，中 13。

世間我未來將會滅失而不存在；那五陰十八界的一切都不是眞實我所有，眞實我不是那五陰十八界所有，五陰十八界全都不是自己眞正的精神體，要像這樣子有智慧觀察，知道五陰十八界附屬於眞實我精神體而猶如眞實我。所有這樣的所知所見，假使看見、聽聞、識別、了知，所得到的結論、所觀察到的事實，在意識心中所思惟、所憶念，從這一世去到那一世，從那一世來到這一世，那五陰十八界等一切諸法都不是眞實我所有，眞實我並不是五陰十八界所有，五陰十八界也不是眞我精神體，要像這樣子以智慧觀察，知道那五陰十八界猶如眞實我。所有這樣的親見，這就是眞我精神體，這個才是眞正的世間，這個才是眞實我，這個眞實我仍將會在後世繼續存有，常住而不變易，是恆常存在的不磨滅法；那五陰十八界等一切法都不是眞實我所有，眞實我不是那五陰十八界所有，五陰十八界也不是眞正的精神體，就像是這樣子以智慧觀察，知道五陰十八界好像是眞實我。」

於是有一位比丘從座位起身，偏袒所穿著的衣服，十指交叉合掌而向佛陀稟白：「世尊！會不會有人**因內有恐怖**呢？」世尊回答說：「有的。」比丘又問說：「世尊！如何是因內有恐怖呢？」世尊答覆說：「身爲比丘的人，像是這樣的看法、像是這樣子說：『**那個真實我**也許在以前是不曾存在的，假設是眞正存有的，可是我不能證得。』他像是這樣子聽見、像是這樣子說出來以後，心中憂慼煩悶勞累，啼哭搥胸而發起了癲狂愚癡。比丘啊！像這樣子就是因內有恐怖啊。」比丘聽完了，讚歎世尊之後，又再問說：「世尊！會不會有人因內無恐怖呢？」世尊答覆說：「有的。」比丘又復問說：「世尊！如何是因內無恐怖呢？」世尊回答說：「身爲比丘的人，不像是這樣的看法、不像這樣子說：『**那個眞實我**也許在以前是不曾存在的，假設是眞正存有的，可是我不能證得。』他不像這樣的看法、不像這樣子說，心中不憂慼，不煩勞，不啼哭，不搥胸，也不發起癲狂愚癡。比丘！像這樣就是因內無恐怖啊。」

比丘讚歎世尊以後，又再問說：「世尊！會不會有人因外有恐怖呢？」世尊答覆說：「有的。」比丘又問道：「世尊！如何是因外有恐怖呢？」世尊答覆說：「身爲比丘的人，像這樣的看法、像這樣子說：『這個覺知心是我常住不壞的精神體，這個覺知心就是世間，這個覺知心就是眞實我，這個覺知心我將會在後世繼續存有。』他像這樣的認爲、像這樣子說以後，或者遇到如來，或者遇到如來弟子，是具有聰明智慧而且善於言語說明，已成就了智慧；那個比丘或遇到如來，或遇到如來弟子除滅一切自身執著的緣故而爲他說法，是捨離一切漏、一切我、我所作的一切行，除滅了我慢結使的緣故而爲他說法。當那位比丘遇到或是如來，或者是如來弟子，是除滅一切自身執著的緣故而爲他說法，是捨離一切漏、一切我、我所作的一切行，除滅我慢結使的緣故而爲他說法時，他的心中憂慼煩勞，於是啼哭搥胸而發起癲狂愚癡，像這樣子說：『我將來會斷壞，將來不會再有我的存在。』爲何這樣子呢？那位比丘就是我所說的住於長夜不可愛、不可樂、不可意念的生死境界中，比丘們若是很多時間都是這樣想的話，他們便會憂慼煩勞，後來便啼哭搥胸而發起癲狂愚癡。比丘啊！這就是因外有恐怖啊。」

比丘讚歎世尊已，又再問曰：「世尊！會不會有人因外無恐怖呢？」世尊答覆說：「有的。」比丘又問說：「世尊！如何是因外無恐怖呢？」世尊答覆說：「身爲比丘的人，不是像這樣的看法、不像是這樣子說：『這覺知心就是眞我精神體，這個覺知心就是世間，這覺知心就是眞實我，這個覺知心將會在後世一直存有。』他不像是這樣的看法、不像這樣子說，他或者值遇如來，或是值遇如來弟子，是具有聰明智慧而且善於言語解說，已經成就智慧了；當他或遇如來，或遇如來弟子已除滅一切自身執著的緣故而爲他說法，是捨離一切漏、一切我、我所作的一切行，除滅我慢結使的緣故而爲他說法。他遇到的或者是如來，或者是如來弟子，已除滅一切自身執著的緣故而爲他說法，捨離一切漏、一切我、我所作的種種行，除滅我慢結使的緣故而爲他說法時，他心中不憂慼，不煩勞，不啼哭，不搥胸，不發起癲狂愚癡，他不會像這樣子說：『我覺知心是會斷壞的，未來不會再有覺知心存有。』爲何他會如此呢？那位比丘是我所說的在生死漫漫長夜中，所證的無我解脫智慧是可愛、可樂、可憶念的，比丘很多時間把心運行於那樣的智慧中，便不會憂慼，不會煩勞，不會啼哭，不會搥胸，也不發起癲狂愚癡，比丘啊！像這樣子就是因外無恐怖啊。」】

以上經文中探討的是五蘊以及其中的覺知心都是生滅的，也說明生滅不住的五蘊，是與眞實常住不壞的、各人本有的「神」（精神：第八識眞實我）不一不異，但 世尊很明確地吩咐：不許說五蘊覺知心是常住的眞神。意思是說，有比丘不知道能生名色之內法（第八識如來藏在此處稱之爲彼或神）第八識是眞實存在的，是「恆不磨滅」的；或者雖知有此眞識（眞神如來藏）存在，但他不能完全信受佛語聖教，心中有疑，得要自己親證了如來藏這個眞識以後，才能確信祂是眞實存在的，才願意滅盡五陰自己而入涅槃，才能如實的「不受後有」而成爲眞正的「我生已盡」。當他無法證實「彼」

眞識是確實存在以前，他就無法單單信受佛語而斷盡我見、我執；然而他的智慧又不夠，又不具足菩薩性而導致 世尊不肯教導他實證「彼」眞識，於是他就因爲這個內法眞識如來藏不能證得，心中就因爲無法實證這個內法而產生了恐怖，成爲「**因内有恐怖**」的比丘。

當他「**因内有恐怖**」時，對外法五陰自己就會有執著而無法斷我見、我執，聽到 佛陀或聖弟子們，譬如菩薩、阿羅漢，說明五陰全部都是虛妄不住的生滅法，又說想要脫離三界生死痛苦的人，應該滅盡五陰而不受後有，這時他恐怕落入斷滅空中，而不願意滅盡五陰自己，於是或者想要保留識陰全部，例如密宗修學雙身法的樂空雙運；或如末法時代「**禪宗**」各大山頭，靜坐住於不離五塵的一念不生境界中；或者保留意識一心的存在，例如外道證得二禪以上定境者，常住於二禪以上的等至位中；或如學人坐入未到地定的過暗境界中，自以爲是無餘涅槃的寂靜境界。當他們有一天聽到實證解脫道的聖者說到：「**入無餘涅槃時，是必須滅盡五陰自己的全部，連一絲一毫的細意識都不許存在，也沒有一絲一毫的内相分六塵存在，是完全的無我。**」他們聽了就恐慌起來，不知道該怎麼辦，於是搥胸啼哭起來。都是因爲他們不知道滅除了自己以後並不是斷滅空，所以心中有恐怖——害怕滅除五陰十八界自己以後會成爲斷滅空，因此就無法斷我見，更斷不得我執；於是不能像聖弟子們一樣「滅慢使」，就會繼續認定五陰自我的全部或局部是眞實法。如是，不論他修學十二因緣法有多久、有多麼深入，對十二因緣法始終無法證轉，當然無法斷我見、我執，這就是「因外有恐怖」的愚癡人。

又，菩薩信有如來藏恆住實存才能斷我見，但是卻要先斷我見方能親見「法」如來藏，次第修至十迴向位滿心時方能證得無餘涅槃。聲聞人則是要先斷我見方能證得無餘涅槃；有一部大乘經被聲聞聖凡結集爲聲聞法的解脫道經典，經中也是如此說的，即是《雜阿含經》卷九：

如是我聞：一時，佛住毘舍離獼猴池側重閣講堂。時，有長者名郁瞿婁，往詣佛所，稽首佛足，退坐一面，白佛言：「世尊！何故有一比丘**見法**般涅槃？何故比丘不得**見法**般涅槃？」佛告長者：「若有比丘眼識於色，愛念染著，以愛念染著故，常依於識；爲彼縛故，若彼取故，不得**見法**般涅槃。耳、鼻、舌、身、意識法亦復如是。若比丘眼識於色，不愛樂染著，不愛樂染著者，不依於識，不觸、不著、不取故，此諸比丘得**見法**般涅槃。耳、鼻、舌、身、意識法亦復如是。是故，長者！有比丘得**見法**般涅槃者，有不得**見法**般涅槃者。」[104]

此經中說，有的比丘是看見了法（第八識如來藏）然後得般涅槃的，但有的比丘是不能看見法而不得般涅槃的；全都是由於落入五陰中，或是已知五陰虛妄但捨不得五陰，以致知識層面上已知五陰虛妄而不能於五陰虛妄的見解上生忍，仍不屬於眞的斷我見，於是不能見法而不得般涅槃。但他不能生忍的原因，則是因爲不信有恆住的根本識永存不滅，或是因爲聽說有這個根本識永存不滅，而他無法證得便不信佛語聖教，因此對於五陰的虛妄雖有實際上的觀行而確定了，心中卻不能眞的接受因而無忍，初果的見地與解脫便無法生起。至於實證初果乃至阿羅漢果的所有比丘們，尚未迴心大乘實證如來藏之前，若是完全信受 佛所說有眞實我如來藏常住不壞的人，就不會「因內有恐怖」及「因外有恐怖」而眞的斷我見，乃至如諸阿羅漢能斷我執。

由阿含部這段經文所記載的事實，可以確定一切修學因緣法的佛弟子

104《大正藏》冊 2，頁 57，中 28-下 11。

們，在修學十二因緣法之前，必須先修學十因緣法，從比量上如實認定，一定另有一個第八識恆存不滅而能生名色。而且在這個思惟觀修之前，必須是正確地修學十因緣法；若是錯將十因緣法中說的「名色緣識」的「識」，錯認爲同於十二因緣法中說的「名色緣識」的「識」——等同於識陰六識來理解，他是無法成功修學十因緣法的，他對因緣法的觀行將完全唐捐其功；因爲他學錯了，觀行的結果也就必然跟著錯了。以此緣故，世尊說修學十二因緣法之前應該先修學十因緣法；平實則說，修學十因緣法時，必須是正確的修習而非誤解後的修習；並且要對正確修習十因緣法以後觀行所得的結果，也確信不疑——得忍；然後修習十二因緣法的觀行，並且對十二因緣法中所說的無明有確實的理解與觀行，因緣法的智慧才能獲得成就——於因緣法得忍，方能成就緣覺果，所以說十因緣法是十二因緣法的基石。

第二節　不修十二因緣法則不能斷我見、我執、我所執

若沒有十因緣法所說的「名色緣識」、「名色由識生」，就不會有名色，

當然也沒有十二因緣法的存在；以此緣故，說十二因緣法必依十因緣法方能存在、方能如實觀行而獲得證轉，否則終究只是起信而不能證轉。然而，修學十因緣法時，觀行徹底而認定確有第八識出生了名色，不論證抑未證，都如此確信了，那麼十因緣法的觀行才算是完成了。

這時有幾種情況發生，**第一種**是依於實證，由於往世修習菩薩道的緣故而實證能生名色的第八識了，由所證的第八識來比對五陰十八界等法的全部，對名色等法一一現觀，證實全都是生滅有爲之法：不恆，是磨滅法。此時他在未到地定或較高層次的禪定支持下，因此得以確實斷除我見。

第二種是沒有未到地定作基礎，即使他對名色等法的全部內涵都瞭解了，也都現觀每一陰、每一界是生滅法，不恆，但他仍然不可能斷我見，最多只是初果向之人，通常仍是凡夫而有初果人的所知，只是乾慧，不能證轉。

第三種是對名色等法的瞭解不具足，僅僅知道局部內涵，縱使確認第八識心恆存不壞，也有未到地定作基礎，仍無法斷除我見，因爲他對名色等內涵不能具足了知，有時錯將名色中的一小部分誤認爲涅槃心，想要將名色中的一小部分進入無餘涅槃中存在，因此無法斷我見、證初果，卻仍自以爲已斷我見、已證初果；這也是對「**緣識有名色**」的內涵並不具足瞭解，對於「**齊識而還**」的事實也無法明確觀行及認知，成爲「**因內有恐怖**」而造成「**因外有恐怖**」的人，那麼他的我見當然無法徹底斷除。

第四種是不曾修得未到地定而無見道的基礎，而他所追隨的善知識不是實證者，導致他對名色（五陰十八界）等法的內涵所知不多，縱使精勤修習一世而不鬆懈，縱使十因緣法觀行完成了，一樣是無法斷我見的。關於必須有定力作基礎，修習聲聞緣覺道而如實觀行以後才能證轉所證果位智慧的解脫功德，已在第一篇第四章〈聲聞涅槃之證轉〉第一節中詳細舉證說明，此處不再重述。

末法時代的學佛人或學羅漢人，往往修學三、四十年後仍然未能斷我見；甚至有人宣稱已經證得三果、四果之聖位了，實質上卻仍然未曾斷除我見、我執，除了因爲上面所說的十因緣法錯解或未曾修習，最主要原因是對十二因緣法中所說無明的內涵還沒有具足瞭解及滅除，只是不再認定五陰自己的全部是眞實不壞法；因爲他們同樣都遺漏了許多五陰的內涵而不知其虛妄性，往往落入五陰的局部中，錯認爲那不是五陰所函蓋的範圍，想在死後把那部分原屬五陰的心帶入無餘涅槃中繼續存在，因此他想要斷盡我見就沒有可能。實際上，若不是已證聲聞果的人後來兼修因緣法，大多無法觀修成功因緣法，要斷我執成辦辟支佛的果證是無法獲得的。

直修因緣法的人，縱使眞的觀修十因緣法成功了，心中已經確信另有一個第八識眞實心是出生名色的常住心，無明中的這部分已經滅除了，大部分人也還是尚未斷除我見的。大多要等到修習十二因緣法，在最後把十二因緣法所說無明的內涵徹底探究完成了，無一遺餘而全部通透了（詳見上一章第三節「十二因緣觀之修習理論」中所說），當他把無明的內涵全部通達而且斷除了，並且至少有圓滿具足而不退失的初禪作基礎，才能眞的斷除我見、我執、我所執，或是在我執上只能斷除局部而非全部。話說回來，修習因緣法而斷我見，是否眞能證轉？還得有未到地定作支持，否則我見依舊無法如實斷除，只是徒有解脫道中的知識而非見地，成爲乾慧而無智慧的實質。若是想要斷盡我所執及我執，解脫三界生死，還必須有「梵行已立」的初禪證轉，及「所作已辦」的四果智慧證轉，才是證果的另一明證；若無這二個證轉的實質而宣稱已證三果、已證四果、已證緣覺果，全都是因中說果的大妄語人。

第三節　佛將十因緣法與十二因緣法合說

世尊演述十因緣法與十二因緣法時，是把二種因緣法合說的，由此證明觀行因緣法時，必須要先觀十因緣法，然後再觀十二因緣法，才能成功因緣法的觀修。例如《雜阿含經》卷十二中說：

如是我聞：一時，佛住舍衛國祇樹給孤獨園。爾時，世尊告諸比丘：「我憶宿命未成正覺時，獨一靜處，專精禪思，作是念：『何法有故老死有？何法緣故老死有？』即正思惟：『生如實無間等，生有故老死有，生緣故老死有。如是，有、取、愛、受、觸、六入處、名色，何法有故名色有？何法緣故名色有？』即正思惟，如實無間等生：『**識有故名色有，識緣故有名色有**。』我作是思惟時，**齊識而還，不能過彼**，謂緣識名色，緣名色六入處，緣六入處觸，緣觸受，緣受愛，緣愛取，緣取有，緣有生，緣生老、病、死、憂、悲、惱、苦。如是如是純大苦聚集。」

「我時作是念：『何法無故則老死無？何法滅故老死滅？』即正思惟：『生

如實無間等，生無故老死無，生滅故老死滅，如是，生、有、取、愛、受、觸、六入處、名色、識、行……。』」廣說。「我復作是思惟：『何法無故行無？何法滅故行滅？』即正思惟，如實無間等：『無明無故行無，無明滅故行滅；行滅故識滅，識滅故名色滅，名色滅故六入處滅，六入處滅故觸滅，觸滅故受滅，受滅故愛滅，愛滅故取滅，取滅故有滅，有滅故生滅，生滅故老、病、死、憂、悲、惱、苦滅，如是、如是，純大苦聚滅。』」

「我時作是念：『我得古仙人道、古仙人逕、古仙人道跡，古仙人從此跡去，我今隨去。』譬如有人遊於曠野，披荒覓路，忽遇故道古人行處，彼則隨行，漸漸前進，見故城邑、古王宮殿、園觀浴池、林木清淨。彼作是念：『我今當往白王令知。』即往白王：『大王當知，我遊曠野，披荒求路，忽見故道古人行處，我即隨行；我隨行已，見故城邑、故王宮殿、園觀浴池、林流清淨，大王可往居止其中。』王即往彼，止住其中，豐樂安隱，人民熾盛。今我如是，得古仙人道、古仙人逕、古仙人跡，古仙人去處，我得隨去，謂八聖道：正見、正志、正語、正業、正命、正方便、正念、正定。我從彼道見老病死、老病死集、老病死滅、老病死滅道跡，見生、有、取、愛、受、觸、六入處、名色、識、行、行集、行滅、行滅道跡。我於此法自知自覺，成等正覺，為比丘、比丘尼、優婆塞、優婆夷，及餘外道沙門、婆羅門、在家、出家，彼諸四眾聞法正向、信樂，知法善，梵行增廣，多所饒益，開示顯發。」佛說此經已，諸比丘聞佛所說，歡喜奉行。[105]

在以上的經文中，世尊很清楚地說明：世尊以宿住隨念智力看見往昔無量劫前尚未成為無上正等正覺之際，當時觀行因緣法的成就，是因為先觀行十因緣法，確定一切有支的存在與運轉，都是源於能生名色的另一個「識」（就是大乘經中說的第八識如來藏，因為意根與意識等前六識都含攝在「名」中）；藉著十因緣法的觀行，確定「識」若不出生名色時，就不會有世世不斷的生死流轉諸苦。隨即依十二因緣法，觀察名色之所以不斷地從第八識中出生，其原因都是因為對「涅槃是不受後有」的無知，或是對涅槃本際「識」常住不壞的無知，也是對五陰全部都是無常、苦、無我的無知……等。如是推究十二因緣法而對無明的內涵深入了知，並一一如實觀察而滅除了

105《大正藏》冊 2，頁 80，中 24-頁 81，上 8。

無明，在如實觀察十二因緣法時斷了我見，以及斷了我所執、我執，成爲辟支佛。

這已經顯示 世尊久遠劫前行菩薩道，觀行因緣法而證得辟支佛果時，是把十因緣法與十二因緣法先後合觀的，不是單獨觀行十二因緣法而能證得辟支佛果的。如果有人不信此語，不修十因緣法而不信有另一個識可以出生名色，單修十二因緣法而想要證轉辟支佛果的果德，而宣稱已證得辟支佛果，即成爲癡人說夢，即說是人不解因緣法，因爲他對因緣法並沒有證轉的功德，不論他對因緣法有沒有如實的觀行與智慧。

十因緣法與十二因緣法的關聯，在拙著《阿含正義》中有更詳細的闡釋，本書所說則偏重涅槃的道理，是故只作略舉、略釋，不煩詳解；讀者若欲更詳細了知二者的關聯，請直接閱讀《阿含正義》。但在這裡仍然必須再度提示一點：與解脫道修行證阿羅漢果同樣的道理，辟支佛的如實修證，仍然必須有「梵行已立」的離欲基礎，驗證之法仍然是初禪是否發起並且圓滿具足。這是一切實證出三界果的聖者都必須一體實證的境界，否則都是因中說果。

第四節　必須有與所證果位相應之定力，方證涅槃

《阿含正義》第四輯一二〇六頁第七章講解「慧解脫」，一開頭就以特別明顯的字體強調說：「阿含解脫道中，有證得初禪的凡夫，沒有不證初禪的三果人，也沒有不證初禪的慧解脫阿羅漢。」於第七章第二節講心解脫與慧解脫時，在一二三九頁同樣講到定力是必須的條件：「定解脫中，只有一種是滅盡定的眞實解脫，其餘都只是解脫於欲界刺、聲刺、覺觀刺、喜刺、出入息刺……等，不是說修定可以得解脫三界生死；但是定力可以伏住我執，所以修定可以助成滅盡定的取證，故亦因此而方便名爲定解脫。在已斷我見的前提下，證得定解脫中的初禪時，可以成爲三果人；若無斷我見的前提，發起禪定時則與解脫三界生死輪迴的實證無關，只能說是解脫於下界境界的定解脫罷了，都仍在三界生死之中。」（二〇〇七年二月出版）推溯到更早的《阿含正義》第一輯一五五頁中說：「如是無量數劫累世修集極廣大福德，要須性障極輕微（已除煩惱障異生性與所知障異生性），已具足性種性與道種性；要須基本定力發起，要須深心發起十無盡願而力行不輟，要須悟

後承事大善知識修學不已，然後始能證之，然後能了知成佛之道內容與次第，得入初地，故名極難。」（二〇〇六年八月出版。）

證悟三乘菩提涅槃之各種條件中，有一項是：必須有基本的定力——未到地定。並非單單有正確而具足的觀行智慧就能算是實證，原因是若沒有基本定力來幫助伏惑，即使在善知識指導下已有正確的觀行，所觀行的內容也具足了，但觀行完成以後仍將無法確實轉依觀行所得的結論，空有觀行所得的智慧，仍沒有親證三乘菩提見道的功德與受用。以此緣故，《優婆塞戒經講記》第六輯八十五頁中曾提出必須有定力相應之主張。

此外，早在公元二〇〇〇年出版的《宗通與說通》一八一頁，同樣提出這樣的主張，說明要有如是未到地定之定力，證悟後方可證轉，方能轉依所證眞如法性而產生智慧與解脫上的功德，才能名之爲證轉眞如法性，已有證眞如的智慧與功德可以現前運轉故。同書的一八五頁亦如是說，證明平實於一九九九年繕寫時早已如是主張，亦已於二千年出版，並非二〇一三年寫作此《涅槃》一書時方作是說。

如是主張，已明確說明證悟三乘菩提之前，至少必須有未到地定作爲依持，於正確觀行以後方能擁有功德受用，親證三乘菩提的見道內涵時始能顯現證轉之功德，才能稱之爲眞實見道；否則將無見道後應有的轉依功德，無法成功轉依於見道時的觀行內容，即非證轉者，當知並非眞正的見道者。平實此世悟前即因如是見解而認同已故現代禪創始者李元松所說，應該先有未到地定的實證才能有見道功德的看法，因此平實於宣講《金剛經宗通》時亦曾經公開說明以前與一位大法師及現代禪李老師之間的事。其他詳如前文第一篇 第四章 第一節中所舉於平實諸多著作中之內容，今不重舉。

而平實此世在悟後也仍然認爲必須要有定力，因此這一類主張，散見於平實早期與近期諸書之中；同樣開示必須先修學無相念佛，然後轉修動中看話頭功夫而成爲未到地定的定力。這類開示不在少數，例如《維摩詰經講記》第一輯二一三頁、第三輯一二〇頁、第四輯一八五頁與二五〇頁，以及第六輯第三十六頁等說法，是在二〇〇七年、二〇〇八年陸續出版的套書中早已說過的，明確地告訴大家：求證三乘見道功德時，必須先修證未到地定，降伏心猿意馬以後，如實地見道時才能眞正轉依成功，才會有證轉之功德。否則縱使所觀行的見道內容具足而且正確，終究只是乾慧而無見道的本質，更無見道時應有的功德與受用。

除了在二〇〇八年出版的《維摩詰經講記》中有多處如是主張，在更早的公案拈提諸書中也是如此說的。例如《宗門正眼》第一三八頁及第二百頁中所說，又如一九九八年七月出版的《宗門法眼》第一三一頁及第二〇一頁、第二〇三頁及三六〇頁中都有同樣的主張。於二〇〇四年出版的《宗門正道》第四四六頁、第四八一頁、第四九六頁亦作如是說。又如二〇〇二年出版的《宗門正義》第六十頁，二〇〇三年出版的《宗門密意》第八十二頁以及第三七一頁中，亦作如是說。其餘諸書中也常有同樣說法，詳如前面所舉，不復一一贅述。

凡此已足以證明平實始從弘法之前，以及弘法之初，即已明確主張：凡是求證三乘菩提之見道功德者，其先決條件之一就是應有基本之定力——未到地定。若無定力可以與見道後的觀行智慧相應，則悟後皆不得受用，無法生忍——不可能與三乘菩提見道之觀行內容相應，轉依即不能成功而無法證轉；空有乾慧而沒有見道之實質，即等於未悟三乘菩提之凡夫。如是「所悟」只是知識而非實證，以無定力支持其所悟內涵故不能忍。

然而如是之理，眾生難以信受，若一時未能覓得經論依據，不宜冒然說之，以免少聞寡慧學人聞之又增口業，是故正覺同修會中僅於課程中傳授如是正見，及教導修學動中定力，不說此是聖教。後因增上班中傳授《瑜伽師地論》至卷五十三，於此大論之中有如是言：「**若依未至定證得初果，爾時一切能往惡趣惡戒種子皆悉永害，此即名爲聖所愛戒，當知此名第二清淨力所引清淨律儀，即此亦名無漏律儀。**」以有如是明確聖教依據之故，隨即舉證論意而說。不意竟有會中某老師致生誤會，如是宣稱：「**導師最近講法已稍微在修正法義，說要有未到地定功夫才能說已證初果。親教師以前依講義教導學員這部分有誤……。**」以此緣故，特將套書中語句摘錄臚列而不厭其煩，證明平實始自弘法伊始，即已常常宣說必須具備基本定力方有悟緣之事實，以期消弭邪見；不唯期望彼能消滅如是誣謗之口業，亦期望未來所有佛弟子都能建立正知見，不再有錯誤認知而誤謗正法、誤謗賢聖，後世得免因此障道。再由此師而放眼觀察當今中國地區之佛門學人，或自稱已證四地、或自稱已證初地、或自稱爲百丈禪師再來者、或自稱爲阿羅漢者，悉無未到地定之伏心定力，又每每在其言說中證明皆是仍未斷我見者，概屬大妄語人，後世果報堪憂；因此更當不厭其煩逐一列舉以爲明證，盼彼等諸人都能因此而改易漏心，速修未到地定而得降伏欲界心；然後觀行三乘菩提之聖教開示，爾後求證涅槃方可期待。

由上來舉說的內容，可知三乘菩提之修習，不論是哪一乘的見道，都必須有未到地定作爲基礎，才會有證轉的功德，才能算是眞正的見道；否則終究只是乾慧而無實質，只成爲其人對三乘菩提見道的知識，不得見道之實質，何況能依初禪定力斷除五下分結實證三果，而言證得阿那含果？見道如是，聲聞菩提的慧解脫證果，更須有至少初禪不退的定力支持，才能獲得慧解脫的阿羅漢果。若是俱解脫阿羅漢果，則必須有四禪四空定的具足實證，而且能夠完成八背捨的修習，方能獲得俱解脫果。

緣覺的果證同樣必須有定力支持，方能成就果德而能證轉緣覺法的功德；意謂必須有阿羅漢慧解脫的功德，或有俱解脫的功德，或是悟得因緣法之前已有四禪四空定的具足實證爲基礎，然後修習正確而具足圓滿的因緣法，才能證得緣覺果，所證的因緣法觀行內容才能運轉，否則不得名爲因緣法的證轉者，即無證得緣覺果的實質。大乘佛菩提道的修習亦復如是，於禪定方面而言，初地的入地心至少必須有圓滿具足的初禪作爲支持，三地滿心必須具足四禪、四空定、四無量心的證量，七地滿心必須有念念入滅盡定的證量。這些都顯示定力在三乘菩提的修習上有其必要性，也顯示定力在三乘菩提智慧證轉上之功德性。

第三篇　大乘涅槃

第一章　必須具足四種大乘涅槃方能成佛

第一節　大乘涅槃緒說

成佛時必須具足四種涅槃：二乘解脫道的有餘涅槃、無餘涅槃，大乘佛菩提道的本來自性清淨涅槃、無住處涅槃。以下各節將一一述說大乘涅槃，將大乘涅槃之內涵及其異於二乘涅槃之定位加以說明，本節中僅先概說大乘四種涅槃之意涵，使讀者能先建立對大乘涅槃之整體認知，再於以下各節中加以一一說明。

生忍、法忍差別，外忍、內忍差別，《佛說除蓋障菩薩所問經》卷三：

或有惡言謗佛法僧，菩薩聞已不生瞋恨，是中安然悉能忍受，是爲菩薩外忍。云何是諦察法忍？謂若菩薩，若聞如來所說最極甚深經中，有法能斷輪迴種子，脫諸結縛、壞相續者，謂一切法本來寂靜及一切法自性涅槃。菩薩得聞如是法已，不生驚怖，作是思惟：「若不了知此法及不得此法者，豈能證得阿耨多羅三藐三菩提果邪？」由此因緣故，應於如是甚深法中，受持、思惟、修習、伺察及生勝解，是爲菩薩諦察法忍。[106]

語譯如下：

【或者有愚癡人以惡劣言語毀謗佛寶、法寶、僧寶，菩薩聽聞以後心中不會生起瞋心及記恨，在這種惡劣狀況中都能心中安然，都能安忍領受而不動怒，這就是菩薩所證的外忍。什麼是諦察法忍呢？是說如果有菩薩，他若是聽聞如來所說最極甚深的經典之中，演示說有一種法能斷除輪迴種子，脫離種種結縛的繫絆、壞滅生死相續的事情，就是演說一切法本來寂靜以及一切法自性本來涅槃。菩薩能夠聽聞到這樣深妙的佛法以後，心中不會生起驚恐與怖畏，而作了這樣的思惟：「假使不曾了知這樣的妙法，以及尚未證得這種妙法的人，豈能證得無上正等正覺大菩提果呢？」由於這

106《大正藏》冊 14，頁 710，中 7-16。

種因緣之故，應該在這樣的甚深微妙法中，受持、思惟、修習、詳細觀察以及產生勝解，這就是菩薩的諦察法忍。】

又如《佛說寶雨經》卷二：

云何菩薩法忍圓滿？謂諸菩薩於佛所說素怛纜中一切甚深微妙法義：無來無去、自性寂靜、離分別取、自性涅槃。菩薩聞已，不驚不怖，作是思惟：「我若不了諸深妙法，終不能得阿耨多羅三藐三菩提。」由是因緣攝取諸法，思惟修習，心生信解，是名菩薩法忍圓滿。[107]

語譯如下：

【什麼是菩薩法忍已經圓滿呢？是說諸菩薩對於佛陀所說經中一切甚深微妙法的正義：諸法無來無去、諸法自性寂靜、諸法遠離分別取著、諸法的自性本來涅槃。菩薩聽聞以後，心中不驚恐、不怖畏，他作了這樣的思惟：「我假使不能了知種種深妙的法教，終究不可能證得無上正等正覺。」由於這樣的因緣而攝取無量諸法，並且一一思惟及修學熏習，心中對所熏習思惟修學的所有深妙諸法都出生了信受與勝解，這就是我說的菩薩法忍

107《大正藏》冊 16，頁 288，中 17-23。

圓滿。】

以此緣故，菩薩所修學的涅槃，並不是像二乘涅槃那麼簡單，而是極勝妙、極深廣，並非剛剛開悟時的粗淺般若智慧所能理解與具足實證的，更不是二乘聖者所能稍加理解的。

關於大乘涅槃的實證，有同於二乘者，也有異於二乘者。大乘涅槃種類有四，《成唯識論》卷十云：

涅槃義別略有四種：一、本來自性清淨涅槃，謂一切法相眞如理，雖有客染而本性淨，具無數量微妙功德，無生無滅湛若虛空，一切有情平等共有；與一切法不一不異，離一切相一切分別；尋思路絕名言道斷，唯眞聖者自內所證，其性本寂故名涅槃。二、有餘依涅槃，謂即眞如出煩惱障，雖有微苦所依未滅，而障永寂故名涅槃。三、無餘依涅槃，謂即眞如出生死苦，煩惱既盡餘依亦滅，眾苦永寂故名涅槃。四、無住處涅槃，謂即眞如出所知障，大悲般若常所輔翼，由斯不住生死涅槃，利樂有情窮未來際，用而常寂故名涅槃。一切有情皆有初一，二乘無學容有前三，唯我世尊可言具四。[108]

語譯如下：

【大乘涅槃的眞實義差別，大略而說總共有四種：第一、本來自性清淨涅槃，是說第八識在一切法運行的法相之中所顯示出來的眞如之理，雖然一切法中有著種種客塵雜染，但是第八識如來藏的本性清淨，具備了無數無量的微妙功德；如來藏無始劫之前乃至現在，一向都是無生無滅而無雜染，湛然無塵猶若虛空一般，一切有情平等平等而同樣都有這樣的如來藏，時時顯示著眞如法性；如來藏和祂所顯示出來的眞如法性，與三界一切諸法是不一不異的，遠離一切法運行相貌中的一切分別；尋思之路來到如來藏眞如的境界中就斷絕了，名言之道來到如來藏眞如的境界中也全部斷絕了；這個如來藏妙眞如理是唯有眞實諦的聖者自己內心的所證，祂的自性本來寂靜滅盡的緣故，所以名爲涅槃。第二、有餘依涅槃，這是說，二乘聖者所證的這個涅槃其實即是如來藏眞如出離了煩惱障的現行，雖然還有冷熱、痛癢、饑渴等輕微苦惱所依的五蘊尚未滅盡，然而能夠障礙出離三

108《大正藏》冊 31，頁 55，中 7-20。

界生死的煩惱障已經永遠寂滅了，所以名之爲涅槃。第三、無餘依涅槃，是說這個如來藏的眞如法性已經出離三界生死的痛苦，導致生死的煩惱既然已經滅盡了，所餘下的冷熱、痛癢、饑渴所依的五蘊也已經滅盡了，種種三界中的苦惱永遠寂滅而不再生起了，所以名之爲涅槃。第四、無住處涅槃，這是說，如來藏的眞如法性出離了所知障，由於大圓鏡智等四智圓滿而生起的大智慧以及大悲心，猶如鳥之雙翼常恆不離互相輔助的緣故，由此緣故而不住於分段生死及變易生死之中，也不住於有餘、無餘涅槃之中，利樂無量有情而窮盡未來際，永遠不會有進入無餘涅槃的時候；這樣證轉運用而恆常寂滅的緣故，名之爲無住處涅槃。一切有情全部都有第一種本來自性清淨涅槃，只是未能實證而名之爲二乘愚人或是博地凡夫；二乘無學等慧解脫、俱解脫、三明六通大解脫等阿羅漢們，容或有人具足前面三種涅槃，但未能實證第一種涅槃，也未能實證第四種涅槃；在這人間只有我所尊奉的世尊，可以說是具足四種涅槃的實證。】

大乘無住處涅槃的實證，在《成唯識論》卷九之中有說：

> 此但有十不增減者，謂十地中對治十障、證十眞如，無增減故。復次，前六不增減者，爲除六種相違障故，漸次修行諸佛法故，漸次成熟諸有

情故，此如餘論廣說應知。又施等三增上生道，感大財體及眷屬故；精進等三決定勝道，能伏煩惱、成熟有情及佛法故。諸菩薩道唯有此二。又前三種饒益有情，施彼資財不損惱彼，堪忍彼惱而饒益故；精進等三對治煩惱，雖未伏滅，而能精勤修對治彼諸善加行，永伏永滅諸煩惱故。又由施等不住涅槃，及由後三不住生死，為無住處涅槃資糧，由此前六不增不減。後唯四者，為助前六令修滿足不增減故，方便善巧助施等三**，願助精進、力助靜慮、智助般若**，令修滿故，如解深密廣說應知（下略）。[109]

這是要由具足修習十種勝行，即是具足修習十種波羅蜜多，獲得無邊廣大福德，生起圓滿的戒德而無絲毫習氣種子及所知障隨眠，證得三種法忍及三種精進，具足三種靜慮及三種般若，又發起二種方便善巧而且具足了，並且具足求菩提願、利樂有情願，然後具足思擇力、修習力，才能具足十地的智波羅蜜多。也就是必須具足圓滿實修十度波羅蜜多之後，再經百劫修相好而獲得無邊廣大的福德：無一時非捨命時、無一處非捨身處；

109《大正藏》冊 31，頁 51，下 6-21。

最後福德圓滿而成為妙覺菩薩，才能下生成佛而獲得無住處涅槃的實證。今**語譯如下**，以明無住處涅槃正理少分：

【這個十度波羅蜜多剛好只有十種而不增不減的意思，是說從初地到第十地之中，要對治十種成佛之障，也要親證十種眞如，剛好無增無減的緣故。復次，十度波羅蜜多的前六度，剛好是六度而不增不減的意思，是為了修除六種與成佛之道互相違背的六種障礙的緣故，是漸次修行諸佛勝法的緣故，也是漸次成熟眾多有情的緣故，這就如同其餘的諸菩薩大論中的廣說一樣，是修學十度波羅蜜多的人所應當知道的。此外，布施、持戒、忍辱等三種增上生道，感得世世廣大財富法體，以及攝受廣大眷屬的緣故；精進、靜慮、般若等三種決定殊勝之修行法道，能夠使菩薩降伏煩惱、成熟有情以及實證佛法的緣故。諸菩薩所修的佛道只有這二種。又，前三種（布施、持戒、忍辱）的用意是饒益有情，布施給彼等有情各種資財而且不損惱彼諸有情，堪能安忍於彼等有情之擾惱而加以饒益的緣故；精進、靜慮、般若等三度，是用以對治我見、我執、無始無明等煩惱，雖然還沒有全部降伏或滅除，而能精進殷勤修行對治煩惱的種種善法加行，永遠降伏、永遠滅除種種煩惱的緣故。又由布施、持戒、忍辱等三度的修行而不住於無餘涅槃，以及由精進、靜慮、般若等三度而不住於三界分段生死中，作爲將來成佛時無住處涅槃的實證資糧，由於這樣的緣故而使十度波羅蜜多的前六度不能增加也不能減少。後面唯有四度的道理，是爲了幫助前六度而使前六度的修習可以滿足，所以使後四度同樣不增不減的緣故；這是說，方便善巧波羅蜜多可以幫助布施、持戒、忍辱等三個波羅蜜，願波羅蜜多能幫助精進波羅蜜、力波羅蜜多能幫助靜慮波羅蜜、智波羅蜜多幫助般若波羅蜜，使令六度的修習得以圓滿具足的緣故，如同《解深密經》中的廣說，如是應知（以下經文從略）。】

大乘菩提之修證，在成佛前，對以前所證的二乘有餘及無餘涅槃，仍有必須再作微細加行之處，就是斷除煩惱障所攝的習氣種子。大乘涅槃則有二種：本來自性清淨涅槃、無住處涅槃。此二涅槃不共聲聞、緣覺一切聖者，唯除迴心而入大乘法中成爲菩薩之後漸次修證。不特大乘諸經中有大小乘聖者所證涅槃不同之說，在阿含部《佛說大三摩惹經》中，已有大乘涅槃、聲聞涅槃之區分：

爾時，世尊以淨天眼，普觀大會人天之衆無量無數，告苾芻衆言：「過去如來、應、正等覺，集會人天，而爲說法，亦復如是。我於今日普集人天，欲爲說法，汝等受持。若人勇猛決定無畏猶如師子，深信堅固而無所著，大地山間乃至梵世，皆得涅槃。」說是法時，復有一千七百有學天人及無數諸天，光明照耀，來詣佛所。佛告苾芻：「汝等諦聽，我觀彼等諸來天眾，**應以聲聞所樂之法，而可度之**。」[110]

由於這些天眾屬於聲聞種姓，仍未發起菩薩性，世尊不以大乘涅槃度之，乃以聲聞涅槃度之，證明涅槃的實證是有大小乘差別的，這在本篇中將會有較詳細的解說。

大乘涅槃中之本來自性清淨涅槃，是在第五住位修得未到地定，並修學如何實證般若的靜慮方法之後，在第六住位圓滿轉入加行位中，勤修加行而證得眞如時，現觀第八識如來藏的眞實、如如法性，名爲證眞如；此時對一切法廣作觀察而證實，除第八識以外並無一法可有眞實及如如之法性，若能心得決定而不退轉，即是親證此一涅槃，名爲佛菩提道之**眞見道位**。如是本來自性清淨涅槃之智慧境界，菩薩始從第七住位，未至妙覺位，同皆實證而受持之，雖功德受用各自有別，但皆是證眞如之賢聖。於此眞

110《大正藏》冊 01，頁 258，中 5-14。

見道後即進入第七住後之相見道位中，繼續深入觀察第八識眞如法性之各種別相，並隨善知識修學而求通達眞如法性之各種別相，直到具足現觀七種性自性而得通達見道位之人無我、法無我；此是第七住位起，直到十迴向位滿心前所修智慧，皆名爲**相見道位**。若對眞如法性之各種別相具足觀察而得通達時，其他入地前應該具備之條件亦已具足，即是大乘見道之**通達位**。在此之前，可以觀察自己進入初地之條件是否已經具足圓滿，針對不足之處、不圓滿處，加以修學補足，方得入地；否則即不得稱爲**通達位**，仍非已入初地之菩薩。

大乘菩薩進入初地之前，有三件事情必須完成。**第一件**事情是無生法忍智慧，也就是具足眞見道與相見道的功德，成就初地無生法忍的第一分，方能成爲初地之入地心而進修初地應有的全部無生法忍。**第二件**事情是具足第一大阿僧祇劫所應修集的廣大福德，是依內門廣修六度波羅蜜多，利樂廣大有情而累積成就的廣大福德。

第三件事情是「**永伏性障如阿羅漢**」，就是必須完成二乘涅槃的修證，自知捨壽時可以不再生起中陰身，然後依十大願的增上意樂，起惑潤生繼續行菩薩道，而其心地無貪於三界境界，猶如阿羅漢無異；若猶未證阿羅漢果之菩薩，至少應證得七品三果功德中的最上品，捨壽時若欲入無餘涅槃者，可以中般涅槃——就是在中陰境界立即取無餘涅槃，不必等待第七天中陰身將壞之時才入涅槃。這就是在相見道的最後階位中，應該作大乘四聖諦四行十六品心的觀行及九品心觀行，是入地前所應作的加行之道，由此證得阿羅漢果然後起惑潤生成頂級三果人。此時務必自我檢驗，以免大妄語業：是否「**梵行已立**」而發起不退的圓滿初禪？是否對二乘解脫道「**所作已辦**」而得斷滅中陰身生起的種子？

　入地前具足這三件功德了，可以在佛像之前具備各種供養，然後呼請諸佛菩薩作證，依勇猛心發起十無盡願而成就了增上意樂，若此十大願之增上意樂眞正清淨了，即得入地；若人間仍有地上菩薩住世，應當邀請前來，在佛前正式發願時爲自己作證。此時方名眞佛子，成爲初地入地心之聖位菩薩，《華嚴經》中稱之爲「**超凡夫地，入菩薩位；生如來家，住佛種性；能修諸行，不斷三寶，善能守護菩薩種族**」。[111]《楞嚴經》中稱之

111《大方廣佛華嚴經》卷 79，《大正藏》冊 10，頁 438，中 24-26。

爲「**成佛子住**」，這時才是眞正的佛子，不論其色身示現爲佛弟子或外道之相貌。從此以後都是行不退之菩薩，雖然尚未到達念不退之八地階段，但已超越信不退、位不退而完成第一大阿僧祇劫的修行，具足信種性、習種性、性種性、道種性而有聖種性了，名爲大乘見道的通達位，即是初地的入地心。停留在入地心之時劫或是短促或爲長久，皆依其所證此三條件是否圓滿與穩固，亦視其十大願之增上意樂是否清淨而定。此後隨時可以進入修道位，成爲初地的住地心，不再是三賢位中的眞見道位或相見道位，也不再是入地心的見道通達位了。

然後依十度波羅蜜多繼續進修，具足修證諸地無生法忍；於第七地滿心位前，必須斷盡煩惱障所攝一切習氣種子，由七地滿心位之無生法忍及斷盡習氣種子的緣故，從此可以念念入滅盡定。此時已經完成色陰盡、受陰盡、想陰盡的境界了，再由　佛陀授與引發如來無量妙智三昧而得轉入第八地中，仍須延續第七地前所修，繼續修斷過恆河沙數無始無明上煩惱。到十地滿心位圓滿菩薩地所應修習之無量法，轉入等覺地中，行陰已盡；繼續修集更廣大之福德，百劫之中專修廣大福德，所謂「**無一時非捨命時，無一處非捨身處**」，廣作外財、內財布施。以如是百劫所修廣大福德，方能使三十二種大人相得以具足及圓滿，成爲一生補處妙覺菩薩；於所追隨之佛示現入滅之後，受生於兜率陀天繼續爲諸菩薩說法，等待人間示現成佛之因緣成熟時，下生人間示現八相成道，達成識陰盡的境界，使無記性的行陰、識陰異熟習氣種子斷盡；此時五陰習氣種子全部斷盡，發起一切種智而圓滿大圓鏡等四智，成就無住處涅槃。此時檢視入地前所證二乘解脫道的有餘、無餘涅槃，七地滿心時對煩惱障習氣種子的滅盡，以及大乘佛菩提道的本來自性清淨涅槃、無住處涅槃，確認具足這四種涅槃時方得成佛。

第二節　本來自性清淨涅槃與證眞如之關係

大乘見道有三個位階：眞見道位、相見道位、通達位，始從第七住的眞見道位，經過相見道位，最後到通達位而入地，總共歷時第一大阿僧祇劫三十分之二十四，時劫極久遠。本來自性清淨涅槃在第七住眞見道位初證，源於實證第八識如來藏而轉依成功，現觀如來藏之眞實性與如如性，即是證眞如。此時已伏欲界惑而生起未到地定，並緣於證得第八識如來藏之故，親見第八識如來藏之眞實性與如如性；復又遍觀三界一切法中，別無他法稍能顯現眞實性與如如性，何況能如第八識一樣具足眞實性與如如性；如是現觀而且心得決定，依未到地定而轉依所證如來藏之眞如性者，方得名爲證眞如者。若不能如是觀行，別作異想而妄想另有他法具有眞如性者，即非證眞如者；或如不具未到地定以致未能對所證第八識之眞如法性具足信力，是故無法證轉般若智慧而仍在名利眷屬等世間法上追求者，仍屬大乘法中的凡夫，未入第七住位。如是菩薩之第六住位功德尚未滿足，是故尚缺未到地定而不能安住於第八識如來藏之眞如法性中，仍然企圖在其他諸法中別求永遠都不可得之眞如法性。

證得第八識如來藏所證得之眞如法性，其內容將在稍後第三篇第二章第一節中略作說明，此處容略，僅說明本來自性清淨涅槃與眞如之關係。以下先略說本來自性清淨涅槃。本來自性清淨涅槃是全稱，古德往往簡稱性淨涅槃，亦稱本來涅槃、本來清淨、本來自性涅槃、本來清淨涅槃、自性涅槃、清淨涅槃、自性清淨涅槃等等；如是種種不同名言所稱之涅槃，同屬本來自性清淨涅槃。

本來自性清淨涅槃之本質其實即是眞如，眞如是第八識如來藏運行過程中顯示出來之所顯性；是由如來藏之眞實性與如如性來顯示眞如法性，現觀如來藏之眞如法性而能心得決定毫無猶豫者，能證轉眞如法性，不復貪求名利眷屬等世間法，即名證眞如。反此，即是未能證得如來藏者，或是證得如來藏而觀察其眞如法性之後仍有猶豫，心中未得決定者或智慧不能證轉而仍追求名利眷屬者，皆不是證眞如之菩薩，位在凡夫。

若究其實，本來自性清淨涅槃純屬施設，本質上是依第八識而有眞如法性可以現觀，而說有眞如可證，再依第八識之眞如法性而說有本來自性清淨涅槃。這是說，本來自性清淨涅槃其實是依於對第八識眞如法性的不同面向觀察而施設的，以此緣故，本來自性清淨涅槃不得外於眞如法性而觀察、而施設、而說可證。本於此理，即說未證眞如者，或說已證眞如但心中未得決定而不能運轉者，其實是仍未實證本來自性涅槃之凡夫菩薩。

本來自性清淨涅槃，顯示有四種特性而共同成就了這個涅槃，這四種特性即是本來性、自性性、清淨性、涅槃性，而這四種特性全部緣於第八識如來藏的眞如法性而有。欲瞭解本來自性清淨涅槃與證眞如間之關係，必須先對這二者有所理解。

先略說眞如法性如下：眞如是眞實與如如之合稱。三界法中只有一個本非三界法而在三界諸法中示現的第八識如來藏是眞實存在，而且性如金剛、永不可壞，才是眞實法；除此以外別無眞實不壞法可得，故說如來藏之體性是眞實。五陰世間及五陰生存時所必須之器世間，全都是由第八識如來藏各自生起或共同生起；意謂五陰世間是各自有情之如來藏入於母胎中攝取四大而得生起，山河大地等器世間則是由共業有情之如來藏共同生起，這些世間以及附隨之萬法中，並無一法是眞實不壞之法；只有第八識如來藏是眞正不可壞法，名爲眞實。又第八識能出生各個有情的五陰世間，一切已證眞如之菩薩眾都能如此現前觀察並印證之，顯示第八識如來藏不是名言施設之法，故說如來藏有眞實性。一切法都由第八識如來藏中出生，生起都依如來藏而運行，不曾也不能一剎那稍離如來藏的支援，自然無有一法可以反而毀壞如來藏阿賴耶識；是故一切實證如來藏之賢聖，遍尋一切法之後仍無一法可用以毀壞如來藏，故說如來藏眞實不可壞，性如金剛而名之爲金剛心。

如如者，一切有情於三界世間生存之時，必有如來藏在其中暗暗運作不斷，有情方能生存於依各自業報而受生之世間；在有情生存期間有種種身口意行，於此三行運作之過程中，如來藏不曾中斷地運作著，但在八風吹襲之下，不論是處於稱譏毀譽生死榮辱之任何境界中，如來藏永遠都是本於如如不動之心性而繼續運轉不斷，是故說祂永遠不變異其如如性，即是如如。而此如如性，並非起心動念修行之後方始如此。舉凡起心動念努力修行以後方才如如不動者，皆是識陰中事，並非無始劫來本就如如者；是故修行之前並非如如，修行以後有時如如不動而仍然常常動心，不是恆時如如不動，即非眞如法性中所說之如如。由於如來藏阿賴耶識自無始劫來即具有如是眞實性與如如性，現在此世一生始終也都如是眞實而如如，未來無量劫中亦將永遠如是眞實而如如，過去、現在、未來三世之中恆常如如而眞實存在，是故稱爲眞如。

又，如來藏於三界一切法中運行順利，三界六道、四聖六凡法界中的一切境界，都不能遮止各各不同有情的如來藏在其中順利運作，故說如來藏具有無可比擬之眞實性；而如來藏依諸有情各各不同之業力，出生各各不同有情之身心以後，祂在三界六道各各有情身心中運作時，絕無任何障難，皆能如實生現各各有情應有的境界相，故於三界一切法中運作之時始終是如如無礙，合此眞實與如如之性即名眞如。換言之，眞如法性是依如來藏之永遠眞實與永遠如如二種特性而建立，是說眞如之理體即是第八識如來藏。

次、**略釋本來自性清淨涅槃之意涵**如下：第八識如來藏心體是法爾而有，本來自己已在，是自在法，不是由任何一法或任何諸法所生，因此稱爲本來性。又，能生五陰世間、器世間及有情身心中之萬法者，即是萬法之本源，如是萬法本源之本住法既是能生者，即無可能被他法所生，故是本來性。

第八識如來藏心體有各種自性，祂能出生萬法而不等於萬法，祂與萬法是不一不異之自性，祂是眞實而如如之自性，祂有能受持一切業種之自性。祂有時時生起五陰十八界法種運作之自性，能使有情了知各自所住三界不同世間之境界相；若離如來藏，即無三界世間境界相可以領受。祂有執行因果律之自性，祂也圓滿蘊含足以使人成佛之自性……等。由於祂有各種自性，不是只有名言施設之法，故說祂是有自性之心體。而這些自性，不是本無今有，是本來就有這些無量自性，故說爲本來自性。

如來藏心體在三界中運行時，顯示祂的清淨性；當有情受生於欲界中，五陰貪著於欲界種種法時，如來藏對欲界種種染污法並無絲毫貪著，是本性清淨。當有情五陰開始修行，精進於佛法三乘菩提之道，因此對欲界法有所厭惡時，他的如來藏心卻依舊不動其心，仍然如如不動，不對貪染之法有所厭惡，所以是本性清淨。亦因如來藏如是清淨自性本非修行以後才轉變為如此，而是自無始劫以來本就如此，是故說為本來清淨。

如來藏心體從無始劫來本就無生，即使成佛了，以十力中的宿住隨念智力加以觀察，可以看見無始劫前之事，仍然無法看見自己的第八識是何時生起的；因為祂是法爾如是本來自己已在的實相心，本性無生。既然本性是無生的心，無生即無滅，名為不生不滅、不生不死；涅者不生，槃者不死，是故如來藏即是涅槃。譬如聲聞四果聖者，三界愛已經滅盡，不再有三界愛的心所法現行，死後不受後有，我生已盡，名為入無餘涅槃；入無餘涅槃後五蘊永盡，不餘一絲一毫，則是第八識獨存而無六根、六塵、六識的無境界之境界，仍然是其第八識獨存而不生不死之狀態，是故二乘涅槃實質上是依第八識而施設，《阿含經》中說為本際、實際。然而不迴心阿羅漢如是第八識之涅槃不生不死境界，是在他們斷盡我執入無餘涅槃之前本已存在，不待滅盡五蘊而入無餘涅槃時方才顯示，舉凡一切實證眞如之不退菩薩們，在善知識提醒此一事實之後都能如是現觀。以此緣故，說菩薩證得如來藏時，即能現觀如來藏心體本來涅槃。

如是，第八識如來藏具有本來性、自性性、清淨性、涅槃性，都是無始劫以前本就如是，不是修行以後方始如是，證明本來自性清淨涅槃之理體即是第八識如來藏。有智之菩薩證得如來藏時，若能如是現觀而得決定不疑，即是證得本來自性清淨涅槃之賢位菩薩。但若繼續觀察本來自性清淨涅槃與眞如之關係時，必然發現這個事實：本來自性清淨涅槃與眞如，都是第八識如來藏所顯示出來的自性，本屬阿賴耶識的識性；但菩薩觀察到這二種識性時，卻顯示有其先後。這是說，菩薩證得第八識時，先觀察到如來藏的眞實、如如法性，名爲證眞如；然後由這個眞如法性的智慧，或在善知識的提示下，或由自己的眞如智慧發起，進而觀察到如來藏有本來自性清淨涅槃的自性；若離於眞如的實證與觀察，即無本來自性清淨涅槃的觀察，即無本來自性清淨涅槃的實證。眞如法性的觀察所生智慧較爲粗淺，本來自性清淨涅槃的觀察所生智慧較爲深妙，但本來自性清淨涅槃的自性其實是緣於眞如法性才能彰顯出來。由此可證，證眞如是本來自性清淨涅槃的實證基礎，若無眞如即無本來自性清淨涅槃之可言；若未證眞如，即無本來自性清淨涅槃之實質可證。

復次，悟後對一切境界中之第八識眞如，應現觀皆是無盡、無滅、無斷、不可作證，方名學一切智智，《大般若波羅蜜多經》卷三三九〈巧便學品 第五五之三〉明載：

佛言：「善現！如汝所說『若菩薩摩訶薩爲色盡故學，是學一切智智不？爲受、想、行、識盡故學，是學一切智智不？若菩薩摩訶薩爲色離故學，是學一切智智不？爲受、想、行、識離故學，是學一切智智不？若菩薩摩訶薩爲色滅故學，是學一切智智不？爲受、想、行、識滅故學，是學一切智智不？若菩薩摩訶薩爲色無生故學，是學一切智智不？爲受、想、行、識無生故學，是學一切智智不？若菩薩摩訶薩爲色無滅故學，是學一切智智不？爲受、想、行、識無滅故學，是學一切智智不？若菩薩摩訶薩爲色本來寂靜故學，是學一切智智不？爲受、想、行、識本來寂靜故學，是學一切智智不？若菩薩摩訶薩爲色自性涅槃故學，是學一切智智不？爲受、想、行、識自性涅槃故學，是學一切智智不』者，善現！於汝意云何？色眞如，盡、滅、斷不？」善現答言：「不也！世尊！不也！善逝！」佛言：「善現！於汝意云何？受、想、行、識眞如，盡、滅、斷不？」善現答言：「不也！世尊！不也！善逝！」佛言：「善現！

若菩薩摩訶薩於眞如，如是學，是學一切智智。善現當知！眞如無盡、無滅、無斷、不可作證，若菩薩摩訶薩於眞如如是學，是學一切智智。」[112]

這意思是說，凡是在五蘊的生、住、異、滅、得、斷、無生、無滅等方面修學，不曾涉及眞如的聞熏、修學、實證者，只是在修學聲聞法解脫道，與佛菩提道的成佛之法無關。在聲聞解脫道的教理與行門上，若是正確修學而得實證，也只能證得解脫果而無法證得佛菩提。若是修學了錯誤的解脫道，便只能永遠當凡夫，不可能證得聲聞菩提，四向四果俱皆無分。成佛之道的實修，必須是在第八阿賴耶識所顯示的眞如法性上面修證；證得眞如以後，現觀眞如的「無盡、無滅、無斷」，來反觀五蘊的生、住、異、滅、得、斷、無生、無滅；並且進而現觀眞如是本來即已眞實而如如，不可經由修行而造作出眞如，不可經由修行證得境界而生起眞如，故名「不可作證」。如是修、如是證、如是轉依眞如離一切境界、離一切相的境界而住，名爲無眞如可造、可作、可得、可證，才是眞正在修學一切智智的菩薩摩訶薩，方是眞修佛菩提者。若非依眞如而修、而證、而轉依、而究竟

112《大正藏》冊 06，頁 740，上 21-中 13。

解脫者，都不是實相般若中說的「學一切智智」，即非正確的成佛之道。

依現象界諸法的蘊處界修行，卻將蘊處界諸法全部或局部執爲實有者，全都名爲凡夫；若認定三界一切蘊處界爲實無者，則名愚癡凡夫；以如是等人皆不知眞如自性，不知非無非有之中道性故。《佛說開覺自性般若波羅蜜多經》卷一云：

復次，須菩提！若有人言：「彼色是無，受、想、行、識亦悉是無。」作此說者，我說彼是外中之外，愚夫異生邪見分位。

復次，須菩提！若有人言：「如佛所說：『色無自性，不生不滅，本來寂靜，自性涅槃。』」作是說者，彼於一切法，即無和合亦無樂欲，隨其言說作是知解；我說彼是外中之外，愚夫異生邪見分位。須菩提！若有人言：「受、想、行、識亦復如是，如佛所說：『皆無自性，不生不滅，本來寂靜，自性涅槃。』」作是說者，彼於一切法即無和合亦無樂欲，隨其言說作是知解；我說彼是外中之外，愚夫異生邪見分位。[113]

113《大正藏》冊 08，頁 855，中 15-27。

語譯如下：

【復次，須菩提！如果有人說：「那色陰是無常斷滅後歸於空無，受、想、行、識也全部同樣歸於空無。」作出這種說法的人，我說他們是心外求法者中的外道，屬於愚癡凡夫而不離異生性，是住於邪見分位中的一類愚癡人。

復次，須菩提！如果有人說：「猶如佛陀所說：『色陰沒有不壞的自性，死後斷滅空無時就是不生不滅，就是本來寂靜，就是自性涅槃而不再有生死了。』」作出這種說法的人，他們對於一切法，就沒有與諸法和合接觸的意願，也沒有與諸法同住的愛樂或欲望，便隨著他們自己的言說而作出這樣的了知與理解；我說他們是心外求法等一類人中的外道，屬於愚癡凡夫而不離異生性，住於邪見分位中的一類愚癡人（被台灣諸大山頭共推爲佛法導師的釋印順正是此類人）。須菩提！如果有人說：「受、想、行、識也都如同色陰一樣，如佛所說：『沒有常住不壞的自性，死後斷滅空無時就是不生不滅，就是本來寂靜，就是自性涅槃而不再有生死了。』」作出這種說法的人，他們就沒有與諸法和合接觸的意願，也沒有與諸法同住的愛樂或欲望，便隨著他們自己的言說而作出這樣的了知與理解；我說他們是心外求法等

一類人中的外道，屬於愚癡凡夫而不離異生性，是住於邪見分位中的一類愚癡人（台灣佛教的釋印順正是此類人）。】

換句話說，不可以說一切諸法緣起性空歸於斷滅時，稱說「**滅相不滅就是眞如**、**就是佛法的實修**」。即使是實證二乘涅槃的慧解脫、俱解脫、三明六通大解脫的諸阿羅漢們，自知「**所作已辦**、**梵行已立**、**不受後有**」，死後滅盡蘊處界全部以後，也仍然不是斷滅空，必定是有常住法恆常不滅而非斷滅空，即是眞如——第八識不生一切法而離六塵境界獨住的絕對寂靜、完全無我的境界。若是主張一切法空，滅盡蘊處界一切法以後說「**滅相不滅就是眞如**」，就成爲 世尊在上面這一段經文中的聖教所破斥的對象，落入斷滅空中而自己施設爲如，安慰自己不是斷滅空。這是強辭狡辯之說，在他的心中深處還是會轉而執著意識，於是便把意識細分一分出來——例如細意識，主張這一分意識是常住的，於是就說直覺即是細意識，說這個細意識是常住不壞法。因此而無法遠離意識常住的思想，就從斷見外道回墮於常見外道邪見中。這種人，依 世尊的開示，佛說「**是外中之外**，**愚夫異生邪見分位**」，不但沒有絲毫成佛之道的正見，修證就更不必提了，其實是連聲聞解脫道初果人的正知正見都還不具備的愚癡人，雖身披僧衣住在佛門之中，仍然屬於「外中之外，愚夫異生邪見分位」的佛門外道。由此可知，凡是想要實證成佛之道的佛弟子四眾，每一個人都應該先如實理解眞如及本來自性清淨涅槃之間的關係，也要先知道這二法都是依第八識如來藏心而施設、而建立，然後求證佛法時才能走在正路而不會誤入岔路，也才會有實證佛菩提的可能。

第三節　證大乘涅槃前的四加行

大乘法中不共二乘的涅槃有二種，一爲本來自性清淨涅槃，二爲佛地始有之無住處涅槃。本來自性清淨涅槃是三賢位中的第七住不退位即有所證，直到妙覺位都是同證此一涅槃；入地時已證二乘的有餘、無餘涅槃而不取涅槃，迴心大乘依十無盡願發起受生願，故不取證聲聞法中的二種涅槃，故說始從第七住位直到妙覺位，都只證第一種本來自性清淨涅槃。證得大乘第一種涅槃之前，必須有大乘見道前的加行，因爲大乘涅槃與二乘涅槃的實證，雖在斷除我見、我執、我所執的內涵大約相同，但大乘涅槃的地後實證者，除了二乘涅槃之所證，另有般若相應之法，即是進入第七住位之前先證眞如，則應該先作加行才能實證。

《成唯識論》中有頌說：【現前立少物，謂是唯識性；以有所得故，非實住唯識。】[114] 意思是說：「還沒有證得唯識眞如法性的人，在修學增上慧學時，應該先在心中建立一個好像存在的東西，名爲眞如，假名爲眞實唯識之自性，然後求證之；但因求證之時仍未實證眞如而不能現觀萬法唯識的實相境界，所以仍然未離開有所得的境界，以此緣故而說不是眞的已經住在唯識性中。」這就是說，大乘見道的實證者，在見道前應該先作加行位的修行，先在心中建立眞如心眞實有的正見而修四種加行，方有可能隨後證得眞如；故說大乘涅槃在實證前必須先作特定內涵之加行，否則縱使已從善知識處探聽而已知密意，仍然無法運轉大乘涅槃之功德，等同未證。

此謂若無法運轉所知內涵，雖知實相般若之密意，仍非實證，即非已證轉者，即同未得大乘見道的凡夫一樣，本質無別。甚至往往因此生大我慢，演變到最後則是成就增上慢，死後墮落三惡道中。是故求證大乘涅槃前，除了必須具備的未到地定等條件外，在實證之前必須先有加行。大乘

114《成唯識論》卷 9，《大正藏》冊 31，頁 49，上 23-24。

涅槃具足四種，函蓋了二乘涅槃，關於菩薩所證二乘涅槃內涵，其中仍有與二乘聖者共與不共之差別；但大乘涅槃中的本來自性清淨涅槃及無住處涅槃，不共二乘聖者；前者唯諸佛與菩薩有，後者唯佛地始有。本節之中先說實證本來自性清淨涅槃前，應該確實作到的四加行，屬於大乘眞見道前的加行。後一節中說明相見道位應修的加行，再說明相見道位即將圓滿而欲入地前應作的加行，仍屬於相見道位的加行；該加行完成時，需配合其他條件方能入地，方屬大乘見道的通達位，此時初地入地心的功德已經實證而且能如實運轉，名爲初地入地心菩薩、證得初地眞如。

證眞如是眞見道位的菩薩境界，要由親證第八識如來藏而現觀祂的眞實性與如如性，方能如實了知證眞如之義。除此第八阿賴耶識心體之外，無別眞如可證、可觀，如是見道方是眞正之大乘見道，故名眞見道；相對於其後心中剎那剎那都不生疑（無間等）之多劫繼續進修眞如法相之各種別相而名爲相見道，亦說如是首次證眞如時爲眞見道。眞見道是證得本來自性清淨涅槃之唯一途徑，無別他途可證大乘涅槃；乃至未來成就佛地之無住處涅槃，亦是由此眞見道位所證本來自性清淨涅槃而得實證；而此因地所證涅槃則要藉眞見道之證眞如方能得之，但眞如是第八識如來藏於一切法中運行時所顯示之眞實性與如如性，是故眞見道之內涵即是親證第八識如來藏而現觀其眞如性，名爲證眞如，即是證得「一切法眞如」。

於此眞見道位之前，必須精修六度波羅蜜多，要把第六住位前所應修的六度修學圓滿，方能求證眞如而得見道。在眞見道位前，雖已圓滿六住位應修之六度波羅蜜多，求入眞見道位前仍有四加行必須修持；如是四加行，乃以二乘四聖諦觀行所斷我見爲基礎，接著應在大乘眞見道前對二取皆屬如來藏空性之正理有所認知，並須心得決定，方可成爲比量觀察能取、所取皆屬空性如來藏之菩薩，始能名爲四加行已經修證完成的菩薩，即是雙觀「能取所取空」；其後方能求證第八識如來藏而證眞如，如是證後方能不退轉、不偏空，所證本來自性清淨涅槃之智慧與解脫功德方能運轉，名爲眞如之證轉者。若未修此四加行來確定能取心與所取境皆歸屬於空性心如來藏，或修此四加行而心中未得決定，或修此之時仍未具備深厚未到地定定力以致未能降伏性障者，縱使善知識慈悲助其證得眞如，亦將無法運轉其眞如智慧而成爲乾慧，不具有眞見道之實質，即是對眞如法性及其智慧都無法運轉者，不能稱爲證轉眞如者，即不是大乘教中眞實開悟之人。

在進入大乘佛菩提道中求證眞如之前，必須先修得定力；見道後方有眞見道時應有之功德受用現前，否則皆只是乾慧而無實益，乃至成爲大妄語人，捨壽後下墜三塗，誠可憐憫。以是緣故，《大寶積經》卷五十七云：**【若人無定心，即無清淨智，不能斷諸漏，是故汝勤修。】**[115] 根本論《瑜伽師地論》卷五十三，彌勒菩薩也說：**【又復依止靜慮律儀，入諦現觀得不還果，爾時一切惡戒種子皆悉永害。若依未至定證得初果，爾時一切能往惡趣惡戒種子皆悉永害。此即名爲聖所愛戒。】**[116]《大般涅槃經》卷三十一〈師子吼菩薩品 第十一之五〉也有如是開示：**【善男子！如拔堅木，先以手動，後則易出；菩薩定慧亦復如是，先以定動，後以智拔。】**[117] 這就是說，眾生的煩惱，不論是二乘見道、修道所斷的一念無明煩惱，大乘見道所斷的無始無明煩惱，都是牢不可拔的；必須先有修定過程而生起定力以後，剛強難調的心性已被定力降伏了，再以智慧實證而能運轉時，才能如實斷除煩惱結使。猶如聲聞法中五停心觀實修之目的在於發起未到地定，藉定

115《大正藏》冊 11，頁 334，下 3-4。
116《大正藏》冊 30，頁 590，下 1-5。
117《大正藏》冊 12，頁 548，中 6-8。

力搖動或伏住煩惱結使；然後繼之以聲聞菩提的見道斷我見時，聲聞見道之後的智慧自然即可運轉，才能名爲已經證轉之初果聖者。大乘法中亦復如是，須先有未到地定之定力，然後求斷我見，繼之以參禪求證眞如；以未到地定支持的緣故，證眞如以後才能免於退轉；以此緣故，平實於弘法伊始乃至今時，一貫不變地主張必須有定力相應，才能眞的實證三乘菩提的解脫果、智慧果。

復次，眞見道前的四加行，其內涵爲名、義、自性、差別，與入地前應修的四諦十六品心、九品心的加行內涵全然不同。這是第六住心圓滿後，欲入第七住位者必須修習的內涵。在第六住位中，必須圓滿觀行五蘊、六入、十二處、十八界都是無常生滅，都非眞實不壞的自我，至少必須斷除我見而斷除三縛結，令初果人所得的解脫道智慧得以證轉，這是在修學大乘見道前四加行以前就必須先實證的。若是阿羅漢迴心大乘修菩薩道，就不須先修這個內涵，可以直接修習大乘見道前的四加行，藉此四加行的觀修，如實建立「**能取、所取皆空**」的正知見。這就是心中必須先建立一個正確的觀念：能取的七識心是空性如來藏的一部分，所取的六塵及色身五色根也是空性的一部分。能如實建立這個正知見，才有可能積極求證空性如來藏；未來實證空性如來藏時才能如實觀察，自行印證「能取、所取空」的正義；在已得未到地定的前提下，證得如來藏時自然心中無疑，即能證轉大乘眞見道位的智慧。

於菩薩所修習的唯識增上慧學中，世親菩薩曾爲這個四加行的道理，造了《唯識三十論頌》，其中一首頌說道：「現前立少物，謂是唯識性；以有所得故，非實住唯識。」正是指四加行過程中的菩薩應先建立的正知正見，尋覓能生萬法的第八識時才能有正確的方向。往往有人在這個階段就自以爲實證眞如了，但在確認已證如來藏而非錯證之前，都是想像意識如如不動的假眞如，誤以爲即是眞實唯識的境界，其實尚未脫離識陰範疇，仍屬四加行位的菩薩，未得眞見道功德。這首偈的意思，對於禪宗想要求悟的人而言非常重要，是故應該略加解釋：

「於現在自己所知的境界中，先建立一個萬法唯識的認知，就好像眞的有一個東西名爲眞如，是能生萬法的唯一眞識，存在現前的境界中；有這樣的認知，而說這是眞實的萬法唯識的體性。但因爲仍只是一個想像的建立而非實證能生萬法的唯一眞識，仍然是住在意識境界中而有六塵境界所得的緣故，並不是眞實的住入萬法唯識法性的境界中。」

意思是說，要在心中先建立正確的認知：每一個人都有八個識，除了識陰六識及意根末那識以外，還有一個自己從來都不知道的第八識如來藏，名爲阿賴耶識；這個阿賴耶識恆時顯示其眞如法性，是每一個人都各各本來自有，而這個眞識能執持各人所造作的全部善業、惡業、淨業、無記業種子，捨壽時依所造的業種而轉生到下一世去，由祂變生各人下一世的色身與識陰覺知心，具足五陰而再次成爲一個全新的五陰身心，然後就有五陰身心所附生的萬法一一出生和運行；由此第八識如來藏有能生五陰身心與萬法的功能，所以能取境界的覺知心七個識，與所取境界的六塵相、五根身，都匯歸於這個第八識如來藏。第八識函蓋了意根末那識及前六識，當前七識被第八識出生而使八識心王具足時，就能輾轉出生萬法，就把如來藏阿賴耶識這個能生的識性，稱爲萬法唯識；所以唯識學的祖師們說「攝數歸王，故說一心唯通八識」、「攝所歸王，說一心唯通八識」。也就是說，假使有人說有情唯有一心時，這個一心指的就是八識心王和合具足時的心；就是把七轉識攝歸於如來藏阿賴耶識，所以若要主張有情眾生都只有一心時，必須說這個一心就是阿賴耶識。假使能夠這樣建立心中似有阿賴耶識存在，而自己現在還不能證得，所以努力參禪尋覓自心阿賴耶識；後時終於證得阿賴耶識時，即能現觀色身覺知心等萬法皆是從阿賴耶識心中出生；而阿賴耶識於此等萬法中運行時，自始至終都顯現眞如法相。如是親自證實五陰身心（含十八界中的六塵境界及色身）以及萬法，全都是由阿賴耶識直接出生、間接出生、輾轉出生，便能確實觀察萬法唯識的道理而非思惟或想像所得，這時才能稱爲親證**唯識性**的菩薩。

在如是親證之前，縱使親近善知識而聽聞正理，自己也如理作意思惟而無錯誤，仍然不是實證唯識性的菩薩；因爲這時仍然不知道眞識如來藏的所在，仍無能力現觀如來藏阿賴耶識是如何出生五陰身心及萬法，依舊落在現識與分別事識等七轉識中，所以雖在知解層面已經知道了，但所住的境界畢竟仍在意識或識陰六識的境界中；而這六識的境界全都是有所得的——不離六塵境界的領納，因此仍然不是眞實證得唯識性的人；因爲唯識性是指第八識如來藏所住的境界性，是不在六塵中的見聞覺知性境界，又能隨緣任運而出生萬法，如鏡現像。

此外，眞見道時必須先有斷我見、未到地定，以及菩薩修到第六住位應有的福德作為條件，才是可以證轉眞如、證轉唯識性的菩薩，才是眞見道位的菩薩。否則只是乾慧（知識）而無實質，久後必將生疑而不能心心無間，必然退轉；現時雖自認為未來絕對不會退轉，但仍然無法實現未來永不退轉的保證。猶如無數劫前的淨目天子、法才王子與舍利弗曾經悟得眞如，般若正觀現在眼前，同樣自認為永不退轉；但因無佛菩薩善知識攝受，本身又無見道前應該先具備的條件，於是依舊退轉；世尊說這一類人：「退入外道若一劫、若十劫乃至千劫，作大邪見及五逆，無惡不造。是為退相。」[118]

是故求證眞如之前——**欲求眞見道之前，應該先把見道前應有的福德修集完成，再把性障修除大部分，再努力修學見道應有之佛法正見**——能取心與所取境皆是空性如來藏；具備了這個正見而無猶豫之後，並且必須先修成堅固之未到地定（不論是靜中定或動中定，但以動中定最佳），然後攝取參禪應有之知見與看話頭功夫，才開始參禪求證第八識如來藏，以免將來悟知如來藏時成為乾慧，未能生起證轉眞如、證轉實相般若之功德。這是菩薩道眞正修行者在尋求眞見道功德的實證以前，必須先建立的正確認知。

118《菩薩瓔珞本業經》卷 1，《大正藏》冊 24，頁 1014，下 11-13。

大乘見道之標的是證眞如，而眞如是第八識如來藏的法性；由於祂有眞如法性，所以能出生萬法而自己如如不動；也因爲祂能出生五陰身心及萬法，恆住不壞，所以《楞伽經》中 佛陀說祂是眞識；並說意根是現識，識陰六識是分別事識。又說色陰及七識心猶如波浪不停地搖動，而色陰及七識心全都是由眞識阿賴耶識所出生，依附於這個眞識而運轉，這就是眞實唯識性的略說。意根有遍計執性，是促使諸法從眞識如來藏中現行的動力，導致眾生流轉不停，所以名爲現識；而識陰六識則是專門在六塵境界中廣作分別的妄識，故名分別事識；把現識與分別事識等七轉識合起來說明七轉識的自性，就是唯識增上慧學中的虛妄唯識門；合此虛妄唯識與如來藏眞實唯識等二門，才是圓滿的唯識增上慧學，否則即是抱殘守缺而且必然是誤會諸地增上慧學成爲虛妄想的唯識學，都是凡夫所墜而不能出之屬世間學問的虛妄唯識。

所以大乘的見道就是要證眞如，眞如是第八識如來藏的法性，若想要證眞如，就得先證第八識如來藏。在實證如來藏以前，應先在心中建立正確的觀念，知道自己也有第八識如來藏，是眞實存在而在因緣成熟時可以實證的，祂是能夠出生五陰身心及萬法的眞識。依唯識增上慧學的教導，建立了這樣的正知見以後，就懂得去尋求有能力幫助自己具足證眞如條件的善知識；依善知識的教導，次第具足了實證眞如的條件以後，有朝一日自然可以實證眞如，就能依眞識如來藏的眞如法性，現前觀察眞識確實是出生自己五陰身心及萬法的心，這樣才是初步證得唯識性，名爲初證眞如的菩薩。

建立正確的知見以後，可以開始修習四加行，四加行的主要內涵是「名、義、自性、差別」；修習四加行之目的，在於如何將名（受想行識）的全部內涵弄清楚，然後將「名」之義如實理解，以免誤解了「名」的眞實義，以致修學佛法將唐捐其功；然後將「名」所指涉諸法的自性加以觀察、如實理解，印證前面觀察的「名」所指涉的「義」相符無誤以後，可以將各種「名」的「自性」互相之間的差別全部加以理解。全部如實理解以後，便能確認能取的覺知心與意根，本是空性如來藏中的一部分；因爲這些自我全都是生滅有爲法，不是實有常住不壞的「自性」。而所取的色陰（五色根與六塵）也都是緣生性空，不是實有法，當然也是空性如來藏中的一部分。

如是依理觀察比量推斷，已在心中確認五陰自我必是由自心如來藏所生，確認眾生覺知心不由物生、不由虛空生、不自生[119]、不無因生[120]、不他生[121]、不共生[122]，而且已經具足四加行的觀行圓滿以後，就是證得「能取所取空」的加行位滿足的菩薩，成就三界世間境界中最為第一的智慧；接下來就應該求證第八識如來藏，證實第八識眞如心的存在。一旦證得第八識如來藏時，便能現觀空性心如來藏是眞實而又如如，就是證眞如，就是實證空性，這時才是現觀眞如而不退轉的時候。由以上的說明可以證明，於證眞如之前，必須先修四加行，才能在心中完全相信另有第八識如來藏恆存而非單有識陰六識與意根存在，因此願意求證之，實證而不退轉以後才是進住於眞見道位中。

關於四加行的如實觀修，會有四個結果：煖、頂、忍、世第一法。今

119 自生者，例如有人主張意根末那識是無因自生。

120 無因生者，例如有人主張細意識可以自行出生，不需要有第八識執持意識種子作為意識出生之因。

121 他生者，例如一神教外道主張一切有情都是由自己以外的創世主所出生。

122 共生者，例如釋印順主張六根與六塵相觸為緣即能出生六識，不必有第八識持種來出生六識。

依《成唯識論》略加說明，藉以建立學人之正知見，方免混淆：

次，加行位其相云何？頌曰：「現前立少物，謂是唯識性；以有所得故，非實住唯識。」

論曰：菩薩先於初無數劫，善備福德智慧資糧；順解脫分既圓滿已，**為入見道住唯識性**，復修加行伏除二取，謂煖、頂、忍、世第一法。此四總名順決擇分，順趣眞實決擇分故。近見道故立加行名，非前資糧無加行義。

煖等四法依四尋思四如實智初後位立，四尋思者尋思名、義、自性、差別假有實無，如實遍知此四離識及識非有，名如實智。名義相異，故別尋求；二二相同，故合思察。依明得定，發下尋思；觀無所取，立爲煖位。謂此位中創觀所取名等四法皆自心變，假施設有，實不可得。初獲慧日前行相故，立明得名；即此所獲道火前相，故亦名煖。

依明增定，發上尋思，觀無所取，立爲頂位；謂此位中重觀所取名等四法皆自心變，假施設有，實不可得；明相轉盛，故名明增；尋思位極，故復名頂。

依印順定，發下如實智，於無所取決定印持，無能取中亦順樂忍。既無實境離能取識，寧有實識離所取境？所取能取相待立故。印順忍時，總立爲忍；印前順後，立印順名。忍境識空，故亦名忍。

依無間定發上如實智，印二取空，立世第一法。謂前上忍唯印能取空，今世第一法二空雙印。從此無間，必入見道，故立無間名。異生法中此最勝故，名世第一法。

如是煖、頂，依能取識觀所取空，下忍起時印境空相。中忍轉位，於能取識如境是空，順樂忍可。上忍起位，印能取空。世第一法，雙印空相。皆帶相故，未能證實。

故說菩薩此四位中，猶於現前安立少物，謂是唯識眞勝義性；以彼空有二相未除，帶相觀心有所得故，非實安住眞唯識理。彼相滅已，方實安住；依如是義，故有頌言：

菩薩於定位，觀影唯是心；義想既滅除，審觀唯自想。

如是住內心，知所取非有；次能取亦無，後觸無所得。123

123《成唯識論》卷 9，《大正藏》冊 31，頁 49，上 22-下 3。

語譯如下：

【第二，加行位的相貌如何？有一首頌這麼說：「於現在自己所知的境界中，先建立一個萬法唯識的認知，就好像眞的有一個能生萬法的唯一眞識這個東西存在現前的境界中一樣的認知，說這是眞實的萬法唯識的體性；但因爲仍只是一個比量思惟的建立，而非實證能生萬法的唯一眞識，仍然是住在意識境界中而有各種境界所得的緣故，並不是眞實的住入唯識性的境界中。」

論曰：菩薩先於第一大無數劫修行過程中，應該懂得準備福德資糧、智慧資糧；具備福德與智慧這二種資糧時，就是隨順解脫分已經圓滿了，然後**爲了想進入見道位住於唯識性中**，要再修習加行來降伏或斷除二種取，也就是說證得煖、頂、忍、世第一法等智慧。這四個階段的智慧合起來名爲順決擇分，這四個智慧能使行者隨順及趣向眞實的決擇分故。由於這是接近見道之前所作觀行的緣故，就把這四個階段的觀行建立爲加行的名稱，但不是說前面的資糧位修行中都不需要加行的道理。

煖、頂、忍、世第一法等四個法，是對四種法加以觀察思惟所出生的四種如實智，是把四加行從最初到最後的分位而加以建立的。四種觀察思惟（尋思）的內涵，就是以名、義、自性、差別等四個法來尋思五陰都是假有實無（觀察思惟五陰的名、五陰的義、五陰的自性、五陰的自性差別，都是假有實無而歸於如來藏），觀行之後如實遍知五陰的名、義、自性、差別四個法，若離於眞識如來藏就不能存在了；也要如實遍知五陰中這四個法的境界在眞識如來藏自住的境界中並不存在，才能名爲如實智。依五陰施設出來的各種名，與名所代表的眞實義的法相是有所不同的，所以應該分開來觀察確認；但是五陰的名與五陰的義之間，並非互不相干的二法，而是依於同一個法如來藏來說的，所以應該轉入第二階段再度加以思惟觀察。由於確實明白名的全部內涵（確實明白名所指涉的眞實義）以後，心得決定而不懷疑時，發起了下品的觀察思惟智慧；這時觀察五陰的名、義、自性、差別而全部不再認定爲實有法，全部攝歸如來藏了，因此建立爲煖位；猶如磨擦木頭尚未出煙，但已有些熱度了。

也就是說，在這個煖位之中是第一次觀察五陰的名、義、自性、差別等四個法，其實全都是自己的空性心如來藏所變生的，假立名稱爲色受想行識而施設爲正在現象界中存在，因此說之爲有，若要探求其眞實不壞性是不可得的。由於是在第一次獲得智慧光明太陽之前所應作的修行法相的緣故，便建立「**明得定**」的名稱（首次獲得這種智慧光明而決定不疑）；同時就在這裡依於所將獲得的見道智慧火焰的前行修習所得的熱煖法相，建立名稱爲煖位。

然後是依於智慧光明再度增加後的更強的定心所（明增定），發起上品的觀察思惟，仍依名、義、自性、差別等四個層面，對自己所執取的五陰的名乃至五陰的功能差別，重新觀察而確定自己對於五陰的名等四法都無所取，便建立爲頂位；這是說，在頂位中第二遍詳細觀察所執取的五陰中的名等四法全都是自心如來藏所變生的，假名施設五陰中的名等四法是現象界中暫時的存有，想要尋覓受想行識眞實不壞的常住自性體性是不可得的；重觀以後便使智慧光明的相貌轉而更加盛大，所以建立名稱爲智慧光明增加而說是「**明增定**」；又因爲這是尋思位的最高境界，所以又建立名稱爲頂位。

修完了煖位的下尋思與頂位的上尋思而獲得尋思智了，接著要使自己依止「**印順定**」，發起下品的如實智；這是要對無所取的觀察思惟，能夠心得決定而印定無誤然後受持，在沒有眞實能取的觀察智慧中，也能隨順愛樂而生起忍法，才是證得「**印順定**」。既然確實觀察並沒有眞實的境界離開能取識而得存在，怎麼可能會有眞實存在的能取識可以遠離所取的境界而存在？這是因爲所取的六塵境界與能取六塵境界的識是相待而立的緣故（因此能取的六識覺知心無常空，是六塵爲助緣才能由如來藏所生的生滅法）。當菩薩如是印定而隨順下來，並且能夠安忍的時候，就從總相上面建立爲忍；也是依於已經印定前面的觀察而能夠隨順於觀察的內容之後，建立「**印順定**」的名稱。這時由於能夠安忍於能取六塵境界的識陰六識無常故空，本屬空性心如來藏所有，因此也名之爲忍。

最後是依於無間不斷的「**印順定**」，也就是再也不會有疑心生起而認定不疑了，就是發起上品的如實智了；這時是雙印能取與所取空，就是印定能取境界的六識覺知心是無常空，都是空性心如來藏無量功德中之一部分；同時也印定能取的六識心所攝取的五色根及六塵相分，一樣都是無常空，一樣是空性如來藏中的功德之一；這樣在覺知心裡面建立有一個空性心如來藏，而且觀察五陰全部都屬於空性心所有功德中的一部分，就是**雙印能**、**所取空**的加行位圓滿者；這是三界世間境界中之至高無上法，世間凡夫無人能超越這樣的觀行智慧，就依這個觀行所得的智慧建立為「**世第一法**」；是說世間一切凡夫有情的見地，全都無出其上。這是說，前面的上忍（煖、頂為下忍）只能夠印定能取的六識心是空，如今這一階位的「**世第一法**」是能取空與所取空二者雙雙印順決定，知道全都是由眞實唯識的空性心所生。從此以後究取第八識空性心而無間斷，有一天必定會證得如來藏眞如而進入眞見道位中，所以建立「**無間**」這個名稱。在所有異生凡夫的法中，這是最殊勝智慧的緣故，名為三界世間的第一法。

就像是這樣子，煖、頂是依能取識等六識心來觀察所取的六塵境界空，下品忍生起時印定了六塵境界的空相。中品忍證轉的階位中，是在能取識猶如六塵境界一樣是空性的看法上面，能夠隨順、安樂、接受、認可。在上品忍生起的階位中，印定能取的六識心也是空性中的法性；在世第一法階位中，則是雙雙印定能取是空性的局部與所取是空性的局部等二種空相。由於這四個階位中全都帶有五陰相的緣故，還沒有能力證得眞實唯識的法性（還沒有能力證得如來藏眞如而無法現觀能取及所取都屬於空性心的局部）。

所以說菩薩在這四個位階中，仍然是在現前方便安立的似乎有一點點東西，叫作是萬法唯識的眞實勝義法性；由於他的空與有等二邊的法相尚未除滅，帶著空相、有相而觀察眞實心如來藏時仍是有所得境界的緣故，不是眞正安住於眞實唯識的正理中。只有證得如來藏而住於眞如境界中，使那個空相與有相全都消滅以後，才算是眞正的安住於唯識性中。依於這樣的眞實義，所以有頌這麼說：

菩薩住於唯識性的印定位時，現觀五陰等影像純是如來藏自心；住於眞如境界中，對五陰等義的認知既然已經滅除了，詳細審度而現觀五陰等義全都只是自己的認知。

像這樣住於自己內裡之心如來藏的眞如境界中，了知所取的六塵境界並非眞實有；隨後現觀能取六塵境界的覺知心自己也不是眞實存在的，都是如來藏所變現，最後是由此觸證而完全了知自己對一切法都無所得，因爲能取的自己與所取的六塵、五根身全都是自己的如來藏心所變現的境界。」

由上面概略的聖教解說，有關唯識五位中的加行位，已經證實必然是在眞見道位前，而非眞見道位之後。四加行的實地觀修內容，不於此書中說明；於正覺同修會中的禪淨班，教到高級部的課程時，親教師們自當有所教導。四加行若已確定觀修圓滿後，觀察自己在大乘見道上應有的其他條件也已具足時，即可求證眞如，就是求證第八識如來藏。證得第八識心以後才能現觀眞如，能現觀眞如時方能如實觀察有情身心都由各人的自心如來藏所生；乃至擴大到有情相關的萬法，全都是由第八識心配合祂所生的七轉識與色陰等十一法來共同成就；能如是深觀而確定無誤了，才能說是已經證得唯識性而眞正「**住唯識性**」中。這時所見的身心萬法都如影像不實，也確定所取的色身五根及六塵都非眞實有，而能取的覺知心及處處作主的意根自己也都不是實有，而能生的如來藏自己亦不領受六塵中的任何境界，因此一切都歸於無所得，獲得與大乘無生智相應的智慧解脫，這就是《成唯識論》所舉頌中說的「**觀影唯是心……如是住內心，知所取非有；次能取亦無，後觸無所得**」。也就是證得第八識心而證悟唯識理以後，如實觀行已能運轉第七住位的智慧功德而決定不退了，然後次第進修而審觀能取的自己與所取的色身及六塵等萬法，莫非自心八識心王所生所顯，都應歸屬於一向都無所得的自心如來藏。這時開始經由非安立諦三品心的修習過程，及救護一切眾生離眾生相而破邪顯正的大福德，以及三品心圓滿時生起的初禪離欲心境，便能到達第十迴向位，此時已具足第十住位眼見佛性的如幻觀、第十行位的陽焰觀、第十迴向位的如夢觀，但還沒有生起初分無生法忍，尚未入地[124]。

欲修大乘眞見道前的四加行之前，平實有私心裡的話必須告訴讀者：欲證本來自性清淨涅槃及佛地大涅槃者，應發無上菩提心，非發起聲聞心；也就是應該具足菩薩性而成爲菩薩種姓，永遠都不欣樂於無餘涅槃解脫三界生死的自了境界。《大方便佛報恩經》卷二〈發菩提心品 第四〉：

佛告喜王菩薩：「善男子！諦聽！諦聽！菩薩摩訶薩知恩者，當發阿耨多羅三藐三菩提心；報恩者，亦當教一切眾生，令發阿耨多羅三藐三菩提心。」

「若發菩提心，云何而發？菩薩因何事故，所以能發？」

「善男子！菩薩摩訶薩初發三菩提心時，立大誓願，作如是言：『若我得

124 入地前仍有加行應修：大乘四聖諦之十六品心及九品心的修習圓滿而證得第四果（即是《楞嚴經》中所說入地前應修的加行），然後生起十無盡願的增上意樂，永遠不入無餘涅槃而迴心佛菩提道。

阿耨多羅三藐三菩提時，當大利益一切眾生，要當安置一切眾生大涅槃中，復當教化一切眾生，悉令具足般若波羅蜜。』是則名為自利，亦名利他。是故初發菩提心者，則得名為菩提因緣、眾生因緣、正義因緣、三十七助道法因緣，攝取一切善法根本。」[125]

語譯如下：

【佛陀告訴喜王菩薩說：「善男子！正確地聽取！正確地聽取！菩薩摩訶薩若是對佛陀知恩的人，應當發起無上正等正覺之心；對佛陀報恩的人不但要對佛知恩，也應當教導一切眾生，令眾生發起無上正等正覺心。」

喜王菩薩說：「若是發起菩提心時，應該如何發起？菩薩是要因什麼事情作為所緣之故，所以能發起無上正等正覺之心？」

「善男子！菩薩摩訶薩首次發起無上正等正覺心的時候，建立大誓願，口中出聲而這樣子說：『若是我將來成就無上正等正覺時，將會廣大利益一切眾生，一定要安置一切眾生於大涅槃中，不會安置一切眾生於二乘涅槃

125《大正藏》冊 03，頁 135，中 5-17。

中；並且一定會教化一切眾生，全部都使他們具足實相智慧到達無生無死的彼岸。』這就是我說的自利，也說之為利他。由於這樣的緣故，首次發菩提心的人，就可以名為菩提因緣、眾生因緣、正義因緣、三十七助道法因緣，因為這樣子發菩提心時就是攝取一切善法的根本。」】

由此可以證實，菩薩不但應該尋求解脫於三界生死，還應具足菩薩性，成為菩薩種姓，才是佛法中人。因為諸佛要度的人不是聰明伶俐者，不是要度自了漢成就可思議解脫，而是要度一切眾生都得諸佛的不可思議解脫；而一切眾生度不可盡，菩薩及諸佛都同樣不許入無餘涅槃，所以證得無餘涅槃以後還要起惑潤生再度受生於三界中，繼續自度度他；或是成佛以後示現滅度而實不取無餘涅槃，仍然繼續在十方世界中不斷地示現八相成道而轉法輪，利樂眾生都得佛道而永不滅度。因此，諸佛菩薩所度的對象雖然是一切眾生，但要幫助眾生實證眞如住入唯識性之前，都得先教導眾生發起菩薩性而成為菩薩種姓了，然後才幫助眾生實證眞如而住入唯識性中；所以諸佛、菩薩廣度眾生悟入眞如時，都是只度菩薩性具足的人，這是所有求悟眞如的佛子四眾都應深入及正確瞭解的次法。（未完，詳下冊第四節起續說。）

佛菩提二主要道次第概要表——二道並修，以外無別佛法

佛菩提道——大菩提道

十信位修集信心 —— 一劫乃至一萬劫

遠波羅蜜多

資糧位

- 初住位修集布施功德（以財施爲主）。
- 二住位修集持戒功德。
- 三住位修集忍辱功德。
- 四住位修集精進功德。
- 五住位修集禪定功德。
- 六住位修集般若功德（熏習般若中觀及斷我見，加行位也）。

外門廣修六度萬行

- 七住位明心般若正觀現前，親證本來自性清淨涅槃。
- 八住位起於一切法現觀般若中道。漸除性障。
- 十住位眼見佛性，世界如幻觀成就。
- 一至十行位，於廣行六度萬行中，依般若中道慧，現觀陰處界猶如陽焰，至第十行滿心位，陽焰觀成就。
- 一至十迴向位熏習一切種智；修除性障，唯留最後一分思惑不斷。第十迴向滿心位成就菩薩道如夢觀。

內門廣修六度萬行

見道位

- 初地：第十迴向位滿心時，成就道種智一分（八識心王一一親證後，領受五法、三自性、七種第一義、七種性自性、二種無我法）復由勇發十無盡願，成通達位菩薩。復又永伏性障而不具斷，能證慧解脫而不取證，由大願故留惑潤生。此地主修法施波羅蜜多及百法明門。證「猶如鏡像」現觀，故滿初地心。
- 二地：初地功德滿足以後，再成就道種智一分而入二地；主修戒波羅蜜多及一切種智。滿心位成就「猶如光影」現觀，戒行自然清淨。

解脫道：二乘菩提

- 斷三縛結，成初果解脫 →
- 薄貪瞋癡，成二果解脫 →
- 斷五下分結，成三果解脫 →
- 入地前的四加行令煩惱障現行悉斷，成四果解脫，留惑潤生。分段生死已斷，煩惱障習氣種子開始斷除，兼斷無始無明上煩惱。

圓滿成就究竟佛果

近波羅蜜多　　大波羅蜜多　　圓滿波羅蜜多

修道位　　究竟位

三地：二地滿心再證道種智一分，故入三地。此地主修忍波羅蜜多及四禪八定、四無量心、五神通。能成就俱解脫果而不取證，留惑潤生。滿心位成就「猶如谷響」現觀及無漏妙定意生身。

四地：由三地再證道種智一分故入四地。主修精進波羅蜜多，於此土及他方世界廣度有緣，無有疲倦。進修一切種智，滿心位成就「如水中月」現觀。

五地：由四地再證道種智一分故入五地。主修禪定波羅蜜多及一切種智，斷除下乘涅槃貪。滿心位成就「變化所成」現觀。

六地：由五地再證道種智一分故入六地。此地主修般若波羅蜜多——依道種智現觀十二因緣一一有支及意生身化身，皆自心眞如變化所現，「非有似有」，成就細相觀，不由加行而自然證得滅盡定，成俱解脫大乘無學。

七地：由六地「非有似有」現觀，再證道種智一分故入七地。此地主修一切種智及方便波羅蜜多，由重觀十二有支一一支中之流轉門及還滅門一切細相，成就方便善巧，念念隨入滅盡定。滿心位證得「如犍闥婆城」現觀。

八地：由七地極細相觀成就故再證道種智一分而入八地。此地主修一切種智及願波羅蜜多。至滿心位純無相觀任運恆起，故於相土自在，滿心位復證「如實覺知諸法相意生身」故。

九地：由八地再證道種智一分故入九地。主修力波羅蜜多及一切種智，成就四無礙，滿心位證得「種類俱生無行作意生身」。

十地：由九地再證道種智一分故入此地。此地主修一切種智——智波羅蜜多。滿心位起大法智雲，及現起大法智雲所含藏種種功德，成受職菩薩。

等覺：由十地道種智成就故入此地。此地應修一切種智，圓滿等覺地無生法忍；於百劫中修集極廣大福德，以之圓滿三十二大人相及無量隨形好。

妙覺：示現受生人間已斷盡煩惱障一切習氣種子，並斷盡所知障一切隨眠，永斷變易生死無明，成就大般涅槃，四智圓明。人間捨壽後，報身常住色究竟天利樂十方地上菩薩；以諸化身利樂有情，永無盡期，成就究竟佛道。

→ 七地滿心斷除故意保留之最後一分思惑時，煩惱障所攝色、受、想三陰有漏習氣種子全部斷盡。

煩惱障所攝行、識二陰無漏習氣種子任運漸斷，所知障所攝上煩惱任運漸斷。 → 斷盡變易生死成就大般涅槃

佛子蕭平實　謹製
（二〇〇九、〇二　修訂）
（二〇一二、〇二　增補）

佛教正覺同修會〈修學佛道次第表〉

第一階段

* 以憶佛及拜佛方式修習動中定力。
* 學第一義佛法及禪法知見。
* 無相拜佛功夫成就。
* 具備一念相續功夫—動靜中皆能看話頭。
* 努力培植福德資糧，勤修三福淨業。

第二階段

* 參話頭，參公案。
* 開悟明心，一片悟境。
* 鍛鍊功夫求見佛性。
* 眼見佛性〈餘五根亦如是〉親見世界如幻，成就如幻觀。
* 學習禪門差別智。
* 深入第一義經典。
* 修除性障及隨分修學禪定。
* 修證十行位陽焰觀。

第三階段

* 學一切種智真實正理—楞伽經、解深密經、成唯識論…。
* 參究末後句。
* 解悟末後句。
* 透牢關—親自體驗所悟末後句境界，親見實相，無得無失。
* 救護一切衆生迴向正道。護持了義正法，修證十迴向位如夢觀。
* 發十無盡願，修習百法明門，親證猶如鏡像現觀。
* 修除五蓋，發起禪定。持一切善法戒。親證猶如光影現觀。
* 進修四禪八定、四無量心、五神通。進修大乘種智，求證猶如谷響現觀。

佛教正覺同修會 共修現況 及 招生公告　2017/12/21

一、共修現況：（請在共修時間來電，以免無人接聽。）

台北正覺講堂 103 台北市承德路三段 277 號九樓 捷運淡水線圓山站旁
Tel..**總機** 02-25957295（晚上）（**分機：九樓**辦公室 10、11；知客櫃檯 12、13。 **十樓**知客櫃檯 15、16；書局櫃檯 14。 **五樓**辦公室 18；知客櫃檯 19。**二樓**辦公室 20；知客櫃檯 21。）
Fax..25954493

第一講堂　台北市承德路三段 277 號九樓

禪淨班：週一晚班、週三晚班、週四晚班、週五晚班、週六下午班、週六上午班（共修期間二年半，全程免費。皆須報名建立學籍後始可參加共修，欲報名者詳見本公告末頁。）

進階班：週一晚班、週三晚班、週四晚班、週五晚班（禪淨班結業後轉入共修）。

增上班：瑜伽師地論詳解：每月單數週之週末 17.50～20.50。平實導師講解，2003 年 2 月開講至今，預計 2019 年圓滿，僅限已明心之會員參加。

禪門差別智：每月第一週日全天　平實導師主講（事冗暫停）。

大法鼓經詳解　詳解末法時代大乘佛法修行之道。佛教正法消毒妙藥塗於大鼓而以擊之，凡有眾生聞之者，一切邪見鉅毒悉皆消殞；此經即是大法鼓之正義，凡聞之者，所有邪見之毒悉皆滅除，見道不難；亦能發起菩薩無量功德，是故諸大菩薩遠從諸方佛土來此娑婆聞修此經。平實導師主講，定於 2017 年 12 月底起，每逢周二晚上開講，第一至第六講堂都可同時聽聞，歡迎已發成佛大願的菩薩種性學人，攜眷共同參與此殊勝法會現場聞法，不限制聽講資格。本會學員憑上課證進入第一至第四講堂聽講，會外學人請以身分證件換證進入聽講（此爲大樓管理處安全管理規定之要求，敬請諒解）；第五及第六講堂（B1、B2）對外開放，不需出示任何證件，請由大樓側門直接進入。

第二講堂　台北市承德路三段 267 號十樓。

禪淨班：週一晚上班。

進階班：週三晚班、週四晚班、週五晚班、週六下午班。禪淨班結業後轉入共修。

大法鼓經詳解：平實導師講解。每週二 18.50~20.50 影像音聲即時傳輸

第三講堂　台北市承德路三段 277 號五樓。

禪淨班：週六下午班。

進階班：週一晚班、週三晚班、週四晚班、週五晚班。

大法鼓經詳解：平實導師講解。每週二 18.50~20.50 影像音聲即時傳輸

第四講堂　台北市承德路三段 267 號二樓。

進階班：週一晚上班、週三晚上班、週四晚上班（禪淨班結業後轉入共修）。

大法鼓經詳解：平實導師講解。每週二 18.50~20.50 影像音聲即時傳輸

第五、第六講堂

念佛班　每週日晚上，第六講堂共修（B2），一切求生極樂世界的三寶弟子皆可參加，不限制共修資格。

進階班：週一晚班、週三晚班、週四晚班。

大法鼓經詳解：平實導師講解。每週二 18.50~20.50 影像音聲即時傳輸。第五、第六講堂爲**開放式講堂**，不需以身分證件換證即可進入聽講，台北市承德路三段 267 號地下一樓、地下二樓。每逢週二晚上講經時段開放給會外人士自由聽經，請由大樓側面梯階逕行進入聽講。**聽講者請尊重講者的著作權及肖像權，請勿錄音錄影，以免違法；若有錄音錄影被查獲者，將依法處理。**

正覺祖師堂　大溪鎮美華里信義路 650 巷坑底 5 之 6 號（台 3 號省道 34 公里處 妙法寺對面斜坡道進入）電話 03-3886110　傳眞 03-3881692 本堂供奉 克勤圓悟大師，專供會員每年四月、十月各三次精進禪三共修，兼作本會出家菩薩掛單常住之用。除禪三時間以外，每逢單月第一週之週日 9:00~17:00 開放會內、外人士參訪，當天並提供午齋結緣。教內共修團體或道場，得另申請其餘時間作團體參訪，務請事先與常住確定日期，以便安排常住菩薩接引導覽，亦免妨礙常住菩薩之日常作息及修行。

桃園正覺講堂（第一、第二講堂）：桃園市介壽路 286、288 號 10 樓（陽明運動公園對面）電話：03-3749363（請於共修時聯繫，或與台北聯繫）

禪淨班：週一晚上班（1）、週一晚上班（2）、週三晚上班、週四晚上班、週五晚上班。

進階班：週四晚班、週五晚班、週六上午班。

增上班：雙週六晚上班（增上重播班）。

大法鼓經詳解：平實導師講解。每週二晚上，以台北正覺講堂所錄 DVD 放映；歡迎會外學人共同聽講，不需出示身分證件。

新竹正覺講堂　新竹市東光路 55 號二樓之一　電話 03-5724297（晚上）

第一講堂：

禪淨班：週一晚上班、週五晚上班、週六上午班。

進階班：週三晚上班、週四晚上班（由禪淨班結業後轉入共修）。

增上班：單週六晚上班。雙週六晚上班（重播班）。

大法鼓經詳解：平實導師講解。每週二晚上，以台北正覺講堂所錄 DVD 放映。歡迎會外學人共同聽講，不需出示身分證件。

第二講堂：

禪淨班：週三晚上班、週四晚上班。

大法鼓經詳解：每週二晚上與第一講堂同時播放佛藏經詳解 DVD。

第三、第四講堂：裝修完畢，即將開放。

台中正覺講堂 04-23816090（晚上）

第一講堂 台中市南屯區五權西路二段 666 號 13 樓之四（國泰世華銀行樓上。鄰近縣市經第一高速公路前來者，由五權西路交流道可以快速到達，大樓旁有停車場，對面有素食館）。

禪淨班：週三晚上班、週四晚上班。

進階班：週一晚上班、週六上午班（由禪淨班結業後轉入共修）。

增上班：增上班：單週六晚上班。雙週六晚上班（重播班）。

大法鼓經詳解：平實導師講解。每週二晚上，以台北正覺講堂所錄 DVD 放映。歡迎會外學人共同聽講，不需出示身分證件。

第二講堂 台中市南屯區五權西路二段 666 號 4 樓

禪淨班：週一晚上班、週三晚上班、週六上午班。

進階班：週五晚上班（由禪淨班結業後轉入共修）。

大法鼓經詳解：每週二晚上與第一講堂同時播放佛藏經詳解 DVD。

第三講堂、第四講堂：台中市南屯區五權西路二段 666 號 4 樓。

嘉義正覺講堂 嘉義市友愛路 288 號八樓之一 電話：05-2318228

第一講堂：

禪淨班：週一晚上班、週四晚上班、週五晚上班、週六上午班。

進階班：週三晚上班（由禪淨班結業後轉入共修）。

增上班：單週六晚上班。雙週六晚上班（重播班）。

大法鼓經詳解：平實導師講解。每週二晚上，以台北正覺講堂所錄 DVD 放映。歡迎會外學人共同聽講，不需出示身分證件。

第二講堂 嘉義市友愛路 288 號八樓之二。

台南正覺講堂

第一講堂 台南市西門路四段 15 號 4 樓。06-2820541（晚上）

禪淨班：週一晚上班、週三晚上班、週四晚上班、週五晚上班、週六下午班。

增上班：增上班：單週六晚上班。雙週六晚上班（重播班）。

大法鼓經詳解：平實導師講解。每週二晚上，以台北正覺講堂所錄 DVD 放映。歡迎會外學人共同聽講，不需出示身分證件。

第二講堂 台南市西門路四段 15 號 3 樓。

大法鼓經詳解：每週二晚上與第一講堂同時播放佛藏經詳解 DVD。

第三講堂 台南市西門路四段 15 號 3 樓。

進階班：週三晚上班、週四晚上班、週六上午班（由禪淨班結業後轉入共修）。

大法鼓經詳解：每週二晚上與第一講堂同時播放佛藏經詳解 DVD。

高雄正覺講堂 高雄市新興區中正三路 45 號五樓 07-2234248（晚上）

第一講堂（五樓）：

禪淨班：週一晚班、週三晚班、週四晚班、週五晚班、週六上午班。

增上班：單週週末下午，以台北增上班課程錄成 DVD 放映之，限已明心之會員參加。

大法鼓經詳解：平實導師講解。每週二晚上，以台北正覺講堂所錄 DVD 放映。歡迎會外學人共同聽講，不需出示身分證件。

第二講堂（四樓）：

進階班：週三晚上班、週四晚上班、週六上午班（由禪淨班結業後轉入共修）。

大法鼓經詳解：每週二晚上與第一講堂同時播放佛藏經詳解 DVD。

第三講堂（三樓）：

進階班：週四晚班（由禪淨班結業後轉入共修）。

香港正覺講堂 ☆已遷移新址☆

九龍觀塘，成業街 10 號，電訊一代廣場 27 樓 E 室。

（觀塘地鐵站 B1 出口，步行約 4 分鐘）。電話：(852) 23262231

英文地址：Unit E，27th Floor, TG Place, 10 Shing Yip Street, Kwun Tong, Kowloon

禪淨班：雙週六下午班 14:30-17:30，已經額滿。
雙週日下午班 14:30-17:30。
單週六下午班 14:30-17:30，已經額滿。

進階班：雙週五晚上班（由禪淨班結業後轉入共修）。

增上班：單週週末上午，以台北增上班課程錄成 DVD 放映之。

增上重播班：雙週週末上午，以台北增上班課程錄成 DVD 放映之。

大法鼓經詳解：平實導師講解。雙週六 19:00-21:00，以台北正覺講堂所錄 DVD 放映；歡迎會外學人共同聽講，不需出示身分證件。

美國洛杉磯正覺講堂 ☆已遷移新址☆

825 S. Lemon Ave Diamond Bar, CA 91789 U.S.A.

Tel. (909) 595-5222（請於週六 9:00~18:00 之間聯繫）

Cell. (626) 454-0607

禪淨班：每逢週末 15：30~17：30 上課。

進階班：每逢週末上午 10：00~12：00 上課。

大法鼓經詳解：平實導師講解。每週六下午 13：00~15：00 以台北所錄 DVD 放映。歡迎各界人士共享第一義諦無上法益，不需報名。

二、招生公告 本會台北講堂及全省各講堂、香港講堂，每逢四月、十月下旬開新班，每週共修一次（每次二小時。開課日起三個月內仍可插班）；但美國洛杉磯共修處之禪淨班得隨時插班共修。各班共修期間皆爲二年半，全程免費，欲參加者請向本會函索報名表（各共修處皆於共修時間方有人執事，非共修時間請勿電詢或前來洽詢、請書），或直接從本會官方網站(http://www.enlighten.org.tw/newsflash/class)或成佛之道網站下載報名表。共修期滿時，若經報名禪三審核通過者，可參加四天三夜之禪三精進共修，有機會明心、取證如來藏，發起般若實相智慧，成爲實義菩薩，脫離凡夫菩薩位。

三、新春禮佛祈福 農曆年假期間停止共修：自農曆新年前七天起停止共修與弘法，正月 8 日起回復共修、弘法事務。新春期間正月初一～初七 9.00～17.00 開放台北講堂、正月初一~初三開放桃園、新竹、台中、嘉義、台南、高雄講堂，以及大溪禪三道場（正覺祖師堂），方便會員供佛、祈福及會外人士請書。美國洛杉磯共修處之休假時間，請逕詢該共修處。

密宗四大派修雙身法，是外道性力派的邪法；又以生滅的識陰作為常住法，是常見外道，是假的藏傳佛教。

西藏覺囊巴以他空見弘揚第八識如來藏勝法，才是真藏傳佛教

佛教正覺同修會　弘法行事表

2017/12/07

1、**禪淨班**　以無相念佛及拜佛方式修習動中定力，實證一心不亂功夫。傳授解脫道正理及第一義諦佛法，以及參禪知見。共修期間：二年六個月。每逢四月、十月開新班，詳見招生公告表。

2、**進階班**　禪淨班畢業後得轉入此班，進修更深入的佛法，期能證悟明心。各地講堂各有多班，繼續深入佛法、增長定力，悟後得轉入增上班修學道種智，期能證得無生法忍。

3、**增上班 瑜伽師地論**詳解　詳解論中所言凡夫地至佛地等 17 師之修證境界與理論，從凡夫地、聲聞地……宣演到諸地所證無生法忍、一切種智之眞實正理。由平實導師開講，每逢一、三、五週之週末晚上開示，僅限已明心之會員參加。2003 年二月開講至今，預定 2019 年講畢。

4、**大法鼓經**詳解　詳解末法時代大乘佛法修行之道。佛教正法消毒妙藥塗於大鼓而以擊之，凡有眾生聞之者，一切邪見鉅毒悉皆消殞；此經即是大法鼓之正義，凡聞之者，所有邪見之毒悉皆滅除，見道不難；亦能發起菩薩無量功德，是故諸大菩薩遠從諸方佛土來此娑婆聞修此經。平實導師主講。定於 2017 年 12 月底開講，歡迎已發成佛大願的菩薩種性學人，攜眷共同參與此殊勝法會聽講。

本經破「有」而顯涅槃，以此名爲眞實的「法」；眞法即是第八識如來藏，《金剛經》《法華經》中亦名之爲「此經」。若墮在「有」中，皆名「非法」，「有」即是五陰、六入、十二處、十八界及內我所、外我所，皆非眞實法。若人如是俱說「法」與「非法」而宣揚佛法，名爲擊大法鼓；如是依「法」而捨「非法」，據以建立山門而爲眾說法，方可名爲眞正的法鼓山。此經中說，以「此經」爲菩薩道之本，以證得「此經」之正知見及法門作爲度人之「法」，方名眞實佛法，否則盡名「非法」。本經中對法與非法、有與涅槃，有深入之闡釋，歡迎教界一切善信（不論初機或久學菩薩），一同親沐　如來聖教，共沾法喜。由平實導師詳解。不限制聽講資格。

5、**精進禪三**　主三和尚：平實導師。於四天三夜中，以克勤圓悟大師及大慧宗杲之禪風，施設機鋒與小參、公案密意之開示，幫助會員剋期取證，親證不生不滅之眞實心——人人本有之如來藏。每年四月、十月各舉辦二個梯次；平實導師主持。僅限本會會員參加禪淨班共修期滿，報名審核通過者，方可參加。並選擇會中定力、慧力、福德三條件皆已具足之已明心會員，給以指引，令得眼見自己無形無相之佛性遍布山河大地，眞實而無障礙，得以肉眼現觀世界身心悉皆如幻，具足成就如幻觀，圓滿十住菩薩之證境。

6、**不退轉法輪經**詳解　本經所說妙法極為甚深難解，時至末法，已然無有知者；而其甚深絕妙之法，流傳至今依舊多人可證，顯示佛學眞是義學而非玄談，其中甚深極妙令人拍案稱絕之第一義諦妙義，平實導師將會加以解說。待《大法鼓經》宣講完畢時繼續宣講此經。

7、**阿含經**詳解　選擇重要之阿含部經典，依無餘涅槃之實際而加以詳解，令大眾得以現觀諸法緣起性空，亦復不墮斷滅見中，顯示經中所隱說之涅槃實際—如來藏—確實已於四阿含中隱說；令大眾得以聞後觀行，確實斷除我見乃至我執，證得**見到**眞現觀，乃至**身證**……等眞現觀；已得大乘或二乘見道者，亦可由此聞熏及聞後之觀行，除斷我所之貪著，成就慧解脫果。由平實導師詳解。不限制聽講資格。

8、**解深密經**詳解　重講本經之目的，在於令諸已悟之人明解大乘法道之成佛次第，以及悟後進修一切種智之內涵，確實證知三種自性性，並得據此證解七眞如、十眞如等正理。每逢週二 18.50~20.50 開示，由平實導師詳解。將於《大法鼓經》講畢後開講。不限制聽講資格。

9、**成唯識論**詳解　詳解一切種智眞實正理，詳細剖析一切種智之微細深妙廣大正理；並加以舉例說明，使已悟之會員深入體驗所證如來藏之微密行相；及證驗見分相分與所生一切法，皆由如來藏—阿賴耶識—直接或展轉而生，因此證知一切法無我，證知無餘涅槃之本際。將於增上班《瑜伽師地論》講畢後，由平實導師重講。僅限已明心之會員參加。

10、**精選如來藏系經典**詳解　精選如來藏系經典一部，詳細解說，以此完全印證會員所悟如來藏之眞實，得入不退轉住。另行擇期詳細解說之，由平實導師講解。僅限已明心之會員參加。

11、**禪門差別智**　藉禪宗公案之微細淆訛難知難解之處，加以宣說及剖析，以增進明心、見性之功德，啓發差別智，建立擇法眼。每月第一週日全天，由平實導師開示，僅限破參明心後，復又眼見佛性者參加（事冗暫停）。

12、**枯木禪**　先講智者大師的《小止觀》，後說《釋禪波羅蜜》，詳解四禪八定之修證理論與實修方法，細述一般學人修定之邪見與岔路，及對禪定證境之誤會，消除枉用功夫、浪費生命之現象。已悟般若者，可以藉此而實修初禪，進入大乘通教及聲聞教的三果心解脫境界，配合應有的大福德及後得無分別智、十無盡願，即可進入初地心中。親教師：平實導師。未來緣熟時將於正覺寺開講。不限制聽講資格。

註：本會例行年假，自 2004 年起，改為每年農曆新年前七天開始停息弘法事務及共修課程，農曆正月 8 日回復所有共修及弘法事務。新春期間（每日 9.00~17.00）開放台北講堂，方便會員禮佛祈福及會外人士請書。大溪區的正覺祖師堂，開放參訪時間，詳見〈正覺電子報〉或成佛之道網站。本表得因時節因緣需要而隨時修改之，不另作通知。

佛教正覺同修會　贈閱書籍 目錄　2015/09/29

1.**無相念佛**　平實導師著　回郵 10 元
2.**念佛三昧修學次第**　平實導師述著　回郵 25 元
3.**正法眼藏—護法集**　平實導師述著　回郵 35 元
4.**真假開悟簡易辨正法&佛子之省思**　平實導師著　回郵 3.5 元
5.**生命實相之辨正**　平實導師著　回郵 10 元
6.**如何契入念佛法門**（附：印順法師否定極樂世界）平實導師著　回郵 3.5 元
7.**平實書箋**—答元覽居士書　平實導師著　回郵 35 元
8.**三乘唯識**—如來藏系經律彙編　平實導師編　回郵 80 元
（精裝本　長 27 cm　寬 21 cm　高 7.5 cm　重 2.8 公斤）
9.**三時繫念全集**—修正本　回郵掛號 40 元（長 26.5 cm×寬 19 cm）
10.**明心與初地**　平實導師述　回郵 3.5 元
11.**邪見與佛法**　平實導師述著　回郵 20 元
12.**菩薩正道**—回應義雲高、釋性圓…等外道之邪見　正燦居士著　回郵 20 元
13.**甘露法雨**　平實導師述　回郵 20 元
14.**我與無我**　平實導師述　回郵 20 元
15.**學佛之心態**—修正錯誤之學佛心態始能與正法相應　孫正德老師著　回郵35元
附錄：平實導師著**《略說八、九識並存…等之過失》**
16.**大乘無我觀**—《悟前與悟後》別說　平實導師述著　回郵 20 元
17.**佛教之危機**—中國台灣地區現代佛教之真相（附錄：公案拈提六則）
平實導師著　回郵 25 元
18.**燈 影**—燈下黑（覆「求教後學」來函等）　平實導師著　回郵 35 元
19.**護法與毀法**—覆上平居士與徐恒志居士網站毀法二文
張正圜老師著　回郵 35 元
20.**淨土聖道**—兼評**選擇本願念佛**　正德老師著　**由正覺同修會購贈**　回郵 25 元
21.**辨唯識性相**—對「紫蓮心海《辯唯識性相》書中否定阿賴耶識」之回應
正覺同修會 台南共修處法義組 著　回郵 25 元
22.**假如來藏**—對法蓮法師《如來藏與阿賴耶識》書中否定阿賴耶識之回應
正覺同修會 台南共修處法義組 著　回郵 35 元
23.**入不二門**—公案拈提集錦 第一輯（於平實導師公案拈提諸書中選錄約二十則，
合輯爲一冊流通之）平實導師著　回郵 20 元
24.**真假邪說**—西藏密宗索達吉喇嘛《破除邪說論》真是邪說
釋正安法師著　回郵 35 元
25.**真假開悟**—真如、如來藏、阿賴耶識間之關係　平實導師述著　回郵 35 元
26.**真假禪和**—辨正釋傳聖之謗法謬說　孫正德老師著　回郵 30 元

27.**眼見佛性**—駁慧廣法師眼見佛性的含義文中謬說

游正光老師著　回郵 25 元

28.**普門自在**—公案拈提集錦 第二輯（於平實導師公案拈提諸書中選錄約二十則，合輯為一冊流通之）平實導師著　回郵 25 元

29.**印順法師的悲哀**—以現代禪的質疑為線索　恒毓博士著　回郵 25 元

30.**識蘊真義**—現觀識蘊內涵、取證初果、親斷三縛結之具體行門。

—依《成唯識論》及《唯識述記》正義，略顯安慧《大乘廣五蘊論》之邪謬

平實導師著　回郵 35 元

31.**正覺電子報** 各期紙版本　免附回郵　每次最多函索三期或三本。

（已無存書之較早各期，不另增印贈閱）

32.**現代人應有的宗教觀**　蔡正禮老師 著　回郵3.5元

33.**遠惑趣道**—正覺電子報般若信箱問答錄　第一輯　回郵20元

34.**遠惑趣道**—正覺電子報般若信箱問答錄　第二輯　回郵20元

35.**確保您的權益**—器官捐贈應注意自我保護　游正光老師 著　回郵10元

36.**正覺教團電視弘法三乘菩提 DVD 光碟**（一）

由正覺教團多位親教師共同講述錄製 DVD 8 片，MP3 一片，共 9 片。有二大講題：一為「三乘菩提之意涵」，二為「學佛的正知見」。內容精闢，深入淺出，精彩絕倫，幫助大眾快速建立三乘法道的正知見，免被外道邪見所誤導。有志修學三乘佛法之學人不可不看。(製作工本費 100 元，回郵 25 元）

37.**正覺教團電視弘法 DVD 專輯**（二）

總有二大講題：一為「三乘菩提之念佛法門」，一為「學佛正知見(第二篇)」，由正覺教團多位親教師輪番講述，內容詳細闡述如何修學念佛法門、實證念佛三昧，以及學佛應具有的正確知見，可以幫助發願往生西方極樂淨土之學人，得以把握往生，更可令學人快速建立三乘法道的正知見，免於被外道邪見所誤導。有志修學三乘佛法之學人不可不看。(一套 17 片，工本費 160 元。回郵 35 元）

38.**佛藏經** 燙金精裝本　每冊回郵 20 元。正修佛法之道場欲大量索取者，請正式發函並蓋用大印寄來索取（2008.04.30 起開始敬贈）

39.**喇嘛性世界**—揭開假藏傳佛教譚崔瑜伽的面紗　張善思 等人合著

由正覺同修會購贈　回郵 20 元

40.**假藏傳佛教的神話**—性、謊言、喇嘛教　張正玄教授編著　回郵 20 元

由正覺同修會購贈　回郵 20 元

41.**隨 緣**—理隨緣與事隨緣　平實導師述　回郵 20 元。

42.**學佛的覺醒**　正枝居士 著　回郵 25 元

43.**導師之真實義**　蔡正禮老師 著　回郵 10 元

44.**淺談達賴喇嘛之雙身法**—兼論解讀「密續」之達文西密碼

吳明芷居士 著　回郵 10 元

45.**魔界轉世**　張正玄居士 著　回郵 10 元

46.**一貫道與開悟**　蔡正禮老師 著　回郵 10 元

47.**博愛**—愛盡天下女人　正覺教育基金會 編印　回郵 10 元

48.**意識虛妄經教彙編**—實證解脫道的關鍵經文　正覺同修會編印　回郵25元

49.**邪箭囈語**—破斥藏密外道多識仁波切《破魔金剛箭雨論》之邪說

陸正元老師著　上、下冊回郵各 30 元

50.**真假沙門**—依 佛聖教闡釋佛教僧寶之定義

蔡正禮老師著　俟正覺電子報連載後結集出版

51.**真假禪宗**—藉評論釋性廣《印順導師對變質禪法之批判

及對禪宗之肯定》以顯示真假禪宗

附論一：凡夫知見 無助於佛法之信解行證

附論二：世間與出世間一切法皆從如來藏實際而生而顯

余正偉老師著　俟正覺電子報連載後結集出版　回郵未定

52.**假鋒虛焰金剛乘**—揭示顯密正理，兼破索達吉師徒《般若鋒兮金剛焰》。

釋正安 法師著　俟正覺電子報連載後結集出版

★ 上列贈書之郵資，係台灣本島地區郵資，大陸、港、澳地區及外國地區，請另計酌增（大陸、港、澳、國外地區之郵票不許通用）。尚未出版之書，請勿先寄來郵資，以免增加作業煩擾。

★ 本目錄若有變動，唯於後印之書籍及「成佛之道」網站上修正公佈之，不另行個別通知。

函索書籍請寄：佛教正覺同修會　103 台北市承德路 3 段 277 號 9 樓
台灣地區函索書籍者請附寄郵票，無時間購買郵票者可以等值現金抵用，但不接受郵政劃撥、支票、匯票。大陸地區得以人民幣計算，國外地區請以美元計算（請勿寄來當地郵票，在台灣地區不能使用）。欲以掛號寄遞者，請另附掛號郵資。

親自索閱：正覺同修會各共修處。　★請於共修時間前往取書，餘時無人在道場，請勿前往索取；共修時間與地點，詳見書末正覺同修會共修現況表（以近期之共修現況表為準）。

註：正智出版社發售之局版書，請向各大書局購閱。若書局之書架上已經售出而無陳列者，請向書局櫃台指定洽購；若書局不便代購者，請於正覺同修會共修時間前往各共修處請購，正智出版社已派人於共修時間送書前往各共修處流通。 郵政劃撥購書及 大陸地區 購書，請詳別頁正智出版社發售書籍目錄最後頁之說明。

成佛之道 網站：http://www.a202.idv.tw　正覺同修會已出版之結緣書籍，多已登載於 成佛之道 網站，若住外國、或住處遙遠，不便取得正覺同修會贈閱書籍者，可以從本網站閱讀及下載。　書局版之《宗通與說通》亦已上網，台灣讀者可向書局洽購，售價 300 元。《狂密與眞密》第一輯~第四輯，亦於 2003.5.1.全部於本網站登載完畢；台灣地區讀者請向書局洽購，每輯約 400 頁，售價 300 元（網站下載紙張費用較貴，容易散失，難以保存，亦較不精美）。

＊＊假藏傳佛教修雙身法，非佛教＊＊

正智出版社 籌募弘法基金發售書籍目錄 2018/08/07

1.**宗門正眼**—公案拈提 第一輯 重拈 平實導師著 500 元

因重寫內容大幅度增加故，字體必須改小，並增爲 576 頁 主文 546 頁。比初版更精彩、更有內容。初版《禪門摩尼寶聚》之讀者，可寄回本公司免費調換新版書。免附回郵，亦無截止期限。（2007 年起，每冊附贈本公司精製公案拈提〈超意境〉CD 一片。市售價格 280 元，多購多贈。）

2.**禪淨圓融** 平實導師著 200 元（第一版舊書可換新版書。）

3.**真實如來藏** 平實導師著 400 元

4.**禪—悟前與悟後** 平實導師著 上、下冊，每冊 250 元

5.**宗門法眼**—公案拈提 第二輯 平實導師著 500 元

（2007 年起，每冊附贈本公司精製公案拈提〈超意境〉CD 一片）

6.**楞伽經詳解** 平實導師著 全套共 10 輯 每輯 250 元

7.**宗門道眼**—公案拈提 第三輯 平實導師著 500 元

（2007 年起，每冊附贈本公司精製公案拈提〈超意境〉CD 一片）

8.**宗門血脈**—公案拈提 第四輯 平實導師著 500 元

（2007 年起，每冊附贈本公司精製公案拈提〈超意境〉CD 一片）

9.**宗通與說通**—成佛之道 平實導師著 主文 381 頁 全書 400 頁售價 300 元

10.**宗門正道**—公案拈提 第五輯 平實導師著 500 元

（2007 年起，每冊附贈本公司精製公案拈提〈超意境〉CD 一片）

11.**狂密與真密 一～四輯** 平實導師著 西藏密宗是人間最邪淫的宗教，本質不是佛教，只是披著佛教外衣的印度教性力派流毒的喇嘛教。此書中將西藏密宗密傳之男女雙身合修樂空雙運所有祕密與修法，毫無保留完全公開，並將全部喇嘛們所不知道的部分也一併公開。內容比大辣出版社喧騰一時的《西藏慾經》更詳細。並且函蓋藏密的所有祕密及其錯誤的中觀見、如來藏見……等，藏密的所有法義都在書中詳述、分析、辨正。每輯主文三百餘頁 每輯全書約 400 頁 售價每輯 300 元

12.**宗門正義**—公案拈提 第六輯 平實導師著 500 元

（2007 年起，每冊附贈本公司精製公案拈提〈超意境〉CD 一片）

13.**心經密意**—心經與解脫道、佛菩提道、祖師公案之關係與密意 平實導師述 300 元

14.**宗門密意**—公案拈提 第七輯 平實導師著 500 元

（2007 年起，每冊附贈本公司精製公案拈提〈超意境〉CD 一片）

15.**淨土聖道**—兼評「選擇本願念佛」 正德老師著 200 元

16.**起信論講記** 平實導師述著 共六輯 每輯三百餘頁 售價各 250 元

17.**優婆塞戒經講記** 平實導師述著 共八輯 每輯三百餘頁 售價各 250 元

18.**真假活佛**—略論附佛外道盧勝彥之邪說（對前岳靈犀網站主張「盧勝彥是證悟者」之修正） 正犀居士（岳靈犀）著 流通價 140 元

19.**阿含正義**—唯識學探源 平實導師著 共七輯 每輯 300 元

20.**超意境** CD 以平實導師公案拈提書中超越意境之頌詞，加上曲風優美的旋律，錄成令人嚮往的超意境歌曲，其中包括正覺發願文及平實導師親自譜成的黃梅調歌曲一首。詞曲雋永，殊堪翫味，可供學禪者吟詠，有助於見道。內附設計精美的彩色小冊，解說每一首詞的背景本事。每片 280 元。【每購買公案拈提書籍一冊，即贈送一片。】

21.**菩薩底憂鬱** CD 將菩薩情懷及禪宗公案寫成新詞，並製作成超越意境的優美歌曲。 1.主題曲〈菩薩底憂鬱〉，描述地後菩薩能離三界生死而迴向繼續生在人間，但因尚未斷盡習氣種子而有極深沈之憂鬱，非三賢位菩薩及二乘聖者所知，此憂鬱在七地滿心位方才斷盡；本曲之詞中所說義理極深，昔來所未曾見；此曲係以優美的情歌風格寫詞及作曲，聞者得以激發嚮往諸地菩薩境界之大心，詞、曲都非常優美，難得一見；其中勝妙義理之解說，已印在附贈之彩色小冊中。 2.以各輯公案拈提中直示禪門入處之頌文，作成各種不同曲風之超意境歌曲，值得玩味、參究；聆聽公案拈提之優美歌曲時，請同時閱讀內附之印刷精美說明小冊，可以領會超越三界的證悟境界；未悟者可以因此引發求悟之意向及疑情，眞發菩提心而邁向求悟之途，乃至因此眞實悟入般若，成眞菩薩。 3.正覺總持咒新曲，總持佛法大意；總持咒之義理，已加以解說並印在隨附之小冊中。本 CD 共有十首歌曲，長達 63 分鐘。每盒各附贈二張購書優惠券。每片 280 元。

22.**禪意無限** CD 平實導師以公案拈提書中偈頌寫成不同風格曲子，與他人所寫不同風格曲子共同錄製出版，幫助參禪人進入禪門超越意識之境界。盒中附贈彩色印製的精美解說小冊，以供聆聽時閱讀，令參禪人得以發起參禪之疑情，即有機會證悟本來面目而發起實相智慧，實證大乘菩提般若，能如實證知般若經中的眞實意。本 CD 共有十首歌曲，長達 69 分鐘，每盒各附贈二張購書優惠券。每片 280 元。

23.**我的菩提路**第一輯　釋悟圓、釋善藏等人合著　售價 300 元

24.**我的菩提路**第二輯　郭正益、張志成等人合著　售價 300 元

25.**我的菩提路**第三輯　王美伶等人合著　售價 300 元

26.**我的菩提路**第四輯　陳晏平等人合著　售價 300 元

27.**鈍鳥與靈龜**—考證後代凡夫對大慧宗杲禪師的無根誹謗。

平實導師著 共 458 頁 售價 350 元

28.**維摩詰經講記** 平實導師述 共六輯 每輯三百餘頁 售價各 250 元

29.**真假外道**—破劉東亮、杜大威、釋證嚴常見外道見　正光老師著　200 元

30.**勝鬘經講記**—兼論印順《勝鬘經講記》對於《勝鬘經》之誤解。

平實導師述　共六輯　每輯三百餘頁　售價250 元

31.**楞嚴經講記** 平實導師述 共 **15** 輯，每輯三百餘頁 售價 300 元

32.**明心與眼見佛性**—駁慧廣〈蕭氏「眼見佛性」與「明心」之非〉文中謬說

正光老師著　共 448 頁　售價 300 元

33.**見性與看話頭** 黃正倖老師 著，本書是禪宗參禪的方法論。

內文 375 頁，全書 416 頁，售價 300 元。

34.**達賴真面目**—玩盡天下女人 白正偉老師 等著 中英對照彩色精裝大本 800 元

35.**喇嘛性世界**—揭開假藏傳佛教譚崔瑜伽的面紗　張善思 等人著　200 元

36.**假藏傳佛教的神話**—性、謊言、喇嘛教　正玄教授編著　200 元

37.**金剛經宗通**　平實導師述　共九輯　每輯售價 250 元。

38.**空行母**—性別、身分定位，以及藏傳佛教。

珍妮·坎貝爾著 呂艾倫 中譯 售價 250 元

39.**末代達賴**—性交教主的悲歌　張善思、呂艾倫、辛燕編著 售價 250 元

40.**霧峰無霧**—給哥哥的信　辨正釋印順對佛法的無量誤解

游宗明 老師著　售價 250 元

41.**第七意識與第八意識？**—穿越時空「超意識」

平實導師述　每冊 300 元

42.**黯淡的達賴**—失去光彩的諾貝爾和平獎

正覺教育基金會編著　每冊 250 元

43.**童女迦葉考**—論呂凱文〈佛教輪迴思想的論述分析〉之謬。

平實導師 著 定價 180 元

44.**人間佛教**—實證者必定不悖三乘菩提

平實導師 述，定價 400 元

45.**實相經宗通**　平實導師述　共八輯　每輯 250 元

46.**真心告訴您(一)**—達賴喇嘛在幹什麼？

正覺教育基金會編著　售價 250 元

47.**中觀金鑑**—詳述應成派中觀的起源與其破法本質

孫正德老師著　分爲上、中、下三冊，每冊 250 元

48.**藏傳佛教要義**—《狂密與真密》之簡體字版　平實導師 著 上、下冊

僅在大陸流通　每冊 300 元

49.**法華經講義**　平實導師述　共二十五輯　每輯 300 元

已於 2015/05/31 起開始出版，每二個月出版一輯

50.**西藏「活佛轉世」制度**—附佛、造神、世俗法

許正豐、張正玄老師合著　定價 150 元

51.**廣論三部曲**　郭正益老師著　定價 150 元

52.**真心告訴您(二)**—達賴喇嘛是佛教僧侶嗎？

—補祝達賴喇嘛八十大壽

正覺教育基金會編著　售價 300 元

53.**次法**—實證佛法前應有的條件

張善思居士著　分爲上、下二冊，每冊 250 元

54.**涅槃**—解說四種涅槃之實證及內涵　平實導師著 上下冊 各 350 元

55.**廣論之平議**—宗喀巴《菩提道次第廣論》之平議　正雄居士著

約二或三輯　俟正覺電子報連載後結集出版　書價未定

56.**末法導護**—對印順法師中心思想之綜合判攝　正慶老師著　書價未定

57.**菩薩學處**—菩薩四攝六度之要義　陸正元老師著　出版日期未定。
58.**八識規矩頌**詳解　○○居士 註解　出版日期另訂　書價未定。
59.**印度佛教史**—法義與考證。依法義史實評論印順《印度佛教思想史、佛教史地考論》之謬說　正偉老師著　出版日期未定　書價未定
60.**中國佛教史**—依中國佛教正法史實而論。○○老師 著　書價未定。
61.**中論正義**—釋龍樹菩薩《中論》頌正理。
孫正德老師著　出版日期未定　書價未定
62.**中觀正義**—註解平實導師《中論正義頌》。
○○法師（居士）著　出版日期未定　書價未定
63.**佛藏經講記**　平實導師述　出版日期未定　書價未定
64.**阿含經講記**—將選錄四阿含中數部重要經典全經講解之，講後整理出版。
平實導師述　約二輯　每輯300元　出版日期未定
65.**寶積經講記**　平實導師述　每輯三百餘頁 優惠價300元 出版日期未定
66.**解深密經講記**　平實導師述 約四輯　將於重講後整理出版
67.**成唯識論略解**　平實導師著　五～六輯　每輯300元　出版日期未定
68.**修習止觀坐禪法要講記**　平實導師述　每輯三百餘頁
將於正覺寺建成後重講、以講記逐輯出版　出版日期未定
69.**無門關**—《無門關》公案拈提　平實導師著　出版日期未定
70.**中觀再論**—兼述印順《中觀今論》謬誤之平議。正光老師著 出版日期未定
71.**輪迴與超度**—佛教超度法會之真義。
○○法師（居士）著　出版日期未定　書價未定
72.**《釋摩訶衍論》平議**—對偽稱龍樹所造《釋摩訶衍論》之平議
○○法師（居士）著　出版日期未定　書價未定
73.**正覺發願文**註解—以真實大願為因 得證菩提
正德老師著　出版日期未定　書價未定
74.**正覺總持咒**—佛法之總持　正圜老師著　出版日期未定　書價未定
75.**三自性**—依四食、五蘊、十二因緣、十八界法，說三性三無性。
作者未定　出版日期未定
76.**道品**—從三自性說大小乘三十七道品　作者未定　出版日期未定
77.**大乘緣起觀**—依四聖諦七真如現觀十二緣起 作者未定　出版日期未定
78.**三德**—論解脫德、法身德、般若德。　作者未定　出版日期未定
79.**真假如來藏**—對印順《如來藏之研究》謬說之平議　作者未定 出版日期未定
80.**大乘道次第**　作者未定　出版日期未定　書價未定
81.**四緣**—依如來藏故有四緣。　作者未定　出版日期未定
82.**空之探究**—印順《空之探究》謬誤之平議　作者未定 出版日期未定
83.**十法義**—論阿含經中十法之正義　作者未定　出版日期未定
84.**外道見**—論述外道六十二見　作者未定　出版日期未定

正智出版社有限公司　書籍介紹

禪淨圓融：言淨土諸祖所未曾言，示諸宗祖師所未曾示；禪淨圓融，另闢成佛捷徑，兼顧自力他力，闡釋淨土門之速行易行道，亦同時揭櫫聖教門之速行易行道；令廣大淨土行者得免緩行難證之苦，亦令聖道門行者得以藉著淨土速行道而加快成佛之時劫。乃前無古人之超勝見地，非一般弘揚禪淨法門典籍也，先讀爲快。平實導師著 200元。

宗門正眼—公案拈提第一輯：繼承克勤圜悟大師碧巖錄宗旨之禪門鉅作。先則舉示當代大法師之邪說，消弭當代禪門大師鄉愿之心態，摧破當今禪門「世俗禪」之妄談；次則旁通教法，表顯宗門正理；繼以道之次第，消弭古今狂禪；後藉言語及文字機鋒，直示宗門入處。悲智雙運，禪味十足，數百年來難得一睹之禪門鉅著也。平實導師著　500元（原初版書《禪門摩尼寶聚》，改版後補充爲五百餘頁新書，總計多達二十四萬字，內容更精彩，並改名爲《宗門正眼》，讀者原購初版《禪門摩尼寶聚》皆可寄回本公司免費換新，免附回郵，亦無截止期限）（2007年起，凡購買公案拈提第一輯至第七輯，每購一輯皆贈送本公司精製公案拈提〈超意境〉CD一片，市售價格280元，多購多贈）。

禪—悟前與悟後：本書能建立學人悟道之信心與正確知見，圓滿具足而有次第地詳述禪悟之功夫與禪悟之內容，指陳參禪中細微淆訛之處，能使學人明自眞心、見自本性。若未能悟入，亦能以正確知見辨別古今中外一切大師究係眞悟？或屬錯悟？便有能力揀擇，捨名師而選明師，後時必有悟道之緣。一旦悟道，遲者七次人天往返，便出三界，速者一生取辦。學人欲求開悟者，不可不讀。　平實導師著。上、下冊共500元，單冊250元。

眞實如來藏：如來藏眞實存在，乃宇宙萬有之本體，並非印順法師、達賴喇嘛等人所說之「唯有名相、無此心體」。如來藏是涅槃之本際，是一切有智之人竭盡心智、不斷探索而不能得之生命實相；是古今中外許多大師自以爲悟而當面錯過之生命實相。如來藏即是阿賴耶識，乃是一切有情本自具足、不生不滅之眞實心。當代中外大師於此書出版之前所未能言者，作者於本書中盡情流露、詳細闡釋。眞悟者讀之，必能增益悟境、智慧增上；錯悟者讀之，必能檢討自己之錯誤，免犯大妄語業；未悟者讀之，能知參禪之理路，亦能以之檢查一切名師是否眞悟。此書是一切哲學家、宗教家、學佛者及欲昇華心智之人必讀之鉅著。　平實導師著　售價400元。

宗門法眼—公案拈提第二輯：列舉實例，闡釋土城廣欽老和尚之悟處；並直示這位不識字的老和尚妙智橫生之根由，繼而剖析禪宗歷代大德之開悟公案，解析當代密宗高僧卡盧仁波切之錯悟證據，並例舉當代顯宗高僧、大居士之錯悟證據（凡健在者，爲免影響其名聞利養，皆隱其名）。藉辨正當代名師之邪見，向廣大佛子指陳禪悟之正道，彰顯宗門法眼。悲勇兼出，強捋虎鬚；慈智雙運，巧探驪龍；摩尼寶珠在手，直示宗門入處，禪味十足；若非大悟徹底，不能爲之。禪門精奇人物，允宜人手一冊，供作參究及悟後印證之圭臬。本書於2008年4月改版，增寫爲大約500頁篇幅，以利學人研讀參究時更易悟入宗門正法，以前所購初版首刷及初版二刷舊書，皆可免費換取新書。平實導師著　500元（2007年起，凡購買公案拈提第一輯至第七輯，每購一輯皆贈送本公司精製公案拈提〈超意境〉CD一片，市售價格280元，多購多贈）。

宗門道眼—公案拈提第三輯：繼宗門法眼之後，再以金剛之作略、慈悲之胸懷、犀利之筆觸，舉示寒山、拾得、布袋三大士之悟處，消弭當代錯悟者對於寒山大士……等之誤會及誹謗。　亦舉出民初以來與虛雲和尚齊名之蜀郡鹽亭袁煥仙夫子——南懷瑾老師之師，其「悟處」何在？並蒐羅許多眞悟祖師之證悟公案，顯示禪宗歷代祖師之睿智，指陳部分祖師、奧修及當代顯密大師之謬悟，作爲殷鑑，幫助禪子建立及修正參禪之方向及知見。假使讀者閱此書已，一時尚未能悟，亦可一面加功用行，一面以此宗門道眼辨別眞假善知識，避開錯誤之印證及歧路，可免大妄語業之長劫慘痛果報。欲修禪宗之禪者，務請細讀。平實導師著　售價500元（2007年起，凡購買公案拈提第一輯至第七輯，每購一輯皆贈送本公司精製公案拈提〈超意境〉CD一片，市售價格280元，多購多贈）。

楞伽經詳解：本經是禪宗見道者印證所悟眞僞之根本經典，亦是禪宗見道者悟後起修之依據經典；故達摩祖師於印證二祖慧可大師之後，將此經典連同佛缽祖衣一併交付二祖，令其依此經典佛示金言、進入修道位，修學一切種智。由此可知此經對於眞悟之人修學佛道，是非常重要之一部經典。此經能破外道邪說，亦破佛門中錯悟名師之謬說，亦破禪宗部分祖師之狂禪：不讀經典、一向主張「一悟即成究竟佛」之謬執。並開示愚夫所行禪、觀察義禪、攀緣如禪、如來禪等差別，令行者對於三乘禪法差異有所分辨；亦糾正禪宗祖師古來對於如來禪之誤解，嗣後可免以訛傳訛之弊。此經亦是法相唯識宗之根本經典，禪者悟後欲修一切種智而入初地者，必須詳讀。平實導師著，全套共十輯，已全部出版完畢，每輯主文約320頁，每冊約352頁，定價250元。

宗門血脈—公案拈提第四輯：末法怪象—許多修行人自以爲悟，每將無念靈知認作眞實；崇尚二乘法諸師及其徒衆，則將外於如來藏之緣起性空—無因論之無常空、斷滅空、一切法空—錯認爲 佛所說之般若空性。這兩種現象已於當今海峽兩岸及美加地區顯密大師之中普遍存在；人人自以爲悟，心高氣壯，便敢寫書解釋祖師證悟之公案，大多出於意識思惟所得，言不及義，錯誤百出，因此誤導廣大佛子同陷大妄語之地獄業中而不能自知。彼等書中所說之悟處，其實處處違背第一義經典之聖言量。彼等諸人不論是否身披袈裟，都非佛法宗門血脈，或雖有禪宗法脈之傳承，亦只徒具形式；猶如螟蛉，非眞血脈，未悟得根本眞實故。禪子欲知 佛、祖之眞血脈者，請讀此書，便知分曉。平實導師著，主文452頁，全書464頁，定價500元（2007年起，凡購買公案拈提第一輯至第七輯，每購一輯皆贈送本公司精製公案拈提〈超意境〉CD一片，市售價格280元，多購多贈）。

宗通與說通：古今中外，錯誤之人如麻似粟，每以常見外道所說之靈知心，認作眞心；或妄想虛空之勝性能量爲眞如，或錯認物質四大元素藉冥性（靈知心本體）能成就吾人色身及知覺，或認初禪至四禪中之了知心爲不生不滅之涅槃心。此等皆非通宗者之見地。復有錯悟之人一向主張「宗門與教門不相干」，此即尚未通達宗門之人也。其實宗門與教門互通不二，宗門所證者乃是眞如與佛性，故教門所說者乃說宗門證悟之眞如佛性，故教門與宗門不二。本書作者以宗教二門互通之見地，細說「宗通與說通」，從初見道至悟後起修之道、細說分明；並將諸宗諸派在整體佛教中之地位與次第，加以明確之教判，學人讀之即可了知佛法之梗概也。欲擇明師學法之前，允宜先讀。平實導師著，主文共381頁，全書392頁，只售成本價300元。

宗門正道—公案拈提第五輯：修學大乘佛法有二果須證—解脫果及大菩提果。二乘人不證大菩提果，唯證解脫果；此果之智慧，名爲聲聞菩提、緣覺菩提。大乘佛子所證二果之菩提果爲佛菩提，故名大菩提果，其慧名爲一切種智—函蓋二乘解脫果。然此大乘二果修證，須經由禪宗之宗門證悟方能相應。而宗門證悟極難，自古已然；其所以難者，咎在古今佛教界普遍存在三種邪見：1.以修定認作佛法，　2.以無因論之緣起性空—否定涅槃本際如來藏以後之一切法空作爲佛法，3.以常見外道邪見（離語言妄念之靈知性）作爲佛法。　如是邪見，或因自身正見未立所致，或因邪師之邪教導所致，或因無始劫來虛妄熏習所致。若不破除此三種邪見，永劫不悟宗門眞義、不入大乘正道，唯能外門廣修菩薩行。　平實導師於此書中，有極爲詳細之說明，有志佛子欲摧邪見、入於內門修菩薩行者，當閱此書。主文共496頁，全書512頁。售價500元（2007年起，凡購買公案拈提第一輯至第七輯，每購一輯皆贈送本公司精製公案拈提〈超意境〉CD一片，市售價格280元，多購多贈）。

狂密與眞密：密教之修學，皆由有相之觀行法門而入，其最終目標仍不離顯教經典所說第一義諦之修證；若離顯教第一義經典、或違背顯教第一義經典，即非佛教。西藏密教之觀行法，如灌頂、觀想、遷識法、寶瓶氣、大聖歡喜雙身修法、喜金剛、無上瑜伽、大樂光明、樂空雙運等，皆是印度教兩性生生不息思想之轉化，自始至終皆以如何能運用交合淫樂之法達到全身受樂爲其中心思想，純屬欲界五欲的貪愛，不能令人超出欲界輪迴，更不能令人斷除我見；何況大乘之明心與見性，更無論矣！故密宗之法絕非佛法也。而其明光大手印、大圓滿法教，又皆同以常見外道所說離語言妄念之無念靈知心錯認爲佛地之眞如，不能直指不生不滅之眞如。西藏密宗所有法王與徒衆，都尚未開頂門眼，不能辨別眞僞，以依人不依法、依密續不依經典故，不肯將其上師喇嘛所說對照第一義經典，純依密續之藏密祖師所說爲準，因此而誇大其證德與證量，動輒謂彼祖師上師爲究竟佛、爲地上菩薩；如今台海兩岸亦有自謂其師證量高於　釋迦文佛者，然觀其師所述，猶未見道，仍在觀行即佛階段，尚未到禪宗相似即佛、分證即佛階位，竟敢標榜爲究竟佛及地上法王，誑惑初機學人。凡此怪象皆是狂密，不同於眞密之修行者。近年狂密盛行，密宗行者被誤導者極衆，動輒自謂已證佛地眞如，自視爲究竟佛，陷於大妄語業中而不知自省，反謗顯宗眞修實證者之證量粗淺；或如義雲高與釋性圓…等人，於報紙上公然誹謗眞實證道者爲「騙子、無道人、人妖、癩蛤蟆…」等，造下誹謗大乘勝義僧之大惡業；或以外道法中有爲有作之甘露、魔術……等法，誑騙初機學人，狂言彼外道法爲眞佛法。如是怪象，在西藏密宗及附藏密之外道中，不一而足，舉之不盡，學人宜應愼思明辨，以免上當後又犯毀破菩薩戒之重罪。密宗學人若欲遠離邪知邪見者，請閱此書，即能了知密宗之邪謬，從此遠離邪見與邪修，轉入眞正之佛道。　平實導師著　共四輯　每輯約400頁（主文約340頁）每輯售價300元。

宗門正義—公案拈提第六輯：佛教有六大危機，乃是藏密化、世俗化、膚淺化、學術化、宗門密意失傳、悟後進修諸地之次第混淆；其中尤以宗門密意之失傳，爲當代佛教最大之危機。由宗門密意失傳故，易令 世尊本懷普被錯解，易令 世尊正法被轉易爲外道法，以及加以淺化、世俗化，是故宗門密意之廣泛弘傳與具緣佛弟子，極爲重要。然而欲令宗門密意之廣泛弘傳予具緣之佛弟子者，必須同時配合錯誤知見之解析、普令佛弟子知之，然後輔以公案解析之直示入處，方能令具緣之佛弟子悟入。而此二者，皆須以公案拈提之方式爲之，方易成其功、竟其業，是故平實導師續作宗門正義一書，以利學人。 全書500餘頁，售價500元（2007年起，凡購買公案拈提第一輯至第七輯，每購一輯皆贈送本公司精製公案拈提〈超意境〉CD一片，市售價格280元，多購多贈）。

心經密意—心經與解脫道、佛菩提道、祖師公案之關係與密意。二乘菩提所證之解脫道，實依第八識心之斷除煩惱障現行而立解脫之名；大乘菩提所證之佛菩提道，實依親證第八識如來藏之涅槃性、清淨自性、及其中道性而立般若之名；禪宗祖師公案所證之眞心，即是此第八識如來藏；是故三乘佛法所修所證之三乘菩提，皆依此如來藏心而立名也。此第八識心，即是《心經》所說之心也。證得此如來藏已，即能漸入大乘佛菩提道，亦可因證知此心而了知二乘無學所不能知之無餘涅槃本際，是故《心經》之密意，與三乘佛菩提之關係極爲密切、不可分割，三乘佛法皆依此心而立名故。今者平實導師以其所證解脫道之無生智及佛菩提之般若種智，將《心經》與解脫道、佛菩提道、祖師公案之關係與密意，以演講之方式，用淺顯之語句和盤托出，發前人所未言，呈三乘菩提之眞義，令人藉此《心經密意》一舉而窺三乘菩提之堂奧，迥異諸方言不及義之說；欲求眞實佛智者、不可不讀！主文317頁，連同跋文及序文…等共384頁，售價300元。

宗門密意—公案拈提第七輯：佛教之世俗化，將導致學人以信仰作爲學佛，則將以感應及世間法之庇祐，作爲學佛之主要目標，不能了知學佛之主要目標爲親證三乘菩提。大乘菩提則以般若實相智慧爲主要修習目標，以二乘菩提解脫道爲附帶修習之標的；是故學習大乘法者，應以禪宗之證悟爲要務，能親入大乘菩提之實相般若智慧中故，般若實相智慧非二乘聖人所能知故。此書則以台灣世俗化佛教之三大法師，說法似是而非之實例，配合眞悟祖師之公案解析，提示證悟般若之關節，令學人易得悟入。平實導師著，全書五百餘頁，售價500元（2007年起，凡購買公案拈提第一輯至第七輯，每購一輯皆贈送本公司精製公案拈提〈超意境〉CD一片，市售價格280元，多購多贈）。

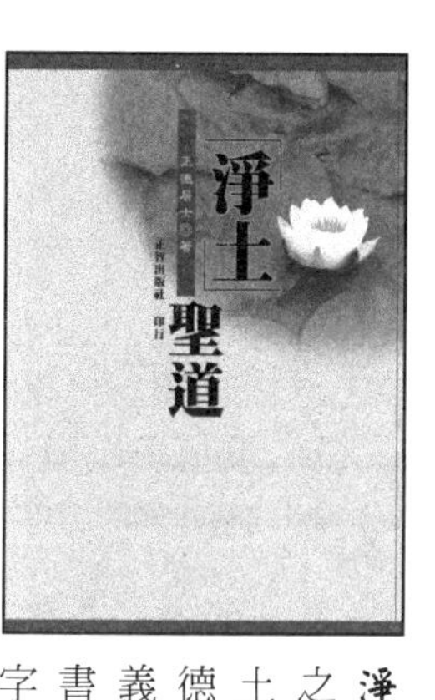

淨土聖道—兼評選擇本願念佛：佛法甚深極廣，般若玄微，非諸二乘聖僧所能知之，一切凡夫更無論矣！所謂一切證量皆歸淨土是也！是故大乘法中「聖道之淨土、淨土之聖道」，其義甚深，難可了知；乃至眞悟之人，初心亦難知也。今有正德老師眞實證悟後，復能深探淨土與聖道之緊密關係，憐憫眾生之誤會淨土實義，亦欲利益廣大淨土行人同入聖道，同獲淨土中之聖道門要義，乃振奮心神、書以成文，今得刊行天下。主文279頁，連同序文等共301頁，總有十一萬六千餘字，正德老師著，成本價200元。

起信論講記：詳解大乘起信論心生滅門與心眞如門之眞實意旨，消除以往大師與學人對起信論所說心生滅門之誤解，由是而得了知眞心如來藏之非常非斷中道正理；亦因此一講解，令此論以往隱晦而被誤解之眞實義，得以如實顯示，令大乘佛菩提道之正理得以顯揚光大；初機學者亦可藉此正論所顯示之法義，對大乘法理生起正信，從此得以眞發菩提心，眞入大乘法中修學，世世常修菩薩正行。平實導師演述，共六輯，都已出版，每輯三百餘頁，售價各250元。

優婆塞戒經講記：本經詳述在家菩薩修學大乘佛法，應如何受持菩薩戒？對人間善行應如何看待？對三寶應如何護持？應如何正確地修集此世後世證法之福德？應如何修集後世「行菩薩道之資糧」？並詳述第一義諦之正義：五蘊非我非異我、自作自受、異作異受、不作不受……等深妙法義，乃是修學大乘佛法、行菩薩行之在家菩薩所應當了知者。出家菩薩今世或未來世登地已，捨報之後多數將如華嚴經中諸大菩薩，以在家菩薩身而修行菩薩行，故亦應以此經所述正理而修之，配合《楞伽經、解深密經、楞嚴經、華嚴經》等道次第正理，方得漸次成就佛道；故此經是一切大乘行者皆應證知之正法。平實導師講述，每輯三百餘頁，售價各250元；共八輯，已全部出版。

真假活佛—略論附佛外道盧勝彥之邪說：人人身中都有眞活佛，永生不滅而有大神用，但衆生都不了知，所以常被身外的西藏密宗假活佛籠罩欺瞞。本來就眞實存在的眞活佛，才是眞正的密宗無上密！諾那活佛因此而說禪宗是大密宗，但藏密的所有活佛都不知道、也不曾實證自身中的眞活佛。本書詳實宣示眞活佛的道理，舉證盧勝彥的「佛法」不是眞佛法，也顯示盧勝彥是假活佛，直接的闡釋第一義佛法見道的眞實正理。眞佛宗的所有上師與學人們，都應該詳細閱讀，包括盧勝彥個人在內。正犀居士著，優惠價140元。

阿含正義—唯識學探源：廣說四大部《阿含經》諸經中隱說之眞正義理，一一舉示佛陀本懷，令阿含時期初轉法輪根本經典之眞義，如實顯現於佛子眼前。並提示末法大師對於阿含眞義誤解之實例，一一比對之，證實唯識增上慧學確於原始佛法之阿含諸經中已隱覆密意而略說之，證實 世尊確於原始佛法中已曾密意而說第八識如來藏之總相；亦證實 世尊在四阿含中已說此藏識是名色十八界之因、之本—證明如來藏是能生萬法之根本心。佛子可據此修正以往受諸大師（譬如西藏密宗應成派中觀師：印順、昭慧、性廣、大願、達賴、宗喀巴、寂天、月稱、……等人）誤導之邪見，建立正見，轉入正道乃至親證初果而無困難；書中並詳說三果所證的心解脫，以及四果慧解脫的親證，都是如實可行的具體知見與行門。全書共七輯，已出版完畢。平實導師著，每輯三百餘頁，售價300元。

超意境CD：以平實導師公案拈提書中超越意境之頌詞，加上曲風優美的旋律，錄成令人嚮往的超意境歌曲，其中包括正覺發願文及平實導師親自譜成的黃梅調歌曲一首。詞曲雋永，殊堪翫味，可供學禪者吟詠，有助於見道。內附設計精美的彩色小冊，解說每一首詞的背景本事。每片280元。【每購買公案拈提書籍一冊，即贈送一片。】

我的菩提路第一輯：凡夫及二乘聖人不能實證的佛菩提證悟，末法時代的今天仍然有人能得實證，由正覺同修會釋悟圓、釋善藏法師等二十餘位實證如來藏者所寫的見道報告，已爲當代學人見證宗門正法之絲縷不絕，證明大乘義學的法脈仍然存在，爲末法時代求悟般若之學人照耀出光明的坦途。由二十餘位大乘見道者所繕，敘述各種不同的學法、見道因緣與過程，參禪求悟者必讀。全書三百餘頁，售價300元。

我的菩提路第二輯：由郭正益老師等人合著，書中詳述彼等諸人歷經各處道場學法，一一修學而加以檢擇之不同過程以後，因閱讀正覺同修會、正智出版社書籍而發起抉擇分，轉入正覺同修會中修學；乃至學法及見道之過程，都一一詳述之。其中張志成等人係由前現代禪轉進正覺同修會，張志成原爲現代禪副宗長，以前未閱本會書籍時，曾被人藉其名義著文評論 平實導師（詳見《宗通與說通》辨正及《眼見佛性》書末附錄…等）；後因偶然接觸正覺同修會書籍，深覺以前聽人評論平實導師之語不實，於是投入極多時間閱讀本會書籍、深入思辨，詳細探索中觀與唯識之關聯與異同，認爲正覺之法義方是正法，深覺相應；亦解開多年來對佛法的迷雲，確定應依八識論正理修學方是正法。乃不顧面子，毅然前往正覺同修會面見平實導師懺悔，並正式學法求悟。今已與其同修王美伶（亦爲前現代禪傳法老師），同樣證悟如來藏而證得法界實相，生起實相般若眞智。此書中尚有七年來本會第一位眼見佛性者之見性報告一篇，一同供養大乘佛弟子。全書四百頁，售價300元。

我的菩提路第三輯：由王美伶老師等人合著。自從正覺同修會成立以來，每年夏初、冬初都舉辦精進禪三共修，藉以助益會中同修們得以證悟明心發起般若實相智慧；凡已實證而被平實導師印證者，皆書具見道報告用以證明佛法之眞實可證而非玄學，證明佛法並非純屬思想、理論而無實質，是故每年都能有人證明正覺同修會的「實證佛教」主張並非虛語。特別是眼見佛性一法，自古以來中國禪宗祖師實證者極寡，較之明心開悟的證境更難令人信受；至2017年初，正覺同修會中的證悟明心者已近五百人，然而其中眼見佛性者至今唯十餘人爾，可謂難能可貴，是故明心後欲冀眼見佛性者實屬不易。黃正倖老師是懸絕七年無人見性後的第一人，她於2009年的見性報告刊於本書的第二輯中，爲大眾證明佛性確實可以眼見；其後七年之中求見性者都屬解悟佛性而無人眼見，幸而又經七年後的2016冬初，以及2017夏初的禪三，復有三人眼見佛性，希冀鼓舞四眾佛子求見佛性之大心，今則具載一則於書末，顯示求見佛性之事實經歷，供養現代佛教界欲得見性之四眾弟子。全書四百頁，售價300元，預定2017年6月30日發行。

我的菩提路第四輯：由陳晏平等人著。中國禪宗祖師往往有所謂「見性」之言，所言多屬看見如來藏具有能令人發起成佛之自性，並非《大般涅槃經》中　如來所說之眼見佛性。眼見佛性者，於親見佛性之時，即能於山河大地眼見自己佛性，亦能於他人身上眼見自己佛性及對方之佛性，如是境界無法爲尚未實證者解釋；勉強說之，縱使眞實明心證悟之人聞之，亦只能以自身明心之境界想像之，但不論如何想像多屬非量，能有正確之比量者亦是稀有，故說眼見佛性極爲困難。眼見佛性之人若所見極分明時，在所見佛性之境界下所眼見之山河大地、自己五蘊身心皆是虛幻，自有異於明心者之解脫功德受用，此後永不思證二乘涅槃，必定邁向成佛之道而進入第十住位中，已超第一阿僧祇劫三分有一，可謂之爲超劫精進也。今又有明心之後眼見佛性之人出於人間，將其明心及後來見性之報告，連同其餘證悟明心者之精彩報告一同收錄於此書中，供養眞求佛法實證之四眾佛子。全書380頁，售價300元，預定2018年6月30日發行。

鈍鳥與靈龜：鈍鳥及靈龜二物，被宗門證悟者說爲二種人：前者是精修禪定而無智慧者，也是以定爲禪的愚癡禪人；後者是或有禪定、或無禪定的宗門證悟者，凡已證悟者皆是靈龜。但後來被人虛造事實，用以嘲笑大慧宗杲禪師，說他雖是靈龜，卻不免被天童禪師預記「患背」痛苦而亡：「鈍鳥離巢易，靈龜脫殼難。」藉以貶低大慧宗杲的證量。同時將天童禪師實證如來藏的證量，曲解爲意識境界的離念靈知。自從大慧禪師入滅以後，錯悟凡夫對他的不實毀謗就一直存在著，不曾止息，並且捏造的假事實也隨著年月的增加而越來越多，終至編成「鈍鳥與靈龜」的假公案、假故事。本書是考證大慧與天童之間的不朽情誼，顯現這件假公案的虛妄不實；更見大慧宗杲面對惡勢力時的正直不阿，亦顯示大慧對天童禪師的至情深義，將使後人對大慧宗杲的誣謗至此而止，不再有人誤犯毀謗賢聖的惡業。書中亦舉證宗門的所悟確以第八識如來藏爲標的，詳讀之後必可改正以前被錯悟大師誤導的參禪知見，日後必定有助於實證禪宗的開悟境界，得階大乘眞見道位中，即是實證般若之賢聖。全書459頁，售價350元。

維摩詰經講記：本經係　世尊在世時，由等覺菩薩維摩詰居士藉疾病而演說之大乘菩提無上妙義，所說函蓋甚廣，然極簡略，是故今時諸方大師與學人讀之悉皆錯解，何況能知其中隱含之深妙正義，是故普遍無法爲人解說；若強爲人說，則成依文解義而有諸多過失。今由平實導師公開宣講之後，詳實解釋其中密意，令維摩詰菩薩所說大乘不可思議解脫之深妙正法得以正確宣流於人間，利益當代學人及與諸方大師。書中詳實演述大乘佛法深妙不共二乘之智慧境界，顯示諸法之中絕待之實相境界，建立大乘菩薩妙道於永遠不敗不壞之地，以此成就護法偉功，欲冀永利娑婆人天。已經宣講圓滿整理成書流通，以利諸方大師及諸學人。全書共六輯，每輯三百餘頁，售價各250元。

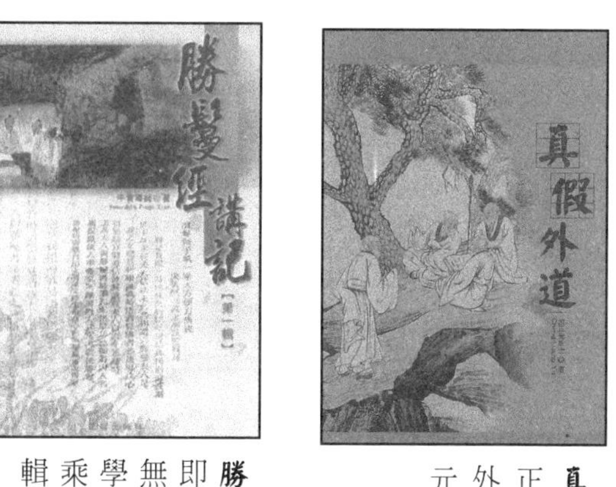

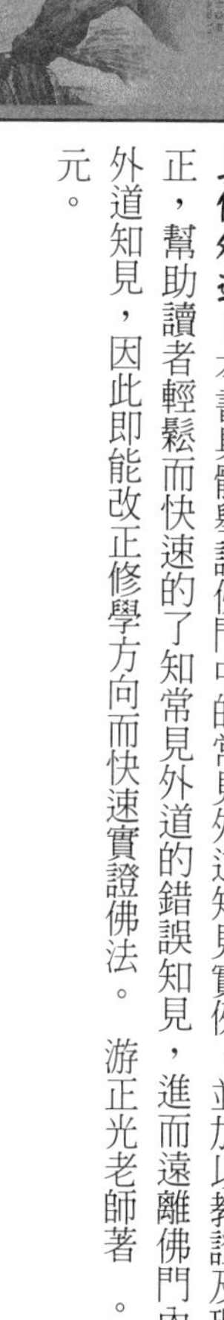

真假外道：本書具體舉證佛門中的常見外道知見實例，並加以教證及理證上的辨正，幫助讀者輕鬆而快速的了知常見外道的錯誤知見，進而遠離佛門內外的常見外道知見，因此即能改正修學方向而快速實證佛法。游正光老師著　。成本價200元。

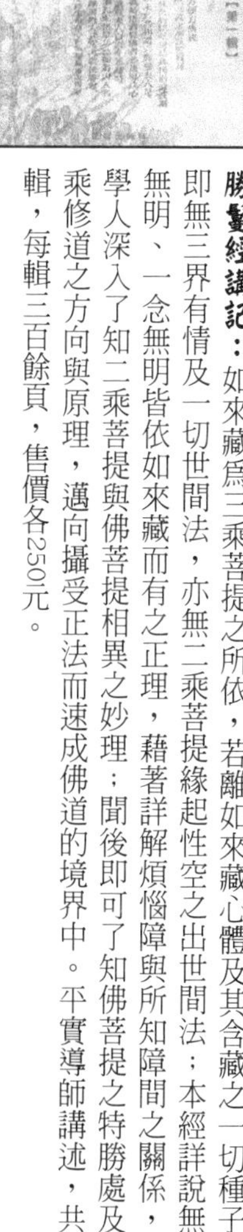

勝鬘經講記：如來藏爲三乘菩提之所依，若離如來藏心體及其含藏之一切種子，即無三界有情及一切世間法，亦無二乘菩提緣起性空之出世間法；本經詳說無始無明、一念無明皆依如來藏而有之正理，藉著詳解煩惱障與所知障間之關係，令學人深入了知二乘菩提與佛菩提相異之妙理；聞後即可了知佛菩提之特勝處及三乘修道之方向與原理，邁向攝受正法而速成佛道的境界中。平實導師講述，共六輯，每輯三百餘頁，售價各250元。

楞嚴經講記：楞嚴經係密教部之重要經典，亦是顯教中普受重視之經典；經中宣說明心與見性之內涵極爲詳細，將一切法都會歸如來藏及佛性—妙眞如性；亦闡釋佛菩提道修學過程中之種種魔境，以及外道誤會涅槃之狀況，旁及三界世間之起源。然因言句深澀難解，法義亦復深妙寬廣，學人讀之普難通達，是故讀者大多誤會，不能如實理解佛所說之明心與見性內涵，亦因是故多有悟錯之人引爲開悟之證言，成就大妄語罪。今由平實導師詳細講解之後，整理成文，以易讀易懂之語體文刊行天下，以利學人。全書十五輯，全部出版完畢。每輯三百餘頁，售價每輯300元。

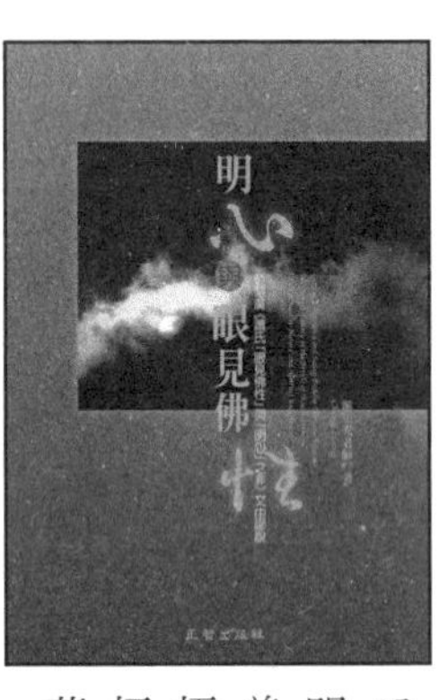

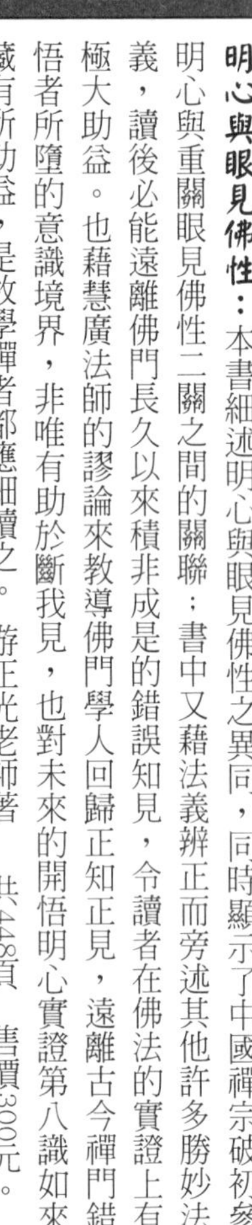

明心與眼見佛性：本書細述明心與眼見佛性之異同，同時顯示了中國禪宗破初參明心與重關眼見佛性二關之間的關聯；書中又藉法義辨正而旁述其他許多勝妙法義，讀後必能遠離佛門長久以來積非成是的錯誤知見，令讀者在佛法的實證上有極大助益。也藉慧廣法師的謬論來教導佛門學人回歸正知正見，遠離古今禪門錯悟者所墮的意識境界，非唯有助於斷我見，也對未來的開悟明心實證第八識如來藏有所助益，是故學禪者都應細讀之。游正光老師著　共448頁　售價300元。

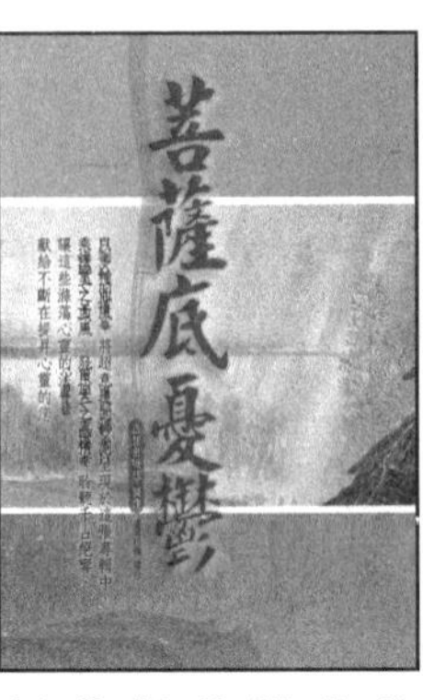

菩薩底憂鬱CD：將菩薩情懷及禪宗公案寫成新詞，並製作成超越意境的優美歌曲。1.主題曲〈菩薩底憂鬱〉，描述地後菩薩能離三界生死而迴向繼續生在人間，但因尚未斷盡習氣種子而有極深沈之憂鬱，非三賢位菩薩及二乘聖者所知，此憂鬱在七地滿心位方才斷盡；本曲之詞中所說義理極深，昔來所未曾見；此曲係以優美的情歌風格寫詞及作曲，聞者得以激發嚮往諸地菩薩境界之大心，詞、曲都非常優美，難得一見；其中勝妙義理之解說，已印在附贈之彩色小冊中。2.以各輯公案拈提中直示禪門入處之頌文，作成各種不同曲風之超意境歌曲，值得玩味、參究；聆聽公案拈提之優美歌曲時，請同時閱讀內附之印刷精美說明小冊，可以領會超越三界的證悟境界；未悟者可以因此引發求悟之意向及疑情，眞發菩提心而邁向求悟之途，乃至因此眞實悟入般若，成眞菩薩。3.正覺總持咒新曲，總持佛法大意；總持咒之義理，已加以解說並印在隨附之小冊中。本CD共有十首歌曲，長達63分鐘，附贈二張購書優惠券。每片280元。

禪意無限CD：平實導師以公案拈提書中偈頌寫成不同風格曲子，與他人所寫不同風格曲子共同錄製出版，幫助參禪人進入禪門超越意識之境界。盒中附贈彩色印製的精美解說小冊，以供聆聽時閱讀，令參禪人得以發起參禪之疑情，即有機會證悟本來面目，實證大乘菩提般若。本CD共有十首歌曲，長達69分鐘，每盒各附贈二張購書優惠券。每片280元。

金剛經宗通：三界唯心，萬法唯識，是成佛之修證內容，是諸地菩薩之所修；般若則是成佛之道（實證三界唯心、萬法唯識）的入門，若未證悟實相般若，即無成佛之可能，必將永在外門廣行菩薩六度，永在凡夫位中。然而實相般若的發起，全賴實證萬法的實相；若欲證知萬法的眞相，則必須探究萬法之所從來，則須實證自心如來—金剛心如來藏，然後現觀這個金剛心的金剛性、眞實性、如如性、清淨性、涅槃性、能生萬法的自性性、本住性，名爲證眞如；進而現觀三界六道唯是此金剛心所成，人間萬法須藉八識心王和合運作方能現起。如是實證《華嚴經》的「三界唯心、萬法唯識」以後，由此等現觀而發起實相般若智慧，繼續進修第十住位的如幻觀、第十行位的陽焰觀、第十迴向位的如夢觀，再生起增上意樂而勇發十無盡願，方能滿足三賢位的實證，轉入初地；自知成佛之道而無偏倚，從此按部就班、次第進修乃至成佛。第八識自心如來是般若智慧之所依，般若智慧的修證則要從實證金剛心自心如來開始；《金剛經》則是解說自心如來之經典，是一切三賢位菩薩所應進修之實相般若經典。這一套書，是將平實導師宣講的《金剛經宗通》內容，整理成文字而流通之；書中所說義理，迥異古今諸家依文解義之說，指出大乘見道方向與理路，有益於禪宗學人求開悟見道，及轉入內門廣修六度萬行。講述完畢後結集出版，總共9輯，每輯約三百餘頁，售價各250元。

空行母—性別、身分定位，以及藏傳佛教：本書作者爲蘇格蘭哲學家，因爲嚮往佛教深妙的哲學內涵，於是進入當年盛行於歐美的假藏傳佛教密宗，擔任卡盧仁波切的翻譯工作多年以後，被邀請成爲卡盧的空行母（又名佛母、明妃），開始了她在密宗裡的實修過程；後來發覺在密宗雙身法中的修行，其實無法使自己成佛，也發覺密宗對女性岐視而處處貶抑，並剝奪女性在雙身法中擔任一半角色時應有的身分定位。當她發覺自己只是雙身法中被喇嘛利用的工具，沒有獲得絲毫應有的尊重與基本定位時，發現了密宗的父權社會控制女性的本質；於是作者傷心地離開了卡盧仁波切與密宗，但是卻被恐嚇不許講出她在密宗裡的經歷，也不許她說出自己對密宗的教義與教制下對女性剝削的本質，否則將被咒殺死亡。後來她去加拿大定居，十餘年後方才擺脫這個恐嚇陰影，下定決心將親身經歷的實情及觀察到的事實寫下來並且出版，公諸於世。出版之後，她被流亡的達賴集團人士大力攻訐，誣指她爲精神狀態失常、說謊……等。但有智之士並未被達賴集團的政治操作及各國政府政治運作吹捧達賴的表相所欺，使她的書銷售無阻而又再版。正智出版社鑑於作者此書是親身經歷的事實，所說具有針對「藏傳佛教」而作學術研究的價值，也有使人認清假藏傳佛教剝削佛母、明妃的男性本位實質，因此洽請作者同意中譯而出版於華人地區。珍妮·坎貝爾女士著，呂艾倫 中譯，每冊250元。

霧峰無霧—給哥哥的信 本書作者藉兄弟之間信件往來論義，略述佛法大義；並以多篇短文辨義，舉出釋印順對佛法的無量誤解證據，並一一給予簡單而清晰的辨正，令人一讀即知。久讀、多讀之後即能認清楚釋印順的六識論見解，與眞實佛法之牴觸是多麼嚴重；於是在久讀、多讀之後，於不知不覺之間提升了對佛法的極深入理解，正知正見就在不知不覺間建立起來了。當三乘佛法的正知見建立起來之後，對於三乘菩提的見道條件便將隨之具足，於是聲聞解脫道的見道也就水到渠成；接著大乘見道的因緣也將次第成熟，未來自然也會有親見大乘菩提之道的因緣，悟入大乘實相般若也將自然成功，自能通達般若系列諸經而成實義菩薩。作者居住於南投縣霧峰鄉，自喻見道之後不復再見霧峰之霧，故鄉原野美景一一明見，於是立此書名爲《霧峰無霧》；讀者若欲撥霧見月，可以此書爲緣。游宗明 老師著 售價250元。

假藏傳佛教的神話—性、謊言、喇嘛教：本書編著者是由一首名叫「阿姊鼓」的歌曲爲緣起，展開了序幕，揭開假藏傳佛教—喇嘛教—的神秘面紗。其重點是蒐集、摘錄網路上質疑「喇嘛教」的帖子，以揭穿「假藏傳佛教的神話」爲主題，串聯成書，並附加彩色插圖以及說明，讓讀者們瞭解西藏密宗及相關人事如何被操作爲「神話」的過程，以及神話背後的眞相。作者：張正玄教授。售價200元。

達賴真面目—玩盡天下女人：假使您不想戴綠帽子，請記得詳細閱讀此書；假使您不想讓好朋友戴綠帽子，請您將此書介紹給您的好朋友。假使您想保護家中的女性，也想要保護好朋友的女眷，請記得將此書送給家中的女性和好友的女眷都來閱讀。本書爲印刷精美的大本彩色中英對照精裝本，爲您揭開達賴喇嘛的眞面目，內容精彩不容錯過，爲利益社會大眾，特別以優惠價格嘉惠所有讀者。編著者：白志偉等。大開版雪銅紙彩色精裝本。售價800元。

童女迦葉考—論呂凱文〈佛教輪迴思想的論述分析〉之謬：童女迦葉是佛世率領五百大比丘遊行於人間的歷史事實，是以童貞行而依止菩薩戒弘化於人間的大菩薩，不依別解脫戒（聲聞戒）來弘化於人間。這是大乘佛教與聲聞佛教同時存在於佛世的歷史明證，證明大乘佛教不是從聲聞法中分裂出來的部派佛教的產物，卻是聲聞佛教分裂出來的部派佛教聲聞凡夫僧所不樂見的史實；於是古今聲聞法中的凡夫都欲加以扭曲而作詭說，更是末法時代高聲大呼「大乘非佛說」的六識論聲聞凡夫極力想要扭曲的佛教史實之一，於是想方設法扭曲迦葉菩薩爲聲聞僧，以及扭曲迦葉童女爲比丘僧等荒謬不實之論著便陸續出現，古時聲聞僧寫作的

《分別功德論》是最具體之事例，現代之代表作則是呂凱文先生的〈佛教輪迴思想的論述分析〉論文。鑑於如是假藉學術考證以籠罩大眾之不實謬論，未來仍將繼續造作及流竄於佛教界，繼續扼殺大乘佛教學人法身慧命，必須舉證辨正之，遂成此書。平實導師 著，每冊180元。

末代達賴—性交教主的悲歌：簡介從藏傳僞佛教（喇嘛教）的修行核心—性力派男女雙修，探討達賴喇嘛及藏傳僞佛教的修行內涵。書中引用外國知名學者著作、世界各地新聞報導，包含：歷代達賴喇嘛的祕史、達賴六世修雙身法的事蹟，以及《時輪續》中的性交灌頂儀式……等；達賴喇嘛書中開示的雙修法、達賴喇嘛的黑暗政治手段；達賴喇嘛所領導的寺院爆發喇嘛性侵兒童；新聞報導《西藏生死書》作者索甲仁波切性侵女信徒、澳洲喇嘛秋達公開道歉、美國最大假藏傳佛教組織領導人邱陽創巴仁波切的性氾濫，等等事件背後眞相的揭露。作者：張善思、呂艾倫、辛燕。售價250元。

黯淡的達賴—失去光彩的諾貝爾和平獎：本書舉出很多證據與論述，詳述達賴喇嘛不為世人所知的一面，顯示達賴喇嘛並不是真正的和平使者，而是假借諾貝爾和平獎的光環來欺騙世人；透過本書的說明與舉證，讀者可以更清楚的瞭解，達賴喇嘛是結合暴力、黑暗、淫欲於喇嘛教裡的集團首領，其政治行為與宗教主張，早已讓諾貝爾和平獎的光環染污了。　本書由財團法人正覺教育基金會寫作、編輯，由正覺出版社印行，每冊250元。

第七意識與第八意識？—穿越時空「超意識」：「三界唯心，萬法唯識」是佛教中應該實證的聖教，也是《華嚴經》中明載而可以實證的法界實相。唯心者，三界一切境界、一切諸法唯是一心所成就，即是每一個有情的第八識如來藏，不是意識心。唯識者，即是人類各各都具足的八識心王——眼識、耳鼻舌身意識、意根、阿賴耶識，第八阿賴耶識又名如來藏，人類五陰相應的萬法，莫不由八識心王共同運作而成就，故說萬法唯識。依聖教量及現量、比量，都可以證明意識是二法因緣生，是由第八識藉意根與法塵二法為因緣而出生，又是夜夜斷滅不存之生滅心，即無可能反過來出生第七識意根、第八識如來藏，當知不可能從生滅性的意識心中，細分出恆審思量的第七識意根，更無可能細分出恆而不審的第八識如來藏。本書是將演講內容整理成文字，細說如是內容，並已在〈正覺電子報〉連載完畢，今彙集成書以廣流通，欲幫助佛門有緣人斷除意識我見，跳脫於識陰之外而取證聲聞初果；嗣後修學禪宗時即得不墮外道神我之中，得以求證第八識金剛心而發起般若實智。平實導師　述，每冊300元。

中觀金鑑—詳述應成派中觀的起源與其破法本質：學佛人往往迷於中觀學派之不同學說，被應成派與自續派所迷惑；修學般若中觀二十年後自以為實證般若中觀了，卻仍不曾入門，甫聞實證般若中觀者之所說，則茫無所知，迷惑不解；隨後信心盡失，不知如何實證佛法；凡此，皆因惑於這二派中觀學說所致。自續派中觀所說同於常見，以意識境界立為第八識如來藏之境界，應成派所說則同於斷見，但又同立意識為常住法，故亦具足斷常二見。今者孫正德老師有鑑於此，乃將起源於密宗的應成派中觀學說，追本溯源，詳考其來源之外，亦一一舉證其立論內容，詳加辨正，令密宗雙身法祖師以識陰境界而造之應成派中觀學說本質，詳細呈現於學人眼前，令其維護雙身法之目的無所遁形。若欲遠離密宗此二大派中觀謬說，欲於三乘菩提有所進道者，允宜具足閱讀並細加思惟，反覆讀之以後將可捨棄邪道返歸正道，則於般若之實證即有可能，證後自能現觀如來藏之中道境界而成就中觀。本書分上、中、下三冊，每冊250元，全部出版完畢。

人間佛教—實證者必定不悖三乘菩提：「大乘非佛說」的講法似乎流傳已久，卻只是日本人企圖擺脫中國正統佛教的影響，而在明治維新時期才開始提出來的說法；台灣佛教、大陸佛教的淺學無智之人，由於未曾實證佛法而迷信日本人錯誤的學術考證，錯認為這些別有用心的日本佛學考證的講法為天竺佛教的眞實歷史；甚至還有更激進的反對佛教者提出「釋迦牟尼佛並非眞實存在，只是後人捏造的假歷史人物」，竟然也有少數人願意跟著「學術」的假光環而信受不疑，於是開始有一些佛教界人士造作了反對中國佛教而推崇南洋小乘佛教的行為，使佛教的信仰者難以檢擇，導致一般大陸人士開始轉入基督教的盲目迷信中。在這些佛教及外教人士之中，也就有一分人根據此邪說而大聲主張「大乘非佛說」的謬論，這些人以「人間佛教」的名義來抵制中國正統佛教，公然宣稱中國的大乘佛教是由聲聞部派佛教的凡夫僧所創造出來的。這樣的說法流傳於台灣及大陸佛教界凡夫僧之中已久，卻非眞正的佛教歷史中曾經發生過的事，只是繼承六識論的聲聞法中凡夫僧依自己的意識境界立場，純憑臆想而編造出來的妄想說法，卻已經影響許多無智之凡夫僧俗信受不移。本書則是從佛教的經藏法義實質及實證的現量內涵本質立論，證明大乘佛法本是佛說，是從《阿含正義》尚未說過的不同面向來討論「人間佛教」的議題，證明「大乘眞佛說」。閱讀本書可以斷除六識論邪見，迴入三乘菩提正道發起實證的因緣；也能斷除禪宗學人學禪時普遍存在之錯誤知見，對於建立參禪時的正知見有很深的著墨。　平實導師　述，內文488頁，全書528頁，定價400元。

喇嘛性世界—揭開假藏傳佛教譚崔瑜伽的面紗：這個世界中的喇嘛，號稱來自世外桃源的香格里拉，穿著或紅或黃的喇嘛長袍，散布於我們的身邊傳教灌頂，吸引了無數的人嚮往學習；這些喇嘛虔誠地為大眾祈福，手中拿著寶杵（金剛）與寶鈴（蓮花），口中唸著咒語：「唵．嘛呢．叭咪．吽……」，咒語的意思是說：「我至誠歸命金剛杵上的寶珠伸向蓮花寶穴之中」！　「喇嘛性世界」是什麼樣的「世界」呢？　本書將為您呈現喇嘛世界的面貌。　當您發現眞相以後，您將會唸：「噢！喇嘛．性．世界，譚崔性交嘛！」　作者：張善思、呂艾倫。售價200元。

見性與看話頭：黃正倖老師的《見性與看話頭》於《正覺電子報》連載完畢，今結集出版。書中詳說禪宗看話頭的詳細方法，並細說看話頭與眼見佛性的關係，以及眼見佛性者求見佛性前必須具備的條件。本書是禪宗實修者追求明心開悟時參禪的方法書，也是求見佛性者作功夫時必讀的方法書，內容兼顧眼見佛性的理論與實修之方法，是依實修之體驗配合理論而詳述，條理分明而且極爲詳實、周全、深入。本書內文375頁，全書416頁，售價300元。

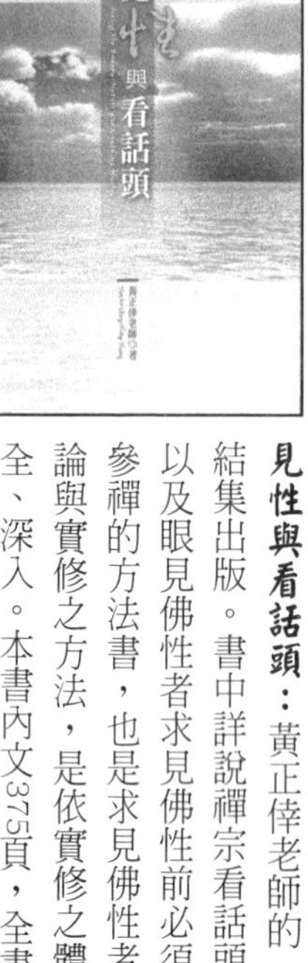

實相經宗通：學佛之目的在於實證一切法界背後之實相，禪宗稱之爲本來面目或本地風光，佛菩提道中稱之爲實相法界；此實相法界即是金剛藏，又名佛法之祕密藏，即是能生有情五陰、十八界及宇宙萬有（山河大地、諸天、三惡道世間）的第八識如來藏，又名阿賴耶識心，即是禪宗祖師所說的眞如心，此心即是三界萬有背後的實相。證得此第八識心時，自能瞭解般若諸經中隱說的種種密意，即得發起實相般若——實相智慧。每見學佛人修學佛法二十年後仍對實相般若茫然無知，亦不知如何入門，茫無所趣；更因不知三乘菩提的互異互同，是故越是久學者對佛法越覺茫然，都肇因於尚未瞭解佛法的全貌，亦未瞭解佛法的修證內容即是第八識心所致。本書對於修學佛法者所應實證的實相境界提出明確解析，並提示趣入佛菩提道的入手處，有心親證實相般若的佛法實修者，宜詳讀之，於佛菩提道之實證即有下手處。平實導師述著，共八輯，已全部出版完畢，每輯成本價250元。

眞心告訴您(一)**——達賴喇嘛在幹什麼？**這是一本報導篇章的選集，更是「破邪顯正」的暮鼓晨鐘。「破邪」是戳破假象，說明達賴喇嘛及其所率領的密宗四大派法王、喇嘛們，弘傳的佛法是仿冒的佛法；他們是假藏傳佛教，是坦特羅(譚崔性交)外道法和藏地崇奉鬼神的苯教混合成的「喇嘛教」，推廣的是以所謂「無上瑜伽」的男女雙身法冒充佛法的假佛教，詐財騙色誤導眾生，常常造成信徒家庭破碎、家中兒少失怙的嚴重後果。「顯正」是揭穿眞相，指出眞正的藏傳佛教只有一個，就是覺囊巴，傳的是 釋迦牟尼佛演繹的第八識如來藏妙法，稱爲他空見大中觀。正覺教育基金會即以此古今輝映的如來藏正法正知見，在眞心新聞網中逐次報導出來，將箇中原委「眞心告訴您」，如今結集成書，與想要知道密宗眞相的您分享。售價250元。

法華經講義：此書為平實導師始從2009/7/21演述至2014/1/14之講經錄音整理所成。世尊一代時教，總分五時三教，即是華嚴時、聲聞緣覺教、般若教、種智唯識教、法華時；依此五時三教區分為藏、通、別、圓四教。本經是最後一時的圓教經典，圓滿收攝一切法教於本經中，是故最後的圓教聖訓中，特地指出無有三乘菩提，其實唯有一佛乘；皆因眾生愚迷故，方便區分為三乘菩提以助眾生證道。世尊於此經中特地說明如來示現於人間的唯一大事因緣，便是為有緣眾生「開、示、悟、入」諸佛的所知所見——第八識如來藏妙真如心，並於諸品中隱說「妙法蓮花」如來藏心的密意。然因此經所說甚深難解，真義隱晦，古來難得有人能窺堂奧；平實導師以知如是密意故，特為末法佛門四眾演述《妙法蓮華經》中各品蘊含之密意，使古來未曾被古德註解出來的「此經」密意，如實顯示於當代學人眼前。乃至〈藥王菩薩本事品〉、〈妙音菩薩品〉、〈觀世音菩薩普門品〉、〈普賢菩薩勸發品〉中的微細密意，亦皆一併詳述之，開前人所未曾言之密意，示前人所未見之妙法。最後乃至以〈法華大意〉而總其成，全經妙旨貫通始終，而依佛旨圓攝於一心如來藏妙心，厥為曠古未有之大說也。平實導師述　已於2015/5/31起開始出版，每二個月出版一輯，共25輯。每輯300元。

西藏「活佛轉世」制度—附佛、造神、世俗法：歷來關於喇嘛教活佛轉世的研究，多針對歷史及文化兩部分，於其所以成立的理論基礎，較少系統化的探討。尤其是此制度是否依據「佛法」而施設？是否合乎佛法真實義？現有的文獻大多含糊其詞，或人云亦云，不曾有明確的闡釋與如實的見解。因此本文先從活佛轉世的由來，探索此制度的起源、背景與功能，並進而從活佛的尋訪與認證之過程，發掘活佛轉世的特徵，以確認「活佛轉世」在佛法中應具足何種果德。定價150元。

真心告訴您(二)—達賴喇嘛是佛教僧侶嗎？補祝達賴喇嘛八十大壽：這是一本針對當今達賴喇嘛所領導的喇嘛教，冒用佛教名相、於師徒間或師兄姊間，實修男女邪淫，而從佛法三乘菩提的現量與聖教量，揭發其謊言與邪術，證明達賴及其喇嘛教是仿冒佛教的外道，是「假藏傳佛教」。藏密四大派教義雖有「八識論」與「六識論」的表面差異，然其實修之內容，皆共許「無上瑜伽」四部灌頂為究竟「成佛」之法門，也就是共以男女雙修之邪淫法為「即身成佛」之密要，雖美其名曰「欲貪為道」之「金剛乘」，並誇稱其成就超越於（應身佛）釋迦牟尼佛所傳之顯教般若乘之上；然詳考其理論，則或以意識離念時之粗細心為第八識如來藏，或以中脈裡的明點為第八識如來藏，或如宗喀巴與達賴堅決主張第六意識為常恆不變之真心者，分別墮於外道之常見與斷見中；全然違背 佛說能生五蘊之如來藏的實質。售價300元。

涅槃—解說四種涅槃之實證及內涵：真正學佛之人，首要即是見道，由見道故方有涅槃之實證，證涅槃者方能出生死，但涅槃有四種：二乘聖者的有餘涅槃、無餘涅槃，以及大乘聖者的本來自性清淨涅槃、佛地的無住處涅槃。大乘聖者實證本來自性清淨涅槃，入地前再取證二乘涅槃，然後起惑潤生捨離二乘涅槃，繼續進修而在七地心前斷盡三界愛之習氣種子，依七地無生法忍之具足而證得念念入滅盡定；八地後進斷異熟生死，直至妙覺地下生人間成佛，具足四種涅槃，方是真正成佛。此理古來少人言，以致誤會涅槃正理者比比皆是，今於此書中廣說四種涅槃、如何實證之理、實證前應有之條件，實屬本世紀佛教界極重要之著作，令人對涅槃有正確無訛之認識，然後可以依之實行而得實證。本書共有上下二冊，每冊各四百餘頁，對涅槃詳加解說，每冊各350元。

修習止觀坐禪法要講記：修學四禪八定之人，往往錯會禪定之修學知見，欲以無止盡之坐禪而證禪定境界，卻不知修除性障之行門才是修證四禪八定不可或缺之要素，故智者大師云「性障初禪」：性障不除，初禪永不現前，云何修證二禪等？ 又：行者學定，若唯知數息，而不解六妙門之方便善巧者，欲求一心入定，未到地定極難可得，智者大師名之為「事障未來」：障礙未到地定之修證。又禪定之修證，不可違背二乘菩提及第一義法，否則縱使具足四禪八定，亦不能實證涅槃而出三界。此諸知見，智者大師於《修習止觀坐禪法要》中皆有闡釋。作者平實導師以其第一義之見地及禪定之實證證量，曾加以詳細解析。將俟正覺寺竣工啓用後重講，不限制聽講者資格；講後將以語體文整理出版。欲修習世間定及增上定之學者，宜細讀之。平實導師述著。

解深密經講記：本經係 世尊晚年第三轉法輪，宣說地上菩薩所應熏修之唯識正義經典，經中所說義理乃是大乘一切種智增上慧學，以阿陀那識—如來藏—阿賴耶識為主體。禪宗之證悟者，若欲修證初地無生法忍乃至八地無生法忍者，必須修學《楞伽經、解深密經》所說之八識心王一切種智；此二經所說正法，方是真正成佛之道；印順法師否定第八識如來藏之後所說萬法緣起性空之法，是以誤會後之二乘解脫道取代大乘真正成佛之道，尚且不符二乘解脫道正理，亦已墮於斷滅見中，不可謂為成佛之道也。平實導師曾於本會郭故理事長往生時，於喪宅中從首七開始宣講，於每一七各宣講三小時，至第十七而快速略講圓滿，作為郭老之往生佛事功德，迴向郭老早證八地、速返娑婆住持正法。茲為今時後世學人故，將擇期重講《解深密經》，以淺顯之語句講畢後，將會整理成文，用供證悟者進道；亦令諸方未悟者，據此經中佛語正義，修正邪見，依之速能入道。平實導師述著，全書輯數未定，每輯三百餘頁，將於未來重講完畢後逐輯出版。

阿含經講記—小乘解脫道之修證：數百年來，南傳佛法所說證果之不實，所說解脫道之虛妄，所弘解脫道法義之世俗化，皆已少人知之；從南洋傳入台灣與大陸之後，所說法義虛謬之事，亦復少人知之；今時台灣全島印順系統之法師居士，多不知南傳佛法數百年來所說解脫道之義理已然偏斜、已然世俗化、已非眞正之二乘解脫正道，猶極力推崇與弘揚。彼等南傳佛法近代所謂之證果者多非眞實證果者，譬如阿迦曼、葛印卡、帕奧禪師、一行禪師……等人，悉皆未斷我見故。近年更有台灣南部大願法師，高抬南傳佛法之二乘修證行門為「捷徑究竟解脫之道」者，然而南傳佛法縱使眞修實證，得成阿羅漢，至高唯是二乘菩提解脫之道，絕非究竟解脫，無餘涅槃中之實際尙未得證故，法界之實相尙未了知故，習氣種子待除故，一切種智未實證故，焉得謂為「究竟解脫」？即使南傳佛法近代眞有實證之阿羅漢，尙且不及三賢位中之七住明心菩薩本來自性清淨涅槃智慧境界，則不能知此賢位菩薩所證之無餘涅槃實際，仍非大乘佛法中之見道者，何況普未實證聲聞果乃至未斷我見之人？謬充證果已屬逾越，更何況是誤會二乘菩提之後，以未斷我見之凡夫知見所說之二乘菩提解脫偏斜法道，焉可高抬為「究竟解脫」？而且自稱「捷徑之道」？又妄言解脫之道即是成佛之道，完全否定般若實智、否定三乘菩提所依之如來藏心體，此理大大不通也！平實導師為令修學二乘菩提欲證解脫果者，普得迴入二乘菩提正見、正道中，是故選錄四阿含諸經中，對於二乘解脫道法義有具足圓滿說明之經典，預定未來十年內將會加以詳細講解，令學佛人得以了知二乘解脫道之修證理路與行門，庶免被人誤導之後，未證言證，干犯道禁，成大妄語，欲升反墮。本書首重斷除我見，以助行者斷除我見而實證初果為著眼之目標，若能根據此書內容，配合平實導師所著《識蘊眞義》《阿含正義》內涵而作實地觀行，實證初果非為難事，行者可以藉此三書自行確認聲聞初果為實際可得現觀成就之事。此書中除依二乘經典所說加以宣示外，亦依斷除我見等之證量，及大乘法中道種智之證量，對於意識心之體性加以細述，令諸二乘學人必定得斷我見、常見，免除三縛結之繫縛。次則宣示斷除我執之理，欲令升進而得薄貪瞋痴，乃至斷五下分結…等。平實導師述，共二冊，每冊三百餘頁。每輯300元。

喇嘛教修外道雙身法，墮識陰境界，非佛教

弘揚如來藏他空見的覺囊派才是眞正藏傳佛教

總經銷：飛鴻 國際行銷股份有限公司

231 新北市新店市中正路 501 之 9 號 2 樓

Tel.02－82186688（五線代表號） Fax.02-82186458、82186459

零售：1.**全台連鎖經銷書局：**

三民書局、誠品書局、何嘉仁書店

敦煌書店、紀伊國屋、金石堂書局、建宏書局

諾貝爾圖書城、墊腳石圖書文化廣場

2.**台北市：**佛化人生 **大安區**羅斯福路 3 段 325 號 6 樓之 4 台電大樓對面

3.**新北市：**春大地書店 **蘆洲區**中正路 117 號

4.**桃園市：**御書堂 **龍潭區**中正路 123 號

5.**新竹市：**大學書局 **東區**建功路 10 號

6.**台中市：**瑞成書局 **東區**雙十路 1 段 4 之 33 號

佛教詠春書局 **南屯區**永春東路 884 號

文春書店 **霧峰區**中正路 1087 號

7.**彰化市：**心泉佛教文化中心 南瑤路 286 號

8.**高雄市：**政大書城 **苓雅區**光華路 148-83 號

明儀書局 **三民區**明福街 2 號\

青年書局 **苓雅區**青年一路 141 號

9.**宜蘭市：**金隆書局 中山路 3 段 43 號

10.**台東市：**東普佛教文物流通處 博愛路 282 號

11.**其餘鄉鎮市經銷書局：**請電詢總經銷**飛鴻**公司。

12.**大陸地區請洽：**

香港：樂文書店

旺角店 :香港九龍旺角西洋菜街 62 號 3 樓

電話 :(852) 2390 3723 email: luckwinbooks@gmail.com

銅鑼灣店 :香港銅鑼灣駱克道 506 號 2 樓

電話 :(852) 2881 1150 email: luckwinbs@gmail.com

廈門：廈門外圖臺灣書店有限公司

地址：廈門市思明區湖濱南路809 號 廈門外圖書城3 樓 郵編：361004

電話：0592-5061658（臺灣地區請撥打 86-592-5061658）

E-mail：JKB118@188.COM

13.**美國：世界日報圖書部：**紐約圖書部 電話 7187468889#6262

洛杉磯圖書部 電話 3232616972#202

14.**國內外地區網路購書：**

正智出版社 書香園地 http://books.enlighten.org.tw/

（書籍簡介、經銷書局可直接聯結下列網路書局購書）

三民 網路書局 http://www.sanmin.com.tw

誠品 網路書局 http://www.eslitebooks.com

博客來 網路書局　http://www.books.com.tw
金石堂 網路書局　http://www.kingstone.com.tw
飛鴻 網路書局　http://fh6688.com.tw

附註：1.請儘量向各經銷書局購買：郵政劃撥需要八天才能寄到（本公司在您劃撥後第四天才能接到劃撥單，次日寄出後第二天您才能收到書籍，此六天中可能會遇到週休二日，是故共需八天才能收到書籍）若想要早日收到書籍者，請劃撥完畢後，將劃撥收據貼在紙上，旁邊寫上您的姓名、住址、郵區、電話、買書詳細內容，直接傳眞到本公司 02-28344822，並來電 02-28316727、28327495 確認是否已收到您的傳眞，即可提前收到書籍。 2.因台灣每月皆有五十餘種宗教類書籍上架，書局書架空間有限，故唯有新書方有機會上架，通常每次只能有一本新書上架；本公司出版新書，大多上架不久便已售出，若書局未再叫貨補充者，書架上即無新書陳列，則請直接向書局櫃台訂購。 3.若書局不便代購時，可於晚上共修時間向正覺同修會各共修處請購（共修時間及地點，詳閱**共修現況表**。每年例行年假期間請勿前往請書，年假期間請見共修現況表）。 4.郵購：郵政劃撥帳號 19068241。 5.正覺同修會會員購書都以八折計價（戶籍台北市者爲一般會員，外縣市爲護持會員）都可獲得優待，欲一次購買全部書籍者，可以考慮入會，節省書費。入會費一千元（第一年初加入時才需要繳），年費二千元。**6.尚未出版之書籍，請勿預先郵寄書款與本公司，謝謝您！** 7.若欲一次購齊本公司書籍，或同時取得正覺同修會贈閱之全部書籍者，請於正覺同修會共修時間，親到各共修處請購及索取；**台北市讀者**請洽：103 台北市承德路三段 267 號 10 樓（捷運淡水線 圓山站旁）請書時間：週一至週五爲 18.00~21.00，第一、三、五週週六爲 10.00~21.00，雙週之週六爲 10.00~18.00 請購處專線電話：25957295-分機 14（於請書時間方有人接聽）。

敬告大陸讀者：

大陸讀者購書、索書捷徑（尚未在大陸出版的書籍，以下二個途徑都可以購得，電子書另包括結緣書籍）：

1.廈門外國圖書公司：廈門市思明區湖濱南路 809 號 廈門外圖書城 3F
郵編：361004 電話：0592-5061658 網址：http://www.xibc.com.cn/

2.電子書：正智出版社有限公司及正覺同修會在台灣印行的各種局版書、結緣書，已有『**正覺電子書**』陸續上線中，提供讀者於手機、平板電腦上購書、下載、閱讀正智出版社、正覺同修會及正覺教育基金會所出版之電子書，詳細訊息敬請參閱『正覺電子書』專頁：http://books.enlighten.org.tw/ebook

關於平實導師的書訊，請上網查閱：

成佛之道 http://www.a202.idv.tw
正智出版社 書香園地 http://books.enlighten.org.tw/

中國網採訪佛教正覺同修會、正覺教育基金會訊息：

http://big5.china.com.cn/gate/big5/fangtan.china.com.cn/2014-06/19/content_32714638.htm

http://pinpai.china.com.cn/

★ 正智出版社有限公司售書之稅後盈餘，全部捐助財團法人正覺寺籌備處、佛教正覺同修會、正覺教育基金會，供作弘法及購建道場之用；懇請諸方大德支持，功德無量。

★ 聲 明 ★

本社於 2015/01/01 開始調整本目錄中部分書籍之售價，以因應各項成本的持續增加。

＊ 喇嘛教修外道雙身法、墮識陰境界，非佛教 ＊

＊ 弘揚如來藏他空見的覺囊派才是真正藏傳佛教 ＊

售後服務—換書啓事（免附回郵）　　2017/12/05

《楞伽經詳解》第三輯初版免費調換新書啓事：茲因 平實導師弘法早期尚未回復往世全部證量，有些法義接受他人的說法，寫書當時並未察覺而有二處（同一種法義）跟著誤說，如今發現已將之修正。茲爲顧及讀者權益，已開始免費調換新書；敬請所有讀者將以前所購第三輯（不論第幾刷），攜回或寄回本公司免費換新；郵寄者之回郵由本公司負擔，不需寄來郵票。因此而造成讀者閱讀、以及換書的不便，在此向所有讀者致上萬分的歉意，祈請讀者大眾見諒！

《楞嚴經講記》第 14 輯初版首刷本免費調換新書啓事：本講記第 14 輯出版前因 平實導師諸事繁忙，未將之重新閱讀而只改正校對時發現的錯別字，故未能發覺十年前所說法義有部分錯誤，於第 15 輯付印前重閱時才發覺第 14 輯中有部分錯誤尚未改正。今已重新審閱修改並已重印完成，煩請所有讀者將以前所購第 14 輯初版首刷本，寄回本公司免費換新（初版二刷本無錯誤），本公司將於寄回新書時同時附上您寄書來換新時的郵資，並在此向所有讀者致上最誠懇的歉意。

《心經密意》初版書免費調換二版新書啓事：本書係演講錄音整理成書，講時因時間所限，省略部分段落未講。後於再版時補寫增加 13 頁，維持原價流通之。茲爲顧及初版讀者權益，自 2003/9/30 開始免費調換新書，原有初版一刷、二刷書籍，皆可寄來本公司換書。

《宗門法眼》已經增寫改版爲 464 頁新書，2008 年 6 月中旬出版。讀者原有初版之第一刷、第二刷書本，都可以寄回本公司免費調換改版新書。改版後之公案及錯悟事例維持不變，但將內容加以增說，較改版前更具有廣度與深度，將更能助益讀者參究實相。

換書者**免附回郵**，亦無截止期限；舊書請寄：111 台北郵政 73-151 號信箱 或 103 台北市承德路三段 267 號 10 樓 正智出版社有限公司。舊書若有塗鴨、殘缺、破損者，仍可換取新書；但缺頁之舊書至少應仍有五分之三頁數，方可換書。所有讀者不必顧念本公司是否有盈餘之問題，都請踴躍寄來換書；本公司成立之目的不是營利，只要能眞實利益學人，即已達到成立及運作之目的。若以郵寄方式換書者，免附回郵；並於寄回新書時，由本公司附上您寄來書籍時耗用的郵資。造成您不便之處，再次致上萬分的歉意。

正智出版社有限公司 啓

換書及道歉公告

《法華經講義》第十三輯，因謄稿、印製等相關人員作業疏失，導致該書中的經文及內文用字將「**親近**」誤植成「清淨」。茲為顧及讀者權益，自 2017/8/30 開始免費調換新書；敬請所有讀者將以前所購第十三輯初版首刷及二刷本，攜回或寄回本社免費換新，或請自行更正其中的錯誤之處；郵寄者之回郵由本社負擔，不需寄來郵票。同時對因此而造成讀者閱讀、以及換書的困擾及不便，在此向所有讀者致上最誠懇的歉意，祈請讀者大眾見諒！錯誤更正說明如下：

一、第 256 頁第 10 行~第 14 行：【就是先要具備「**法親近處**」、「**眾生親近處**」；法**親近**處就是在實相之法有所實證，如果在實相法上有所實證，他在二乘菩提中自然也能有所實證，以這個作為第一個**親近**處——第一個基礎。然後還要有第二個基礎，就是瞭解應該如何善待眾生；對於眾生不要有排斥或者是貪取之心，平等觀待而攝受、親近一切有情。以這兩個**親近**處作為基礎，來實行其他三個安樂行法。】。

二、第 268 頁第 13 行：【具足了那兩個「**親近處**」，使你能夠在末法時代，如實而圓滿的演述《法華經》時，那麼你作這個夢，它就是如理作意的，完全符合邏輯去完成這個過程，就表示你那個晚上，在那短短的一場夢中，已經度了不少眾生了。】

正智出版社有限公司 敬啓

國家圖書館出版品預行編目(CIP)資料

涅 槃 / 平實導師著. -- 初版. --
臺北市 : 正智, 2018.07 冊 ; 公分

ISBN 978-986-96548-0-7(上冊 : 平裝)

1. 佛教教理 2. 涅槃

220.126 107009957

（上冊）

——解說四種涅槃之實證及內涵

作 者：平實導師
校 對：傅素嫻 王美伶 編譯組
出 版 者：正智出版社有限公司
電話：○二 28327495 28316727（白天）
傳眞：○二 28344822
111 台北郵政 73-151 號信箱
郵政劃撥帳號：一九○六八二四一
正覺講堂：總機 ○二 25957295（夜間）

總 經 銷：飛鴻國際行銷股份有限公司
231 新北市新店區中正路 501-9 號 2 樓
電話：○二 82186688（五線代表號）
傳眞：○二 82186458 82186459

初版首刷：二○一八年七月三十一日 二千冊
初版六刷：二○一八年八月二十八日 二千冊
定 價：新台幣三五○元